全国高职高专教育精品规划教材

新编实用大学语文

主　审　　何集体　李　欧
主　编　　朱文苍　杨国富
副主编　　钱立静　周　安　史苏敏

北京交通大学出版社

·北京·

内 容 简 介

为了突出高职高专教育培养目标的职业性、实用性和教学方法的启发性，全面提高新时期高等职业教育大学生的综合人文素质，培养实用型人才，我们对传统的大学语文编写体例进行了继承和发展，对传统的文学史或文体的格局，采用模块化体例和梯度性内容来构架教材。全书分为四大部分，引领读者对古今中外文学精品进行选读赏析。另外，每个部分附录职场实训拓展知识，包括公文写作常识、职场错别字的避免、演讲中态势语的应用、生活中修辞的应用。

本书既可以作为高等职业院校各专业大学语文课的适用教材，也可以作为职场工作人员及一般文学爱好者用于学习写作和文学鉴赏的参考用书。

图书在版编目（CIP）数据

新编实用大学语文/朱文苍，杨国富主编. —北京：北京交通大学出版社，2013.2
（全国高职高专教育精品规划教材）
ISBN 978 - 7 - 5121 - 1397 - 8

Ⅰ.① 新…　Ⅱ.① 朱…　②杨…　Ⅲ.① 大学语文课 - 高等职业教育 - 教材　Ⅳ.① H19

中国版本图书馆 CIP 数据核字（2013）第 029960 号

责任编辑：薛飞丽
出版发行：北京交通大学出版社　　　　电话：010 - 51686414
　　　　　北京海淀区高粱桥斜街 44 号　　邮编：100044
印　刷　者：北京瑞达方舟印务有限公司
经　　销：全国新华书店
开　　本：185×260　　印张：17.75　　字数：431 千字
版　　次：2013 年 2 月第 1 版　　2013 年 2 月第 1 次印刷
书　　号：ISBN 978 - 7 - 5121 - 1397 - 8/H·303
印　　数：1～4 000 册　　定价：33.00 元

本书如有质量问题，请向北京交通大学出版社质监组反映。对您的意见和批评，我们表示欢迎和感谢。
投诉电话：010 - 51686043，51686008；传真：010 - 62225406；E-mail：press@ bjtu. edu. cn。

全国高职高专教育精品
规划教材丛书编委会

出 版 说 明

高职高专教育是我国高等教育的重要组成部分，其根本任务是培养生产、建设、管理和服务第一线需要的德、智、体、美全面发展的应用型专门人才，所培养的学生在掌握必要的基础理论和专业知识的基础上，应重点掌握从事本专业领域实际工作的基础知识和职业技能，因此与其对应的教材也必须有自己的体系和特点。

为了适应我国高职高专教育发展及其对教育改革和教材建设的需要，在教育部的指导下，我们在全国范围内组织并成立了"全国高职高专教育精品规划教材研究与编审委员会"（以下简称"教材研究与编审委员会"）。"教材研究与编审委员会"的成员所在单位皆为教学改革成效较大、办学实力强、办学特色鲜明的高等专科学校、成人高等学校、高等职业学校及高等院校主办的二级职业技术学院，其中一些学校是国家重点建设的示范性职业技术学院。

为了保证精品规划教材的出版质量，"教材研究与编审委员会"在全国范围内选聘"全国高职高专教育精品规划教材编审委员会"（以下简称"教材编审委员会"）成员和征集教材，并要求"教材编审委员会"成员和规划教材的编著者必须是从事高职高专教学第一线的优秀教师和专家。此外，"教材编审委员会"还组织各专业的专家、教授对所征集的教材进行评选，对所列选教材进行审定。

此次精品规划教材按照教育部制定的"高职高专教育基础课程教学基本要求"而编写。此次规划教材按照突出应用性、针对性和实践性的原则编写，并重组系列课程教材结构，力求反映高职高专课程和教学内容体系改革方向；反映当前教学的新内容，突出基础理论知识的应用和实践技能的培养；在兼顾理论和实践内容的同时，避免"全"而"深"的面面俱到，基础理论以应用为目的，以必要、够用为尺度；尽量体现新知识和新方法，以利于学生综合素质的形成和科学思维方式与创新能力的培养。

此外，为了使规划教材更具广泛性、科学性、先进性和代表性，我们真心希望全国从事高职高专教育的院校能够积极参与到"教材研究与编审委员会"中来，推荐有特色、有创新的教材。同时，希望将教学实践的意见和建议及时反馈给我们，以便对出版的教材不断修订、完善，不断提高教材质量，完善教材体系，为社会奉献更多更新的与高职高专教育配套的高质量教材。

此次所有精品规划教材由全国重点大学出版社——北京交通大学出版社出版。适合于各类高等专科学校、成人高等学校、高等职业学校及高等院校主办的二级技术学院使用。

全国高职高专教育精品规划教材研究与编审委员会
2013 年 2 月

总　序

　　历史的年轮已经跨入了公元 2013 年，我国高等教育的规模已经是世界之最，2010 年毛入学率达到 26.5%，属于高等教育大众化教育阶段。根据教育部 2006 年第 16 号《关于全面提高高等职业教育教学质量的若干意见》等文件精神，高职高专院校要积极构建与生产劳动和社会实践相结合的学习模式，把工学结合作为高等职业教育人才培养模式改革的重要切入点，带动专业调整与建设，引导课程设置、教学内容和教学方法改革。由此，高职高专教学改革进入了一个崭新阶段。

　　新设高职类型的院校是一种新型的专科教育模式，高职高专院校培养的人才应当是应用型、操作型人才，是高级蓝领。新型的教育模式需要我们改变原有的教育模式和教育方法，改变没有相应的专用教材和相应的新型师资力量的现状。

　　为了使高职院校的办学有特色，毕业生有专长，需要建立"以就业为导向"的新型人才培养模式。为了达到这样的目标，我们提出"以就业为导向，要从教材差异化开始"的改革思路，打破高职高专院校使用教材的统一性，根据各高职高专院校专业和生源的差异性，因材施教。从高职高专教学最基本的基础课程，到各个专业的专业课程，着重编写出实用、适用高职高专不同类型人才培养的教材，同时根据院校所在地经济条件的不同和学生兴趣的差异，编写出形式活泼、授课方式灵活、满足社会需求的教材。

　　培养的差异性是高等教育进入大众化教育阶段的客观规律，也是高等教育发展与社会发展相适应的必然结果。只有使在校学生接受差异性的教育，才能充分调动学生浓厚的学习兴趣，才能保证不同层次的学生掌握不同的技能专长，避免毕业生被用人单位打上"批量产品"的标签。只有高等学校的培养有差异性，其毕业生才能有特色，才会在就业市场具有竞争力，从而使高职高专的就业率大幅度提高。

　　北京交通大学出版社出版的这套高职高专教材，是在教育部"十一五规划教材"所倡导的"创新独特"四字方针下产生的。教材本身融入了很多较新的理念，出现了一批独具匠心的教材，其中，扬州环境资源职业技术学院的李德才教授所编写的《分层数学》，教材立意新颖，独具一格，提出以生源的质量决定教授数学课程的层次和级别。还有无锡南洋职业技术学院的杨鑫教授编写的一套《经营学概论》系列教材，将管理学、经济学等不同学科知识融为一体，具有很强的实用性。

　　此套系列教材是由长期工作在第一线、具有丰富教学经验的老师编写的，具有很好的指导作用，达到了我们所提倡的"以就业为导向培养高职高专学生"和因材施教的目标要求。

教育部全国高等学校学生信息咨询与就业指导中心择业指导处处长

中国高等教育学会毕业生就业指导分会秘书长

曹　殊　研究员

前　言

大学语文课程在高校彻底恢复并确立重要位置已经有三十多年。在高职高专院校尤其显得重要，因为大学语文课程是重要的通识性课程，是培养新时期大学生的人文素质必不可少的课程。

历史的航船在时间的长河里缓缓走到了 21 世纪，在中国现代化的航程上，中国高等职业教育的发展如火如荼，为了培养新时期具有优秀职业素质和人文素质的大学生，本着对教育负责、对学生负责、对历史负责的高度的责任心和使命感，我们这些在全国各地高等职业教育一线从事大学语文教学的几所高校的教师，决定根据国家教育部高等职业教育基础课程的教学要求，编写一本既符合时代要求又贴近社会职场实践，实用的大学语文教材，因此在本书的内容和体例上，我们在吸收了这些年国内高职高专大学语文教学改革成果的基础上，借鉴了很多院校的改革经验，进行了大胆的探索和创新。

究竟怎么样才能教得好？学生如何才能学得好？符合新时代培养实用型人才的需要，以学生的全面发展为中心，力求引导学生，使学生确立自觉、积极的学习态度，养成积极主动的学习习惯，形成良好的读书能力，做一名合格的大学生，这就是我们编写本书的宗旨。

大学语文课程建设是一个系统工程，包括教材编写、教师队伍培养、教学方法改良等方方面面的问题。我们坚信，在我们大家的共同努力下，大学语文教材的编选，教学方法的改进，定会取得更大的成就；大学生的思想修养、学习能力、人文素质等方面都会获得极大的提高。

本教材是为了作为高等职业院校各专业的通用教材而努力打磨出来的，适用于本专科学生，因此，可以在使用时，在保证必学内容的前提下，根据教学时数、不同专业、课时的需要等对教材进行必要的选择、组合、删减、取舍或增加，以有利于教学、有利于培养学生人文素质、有利于提高学生鉴赏和动手能力为旨归。另外，我们要与时俱进，在教学中，要尽量创造条件，采用现代化的教学手段，以确保学生能顺利地消化和吸收知识，提高教学成效。

本教材的编写分工如下：朱文苍和杨国富任主编，负责全书的筹划、统稿，前言和内容简介的编写，朱文苍完成了散文、小说、戏剧精品选读部分的编写工作，杨国富完成了诗词精品选读部分的当代诗词部分的编写工作。钱立静、周安、史苏敏任副主编，周安和史苏敏负责诗词部分的古代近代诗词和外国诗词部分的选编，钱立静负责职场实训部分的选编。

本书的编委成员有：朱文苍（山东外国语职业学院）、杨国富（昆明冶金高等专科学校）、钱立静（安徽商贸职业技术学院）、周安（阜阳职业技术学院）、史苏敏（湖北财税职业学院）、杨耀济（云南林业职业技术学院）、许淳（山东外国语职业学院）、成积广（山东外国语职业学院）、李泓（山东外国语职业学院）、邵燕燕（山东外国语职业学院）、赵宗凤（山东外国语职业学院）、孙绍强（山东外国语职业学院）、陈夫龙（山东师范大学文学院)、古丽丽（山东外国语职业学院）。

本教材由山东外国语职业学院何集体教授和西南民族大学人文学院李欧教授任主审，他们在教材主编之初就给予了充分的指导性意见，为这本教材的顺利完成作出了大量的贡献，在此表示万分的感谢。

本书在编写的过程中参考了大量的文献资料，包括科研论文、电子信息、报刊期刊、图书等，因为信息量庞大，编者又想尽可能地吸收现成的优秀的研究成果，实在不能一一注明出处，在此，向这些学界同仁表示衷心的感谢。

本教材成书时间紧任务重，又限于编者的知识水平，书中出现错误或不恰当之处在所难免，恳请读者批评指正，以便于再版时纠正，万分感谢。

如果在使用本教材中有什么宝贵的意见、想法，或者对编者的错误提出修改意见的，请将你的诤言发到电子邮箱 xinsheng80108@126.com。相关课件及教学资源致 greening25725@163.com。谢谢。

编　者
2012 年 12 月

目录

◎诗词精品选读 ·· / 1

小雅·采薇 ······························ (《诗经》) / 2

国殇 ····································· (屈原) / 4

饮马长城窟行 ························· (《汉乐府》) / 6

行行重行行 ························ (《古诗十九首》) / 8

登池上楼 ································· (谢灵运) / 9

七哀诗（其一） ·························· (王粲) / 11

春江花月夜 ····························· (张若虚) / 12

秋兴八首（其一） ························ (杜甫) / 14

终南别业 ································· (王维) / 15

燕歌行 ··································· (高适) / 16

西江月·遣兴 ····························· (辛弃疾) / 19

永遇乐 ··································· (李清照) / 20

凤凰涅槃 ································· (郭沫若) / 21

雪花的快乐 ····························· (徐志摩) / 26

七律·人民解放军占领南京 ·············· (毛泽东) / 27

大堰河——我的保姆 ······················ (艾青) / 28

回延安 ··································· (贺敬之) / 32

草木篇 ··································· (流沙河) / 34

馈赠 ····································· (舒婷) / 35

麦地与诗人 ······························ (海子) / 37

祝愿

　　——写给友人生日 ······················ (汪国真) / 38

一棵开花的树 ··························· (席慕容) / 39

《浮士德》节选 ····················· (〔德国〕歌德) / 40

I

西风颂 ·· (〔英国〕雪莱) / 45

《叶甫盖尼·奥涅金》节选 ················· (〔俄国〕普希金) / 47

《吉檀迦利》节选 ·············· (〔印度〕泰戈尔) / 50

当你老了 ·································· (〔爱尔兰〕叶芝) / 53

实训一　公文写作常识 ································· / 54

◎散文精品选读 ·································· / 58

《道德经》一章 ································· (老子) / 59

秋水（节选） ································· (庄子) / 60

燕昭王求士 ··································· (刘向) / 62

垓下之围 ····································· (司马迁) / 65

原毁 ··· (韩愈) / 68

段太尉逸事状 ································· (柳宗元) / 71

朋党论 ······································· (欧阳修) / 74

狗·猫·鼠 ··································· (鲁迅) / 78

秋夜 ··· (巴金) / 83

绿 ··· (朱自清) / 85

雅舍 ··· (梁实秋) / 87

中国书法 ····································· (林语堂) / 90

都江堰 ······································· (余秋雨) / 94

《丑陋的中国人》节选 ····················· (柏杨) / 97

假如给我三天光明 ············· (〔美国〕海伦·凯勒) / 100

实训二　职场错别字的避免 ····························· / 105

◎小说精品选读 ································· / 109

花姑子 ······································· (蒲松龄) / 110

黛玉焚稿（节选） ····························· (曹雪芹) / 114

伤逝

　　——涓生的手记 ······················· (鲁迅) / 117

春蚕 ··· (茅盾) / 127

《骆驼祥子》节选 ····························· (老舍) / 139

《边城》节选 ································· (沈从文) / 143

《红高粱》节选 ······························· (莫言) / 148

梦里花落知多少 ······························· (三毛) / 161

《几度夕阳红》节选 ··························· (琼瑶) / 168

《射雕英雄传》节选 ··························· (金庸) / 175

《雪国》节选 ···················· (〔日本〕川端康成) / 178

《安娜·卡列尼娜》节选 ········· (〔俄国〕列夫·托尔斯泰) / 183

《飘》节选 ·········· (〔美国〕玛格丽特·米切尔) / 186

《追忆似水年华》节选 ·············· (〔法国〕马塞尔·普鲁斯特) / 189

巨翅老人 ·················· (〔哥伦比亚〕加西亚·马尔克斯) / 193

实训三　演讲中态势语的应用 ························· / 198

◎戏剧精品选读 ································· / 202

《窦娥冤》节选 ························· (关汉卿) / 203

惊梦·游园（节选） ······················ (汤显祖) / 208

长亭送别（节选） ······················ (王实甫) / 211

《屈原》节选 ························· (郭沫若) / 214

《日出》节选 ·························· (曹禺) / 224

《茶馆》节选 ·························· (老舍) / 231

电影《集结号》剧本（节选） ·················· (刘恒) / 243

昨天·今天·明天 ······················ (何庆魁) / 250

《哈姆雷特》节选 ················· (〔英国〕莎士比亚) / 260

电影《魂断蓝桥》剧本（节选） ········· (〔美国〕罗伯特 E. 舍伍德) / 262

实训四　生活中修辞的应用 ·························· / 266

◎参考文献 ···································· / 269

诗词精品选读

【阅读导入】

　　诗歌是我国文学最早的文学样式，它的发展也是最为完备的。在文学领域，对当代大学生的人文素质培养必然是从古代诗词的欣赏开始。从最早的我国古代的诗歌总集《诗经》开始，透过多面镜式的文学题材，人们看到了我国古代现实主义诗歌的源头；而屈原的楚辞体《国殇》又让人们感知了中国古代浪漫主义诗歌的发轫。沿着这两大诗歌路径，可看到我国古代诗词的发展全貌。从先秦两汉的《汉乐府》、《古诗十九首》到三国魏晋南北朝的曹操、谢灵运、王粲、陶渊明这些各有特色的代表诗人，我国诗歌日益成熟，到了唐代，我国诗歌发展到鼎盛时期，一大批优秀的诗人活跃在诗歌园地。这里面有诗歌的"双子峰"——"诗仙"李白和"诗圣"杜甫，一个是浪漫主义的代表，一个是现实主义的代表；吸收前人写实经验的集大成者白居易在唐代也是一个突出代表，《长恨歌》和《琵琶行》是其不朽的名篇。此外，唐代的山水田园诗人代表王维、孟浩然等，边塞诗人代表高适、岑参等，都给人们留下了欣赏品读的优秀诗篇。唐以后中国诗歌的发展迎来了新的机遇，那就是填制有固定曲调的词兴盛起来。宋词的创作高峰出现，优秀词人很多，限于篇幅，这里仅筛选了辛弃疾和李清照两位词人及其代表作供同学们品读学习。

　　掠过明清的诗词发展的相对低潮时期，我们直接进入现当代诗歌领域。面对古诗的严谨的格律，在新文化运动的推动下，白话文诗歌兴盛起来，胡适、郭沫若、闻一多等各具特色的诗人诗作缤纷呈现，现代诗歌开始"丰收"。新中国成立后的诗歌是一群在红旗下成长的诗人歌颂社会主义革命和建设的诗歌。特别值得一提的是我们伟大的领袖毛泽东的诗词，他把词这种古老的创作模式发挥到一个新的境界。"文化大革命"的十年浩劫结束后，白话诗歌创作开始复苏，20世纪八九十年代，带有启蒙意义的朦胧诗兴起，舒婷、顾城、北岛、海子等新诗人开一代诗风，学习他们的诗作要结合这个大时代的特点欣赏。新时期汪国真的诗歌似乎是诗坛一股清新的风掠过，简明流畅清新又富有哲理，是汪国真诗歌的特点。同时期台湾诗人席慕容的诗风也越过台湾海峡吹到大陆，让人耳目一新。

　　我们在欣赏过中国诗词的美景以后，再去一同领略外国诗歌的风采。本教材精选了几位很有代表性的外国诗人的诗作，大家一起来品读欣赏。

【能力目标】

● 了解中国古代诗词和现代诗词的发展概况。

● 阅读著名诗词，学会对诗词进行阅读欣赏。

● 记住一些诗词名句、典故、成语、熟语，并能熟练运用。

小雅·采薇[1]
《诗经》

采薇采薇[2]，薇亦作止[3]。曰归曰归[4]，岁亦莫止[5]。
靡室靡家[6]，猃狁之故[7]。不遑启居[8]，猃狁之故。

采薇采薇，薇亦柔止。曰归曰归，心亦忧止。
忧心烈烈[9]，载饥载渴[10]。我戍未定[11]，靡使归聘[12]。

采薇采薇，薇亦刚止[13]。曰归曰归，岁亦阳止[14]。
王事靡盬[15]，不遑启处[16]。忧心孔疚[17]，我行不来[18]。

彼尔维何[19]？维常之华[20]。彼路斯何[21]？君子之车[22]。
戎车既驾[23]，四牡业业[24]。岂敢定居？一月三捷[25]。

驾彼四牡，四牡骙骙[26]。君子所依[27]，小人所腓[28]。
四牡翼翼[29]，象弭鱼服[30]。岂不日戒[31]？猃狁孔棘[32]！

昔我往矣，杨柳依依[33]。今我来思[34]，雨雪霏霏[35]。
行道迟迟[36]，载渴载饥。我心伤悲，莫知我哀！

注释

[1] 选自《诗经·小雅》。

[2] 薇：豆科植物，今俗名称大巢菜，嫩茎叶与种子可食用。

[3] 亦：语助词，无义。作：起，兴起。这里指生长。止：语助词，无义。

[4] 曰：说。一说为语助词，无实义。

[5] 莫："暮"的本字。

[6] 靡：无，没有。室：家室。

[7] 猃狁（xiǎn yǔn）：古代北方少数民族。春秋时称为狄，战国、秦、汉时称匈奴。

[8] 遑：闲暇。不遑：没空。启：跪坐。居：安居。全句意为因连年奔波，无暇安居。

[9] 烈烈：猛、盛、炽烈。这里形容忧心如焚。

[10] 载：语助词。

[11] 戍：驻守。定：固定地点。

[12] 使：使者。聘：探问。此句意为没有人替戍边战士探问家讯。

[13] 刚：坚硬。指薇菜由嫩而老，变得粗硬。

[14] 阳：阳月，指农历十月。

[15] 盬（gǔ）：止息。

[16] 启处：意同"启居"。

[17] 孔：很，甚。疚：痛苦。

[18] 行：指离家出征。来：归来。一说作"抚慰、慰问"解。

[19] 尔："薾"的假借，花盛开的样子。维：是。维何：是什么。

[20] 常：常棣，即棠棣，树名。华：花。

[21] 路："辂"的假借，大车。斯何：意同"维何"。

[22] 君子：周代贵族的通称，这里指将领。

[23] 戎车：战车。

[24] 牡：公马。业业：壮健高大的样子。

[25] 三：泛指多数。捷："接"的假借，接战。

[26] 骙（kuí）：马强壮的样子。

[27] 依：凭借依靠，这里指君子依仗战车。

[28] 腓（féi）：庇护，掩护。

[29] 翼翼：行列整齐的样子。

[30] 象弭（mǐ）：用象牙装饰的弓。弭本指弓的两端系弦处，后亦借指弓。服：通"箙"，箭袋。鱼服：鱼皮制成的箭袋。

[31] 日戒：天天戒备。

[32] 棘："亟"，急，紧急。

[33] 依依：柳枝随风飘拂的样子。

[34] 思：语助词。

[35] 雨（yù）：动词，下。雨雪：下雪。霏霏：大雪纷飞的样子。

[36] 迟迟：步履缓慢的样子。

【作者作品】

《诗经》本名《诗》，是我国最早的一部诗歌总集，所辑多是周初至春秋中叶的作品。春秋末期，经孔子整理删订，共收诗311篇，其中6篇为有题目而无文词的"笙诗"，实际收录诗歌305篇。先秦时通称《诗》或《诗三百》，到了汉代被儒家奉为经典之一，才称作《诗经》。这些诗歌根据音乐的不同，分为风、雅、颂三部分。"风"是带有地方色彩的民谣、土乐，含周南、召南、邶、鄘、卫、王、郑、齐、魏、唐、秦、陈、桧、曹、豳等十五国风，共160篇；"雅"用的是周朝王畿的乐调，根据音节律吕分为大雅、小雅，共105篇；"颂"多采用庙堂祭祀舞曲，含商颂、周颂、鲁颂，共40篇。这些诗歌从多方面具体、深刻地反映了当时的社会生活、社会各阶层的精神风貌，充满着浓郁的乡土气息、人伦情感、人本意识，具有"美刺"的社会功能，奠定了"饥者歌其食，劳者歌其事"的现实主义诗歌传统。

《诗经》多用"赋、比、兴"等艺术表现手法，句式以四言为主，重章叠句，音节和谐明快，富有艺术表现力，堪称中国诗歌史辉煌的开端，对后代诗歌有巨大的影响。

这首诗的《小序》说："文王之时，西有昆夷之患，北有猃狁之难，以天子之命，命将率遣戍役，以守卫中国。"由此可见，这首诗大概是周文王时的作品。

【阅读提示】

《采薇》写了一位饱受久戍思乡之苦的戍卒在归途中的回顾和自述，反映了远征生活的

3

艰苦，表达了思家之情的凄楚。诗中同时交织着恋家思亲的个人情感和为国负难的责任感，这是两种互相矛盾又真实的思想感情，构成了全诗的情感基调。末章写还家途中追今抚昔的哀伤心情。以"昔"与"今"的风光景物两相对照，感时伤事，"以乐景写哀，以哀景写乐，一倍增其哀乐"（王夫之《姜斋诗话》）。

全诗有很强的艺术表现力。以"采薇"起兴，用薇之出芽，又由嫩而老的变化过程，暗示了戍边之久，也烘托了戍卒的思乡愁绪之深；以棠棣盛开象征军容之壮、军威之严；用迭字和重章叠句的表现手法，细致深刻地展现了人物的心理活动，感情强烈，也加强了音乐节奏感。第六章"昔我"四句，言浅意深，情景交融，婉转生动，是历来传诵的名句。

【能力培养与训练】

1. 背诵。体会诗的前三章主要表现了什么情感？它是通过什么方式表现出来的？这样表现有什么好处？

2. "昔我往矣，杨柳依依；今我来思，雨雪霏霏"这四句为什么能成为千古名句？分析这四句诗的抒情特点。

3. 《诗经》价值最高的，一类是反映当时奴隶社会生活题材的诗歌，一类是爱情题材的诗歌。欣赏《诗经·秦风》中的《蒹葭》，并谈谈《诗经》对后世文学的影响。

蒹葭苍苍，白露为霜。所谓伊人，在水一方。
溯洄从之，道阻且长。溯游从之，宛在水中央。
蒹葭萋萋，白露未晞。所谓伊人，在水之湄。
溯洄从之，道阻且跻。溯游从之，宛在水中坻。
蒹葭采采，白露未已。所谓伊人，在水之涘。
溯洄从之，道阻且右。溯游从之，宛在水中沚。

国　殇

屈　原

操吴戈兮被犀甲[1]，车错毂兮短兵接[2]。
旌蔽日兮敌若云[3]，矢交坠兮士争先[4]。
凌余阵兮躐余行[5]，左骖殪兮右刃伤[6]。
霾两轮兮絷四马[7]，援玉枹兮击鸣鼓[8]。
天时坠兮威灵怒[9]，严杀尽兮弃原野[10]。
出不入兮往不反[11]，平原忽兮路超远[12]。
带长剑兮挟秦弓[13]，首身离兮心不惩[14]。
诚[15]既勇兮又以武，终[16]刚强兮不可凌。
身既死兮神以灵[17]，魂魄毅兮为鬼雄[18]！

注释

[1] 操：拿着。被：通"披"。犀甲：犀牛皮制作的铠甲。

[2] 毂（gǔ）：车轮中心插轴的地方。车错毂：指两国双方激烈交战，兵卒来往交错。短兵：指刀剑一类的短兵器。

[3] 旌（jīng）蔽日兮敌若云：旌旗遮蔽了太阳，敌兵好像云一样聚集在一起。旌：用羽毛装饰的旗子。

[4] 矢交坠兮士争先：是说双方激战，流箭交错，纷纷坠落，战士却奋勇争先杀敌。矢：箭。

[5] 凌：侵犯。躐（liè）：践踏。行（háng）：行列。

[6] 左骖（cān）：古代战车用四匹马拉，中间的两匹马叫"服"，左右两边的马叫"骖"。殪（yì）：坠地而死。右：指右骖。刃伤：为兵刃所伤。

[7] 霾两轮兮絷四马：意思是把战车两轮埋在土中，马头上的缰绳也不解开，要同敌人血战到底。霾（mái）：通"埋"。絷（zhí）：通"直"，绊住。

[8] 援玉枹（fú）兮击鸣鼓：主帅鸣击战鼓以振作士气。援：拿着。枹：鼓槌。

[9] 天时：天意。坠：通"怼"（duì），恨。威灵怒：神灵震怒。

[10] 严杀：酣战痛杀。弃原野：指骸骨弃在战场上。

[11] 出不入兮往不反：是说战士抱着义无反顾的必死决心。反：通"返"。

[12] 忽：指原野宽广无际。超：通"迢"。

[13] 挟：携，拿。秦弓：战国秦地所造的弓（因射程较远而著名）。

[14] 首身离：头和身子分离，指战死。惩：恐惧，悔恨。

[15] 诚：果然是，诚然。

[16] 终：始终。

[17] 神以灵：指精神永存。

[18] 魂魄毅兮为鬼雄：也有一说为"子魂魄兮为鬼雄"。子：指殇者。鬼雄：鬼中雄杰。

【作者作品】

屈原（约前340—前278年），名平，字原，战国后期楚国丹阳县（今湖北秭归）人，楚武王熊通之子屈瑕的后代，极富文学修养和爱国情怀，"明于治乱，娴于辞令"。楚怀王时，官至左徒、三闾大夫，参与楚国内政外交大事，对外主张联齐抗秦，对内改革政治，变法图强。遭到保守派的谗害排挤。楚怀王时曾被放逐于汉北一带；楚襄王时，再一次被放逐，从此漂泊于江南鄂渚一带。在长期的流放生涯中，他不改初衷，始终关注着故国政局的变化。楚襄王二十一年（公元前278年），秦攻破楚国郢都，屈原悲愤绝望，自投汨罗江而死，据传时为五月初五。

屈原最有代表性的作品是政治抒情长诗《离骚》，另有《九歌》（11篇）、《九章》（9篇）、《天问》、《招魂》，凡23篇。屈原坚持理想而九死不悔的精神，与日月争辉的人格，强烈的忧患意识和爱国情怀，极大地影响了后世作家。他创造了新诗体"楚辞"，成为中国文学史上第一位具有浓郁地方色彩的伟大浪漫主义诗人。

《国殇》是《楚辞·九歌》之一。据说，诗人是为楚怀王十七年（前312年），秦大败楚军于丹阳、蓝田一役而写。这首诗是屈原在楚国面临外敌入侵的年代所作，爱国主义精神在诗中得到充分体现。全诗极力描写卫国壮士在战斗中勇武不屈、视死如归的英雄气概，讴歌他们为维护祖国和人民的利益而在战场上英勇杀敌献身的精神。慷慨悲壮的歌唱，不仅寄托了对阵亡士卒的哀思，而且表达了诗人与祖国同休戚共命运的爱国主义情感。

《九歌》从《东皇太一》到《山鬼》，九篇所祭奠的都是自然界中的神灵，独最后这一篇《国殇》是祭奠人间为国牺牲的将士的。学者认为，这和战国时期秦楚战争有关，楚怀王时楚国多次和秦国交战，几乎每次都遭到惨重的失败。楚国人民为了保卫国家，抗击强秦，英勇杀敌，前赴后继。屈原写这篇作品就是为了歌颂楚国将士为保卫国家不怕牺牲、视死如归的英雄气概和豪迈精神。

【阅读提示】

这首诗歌是祭祀卫国战死的将士的祭歌。诗中不仅歌颂了他们在战场上的英雄气概和视死如归的壮烈精神，而且对雪洗国耻寄予热望，抒发了作者热爱祖国的高尚感情。本诗的写作从敌胜我败着笔，反映了楚国当时的政治和军事形势。诗中赞美了战士们刚强勇武、视死如归、宁死不屈的精神。感情是凝重、真诚而沉痛的。屈原将动态过程的描述和静态雕像的刻画紧密结合。在动态过程的描述中将大场面的鸟瞰同局部特写紧密结合，在静态雕像的刻画中将外形描绘同精神赞美紧密结合，这种结合过程同战争的步步展开、诗人感情的层层发展协调一致。

【能力培养与训练】

1. 谈谈诗中诗人是怎么表达对楚国将士的歌颂的？
2. 背诵这首诗，体会楚辞的特点。
3. 谈谈这首诗的特点，并全文翻译。

饮马长城窟行

《汉乐府》

青青河畔草，绵绵思远道[1]。远道不可思，宿昔梦见之[2]。
梦见在我傍，忽觉在他乡。他乡各异县，展转不相见[3]。
枯桑知天风，海水知天寒。入门各自媚，谁肯相为言[4]？
客从远方来，遗我双鲤鱼[5]。呼儿烹鲤鱼，中有尺素书[6]。
长跪读素书，书中竟何如[7]？上言加餐食，下言长相忆[8]。

注释

[1] 绵绵：双关，表面上形容春天芳草绵延不绝，实际上指相思连绵不断。
[2] 远道：远方，代指远方被思念的人。宿昔：同"夙夕"，昨夜。
[3] 展转：亦作"辗转"，一说在他乡亲人行踪不定，四处辗转流离；一说形容思妇不能安眠之意，辗转反侧难以入眠。
[4] 入门：指从远方归来的其他人。媚：爱悦。言：问，慰问、问讯。
[5] 双鲤鱼：书信。古人把信放在木函中，木函是用刻为鱼形的两块木板制成。
[6] 烹鲤鱼：拆开信函。尺素书：指信书，古时写信写在一尺一寸长的帛或木板上，故称"尺素"或"尺牍"。
[7] 长跪：伸直腰板跪着。古人席地而坐，坐时两膝着地，臀部压在脚后跟上，跪时将腰伸直，上身就显得长些，所以称为"长跪"。写思妇急切了解书信内容的心情。
[8] 加餐食：意在劝慰妻子保重身体。长相忆：经常思念。

【作者作品】

"乐府"原是古代掌管音乐的官署。秦及西汉时都设有"乐府令"。汉武帝时的乐府规模较大,其职能是掌管宫廷所用音乐、为文人创作的诗赋制谱配乐以及采集民间歌谣和乐曲。魏晋以后则将汉代乐府机关所搜集创作的诗歌统称为"乐府",因而"乐府"又成了一类具有独特风格的诗歌体裁名称。据《汉书·艺文志》载,"有代赵之讴,秦楚之风,皆感于哀乐,缘事而发,亦可以观风俗,知薄厚云"。汉乐府继承了《诗经》现实主义的优良传统,广泛而深刻地反映了汉代的社会现实,其形式有五言、七言和杂言。艺术上叙事性强,善用典型细节,语言朴实生动,表现方式灵活多样,在我国诗歌发展过程中起到了承上启下的重要作用。

宋人郭茂倩所编《乐府诗集》100卷,分12类(郊庙歌辞,燕射歌辞,鼓吹曲辞,横吹曲辞,相和歌辞,清商曲辞,舞曲歌辞,琴曲歌辞,杂曲歌辞,近代曲辞,杂歌谣辞,新乐府辞)著录,是收罗汉迄五代乐府最为完备的一部诗集。

【阅读提示】

这首诗属乐府《相和歌辞·瑟调曲》,又名《饮马行》,是一支相思怀人之曲。诗歌的笔法委曲多致,完全随着抒情主人公飘忽不定的思绪而曲折回旋。

这首诗以思妇第一人称自叙的口吻写出,多处采用比兴的手法,同时巧妙运用顶针的修辞技巧,首尾相衔,语句上递下接,气韵贯通。语言简短质朴,读来余味无穷。

这是一首汉乐府民歌,抒写怀人情愫。诗歌的笔法委曲多致,完全随着抒情主人公飘忽不定的思绪而曲折回旋。比如,诗的开头,由"青青"、"绵绵"而"思远道"之人;紧接着却说"远道不可思",要在梦中相见更为真切;"梦见在我傍",却又忽然感到梦境是虚的,于是又回到相思难见上。八句之中,几个转折,情思恍惚,意象迷离,亦喜亦悲,变化难测,充分写出了她怀人之情的缠绵殷切。诗中所写思妇种种意想,似梦非梦,似真非真。像诗中所写她家有人归来和自己接到"双鲤鱼""中有尺素书"的情节,可能是真的,也可能是一种极度思念时产生的臆想。剖鱼见书,有着浓厚的传奇色彩,而游子投书,又是极合情理的事。作者把二者糅合在一起,以虚写实,虚实难辨,更富神韵。最令人不能释怀的是结尾,好不容易收到来信,"上言加餐食,下言长相忆",却偏偏没有一个字提到归期。归家无期,信中的语气又近于永诀,这意味着什么呢?这大概是寄信人不忍明言,读信人也不敢揣想的。如此作结,余味无尽。

【能力培养与训练】

1. 背诵全诗,体会汉乐府"感于哀乐,缘事而发"的特点。
2. 说说"青青河畔草,绵绵思远道"在全诗叙述抒情方面的作用。
3. 试分析整首诗歌艺术构思的特点。

行行重行行
《古诗十九首》

行行重行行[1]，与君生别离[2]。　相去万余里，各在天一涯[3]。
道路阻且长，会面安可知！　胡马依北风，越鸟巢南枝[4]。
相去日已远，衣带日已缓[5]。　浮云蔽白日，游子不顾反[6]。
思君令人老，岁月忽已晚。　弃捐勿复道，努力加餐饭[7]！

注释

[1] 重行行：行了又行，走个不停。"行"字的反复运用更渲染了距离的遥远。

[2] 生别离：犹言"永别离"。

[3] 涯：方。

[4] "胡马"两句：这两句托物寓意，谓飞禽走兽尚且不忘故乡，何况于人！胡马：意指北方的马。古时称北方少数民族为胡。越鸟：南方的鸟。越指南方百越民族。巢南枝：在向南的枝条上筑巢。

[5] 缓：宽松。衣带日已缓：表示人因为相思一天比一天瘦。

[6] 浮云蔽白日：想象游子在外被人所惑，就像日光被浮云遮住一样。浮云蔽日，是古代流行的比喻，一般用于谗臣之蔽贤。白日：是隐喻君王的，这里喻指远游未归的丈夫。顾：念。反：同"返"。

[7] "弃捐"两句：别再提这件事了，还是努力加餐保重身体吧。这是思妇无奈的自我劝慰。"弃"和"捐"同义，犹言丢下。勿复道：不必再说。

【作者作品】

此诗最早见于南朝梁代昭明太子萧统所编《文选》，题为"古诗"。《文选》载"古诗"共十九首，因其风格韵味略同，后人习惯把它们看成一个整体，称"古诗十九首"。《古诗十九首》习惯上以句首标题，这些诗多非一时一人之作，大约写于东汉末年、建安以前，作者大多是处于社会下层的文人士子。内容多表现游子怀乡、思妇怨别、游宦无成、追求享乐生活等，呈现出浓厚的感伤情绪，从不同侧面反映了当时社会的动荡黑暗。艺术形式上多用五言，长于抒情，善于运用比兴手法，诗意含蓄蕴藉。

《古诗十九首》的出现，标志着五言诗歌以叙事为主的乐府民歌向以抒情为主的文人创作的转变已经成熟。它在历代都受到高度评价，刘勰在《文心雕龙》中称它为"五言之冠冕"；钟嵘在《诗品》中赞颂它"文温以丽，意悲而远，惊心动魄，可谓几乎一字千金"。

【阅读提示】

《行行重行行》是《古诗十九首》中的第一首。这是一首在东汉末年动荡岁月中的相思乱离之歌，写闺中女子对远行游子的深切思念，情真、景真、事真、意真，读之使人回肠九转，为女主人公真挚痛苦的爱情呼唤所感动。人生"悲莫悲兮生别离"，诗中难舍难分的别离、遥遥无期的相会、恍惚无端的猜疑，以及岁月催老、空负佳期的悲怆，欲说还休，欲罢不能，只好强自宽解的自怜，读之使人悲感无端，回肠九转，"四顾踌躇，百端交集"。

作品章法摇曳，回环往复，文势奇纵而又浑然天成。本诗的比兴手法新颖别致，语意奇警。"胡马依北风，越鸟巢南枝"，借鉴了屈原"鸟飞反故乡兮，狐死必首丘"的语意，并开启了陶渊明"羁鸟恋旧林，池鱼思故渊"（《归园田居》）的创新法门。虽然，屈诗突出了誓死归根的意志，陶诗唱出了对自由的渴望，与屈陶诗相比本诗有些温厚，但却适合思妇的身份和心境。作品用衣宽暗示体瘦，以衬人物的痴情，震荡读者的血脉。影响所及，有陆机的"揽衣有余带，循形不盈襟"（《拟行行重行行》）；萧纲的"欲知心恨急，翻令衣带宽"（《当垆曲》）；终于出现了柳永的"衣带渐宽终不悔，为伊消得人憔悴"（《凤栖梧》）的千古绝唱。诗中的游子虽未出场，但"行行重行行"即是其写照。联系汉末文士的共同遭遇，也可想象其奔波不已、以图仕进的辛酸。因此，本诗借思妇之口，同时也唱出了一代文士的悲哀。

【能力培养与训练】

1. 读《古诗十九首》，抄写几首以相思离别为主题的诗歌，分析其社会意义。
2. 对《行行重行行》中所流露出的生命意识，谈谈你的看法。

【延伸阅读】

曹操《短歌行》，见本书课件。

登池上楼[1]

谢灵运

潜虬媚幽姿[2]，飞鸿响远音[3]。薄霄愧云浮[4]，栖川怍渊沉[5]。
进德智所拙[6]，退耕力不任[7]。徇禄及穷海[8]，卧疴对空林[9]。
衾枕昧节候[10]，褰开暂窥临[11]。倾耳聆波澜[12]，举目眺岖嵚[13]。
初景革绪风[14]，新阳改故阴[15]。池塘生春草，园柳变鸣禽[16]。
祁祁伤豳歌[17]，萋萋感楚吟[18]。索居易永久[19]，离群难处心。
持操岂独古[20]，无闷征在今[21]。

注释

[1] 池：在浙江温州市永嘉县西北，后人名之为谢公池。

[2] 潜虬（qiú）：沉潜于水中的龙，喻隐者。虬：传说中的一种无角龙。媚：自赏、自爱。幽姿：深藏不露的姿态。

[3] 鸿：大鸟名。远音：因为鸿飞得很高，所以它的鸣声听起来觉得很远。

[4] 薄霄：指高飞而逼近云霄，喻出仕。云浮：指"响远音"之飞鸿。

[5] 栖川：指栖息于川谷，喻归隐。怍（zuò）：惭愧。渊沉：指"媚幽姿"之潜虬。以上四句是说，潜虬栖于深渊，飞鸿止于云霄，皆能各得其所，自己却羁于世俗尘网之中而进退不得，因此对虬鸿而感到惭愧。

[6] "进德"句：《周易·乾卦》有"君子进德修业，欲及时也。"意谓要想及时增进修业，建功立业，但又不是自己的智能所及。

[7] 力不任：体力担当不了。

[8] 禄：追求禄位。穷海：荒僻的海边，指永嘉。

[9] 疴（ē）：病。

[10] 衾枕：卧具，此指卧病。昧节候：不明白季节。这句的意思是，因卧病与衾枕为伍，不明季节变化。

[11] 褰（qiān）：拉开（帷帘）。窥临：临窗眺望。

[12] 聆（líng）：听。

[13] 岖嵚（qū qīn）：山高峻的样子，这里指山。

[14] 初景：初春的阳光。革：驱除。绪风：指冬日的余风。

[15] 新阳：指春日。故阴：指冬日。

[16] 变：指禽鸟的种类有了变化。

[17] "祁祁"句：抒发伤春之意。《诗经·豳风·七月》："春日迟迟，采蘩祁祁，女心伤悲，殆及公子同归。"祁祁：草木繁盛的样子。

[18] "萋萋"句：抒发春日难归之意。《楚辞·招隐士》："王孙游兮不归，春草生兮萋萋。"以上两句是因看到春景引起对古人歌咏春景伤感情绪的共鸣。

[19] 索居：离群独居。易永久：容易感到时光漫长。

[20] 持操：保持高尚的节操。独古：独有古人。

[21] 无闷：《易经·乾卦》中有"遁世无闷"。以上两句的意思是，虽然离群索居，而能保持高尚的节操无所苦闷，此事岂独古人有之，亦可验于我之今日。

【作者作品】

谢灵运（385—433），南朝宋著名诗人。祖籍陈郡阳夏（今河南太康县），世居会稽（今浙江绍兴）。他是东晋名将谢玄之孙，少而好学，聪颖过人。十八岁左右袭封康乐公，故世称谢康乐。曾任永嘉太守、侍中、临川内史等职。喜欢遨游山水，每出游，随从之人数百。元嘉十年被宋文帝（刘义隆）以"叛逆"罪名杀害。谢灵运工诗善文，当时即与颜延之齐名，并称"江左第一"。又与鲍照、颜延之被合称为"元嘉三大家"。有《谢康乐集》。

谢灵运所开创的山水诗，把自然界的美景引进诗中，从山水中寻找人生的哲理与趣味，使山水成为独立的审美对象，也将诗歌从"淡乎寡味"的玄理中解放出来。钟嵘称其诗"名章迥句，处处间起；典丽新声，络绎奔发"。

《登池上楼》被萧统选入《文选》的游览诗中，它是谢灵运的代表作品之一。"池塘生春草，园柳变鸣禽"更是以其自然之妙为谢公赢得了无数赞誉。谢灵运生活在一个玄言诗和雕琢文风充斥文坛的时代，他以其清新自然的山水诗给沉闷的东晋和南朝文坛带来了大自然的新鲜空气，领导了当时新的文坛风气，开创了山水诗派。他为中国诗歌的转型作出了很大的贡献。

【阅读提示】

这是谢灵运山水诗中的名篇，吟咏奇丽秀美的山光水色，抒发仕途失意而企慕逍遥的情怀。全诗由景生情，因情入理，层层推进，写景清新自然，富有变化，委婉道出宦途失意的牢骚，进退不得的苦闷。白居易曾在《读谢灵运诗》中写道："谢公才廓落，与世不相遇。壮志郁不用，须有所泄处。泄为山水诗，逸韵谐奇趣。"诗人正是将政治理想不能实现的苦闷转化为对大自然的迷恋，才创作出大量出水芙蓉般的谢公诗，成为山水诗派的鼻祖。

【能力培养与训练】

1. 发挥你的想象，把"池塘生春草，园柳变鸣禽"的自然景色用散文的笔法加以描绘。
2. 前人评价谢灵运诗歌"有佳句少佳篇"，请谈谈你的见解。

七 哀 诗 （其一）

王 粲

西京乱无象[1]，豺虎方遘患[2]。复弃中国去[3]，委身适荆蛮[4]。亲戚对我悲，朋友相追攀[5]。出门无所见，白骨蔽平原[6]。路有饥妇人，抱子弃草间。顾闻号泣声[7]，挥涕独不还。未知身死处，何能两相完[8]？驱马弃之去，不忍听此言。南登灞陵岸[9]，回首望长安。悟彼《下泉》[10]人，喟然伤心肝[11]。

注释

[1] 西京：指长安。东汉都洛阳，洛阳在东，长安在西，因此称长安为西京。无象：无道，无法，即社会秩序紊乱。

[2] 豺虎：指董卓余党李傕、郭汜等人。方遘患：正在制造祸乱。遘：同"构"，造作。患：祸乱。汉献帝初平三年（公元192年），李傕、郭汜等在长安作乱。

[3] 中国：中原地区。古代北方黄河流域长安、洛阳一带是国都所在地，故称中国。

[4] 委身：托身。适：往。荆蛮：指荆州。荆州本楚国之地，楚国本叫"荆"，古人称南方民族为"蛮"，故旧称荆州为荆蛮。

[5] 追攀：指攀车依恋，表示惜别之意。

[6] 蔽：遮盖。

[7] 顾：回头看。

[8] 两相完：两个人都保全。这两句是作者听到的妇人的话。

[9] 灞陵：汉文帝刘恒的坟墓，地处长安东面。岸：高地。

[10] 《下泉》：《诗经·曹风》篇名。《毛诗序》说："《下泉》，思治也。曹人疾共公侵刻下民，不得其所，忧而思明王贤伯也。"此句意为我现在体会到《下泉》诗作者的那种心情了。王粲认为汉文帝是西汉贤君，故登灞陵岸会产生向往中原贤主的感想。

[11] 喟然：叹息貌。

【作者作品】

王粲（177—217），字仲宣，山阳高平（今山东邹县）人，汉末著名文学家。他与孔融、陈琳、徐干、阮瑀、应玚、刘桢等七人，号称"建安七子"。他出身于官僚家庭，少有异才。董卓之乱后，王粲南奔，依附刘表，未被重用。曹操攻下荆州时，刘表已死，他劝服刘表之子刘琮依附曹操，被任命为丞相掾，赐爵关内侯。后迁升为军谋祭酒，魏国初建，拜为侍中。建安二十二年卒。今存《王侍中集》一卷。王粲早年曾经亲历战乱，流离颠沛，对人民的苦难有深切的感受，作品内容充实，情调悲凉，被刘勰誉为"七子之冠冕"。钟嵘《诗品》评价其诗为"发愀怆之词"，乃为上品。王粲诗歌的代表作是《七哀诗》，尤以第一首最为著名。

本诗是少年诗人离开长安，避难荆州，有感于社会的哀痛乱离，写下的著名的《七哀诗》第一首。"七哀"表示哀思之多。《六臣注文选》吕向说："七哀，谓痛而哀，义而哀，感而哀，怨而哀，耳目闻而哀，口叹而哀，鼻酸而哀，谓一事而七情具也。"

【阅读提示】

此诗是王粲初离长安往荆州时所作，再现了汉末军阀混战造成的悲惨世相。

作者登上灞陵，回头遥望长安，伤心感叹。面对文帝之墓，面对惨痛现实，诗人顿悟了《下泉》篇那位古诗人思念明王贤君的善良愿望。深深的叹息声，仿佛让人们听到屈原那"长太息以掩涕兮，哀民生之多艰"的咏叹，看到了少年诗人那颗忧国忧民的心。清人张玉谷在《古诗赏析》卷九说："末日'南登''回首'，兜应首段。'伤心''下泉'，缴醒中段，收束完密，全篇振动。"赞扬了此诗结尾的高妙。

全诗苍凉悲慨，笔力雄健，真切感人，不愧是建安诗歌的五言力作。

【能力培养与训练】

1. 对照曹操的《蒿里行》和《七哀诗》（其一），讨论诗人是怎样表现战乱给人民带来深重灾难的。

2. 结合本诗，谈谈你对"建安风骨"的理解。

【延伸阅读】

陶渊明《饮酒》（其五），见本书课件。

春江花月夜[1]

张若虚

春江潮水连海平，海上明月共潮生。滟滟随波千万里[2]，何处春江无月明？江流宛转绕芳甸[3]，月照花林皆似霰[4]。空里流霜不觉飞[5]，汀上白沙看不见[6]。江天一色无纤尘，皎皎空中孤月轮。江畔何人初见月？江月何年初照人？人生代代无穷已[7]，江月年年只相似。不知江月待何人，但见长江送流水。白云一片去悠悠，青枫浦上不胜愁[8]。谁家今夜扁舟子[9]？何处相思明月楼[10]？可怜楼上月徘徊，应照离人妆镜台。玉户帘中卷不去[11]，捣衣砧上拂还来[12]。此时相望不相闻[13]，愿逐月华流照君。鸿雁长飞光不度，鱼龙潜跃水成文[14]。昨夜闲潭梦落花[15]，可怜[16]春半不还家。江水流春去欲尽，江潭落月复西斜。斜月沉沉藏海雾，碣石潇湘无限路[17]。不知乘月几人归？落月摇情满江树[18]。

注释

[1]《春江花月夜》是乐府旧题，属《清商曲辞·吴声歌曲》。

[2] 滟（yàn）滟：波光闪动的样子。

[3] 芳甸（diàn）：遍生花草的原野。

[4] 霰（xiàn）：雪珠，小冰粒。

[5] 霜：古人以为霜和雪一样，是从空中落下来的，所以叫流霜。又因月色与霜同色，因此使人对流动的月光产生霜花流动又不见其飘飞的感觉。

[6] 汀（tīng）：水中或水边的平地，此指江畔的沙滩。

[7] 无穷已：没有穷尽。已：停止。

[8] 青枫浦：地名，故址位于今湖南浏阳县境内。浦：原指大江大河与其支流的交汇处，这里泛指离别的场所。不胜：忍受不了。

[9] 扁（piān）舟：孤舟，小船。

[10] 明月楼：月夜下的闺楼。这里指闺中思妇。"谁家"两句意思是说在这样一个美好的月夜有多少游子舟行江中，在外漂泊；又有多少思妇伫立楼头，思念丈夫。

[11] 玉户：此处指思妇的居室。

[12] 捣衣砧（zhēn）：捣衣石、捶布石。

[13] 相闻：互通音信。

[14] "鸿雁"两句，上句仰望长空，下句俯视江面，都是写夜景寂寞，望月怀人的心情。谓游子、思妇彼此难通音信。说"鸿雁"，说"鱼"，取鱼雁传书之意。度：通"渡"。鱼龙：此指鲤鱼。文：同"纹"。

[15] 闲潭：幽静的水潭。

[16] 可怜：可惜。

[17] 碣石：山名，在今河北省昌黎县北。潇湘：水名，在湖南省。碣石潇湘：此处指天南地北。无限路：意指游子思妇南北相隔遥远，难以相见。

[18] "落月"句的意思是：缭乱不宁的别绪离情，伴随着残月余辉散落在江边的树林里。摇情：激荡的情思，犹言离情。

【作者作品】

张若虚，生卒年、字号均不详。唐代诗人。扬州（今属江苏）人。曾任兖州兵曹。与贺知章、张旭、包融并称"吴中四士"，玄宗开元时尚在世。张若虚的诗仅存《春江花月夜》及《代答闺梦还》两首于《全唐诗》中。其中，《春江花月夜》是一篇脍炙人口的名作，它沿用陈隋乐府旧题，抒写真挚动人的离情别绪及富有哲理意味的人生感慨，语言清新优美，韵律宛转悠扬，洗去了宫体诗的浓脂艳粉，给人以澄澈空明、清丽自然的感觉。

《春江花月夜》是乐府《清商曲辞·吴声歌曲》旧题。创制者是谁，说法不一。今据郭茂倩《乐府诗集》所录，除张若虚这一首外，尚有隋炀帝两首、诸葛颖一首、张子容两首、温庭筠一首。它们或显得格局狭小，或显得脂粉气过浓，远不及张若虚此篇。这一旧题，到了张若虚手里，突发异彩，获得了不朽的艺术生命。时至今日，人们甚至不再去考索旧题的原始创制者究竟是谁，而把《春江花月夜》这一诗题的真正创制权归之于张若虚。

【阅读提示】

张若虚的《春江花月夜》在思想与艺术上都超越了以前那些单纯模山范水的景物诗，"羡宇宙之无穷，哀吾生之须臾"的哲理诗，以及抒儿女别情离绪的爱情诗。诗人将这些屡见不鲜的传统题材，注入了新的含义，融诗情、画意、哲理为一体，凭借对春江花月夜的描绘，尽情赞叹大自然的奇丽景色，讴歌人间纯洁的爱情，把对游子思妇的同情心扩大开来，与对人生哲理的追求、对宇宙奥秘的探索结合起来，从而汇成一种情、景、理水乳交融的幽美而邈远的意境。诗人将深邃美丽的艺术世界特意隐藏在这迷离的艺术氛围中，整首诗篇仿佛笼罩在一片空灵而迷茫的月色里，吸引着读者去探寻其中美的真谛。

全诗紧扣春、江、花、月、夜的背景来写，而又以月为主体。"月"是诗中情景兼容之物，它跳动着诗人的脉搏，在全诗中犹如一条生命纽带，通贯上下，触处生神，诗情随着月轮的生落而起伏曲折。月在一夜之间经历了升起—高悬—西斜—落下的过程。在月的照耀下，江水、沙滩、天空、原野、枫树、花林、飞霜、白云、扁舟、高楼、镜台、砧石、长飞的鸿雁、潜跃的鱼龙、不眠的思妇以及漂泊的游子，组成了完整的诗歌形象，展现出一幅充满人生哲理与生活情趣的画卷。这幅画卷在色调上是以淡寓浓，虽用水墨勾勒点染，但"墨分五彩"，从黑白相辅、虚实相生中显出绚烂多彩的艺术效果，宛如一幅淡雅的中国水墨画，体现出春江花月夜清幽的意境美。

总之，本诗通过细致描绘美丽的自然景物，抒写了世间缠绵悱恻的离愁别恨，表达了作者对大自然的探索和对人生的思考。音节和谐，清丽开宕，富有情韵，乃千古绝唱，有"以孤篇压倒全唐"之誉，被闻一多先生誉为"诗中的诗，顶峰上的顶峰"（《宫体诗的自赎》）。

【能力培养与训练】

1. 熟读并背诵此诗。

2. 找出这首诗中有暗示意义的写景句，并说明其暗示意义，体会这样写的好处。

3. 谈谈对"江畔何人初见月？江月何年初照人？人生代代无穷已，江月年年只相似。不知江月待何人，但见长江送流水。"这几句诗所蕴涵的人生哲理的认识。

4. 试根据这首诗的意境，将其改写成一篇现代散文。

【延伸阅读】

李白《行路难》，见本书课件。

秋兴八首[1] （其一）

杜 甫

玉露凋伤枫树林，巫山巫峡气萧森[2]。江间波浪兼天涌，塞上风云接地阴[3]。丛菊两开他日泪，孤舟一系故园心[4]。寒衣处处催刀尺，白帝城高急暮砧[5]。

注释

[1] 秋兴：因秋景而有所感，抒发诗兴。兴：感兴、遣兴。

[2] 玉露：白露，指霜。巫山巫峡：这两处均在今四川省巫山县。

[3] 江间：指巫峡之中。兼天：接天。兼：连。

[4] 丛菊两开：唐代宗永泰元年（765年）五月，杜甫离开成都，到大历元年（766年）秋，已经是两个秋天，所以说"丛菊两开"。两开：两次开放。他日：往日。一系：长系。故园心：思念故乡、盼望速返家园的心情。

[5] 刀尺：剪裁的工具。白帝城：在今重庆市奉节县白帝山上的古白帝城，东汉公孙述所筑，地势高峻。砧：捣衣的垫石。

【作者作品】

杜甫（712—770），唐代杰出的现实主义诗人。字子美，祖籍襄阳。生于河南巩县（今河南省巩县）。因曾居长安城南少陵，故自称"少陵野老"，世称杜少陵。因任检校工部员外郎，故又有杜工部之称。晚年举家东迁，途中留滞夔州两年。后漂泊鄂、湘一带，贫病而卒。

杜甫生活在唐朝由盛转衰的历史时期，其诗多涉笔社会动荡、政治黑暗、人民疾苦，被誉为"诗史"。写作了著名的诗歌"三吏三别"。三吏：《石壕吏》、《新安吏》、《潼关吏》。三别：《新婚别》、《无家别》、《垂老别》。诗人忧国忧民，人格高尚，诗艺精湛，被奉为"诗圣"。杜甫的诗风格多样，以"沉郁顿挫"为主。在艺术形式上，以古体、律诗见长，兼工各体，达到了古典诗歌现实主义的高峰。他与李白齐名，世称"李杜"。有《杜工部集》传世。

【阅读提示】

大历元年（766年），杜甫在云安养病半年，然后迁居夔州。他在夔州仍经常卧病在床，心境非常寂寞、抑郁。当此秋风萧瑟之时，不免触景生情，感发诗兴，故曰《秋兴》。《秋兴八首》是一组结构蝉联、抒情深挚的七言律诗，融铸了夔州萧条的秋色，清凄的秋声，暮年多病的苦况，关心国家命运的深情，悲壮苍凉，意境深闳。

第一首可以说是组诗的序曲。通过对巫山巫峡深秋景色的描绘，渲染了阴森萧瑟、动乱不安的环境气氛。诗人把个人的悲伤与时代风云联系在一起。诗的首联，开门见山，直写秋景。"玉露"、"枫树林"、"气萧森"点明秋兴之依托，因秋景而起兴，感怀；颔联点明作者身在巫峡，心想京城，由近及远排比类推，气势十分雄壮，同时极力描绘了秋季阴暗萧森之景，衬托出作者低沉的心境；颈联点出滞留夔州已有两年而不能返回故园的伤感；尾联更进一步用感伤的景物来表达自己的忧伤。

全诗情景交融，以描绘秋景作为外在的行文线索，以抒发悲秋之情作为连通各联的内在脉络，不仅是悲自然萧瑟之秋，更是悲人生老大之秋和国运衰落之秋，充溢着身世之感和家国之思。全诗深沉悲壮，气韵雄浑，章法谨严，语言练达，格律精工，尤其是颈联两句，遣词造句达到了炉火纯青的境界。

【能力培养与训练】

1. 请举例分析《秋兴八首》（其一）景和情的关系。
2. 课外通读《秋兴八首》组诗，了解杜甫晚年的思想感情和诗歌成就。

【延伸阅读】

白居易《琵琶行》，见本书课件。

终南别业

王 维

中岁颇好道，晚家南山陲。兴来每独往，胜事[1]空自知。行到水穷处，坐看云起时。偶然值[2]林叟[3]，谈笑无还期[4]。

注释

[1] 胜事：快意的事情。
[2] 值：正好遇见。
[3] 林叟：乡村的老人。

[4] 无还期：没有一定的时间回去。

【作者作品】

王维（701—761），字摩诘，祖籍太原，唐朝诗人，外号"诗佛"。王维精通佛学，佛教有一部《维摩诘经》，是维摩诘向弟子们讲学的书，王维很钦佩维摩诘，所以自己名为维，字摩诘。

开元九年（721年），王维进士及第，官大乐丞，随即因为署中伶人舞黄狮子犯禁，受了牵连而谪为济州司仓参军。开元十四年（726年），辞去官职。后又任右拾遗，又为监察御史，四十岁时，迁殿中传御史。天宝末年，安禄山攻占长安，王维被安禄山胁迫做了他的官员。但是他并不愿意，曾作诗表达了心迹。当安禄山兵败后，王维因此得到了赦免，并任太子中允，后转尚书右丞，故世称"王右丞"。

王维诗书画都很有名，非常多才多艺，对音乐也很精通。他对山水画贡献极大，被称为"南宗画之祖"。受禅宗影响很大。他创造了水墨山水画派，此外，还兼擅人物。

苏轼评价王维的诗："味摩诘之诗，诗中有画；观摩诘之画，画中有诗。"至今这个评价都受到了学者的肯定。王维以五言律诗和绝句著称。王维的诗有两种风格，前期的诗大都反映现实，后期则多是描绘田园山水，王维最擅长的也是田园诗。

【阅读提示】

王维，字摩诘，他的诗是大唐诗域中的一块奇葩，因为他总是力图用诗句传达佛理禅心，非常高深。在《终南别业》这首诗中，摩诘以寻常的隐逸意象和不寻常的情感体认描述了一种合乎人类天性的生活方式。"行到水穷处，坐看云起时"这两句深为后代诗家赞赏。近人俞陛云说："行至水穷，若已到尽头，而又看云起，见妙境之无穷。可悟处世事变之无穷，求学之义理亦无穷。此二句有一片化机之妙。"（《诗境浅说》）这是很有见地的。再从艺术上看，这两句诗真是诗中有画，天然便是一幅山水画。毋怪《宣和画谱》指出："'行到水穷处，坐看云起时'及'白云回望合，青霭入看无'之类，以其句法，皆所画也。"

最后一联："偶然值林叟，谈笑无还期。"突出了"偶然"二字。其实不止遇见这林叟是出于偶然，本来出游便是乘兴而去，带有偶然性；"行到水穷处"自然又是偶然。"偶然"二字实在是贯穿上下，成为此次出游的一个特色。而且正因处处偶然，所以处处都是"无心的遇合"，更显出心中的悠闲，如行云自由翱翔，如流水自由流淌，形迹毫无拘束。它写出了诗人那种天性淡逸，超然物外的风采。

【能力培养与训练】

1. 背诵这首诗。
2. 说说诗中体现了诗人怎样的处世哲学。

燕 歌 行[1]

高 适

开元二十六年，客有从御史大夫张公出塞而还者，作《燕歌行》以示适。感征戍之事，因而和焉。

汉家[2]烟尘[3]在东北，汉将辞家破残贼。男儿本自重横行，天子非常赐颜色[4]。摐[5]金[6]伐[7]鼓下榆关[8]，旌旆[9]逶迤碣石[10]间。校尉[11]羽书[12]飞瀚海，单于猎火[13]照狼山[14]。山川萧条极边土，胡骑凭陵[15]杂风雨[16]。战士军前半死生，美人帐下犹歌舞。大漠穷秋塞草衰[17]，孤城落日斗兵稀[18]。身当恩遇[19]恒轻敌，力尽关山未解围。铁衣远戍辛勤久，玉箸[20]应啼别离后。少妇城南欲断肠，征人蓟北[21]空回首。边庭飘飘那可度[22]，绝域苍茫更何有。杀气三时[23]作阵云[24]，寒声一夜传刁斗。相看白刃血纷纷，死节[25]从来岂顾勋。君不见沙场征战苦，至今犹忆李将军[26]。

注释

[1] 燕歌行：乐府旧题。诗前有作者原序："开元二十六年，客有从御史大夫张公出塞而还者，作《燕歌行》以示适。感征戍之事，因而和焉。"张公：指幽州节度使张守珪，曾拜辅国大将军、右羽林大将军，兼御史大夫。一般以为本诗所讽刺的是开元二十六年，张守珪部将赵堪等矫命，逼平卢军使击契丹余部，先胜后败，守珪隐败状而妄奏功。这种看法并不很准确。

[2] 汉家：汉朝，唐人诗中经常借汉说唐。

[3] 烟尘：代指战争。

[4] 非常赐颜色：超过平常的厚赐礼遇。

[5] 摐（chuāng）：撞击。

[6] 金：指钲一类铜制打击乐器。

[7] 伐：敲击。

[8] 榆关：山海关，通往东北的要隘。

[9] 旌：竿头饰羽的旗。旆：末端状如燕尾的旗。旌旆：泛指各种旗帜。

[10] 碣石：山名。

[11] 校尉：次于将军的武官。

[12] 羽书：紧急文书。

[13] 猎火：打猎时点燃的火光。古代游牧民族出征前，常举行大规模校猎，作为军事性的演习。

[14] 狼山：又称狼居胥山，在今内蒙古自治区克什克腾旗西北。一说狼山又名郎山，在今河北易县境内。此处"瀚海"、"狼山"等地名，未必是实指。

[15] 凭陵：仗势侵凌。

[16] 杂风雨：喻敌骑进攻如狂风挟雨而至。

[17] 衰：一作"腓"，指枯萎。

[18] 斗兵稀：作战的士兵越打越少了。

[19] 身当恩遇：指主将受朝廷的恩宠厚遇。

[20] 玉箸：喻思妇的眼泪。

[21] 蓟北：唐蓟州，在今天津市以北一带。

[22] 度：越过相隔的路程，回归。

[23] 三时：指晨、午、晚，即从早到夜。

[24] 阵云：战场上象征杀气的云。

[25] 死节：指为国捐躯。节：气节。

[26] 李将军：指汉朝李广，他能捍御强敌，爱抚士卒，匈奴称他为汉之飞将军。

【作者作品】

高适（700—765），盛唐诗人。字达夫、仲武，沧州（今河北省景县）人，居住在宋中

（今河南商丘一带）。永泰元年（765 年）卒，终年64 岁，曾任礼部尚书，谥号忠。高适为唐代著名的边塞诗人，与岑参并称"高岑"。他熟悉军旅生活，所作边塞诗，对当时的边地形势和士兵疾苦均有反映。《燕歌行》为其代表作。有《高常侍集》、《中兴间气集》等传世。

高适诗题材广泛，内容丰富，现实性较强。主要是边塞诗，成就最高。代表作如《燕歌行》、《蓟门行五首》、《塞上》、《塞下曲》、《蓟中作》、《九曲词三首》等，歌颂了战士奋勇报国、建功立业的豪情，也写出了他们从军生活的艰苦及向往和平的美好愿望，并揭露了边将的骄奢淫逸、不恤士卒和朝廷的赏罚不明、安边无策，流露出忧国爱民之情。也有对统治者的骄奢淫逸进行批判的作品，如《古歌行》、《行路难二首》等。

感情深挚，意气骏爽，语言端直，笔力浑厚，是高适诗风的基本特点。以诗体而论，高诗古体胜过近体，尤以七古最为擅长。歌行长篇，波澜浩瀚，声情顿挫，最是沉雄激壮。五古质朴古直，接近汉魏古诗的气息。近体则以七律和七绝为优。

高适是盛唐时期"边塞诗派"的领军人物，"雄浑悲壮"是他的边塞诗的突出特点。其诗歌尚质主理，雄壮而浑厚古朴。高适少孤贫，有游侠之气，曾漫游梁宋，躬耕自给，加之本人豪爽正直的个性，故诗作反映的层面较广阔，题旨亦深刻。高适的心理结构比较粗放，性格率直，故其诗多直抒胸臆，或夹叙夹议，较少用比兴手法。高适诗歌的注意力在于人而不在自然景观，故很少有单纯写景之作，常在抒情之时伴有写景的部分，因此这景带有诗人个人主观的印记。

【阅读提示】

这首诗不仅是高适的"第一大篇"，而且是整个唐代边塞诗中的杰作，千古传诵，良非偶然。诗的主旨是谴责在皇帝鼓励下的将领骄傲轻敌，荒淫失职，造成战争失败，使广大兵士受到极大的痛苦和牺牲。诗人写的是边塞战争，但重点不在于民族矛盾，而是同情广大兵士，讽刺和愤恨不恤兵士的将军。

全诗以非常浓缩的笔墨，写了一场战役的全过程。杜甫赞美高适、岑参的诗"意惬关飞动，篇终接混茫。"此诗以李广终篇，意境更为雄浑而深远。

全诗气势畅达，笔力矫健，经过惨淡经营而至于浑化无迹。气氛悲壮淋漓，主意深刻含蓄。"山川萧条极边土，胡骑凭陵杂风雨"，"大漠穷秋塞草衰，孤城落日斗兵稀"，诗人着意暗示和渲染悲剧的场面，以凄凉的惨状，揭露好大喜功的将军们的罪责。尤可注意的是，诗人在激烈的战争进程中，描写了士兵们复杂变化的内心活动，凄恻动人，深化了主题。全诗处处隐伏着鲜明的对比。从贯串全篇的描写来看，士兵的效命死节与汉将的怙宠贪功，士兵辛苦久战、室家分离与汉将临战失职、纵情声色，都是鲜明的对比。而结尾提出李广，则又是古今对比。全篇"战士军前半死生，美人帐下犹歌舞"，"二句最为沈至"，这种对比，矛头所指十分明显，因而大大加强了讽刺的力量。

【能力培养与训练】

1. 背诵全诗。
2. 说说高适的诗作的特色。
3. 翻译这首诗。

西江月·遣兴

辛弃疾

醉里且贪欢笑，要愁那得工夫。近来始觉古人书，信著全无是处[1]。

昨夜松边醉倒，问松我醉何如？只疑松动要来扶，以手推松曰去！

注释

[1]《孟子·尽心下》："尽信书，则不如无书。"本意是说古书上的话难免有与事实不符的地方，未可全信。辛弃疾翻用此语，话中含有另一层意思：古书上尽管有许多"至理名言"，现在却行不通，因此信它不如不信。

【作者作品】

辛弃疾（1140—1207），南宋词人。字幼安，号稼轩，历城（今山东济南）人。出生时，山东已为金兵所占。二十一岁参加抗金义军，不久归南宋，历任湖北、江西、湖南、福建、浙东安抚使等职。任职期间，采取积极措施，招集流亡，训练军队，奖励耕战，打击贪污豪强，注意安定民生。一生坚决主张抗金。在《美芹十论》、《九议》等奏疏中，具体分析当时的政治军事形势，对夸大金兵力量、鼓吹妥协投降的谬论，作了有力的驳斥；要求加强作战准备，鼓励士气，以恢复中原。他所提出的抗金建议，均未被采纳，并遭到主和派的打击，曾长期落职闲居江西上饶、铅山一带。晚年韩侂胄当政，一度起用，不久病卒。

辛词抒写力图恢复国家统一的爱国热情，倾诉壮志难酬的悲愤，对南宋上层统治集团的屈辱投降进行揭露和批判；也有不少吟咏祖国河山的作品。艺术风格多样，而以豪放为主。热情洋溢，慷慨悲壮，笔力雄厚，与苏轼并称为"苏辛"。代表作有《破阵子·为陈同甫赋壮词以寄之》、《永遇乐·京口北固亭怀古》、《水龙吟·登建康赏心亭》、《菩萨蛮·书江西造口壁》等。但部分作品也流露出抱负不能实现而产生的消极情绪。有《稼轩长短句》传世。今人辑有《辛稼轩诗文钞存》。

辛弃疾二十三岁自山东沦陷区起义投奔南宋而来，一贯坚持恢复中原的正确主张。南宋统治集团不能任用辛弃疾，迫使他长期在上饶乡间过着退隐的生活。壮志难酬，这是他生平最痛心的一件事。这首词就是在这样的环境、这样的心境中写成的，它寄托了作者对国家大事和个人遭遇的感慨。

【阅读提示】

这首词题目是"遣兴"。从词的字面看，好像是抒写悠闲的心情，但骨子里却透露出作者那不满现实的思想感情和倔强的生活态度。在旷达不羁的外表下面，是作者那颗在痛苦失意中激烈跳动的心。

词的上片前两句写饮酒，后两句写读书。酒可消愁，他生动地说是"要愁那得工夫"。书可识理，他说对于古人书"信著全无是处"。辛词中"近来始觉古人书，信著全无是处"两句，含意极其曲折。他不是菲薄古书，而是对当时现实不满的愤激之词。由于辛弃疾洞察当时社会现实的不合理，所以发为"近来始觉古人书，信著全无是处"的慨叹。

词的下片更具体写醉酒的神态。不仅写出惟妙惟肖的醉态，也写出了作者倔强的性格。

仅仅二十五个字，构成了剧本的片段：这里有对话，有动作，有神情，又有性格的刻画。小令词写出这样丰富的内容，是从来少见的。

"以手推松曰去"，这是散文的句法。《孟子》中有"'燕可伐欤?'曰:'可'。"的句子;《汉书·二疏传》有疏广"以手推常曰:'去'!"的句子。用散文句法入词，用经史典故入词，这都是辛弃疾豪放词风格的特色之一。

【能力培养与训练】

1. 熟读并背诵这首词。
2. 试分析辛弃疾在《西江月·遣兴》中所表现出的醉态、狂态。
3. 分析"以手推松曰去"，以散文句法入词的好处。

永 遇 乐
李清照

落日熔金[1]，暮云合璧[2]，人在何处？染柳烟浓，吹梅笛怨[3]，春意知几许？元宵佳节，融和天气，次第[4]岂无风雨？来相召，香车宝马，谢他酒朋诗侣。

中州[5]盛日，闺门多暇，记得偏重三五[6]，铺翠冠儿[7]，捻金雪柳[8]，簇带[9]争济楚[10]。如今憔悴，风鬟霜鬓[11]，怕见夜间出去。不如向，帘儿底下，听人笑语。

注释

[1] 落日熔金：落日的颜色好像熔化的黄金。
[2] 合璧：像璧玉一样合成一块。
[3] 吹梅笛怨：指笛子吹出《梅花落》曲幽怨的声音。
[4] 次第：接着，转眼。
[5] 中州：这里指北宋汴京。
[6] 三五：指元宵节。
[7] 铺翠冠儿：饰有翠羽的女式帽子。
[8] 捻金雪柳：元宵节女子头上的装饰。雪柳：一种白柳，中国刺绣中喜用的花样。妇女们常在衣、裙或腰带上用金线、银线绣上雪柳。
[9] 簇带：装扮之意。
[10] 济楚：也是当时的口语，指女子整齐美丽。
[11] 鬟：环形发髻。鬓：脸旁靠近耳朵的头发。风鬟雾鬓：形容女子头发的美，也形容女子头发蓬松散乱。

【作者作品】

李清照（1084—1155），号易安居士，齐州章丘（今属山东济南）人，以词著称，有较高的艺术造诣。父李格非为当时著名学者，夫赵明诚为金石考据家。早期生活优裕，与明诚共同致力于书画金石的搜集整理。金兵入据中原，流寓南方，明诚病死，境遇孤苦。所作词，前期多写其悠闲生活，后期多悲叹身世，情调感伤，有的也流露出对中原的怀念。李清照的词形式上善用白描手法，自辟途径，语言清丽。论词强调协律，崇尚典雅、情致，提出词"别是一家"之说，反对以作诗文之法作词。并能作诗，留存多首，部分篇章感时咏史，情辞慷慨，与其词风不同。有《易安居士文集》、《易安词》，已散佚。后人有《漱玉词》辑本。今人有《李清照集校注》。

【阅读提示】

《永遇乐》是李清照晚年避难江南时的作品，写她在一次元宵节时的感受。通过南渡前后过元宵节两种情景的对比，抒写作者离乱之后，愁苦寂寞的情怀。上片从眼前景物抒写心境；下片从今昔对比中抒发国破家亡的感慨，表达沉痛悲苦的心情。全词情景交融，跌宕有致。由今而昔，又由昔而今，形成今昔盛衰的鲜明对比。感情深沉、真挚。语言于朴素中见清新，平淡中见工致。

【能力培养与训练】

1. 背诵这首词。
2. 李清照留下很多优美的词作，我们以前还学习过哪些？
3. 联系李清照的身世欣赏这首词。

凤凰涅槃

郭沫若

天方国古有神鸟名"菲尼克司"（Phoenix），满五百岁后，集香木自焚，复从死灰中更生，鲜美异常，不再死。按此鸟殆即中国所谓凤凰；雄为凤，雌为凰。《孔演图》云："凤凰火精，生丹穴。"《广雅》云："凤凰……雄鸣曰即即，雌鸣曰足足。"

序 曲

除夕将近的空中，
飞来飞去的一对凤凰，
唱着哀哀的歌声飞去，
衔着枝枝的香木飞来，
飞来在丹穴山上。
山右有枯槁了的梧桐，
山左有消歇了的醴泉，
山前有浩茫茫的大海，
山后有阴莽莽的平原，
山上是寒风凛冽的冰天。
天色昏黄了，
香木集高了，
凤已飞倦了，
凰已飞倦了，
他们的死期将近了。
凤啄香木，

一星星的火点迸飞。
凰扇火星，
一缕缕的香烟上腾。
凤又啄，
凰又扇，
山上的香烟弥散，
山上的火光弥满。
夜色已深了，
香木已燃了，
凤已啄倦了，
凰已扇倦了，
他们的死期已近了。
啊啊！
哀哀的凤凰！
凤起舞，低昂！
凰唱歌，悲壮！

凤又舞，
凰又唱，

一群的凡鸟，
自天外飞来观葬。

凤 歌

即即！即即！即即！
即即！即即！即即！
茫茫的宇宙，冷酷如铁！
茫茫的宇宙，黑暗如漆！
茫茫的宇宙，腥秽如血！
宇宙呀，宇宙，
你为什么存在？
你自从哪里来？
你坐在哪里在？
你是个有限大的空球？
你是个无限大的整块？
你若是有限大的空球，
那拥抱着你的空间，
他从哪里来？
你的当中为什么又有生命存在？
你到底还是个有生命的交流？
你到底还是个无生命的机械？
昂头我问天，
天徒矜高，莫有点儿知识。
低头我问地，
地已死了，莫有点儿呼吸。
伸头我问海，

海正扬声而鸣。

啊啊！
生在这样个阴秽的世界当中，
便是把金刚石的宝刀也会生锈！
宇宙呀，宇宙，
我要努力地把你诅咒：
你脓血污秽着的屠场呀！
莫悲哀充塞着的囚牢呀！
你群鬼叫号着的坟墓呀！
你群魔跳梁着的地狱呀！
你到底为什么存在？
我们飞向西方，
西方同是一座屠场。
我们飞向东方，
东方同是一座囚牢。
我们飞向南方，
南方同是一座坟墓。
我们飞向北方，
北方同是一座地狱。
我们生在这样个世界当中，
只好学着海洋哀哭。

凰 歌

足足！足足！足足！
足足！足足！足足！
五百年来的眼泪倾泻如瀑。
五百年来的眼泪淋漓如烛。
流不尽的眼泪，
洗不净的污浊，
浇不熄的情炎，
荡不去的羞辱，
我们这飘渺的浮生，
到底要向哪儿安宿？

啊啊！
我们这飘渺的浮生，
好像那大海里的孤舟，
左也是漶漫，
右也是漶漫，
前不见灯台，
后不见海岸，
帆已破，
樯已断，
楫已漂流，
柁已腐烂，

倦了的舟子只是在舟中呻唤，
怒了的海涛还是在海中泛滥，

啊啊！
我们这飘渺的浮生，
好像这黑夜里的酣梦，
前也是睡眠，
后也是睡眠，
来得如飘风，
去得如轻烟，
来如风，
去如烟，
眠在后，
睡在前，
我们只是这睡眠当中得
一刹那的风烟。

啊啊！
有什么意思？

有什么意思？
痴！痴！痴！
只剩些悲哀，烦恼，寂寥，衰败，
环绕着我们活动着的死尸，
贯串着我们活动着的死尸。

啊啊！
我们年轻时候的新鲜哪儿去了？
我们年轻时候的甘美哪儿去了？
我们年轻时候的光华哪儿去了？
我们年轻时候的欢哀哪儿去了？
去了！去了！去了！
一切都已去了，
一切都要去了。
我们也要去了，
你们也要去了。
悲哀呀！烦恼呀！寂寥呀！衰败呀！

凤凰同歌

啊啊！
火光熊熊了。
香气蓬蓬了。
时期已到了。
死期已到了。

身外的一切！
身内的一切！
一切的一切！
请了！请了！

群鸟歌

岩鹰：
哈哈，凤凰！凤凰！
你们枉为这禽中的灵长！
你们死了吗？你们死了吗？
从今后该我为空界的霸王！

孔雀：
哈哈，凤凰！凤凰！
你们枉为这禽中的灵长！
你们死了吗？你们死了吗？
从今后请看我花翎上的威光！

鸱枭：
哈哈，凤凰！凤凰！
你们枉为这禽中的灵长！
你们死了吗？你们死了吗？
哦！是哪儿来的鼠肉的馨香？

家鸽：
哈哈，凤凰！凤凰！
你们枉为这禽中的灵长！
你们死了吗？你们死了吗？
从今后请看我们驯良百姓的安康！

鹦鹉：

哈哈，凤凰！凤凰！
你们枉为这禽中的灵长！
你们死了吗？你们死了吗？
从今后请听我们雄辩家的主张！

白鹤：

哈哈，凤凰！凤凰！
你们枉为这禽中的灵长！
你们死了吗？你们死了吗？
从今后请看我们高蹈派的徜徉！

凤凰更生歌

鸡鸣

听潮涨了，
听潮涨了，
死了的光明更生了。

春潮涨了，
春潮涨了，
死了的宇宙更生了。

生潮涨了，
生潮涨了，
死了的凤凰更生了。

凤凰和鸣

我们更生了，
我们更生了。
一切的一，更生了。
一的一切，更生了。
我们便是他，他们便是我，
我中也有你，你中也有我。
我便是你，
你便是我。
火便是凰。
凤便是火。
翱翔！翱翔！
欢唱！欢唱！

我们新鲜，我们净朗，
我们华美，我们芬芳，
一切的一，芬芳。
一的一切，芬芳。
芬芳便是你，芬芳便是我。
芬芳便是他，芬芳便是火。
火便是你。
火便是我。

火便是他。
火便是火。
翱翔！翱翔！
欢唱！欢唱！

我们热诚，我们挚爱。
我们欢乐，我们和谐。
一切的一，和谐。
一的一切，和谐。
和谐便是你，和谐便是我。
和谐便是他，和谐便是火。
火便是你。
火便是我。
火便是他。
火便是火。
翱翔！翱翔！
欢唱！欢唱！

我们生动，我们自由。
我们雄浑，我们悠久。
一切的一，悠久。
一的一切，悠久。
悠久便是你，悠久便是我。
悠久便是他，悠久便是火。
火便是你。
火便是我。
火便是他。
火便是火。
翱翔！翱翔！
欢唱！欢唱！

我们欢唱，我们翱翔。
我们翱翔，我们欢唱。
一切的一，常在欢唱。

一的一切，常在欢唱。　　　　　　　　只有欢唱！
是你在欢唱？是我在欢唱？　　　　　　只有欢唱！
是他在欢唱？是火在欢唱？　　　　　　欢唱！
欢唱在欢唱！　　　　　　　　　　　　欢唱！
欢唱在欢唱！　　　　　　　　　　　　欢唱！

【作者作品】

郭沫若（1892—1978），原名郭开贞，四川省乐山市沙湾人。创造社的主要成员。现代文学史上伟大的诗人和剧作家。代表作有诗集《女神》、《星空》、《前茅》、《恢复》和话剧《屈原》、《虎符》等。

郭沫若特别注重情绪在创作中的作用，认为"诗的本职专在抒情"。与这种注重主观自我，自由抒发情感的要求相适应，郭沫若最大程度地解放了诗体。在诗歌的形式方面，郭沫若主张"绝端的自由，绝端的自主"。因此，《女神》中的诗是情感解放的典型表现。"人"的任何情感都通过自我抒情得到了尊重和表达。中国社会几千年的封建礼教束缚着人们的精神欲求的自由表达，使人的自由个性、欲望需求遭到压抑。儒家文化价值取向也导致中国文学史上"思之邪"、"温柔敦厚"、"怨而不怒，哀而不伤"的诗教成为主要倾向，对自我感情的自由抒发一直不是中国文学的主流。《女神》的出现根本打破了这种状况，给新诗带来了新的东西，《女神》的自我表现性很强，不仅开拓了思想和道德意义上人的解放的内容，而且还开辟出了情感和审美意义上的人的解放的新内容，着重表现了作家来自切身体验的、由社会现实中感应到的具有审美价值的情绪。

本诗选自郭沫若新诗集《女神》。

【阅读提示】

《凤凰涅槃》分为六个部分，即《序曲》、《凤歌》、《凰歌》、《凤凰同歌》、《群鸟歌》、《凤凰更生歌》。可分成三个段落：一是《序曲》，写凤凰采集香木准备自焚的情景；二是《凤歌》、《凰歌》、《凤凰同歌》、《群鸟歌》，写凤凰自焚前的歌唱，倾诉了长期郁积在胸中的辛酸、羞辱和愤懑，表达了对眼前世界的绝望和准备与旧世界同归于尽的决心，一群凡鸟的丑陋、滑稽的表演，起到了反衬凤凰自焚的高大和悲壮的作用；三是《凤凰更生歌》，表现了自焚后新世界和新生命诞生的狂欢欣喜，是全诗的高潮。郭沫若借凤凰"集香木自焚，复从死灰中更生"的故事象征着中华民族在五四新旧裂变中的涅槃和更生。

在艺术特色上，本诗显出了浓烈的浪漫主义抒情特征。

第一，本诗显示出了火山爆发式的激情和狂飙突进的气概。作品为了达到对火山爆发式情感的宣泄，大量采用诸如排比、反复、设问和反问等手法。

第二，诗歌想象奇特，整体象征和局部象征运用恰切。

第三，自由体新诗的形式。全诗诗句长短不受格律和句子长度的限制，自由书写，根据抒情需要，宜长则长，宜短则短。诗歌在形式上彻底打破了旧诗形式的束缚，摆脱了新诗胡适式的半旧不新，实现了诗体式的大解放。

这首诗具有交响乐的艺术框架，既有浓郁浪漫的抒情，又有紧张激烈的戏剧冲突，凤凰的形象鲜明，几个乐章情绪饱满，具有较高的艺术性，形式和内容的结合达到高度的完美和统一。

【能力培养与训练】

1. 分角色朗诵全诗。
2. 请谈谈对凤和凰两个形象的认识。
3. 郭沫若自己曾说过："海涅的诗丽而不雄，惠特曼的诗雄而不丽。两者我都喜欢。两者都还不令我满意。"结合本诗谈谈作者是怎样体现他的艺术追求的。

雪花的快乐

徐志摩

假如我是一朵雪花，
翩翩的在半空里潇洒，
我一定认清我的方向——
飞扬，飞扬，飞扬，——
这地面上有我的方向。

不去那冷寞的幽谷，
不去那凄清的山麓，
也不上荒街去惆怅——
飞扬，飞扬，飞扬，——
你看，我有我的方向！

在半空里娟娟的飞舞，
认明了那清幽的住处，
等着她来花园里探望——
飞扬，飞扬，飞扬，——
啊，她身上有朱砂梅的清香！

那时我凭借我的身轻，
盈盈的，沾住了她的衣襟，
贴近她柔波似的心胸——
消溶，消溶，消溶——
溶入了她柔波似的心胸！

【作者作品】

徐志摩（1897—1931），现代诗人、散文家。名章垿，笔名南湖、云中鹤等，浙江海宁人。一九二一年他开始创作新诗，著有诗集《志摩的诗》、《翡冷翠的一夜》、《猛虎集》、《云游》，散文集《落叶》等，日记《爱眉小札》、《志摩日记》等。一九三一年十一月十九日，由南京乘飞机到北平，因飞机遇雾触山，机坠身亡。

二十世纪初，中国新文化运动风起云涌。郭沫若的《女神》以"绝端的自由，绝端的自主"的彻底破坏精神，冲决了传统诗词的形式，这是一个还没有确定形式的、无可仿效的天才创造，就连郭沫若本人此后也再没写出《女神》这样的诗作。很显然，在郭沫若的《女神》为新诗的发展开辟了道路以后，就迫切需要出现形式与内容的严格结合和统一，可供学习、足资师范的新诗作品，确立新的艺术形式与美学原则，使新诗走向"规范化"的道路。以闻一多、徐志摩为代表的前期新月派在新诗发展史上所担负的正是这样的历史使命。

新月派提出了"理性节制情感"的美学原则与诗的形式格律化的主张。和"理性节制情感"的美学原则相适应，新月派明确地提出以"和谐"、"均齐"为新诗最重要的审美特征。

正是为了创立"中国式"的新诗，闻一多进一步提出了"新诗格律化"的主张，鼓吹诗的"三美"，即"音乐美，绘画美，建筑美"。

【阅读提示】

徐志摩作为新月派代表诗人，在我国现代文学发展史上具有较大影响和重要地位。他的大量诗作在感情的宣泄、意境的营造、节奏的追求和形式的探究诸方面都为后世留下了珍贵的启迪，体现了特殊的美学价值。

胡适曾说徐志摩和其人生观里所追求的有三：一个是爱，一个是自由，一个是美。在《雪花的快乐》中，诗人以"雪花"自比，运用了借代的手法，以潇洒飞扬的雪花为意象，巧妙地传达了诗人执著追求爱情和美好理想的心声。在诗中，诗人以有灵性纯洁的作比，她"飞扬，飞扬，飞扬"，轻盈、自由、欢快，两个"不去"表现出对"她"追寻的坚定和执著，也是徐志摩对理想、自由和爱情追求精神的物化体现。

《雪花的快乐》韵律和谐，富于音乐美，诗人运用反复的手法连用三个"飞扬"增加了诗歌的音乐美，诗歌在构思上富有想象力和象征性，"雪花"意象的运用和"她"爱情或理想的象征都使本诗意蕴含蓄，极具艺术的美感。

【能力培养与训练】

1. 背诵此诗。
2. 课外阅读三首以上徐志摩的诗歌，对其诗的总体风格进行评价。

七律·人民解放军占领南京

毛泽东

钟山[1]风雨起苍黄[2]，百万雄师过大江。
虎踞龙盘[3]今胜昔，天翻地覆慨而慷[4]。
宜将剩勇追穷寇[5]，不可沽名学霸王[6]。
天若有情天亦老[7]，人间正道是沧桑[8]。

注释

[1] 钟山：即紫金山，南京市东。

[2] 苍黄：比喻大变化。

[3] 虎踞龙盘：《三国志》诸葛亮与孙权论金陵说，"钟阜龙蟠，石城虎踞。"

[4] 慨而慷：即慷慨。曹操《短歌行》中有"慨当以慷，忧思难忘。"

[5] 穷寇：指国民党残余的军事力量。《孙子兵法·军争篇》有"围师必阙（网开一面之意），穷寇勿迫"。

[6] 霸王：指西楚霸王项羽。鸿门宴上，他听了项伯的话，"今人有大功而击之，不义也。"没有杀刘邦。后来刘邦项羽血战连年，终于约定以鸿沟为界，中分天下。双方士兵为和平连呼万岁。项羽守约退兵，刘邦却立即背信弃义，围攻项羽于垓下，他的部下更把楚霸王项羽五马分尸。事迹见《史记·项羽本纪》。

[7] 天若有情天亦老：这是李贺的诗句，见《采桑子·重阳》注释。

[8] 沧桑：沧海桑田的略语。比喻巨大变化。葛洪《神仙传·麻姑》里，麻姑对王方平说，"接待以

来，已见东海三为桑田。"

【作者作品】

毛泽东（1893—1976），字润之，笔名子任。是湖南省湘潭韶山冲人。中国共产党、中国人民解放军和中华人民共和国的主要缔造者和领导人。一九四九年四月二十日，国民党拒绝在《国共和平协定》上签字。当夜，解放军在东起江苏江阴，西迄江西湖口的千里长江上，分三路强行渡江。二十三日晚，东路陈毅的第三野战军占领南京。

【阅读提示】

这首七律除了第二句"百万雄师过大江"是一句直白的语言外，其他七句，或用了成语，或用了典故，足见诗人文字语言造诣极深。

诗人在描写人民解放军占领南京这件重大历史事件中，没有用豪言壮语，没有用政治口号，而是通过古诗词的常规语言，通过成语和典故的巧妙运用，在仅仅五十六个字的七律中蕴涵了极大的信息量，把人民解放军占领南京的感怀，以及将革命进行到底建立新中国的政治抱负交代的清清楚楚，不愧是绝世名篇。

【能力培养与训练】

1. 朗诵《七律·人民解放军占领南京》。
2. 说说毛泽东的诗词的特点。

大堰河——我的保姆

艾 青

大堰河，是我的保姆。
她的名字就是生她的村庄的名字，
她是童养媳，
大堰河，是我的保姆。
我是地主的儿子；
也是吃了大堰河的奶而长大了的，
大堰河的儿子。
大堰河以养育我而养育她的家，
而我，是吃了你的奶而被养育了的。
大堰河啊，我的保姆。
大堰河，今天我看到雪使我想起了你：
你的被雪压着的草盖的坟墓，
你的关闭了的故居檐头的枯死的瓦菲，
你的被典押了的一丈平方的园地，
你的门前的长了青苔的石椅，
大堰河，今天我看到雪使我想起了你。

你用你厚大的手掌把我抱在怀里，抚摸我；

在你搭好了灶火之后，

在你拍去了围裙上的炭灰之后，

在你尝到饭已煮熟了之后，

在你把乌黑的酱碗放到乌黑的桌子上之后，

在你补好了儿子们的为山腰的荆棘扯破的衣服之后，

在你把小儿被柴刀砍伤了的手包好之后，

在你把夫儿们的衬衣上的虱子一颗颗的掐死之后，

在你拿起了今天的第一颗鸡蛋之后，

你用你厚大的手掌把我抱在怀里，抚摸我。

我是地主的儿子，

在我吃光了你大堰河的奶之后，

我被生我的父母领回到自己的家里。

啊，大堰河，你为什么要哭？

我做了生我的父母家里的新客了！

我摸着红漆雕花的家具，

我摸着父母的睡床上金色的花纹，

我呆呆地看着檐头的我不认得的"天伦叙乐"的匾，

我摸着新换上的衣服的丝的和贝壳的纽扣，

我看着母亲怀里的不熟识的妹妹，

我坐着油漆过的安了火钵的炕凳，

我吃着碾了三番的白米的饭，

但，我是这般忸怩不安！因为我，

我做了生我的父母家里的新客了。

大堰河，为了生活，

在她流尽了她的乳液之后，

她就开始用抱过我的两臂劳动了；

她含着笑，洗着我们的衣服，

她含着笑，提着菜篮到村边的结冰的池塘去，

她含着笑，切着冰屑悉索的萝卜，

她含着笑，用手掏着猪吃的麦糟，

她含着笑，扇着炖肉的炉子的火，

她含着笑，背了团箕到广场上去，

晒好那些大豆和小麦，

大堰河，为了生活，

在她流尽了她的乳液之后，

她就用抱过我的两臂，劳动了。

大堰河，深爱着她的乳儿；

在年节里，为了他，忙着切那冬米的糖，

为了他，常悄悄地走到村边的她的家里去，
为了他，走到她的身边叫一声"妈"，
大堰河，把他画的大红大绿的关云长，
贴在灶边的墙上，
大堰河，会对她的邻居夸口赞美她的乳儿；
大堰河曾做了一个不能对人说的梦：
在梦里，她吃着她的乳儿的婚酒，
坐在辉煌的结彩的堂上，
而她的娇美的媳妇亲切的叫她"婆婆"
……
大堰河，深爱她的乳儿！
大堰河，在她的梦没有做醒的时候已死了。
她死时，乳儿不在她的旁侧，
她死时，平时打骂她的丈夫也为她流泪，
五个儿子，个个哭得很悲，
她死时，轻轻地呼着她的乳儿的名字，
大堰河，已死了，
她死时，乳儿不在她的旁侧。
大堰河，含泪的去了！
同着四十几年的人世生活的凌侮，
同着数不尽的奴隶的凄苦，
同着四块钱的棺材和几束稻草，
同着几尺长方的埋棺材的土地，
同着一手把的纸钱的灰，
大堰河，她含泪的去了。
这是大堰河所不知道的：
她的醉酒的丈夫已死去，
大儿做了土匪，
第二个死在炮火的烟里，
第三，第四，第五，
在师傅和地主的叱骂声里过着日子。
而我，我是在写着给予这不公道的世界的咒语。
当我经了长长的飘泊回到故土时，
在山腰里，田野上，
兄弟们碰见时，是比六七年前更要亲密！
这，这是为你，静静的睡着的大堰河，
所不知道的啊！
大堰河，今天你的乳儿是在狱里，
写着一首呈给你的赞美诗，

呈给你黄土下紫色的灵魂，
呈给你拥抱过我的直伸着的手，
呈给你吻过我的唇，
呈给你泥黑的温柔的脸颜，
呈给你养育了我的乳房，
呈给你的儿子们，我的兄弟们，
呈给大地上一切的，
我的大堰河般的保姆和她们的儿子，
呈给爱我如爱她自己的儿子般的大堰河。
大堰河，我是吃了你的奶而长大了的，
你的儿子。

我敬你！
爱你！

【作者作品】

艾青（1910—1996），原名蒋正涵，号海澄，曾用笔名莪加、克阿、林壁等，浙江省金华人。中国现代诗人。被认为是中国现代诗的代表诗人之一。主要作品有《大堰河——我的保姆》、《艾青诗选》。

【阅读提示】

这首诗写于一九三二年的冬日。当时诗人因参加"左翼美术家联盟"被国民党逮捕，被关押在看守所中。据诗人自述，写这首诗时是在一个早晨，一个狭小的看守所窗口、一片茫茫的雪景触发了诗人对保姆的怀念，诗人激情澎湃地写下了这首诗。诗几经辗转，于一九三四年发表。诗人第一次使用了"艾青"这个笔名，并且一跃成为中国诗坛上的明星。

诗中的大堰河确有其人，其故事也都是真实的。也就是说，诗人完全按照事实，写出了诗人心中对保姆的真切感情。然而，这首诗又不是在写大堰河：她成了一个象征，大地的象征，一个中国土地上辛勤劳动者的象征，一个伟大母亲的象征。

全诗不押韵，各段的句数也不尽相同，但每段首尾呼应，各段之间有着强烈的内在联系；诗歌不追求诗的韵脚和行数，但排比的恰当运用，使诸多意象繁而不乱，统一和谐。这些使得诗歌流畅浅易，并且蕴蓄着丰富的内容。诗人善于从平凡的生活中提炼出典型的意象，以散文似的诗句谱写出强烈的节奏。诗歌具有一种奔放的气势，优美流畅的节奏，表达了诗人来不可遏、去不可止的感情，完美体现了艾青的自由诗体风格。

【能力培养与训练】

1. 朗读《大堰河——我的保姆》，体会诗歌中的感情。
2. 背诵全诗。

回　延　安

贺敬之

一

心口呀莫要这么厉害地跳，
灰尘呀莫把我眼睛挡住了……

手抓黄土我不放，
紧紧贴在心窝上。

几回回梦里回延安，
双手搂定宝塔山。

千声万声呼唤你

——母亲延安就在这里！

杜甫川唱来柳林铺笑，
红旗飘飘把手招。

白羊肚手巾红腰带，
亲人们迎过延河来。

满心话登时说不出来，
一头扑在亲人怀……

二

二十里铺送过柳林铺迎，
分别十年又回家中。

树梢树枝树根根，
亲山亲水有亲人。

羊羔羔吃奶望着妈，
小米饭养活我长大。

东山的糜子西山的谷，
肩膀上的红旗手中的书。

手把手儿教会了我，
母亲打发我们过黄河。

革命的道路千万里，
天南海北想着你……

三

米酒油馍木炭火，
团团围定炕头坐。

满窑里围的不透风，
脑畔上还响着脚步声。

老爷爷进门气喘得紧：
"我梦见鸡毛信来——可真见亲人……"

亲人见了亲人面
双眼的眼泪眼眶里转。

保卫延安你们费了心，

白头发添了几根根。

团支书又领进社主任，
当年的放羊娃如今长成人。

白生生的窗纸红窗花，
娃娃们争抢来把手拉。

一口口的米酒千万句话，
长江大河起浪花。

十年来革命大发展，
说不尽这三千六百天……

四

千万条腿来千万只眼，

也不够我走来也不够我看。

头顶着蓝天大明镜，　　　　　　一盏盏电灯亮又明，
延安城照在我心中：　　　　　　一排排绿树迎春风……

一条条街道宽又平，　　　　　　对照过去我认不出了你，
一座座楼房披彩虹；　　　　　　母亲延安换新衣。

五

杨家岭的红旗啊高高地飘，　　　赤卫队，青年团，红领巾，
革命万里起高潮！　　　　　　　走着咱英雄几辈辈人……

宝塔山下留脚印，　　　　　　　社会主义路上大踏步走，
毛主席登上了天安门！　　　　　光荣的延河还要在前头！

枣园的灯光照人心，　　　　　　身长翅膀吧脚生云，
延河滚滚喊"前进"！　　　　　　再回延安看母亲！

1956年3月9日

【作者作品】

　　贺敬之（1924—　），山东峄县人，现代著名诗人和剧作家。十五岁参加抗日救国运动，十六岁到延安入鲁迅艺术学院文学系，十七岁入党。一九四五年和丁毅执笔集体创作我国第一部新歌剧《白毛女》，获一九五一年斯大林文学奖。这是我国新歌剧发展的里程碑，作品生动地表现出"旧社会把人逼成鬼，新社会把鬼变成人"这一深刻的主题。他评述毛泽东诗词时曾这样说："毛泽东诗词以其前无古人的崇高优美的革命感情、道劲伟美的创造力量、超越奇美的艺术思想、豪华精美的韵调辞采，形成了中国悠久的诗史上风格殊绝的新形态的诗美，这种瑰奇的诗美熔铸了毛泽东的思想和实践、人格和个性。"

　　贺敬之的主要作品有歌剧《白毛女》（与丁毅合作）；秧歌剧《栽树》、《秦洛正》；诗集《朝阳花开》、《乡村之夜》、《并没有冬天》、《放歌集》、《贺敬之诗选》、《笑》；长诗《雷锋之歌》、《中国的十月》、《八一之歌》；抒情短诗《回延安》、《放声歌唱》等。

【阅读提示】

　　《回延安》是一首以陕北民歌"信天游"形式写成的新诗。诗人以饱满的激情，回忆延安的战斗生活，赞颂延安的巨变，展望延安的未来，表现了作者思念"母亲"延安的一片赤子之心，抒发了心中对母亲延安的眷恋。

　　这首诗是现代诗人吸收民歌营养而创作的一篇优秀作品。诗人采取"信天游"民歌的形式歌颂延安，这本身就是对延安母亲养育之恩的报答。诗的每一节都由两句构成，按照"信天游"的特点，第一句起兴，有时候两句诗兴、比连用，或比兴、夸张连用，并且通常要押韵。例如，"树梢树枝树根根，亲山亲水有亲人"，以"树"起兴，比喻诗人和延安以及延安的父老乡亲的血肉关系。"羊羔羔吃奶眼望着妈，小米饭养活我长大"，以"羊羔吃奶"起兴，喻延安对诗人的养育之恩。"杨家岭的红旗啊高高地飘，革命万里起高潮"，上

句起兴，使人联想到由延安一地向全国扩展的革命形势，下句紧接着使用夸张。"白生生的窗纸红窗花，娃娃们争抢来把手拉"，上句起兴，又兼有描写环境的作用。"信天游"中"兴"的表现手法，往往给读者以很大的想象空间，使感情表达有更充沛的力量。擅用夸张也是"信天游"的一个特点，如诗中的"一口口的米酒千万句话，长江大河起浪花"、"身长翅膀吧脚生云，再回延安看母亲"等句。再有拟人、排比、对偶等修辞手法，也是民歌中经常采用的，它们为这首诗增添了亲切、活泼的感情色彩。这首诗里还有不少陕北方言，如多次出现的叠音词"几回回"、"树根根"、"羊羔羔"、"白生生"、"一口口"等，一些儿化音"紧紧儿"、"手把手儿"等。总之，用"信天游"的形式歌颂延安，抒发诗人心中对母亲的眷恋之情，这首诗的形式和内容达到了完美的统一。

【能力培养与训练】

1. 朗诵《回延安》。
2. 谈谈这首诗的特点。
3. 联系时代背景，谈谈作者写作这首诗的时候的内心情感。

草木篇

流沙河

寄言立身者，勿学柔弱苗

——唐 白居易

白 杨

她，一柄绿光闪闪的长剑，孤伶伶地立在平原，高指蓝天。也许，一场暴风会把她连根拔去。但，纵然死了吧，她的腰也不肯向谁弯一弯！

藤

他纠缠着丁香，往上爬，爬，爬……终于把花挂上树梢。丁香被缠死了，砍作柴烧了。他倒在地上，喘着气，窥视着另一株树……

仙人掌

它不想用鲜花向主人献媚，遍身披上刺刀。主人把她逐出花园，也不给水喝。在野地里，在沙漠中，她活着，繁殖着儿女……

梅

在姐姐妹妹里，她的爱情来得最迟。春天，百花用媚笑引诱蝴蝶的时候，她却把自己悄悄地许给了冬天的白雪。轻佻的蝴蝶是不配吻她的，正如别的花不配被白雪抚爱一样。在姐姐妹妹里，她笑得最晚，笑得最美丽。

毒菌

在阳光照不到的河岸，他出现了。白天，用美丽的彩衣，黑夜，用暗绿的磷火，诱惑人类。然而，连三岁孩子也不去睬他。因为，妈妈说过，那是毒蛇吐的唾液……

1956 年 10 月 30 日成都

【作者作品】

流沙河（1931—　），原名余勋坦，四川成都人。五十年代出版有《农村夜曲》、《告别火星》。一九五七年一月参与创办诗刊《星星》，并发表散文诗《草木篇》。七十年代末回归文坛，以诗记叙自己以往的生活遭遇和心理体验，结集为《流沙河诗集》、《故园别》（诗集）、《游踪》（诗集）、《独唱》（诗集）、《锯齿啮痕录》（散文集）等。

一九五六年秋天，流沙河在文学讲习所结业后，登上南行的列车回四川。他自称"心情悒郁"，一路上思绪起伏，挥笔写成了五首寓言式的散文小诗。由于这五首小诗都是以草木言志，作者便冠以《草木篇》的总题。

【阅读提示】

《草木篇》是一组托物言志的散文诗。诗人通过对五种植物（白杨、藤、仙人掌、梅、毒菌）进行描绘，以草木形象化和人格化的描写，借以隐喻人在现实生活中的立身处世之道。《白杨》、《仙人掌》、《梅》热情地歌颂了孤直不屈、不向权贵低头、不随波逐流、忠贞不渝而高洁的美好品格；《藤》借植物本性批判了攀附权势凭借外力往上爬的现象；《毒菌》提醒大家要善于识破伪装，以避免自己受伤害和欺骗。

在艺术上，诗人精选五种草木并对其特征给予夸张表现，采用白描以及漫画式的简笔勾勒形象，运用总体象征的手法使诗歌的表达形象而含蓄，具有很高的艺术感染力。《草木篇》以小见大，表现手法上托物喻人，感情抒发上憎爱分明，语言运用上刚柔并济，堪称当代咏物诗中的佳作。

【能力培养与训练】

1. 请学生结合《草木篇》和其他诗作谈谈自己对植物、动物习性或品性的理解和情感倾向。
2. 结合流沙河的人生经历谈谈社会和逆境对一个人的影响及启示。

馈　赠

舒　婷

我的梦想是池塘的梦想　　　　短暂，却留下不朽的创作
生存不仅映照天空　　　　　　在孩子双眸里
让周围的垂柳和紫云英　　　　燃起金色的小火
把我汲取干净吧　　　　　　　在种子胚芽中
缘着树根我走向叶脉　　　　　唱着翠绿的歌
凋谢于我并非伤悲　　　　　　我简单而又丰富
我表达了自己　　　　　　　　所以我深刻
我获得了生命
我的快乐是阳光的快乐　　　　我的悲哀是候鸟的悲哀
　　　　　　　　　　　　　　只有春天理解这份热爱

忍受一切艰难失败　　　　　　　进入所有年代
永远飞向温暖、光明的未来
啊，流血的翅膀　　　　　　　　我的全部感情
写一行饱满的诗　　　　　　　　都是土地的馈赠
深入所有心灵

【作者作品】

　　舒婷（1952—　），出生于福建石码镇，原名龚佩瑜。中国女诗人，主要著作有诗集《双桅船》、《会唱歌的鸢尾花》、《始祖鸟》，散文集《心烟》等。舒婷是朦胧诗派的代表人物，她的《致橡树》是朦胧诗潮的代表作之一。

　　舒婷崛起于二十世纪七十年代末的中国诗坛，一九七八年《今天》杂志的创刊，标志着朦胧诗这股现代诗潮从地下转入公开，进入"文革"后波澜迭起的文学大潮之中。朦胧诗派成员包括北岛、顾城、舒婷、江河、杨炼、芒克、多多、梁小斌等，这些年轻诗人从自我心灵出发，以象征、隐喻、通感等现代诗歌的艺术技巧，创作了一批具有新的美学特点的诗歌。这一诗歌群体刚一出现于文坛，就因其独特而新颖的审美因素而受到人们的注意，并引发了一系列的争议。一九八〇年八月，《诗刊》发表了章明的《令人气闷的"朦胧"》一文，以"叫人看不懂"为由来否定它们的意义和价值，"朦胧诗"便因此得名。这个流派的诗人以迥异于前人的诗风，在中国诗坛上掀起了一股朦胧诗大潮。持这种观点的代表人物还有方冰、臧克家、周良沛等。与此相反，谢冕、孙绍振和徐敬亚等人则先后著文肯定这一新诗潮，首先是诗评家谢冕从文学史的角度肯定了这些诗人的探索精神，孙绍振则认为这批年轻诗人的诗歌所代表的是一种新的美学原则，（他）进而概括了这批朦胧诗的三个美学原则，即"不屑于作时代精神的传声筒"，"不屑于表现自我情感世界以外的丰功伟绩"，"回避写那些我们习惯了的人物的经历、英勇的斗争和忘我的劳动场景"。而本身就是新诗潮阵营中一员的徐敬亚在其论文中大胆地以"现代倾向"和"现代主义文学"的字眼概括了新诗潮的性质。这三篇"崛起"的文章，对朦胧诗潮的文学史意义、美学原则及其特征、内涵进行了全面的阐述。

　　作为朦胧诗代表诗人的舒婷，长于以女性独有的敏感从女性的人道的立场在一些常常被人们漠视的常规现象中发现深刻的诗化哲理，并把这种发现写得既富有思辨力量，又楚楚动人。

　　舒婷的诗，有明丽隽美的意象，缜密流畅的思维逻辑，从这方面说，她的诗并不"朦胧"，只是多数诗的手法采用隐喻、局部或整体象征，很少以直抒告白的方式写作，表达的意象有一定的多义性。

【阅读提示】

　　这首诗描述的是诗人自我的审美意识和审美理想，它似乎非常含蓄，但全诗都很明显地在抒发诗人自身的抱负和志向。"诗言志"。诗人的自我，包含了"我的全部感情"。它既然"都是土地的馈赠"，那么诗人就要把它还给大地，还给人民。诗人的自我是一个多元的整

体，分解为"梦想"、"快乐"与"悲哀"，表现了诗人对美的具体追求和向往。

在艺术表现上，本诗气韵顺畅，喻义明晰，层层递进，力量渐升，最后水到渠成，升华主题，自然贴切，毫无雕琢之痕。诗歌采用了内心独白的抒情方式，便于坦诚、开朗地直抒诗人的心灵世界；同时，以整体象征的手法构造意象，哲理性很强。在亲切可感的形象中，这首富于理性气质的诗使人感觉不到任何说教意味，只是被其中丰美动人的形象所征服。

【能力培养与训练】

1. 谈谈对"生存不仅映照天空"、"阳光的快乐"、"候鸟的悲哀"等诗句的理解。
2. 有人认为，"池塘"、"阳光"和"候鸟"是"我"的三个变奏，它们奏响了一个奉献与追求的艺术主题，其中饱含着诗人的渴望、自信和艰辛。你怎样评价这种解读？

麦地与诗人

海 子

询 问

在青麦地上跑着　　　　　　　　一种善良
雪和太阳的光芒　　　　　　　　你无力偿还
诗人，你无力偿还　　　　　　　你无力偿还
麦地和光芒的情义　　　　　　　一颗放射光芒的星辰
一种愿望　　　　　　　　　　　在你头顶寂寞燃烧

答 复

麦地　　　　　　　　　　　　　神秘的质问者啊
别人看见你　　　　　　　　　　当我痛苦地站在你的面前
觉得你温暖，美丽　　　　　　　你不能说我一无所有
我则站在你痛苦质问的中心　　　你不能说我两手空空
被你灼伤　　　　　　　　　　　麦地啊，人类的痛苦
我站在太阳 痛苦的芒上　　　　是他放射的诗歌和光芒
麦地

【作者作品】

海子（1964—1989），男，原名查海生，中国当代诗人。十五岁时考入北京大学法律系，大学期间开始诗歌创作。生前为中国政法大学教师。他是二十世纪中国新文学史中一位全力冲击文学与生命极限的诗人，其主要作品有长诗《但是水，水》、《土地》，话剧《弑》及约两百首抒情短诗等。其被流传最广的诗句是"我有一所房子，面朝大海，春暖花开"。

这个用心灵歌唱着的诗人，一直都在渴望倾听远离尘嚣的美丽回音，他与世俗的生活相隔遥远，甚而一生都在企图摆脱尘世的羁绊与牵累。二十世纪八十年代特殊的精神氛围，海

子是一个与之密切相关的文化象征，代表了某种价值理念和精神原型：以超越现实的冲动和努力，审视个体生命的终极价值，质疑生存的本质和存在的理由为核心的激进的文化姿态和先锋意识。

【阅读提示】

《麦地与诗人》分《询问》和《答复》两部分。诗人在诗中以麦地与诗人一问一答的形式，质问人类存在的意义，但是更主要的，是叩问诗人存在的意义。

因而，无论是想象中抑或是现实中的尘世幸福，海子都不在其中。海子这位二十世纪八十年代最后的牧歌诗人，将永远栖居在自己的麦地里守望着别人的幸福。

【能力培养与训练】

1. 诗人回答说："当我痛苦地站在你的面前/你不能说我一无所有/你不能说我两手空空""麦地啊，人类的痛苦/是他放射的诗歌和光芒"。谈谈你的理解。

2. 结合这首诗对比分析海子的诗歌《面朝大海 春暖花开》，谈谈海子诗歌的特点。

祝　　愿
——写给友人生日
汪国真

因为你的降临　　　　　　　　　美好的怀念　似锦如织
这一天　　　　　　　　　　　　我亲爱的朋友
成了一个美丽的日子　　　　　　请接受我深深的祝愿
从此世界　　　　　　　　　　　愿所有的欢乐都陪伴着你
便多了一抹诱人的色彩　　　　　仰首是春　俯首是秋
而我记忆的画屏上　　　　　　　愿所有的幸福都追随着你
更添了许多　　　　　　　　　　月圆是画　月缺是诗

【作者作品】

汪国真，一九五六年六月二十二日出生，中学毕业以后进入北京第三光学仪器厂当工人。一九八二年毕业于暨南大学中文系。汪国真的诗歌在主题上积极向上、昂扬而又超脱。他的作品的一个特征经常是提出问题，而这问题是每一个人生活中常常会遇到的，其着眼点是生活的导向实践，并从中略加深化，拿出一些人所共知的哲理。

二十世纪九十年代是诗歌的火红年代，汪国真是一个炙手可热的名字，承载着一代人的集体记忆。一九九〇年，《年轻的潮》、《年轻的风》、《年轻的思绪》、《年轻的潇洒》等诗集相继问世，使汪国真红遍大江南北，那一年被称为"汪国真年"。

【阅读提示】

朋友是自己一生的财富，汪国真用诗的语言写下了对好朋友真诚的祝福和赞美，在诗人的世界里一切都是美好的。这首婉约柔美的小诗，体现了诗人内心美好的世界。在平时的繁忙中,因为有了朋友,而让我们的生活更加幸福。在人生的旅途上,因为有了朋友,而让我们的步履更加自信。

这首俊逸的白话诗歌细细读来,如春雨丝丝密密地滋润着我们的心田,让我们更加热爱美好的生活。

【能力培养与训练】

1. 背诵朗读《祝愿》。
2. 课外阅读汪国真的一些很有影响的诗歌,体会他的诗歌的特点。

一棵开花的树
席慕容

如何让你遇见我　　　　　　　当你走近
在我最美丽的时刻　　　　　　请你细听

为这　　　　　　　　　　　　那颤抖的叶
我已在佛前求了五百年　　　　是我等待的热情
求佛让我们结一段尘缘
佛于是把我化做一棵树　　　　而当你终于无视地走过
长在你必经的路旁　　　　　　在你身后落了一地的
　　　　　　　　　　　　　　朋友啊
阳光下　　　　　　　　　　　那不是花瓣
慎重地开满了花　　　　　　　那是我凋零的心
朵朵都是我前世的盼望

【作者作品】

席慕容(1943—　　),台湾著名女诗人、散文家、画家。蒙古族,全名穆伦·席连勃,蒙文意为浩荡大江河。祖籍内蒙古,一九四三年生于四川,幼年在香港度过,成长于台湾。台湾师范大学美术系毕业后,赴欧深造。一九六六年以第一名的成绩毕业于比利时布鲁塞尔皇家艺术学院。曾获比利时皇家金牌奖、布鲁塞尔市政府金牌奖、欧洲美协两项铜牌奖、金鼎奖最佳作词及中兴文艺奖章新诗奖等。曾任台湾新竹师范学院教授多年,现为专业画家。代表作有《一棵开花的树》、《七里香》、《盼望》等。二十世纪八十年代末到九十年代初,她的诗歌在大陆风靡一时,那时的青年男女要么在背英文单词,要么在背席慕容的诗。二〇〇二年受聘为内蒙古大学名誉教授。由其作词的《父亲的草原母亲的河》因其浓厚的思乡之情,让留在家乡和漂泊在外的蒙古族儿女广为传唱。

【阅读提示】

诗之灵魂在于情,情真意切才有诗。席慕容的《一棵开花的树》把一位少女的怀春之心表现得情真意切,震撼人心。

【能力培养与训练】

1. 背诵朗诵《一棵开花的树》。
2. 课外再阅读《七里香》，谈谈席慕容诗歌的特点。

《浮士德》节选

〔德国〕歌德

第三场　书斋

……

（雾散，梅非斯特作浪荡学生的装束，出现于火炉后方）

梅非斯特：何事喧哗？先生有什么吩咐？

浮士德：这就是狮子狗的原形！

　　　　浪荡学生？这种事真笑煞人。

梅非斯特：我向博学的先生致敬！

　　　　你使我出了冷汗一身。

浮士德：请问大名？

梅非斯特：这问题微不足道，

　　　　先生对言语总是非常藐视，

　　　　总是趋避一切外表，

　　　　而只探讨深奥的本质。

浮士德：对于你们，一听名字，

　　　　就能知道你们的本质，

　　　　这是十分明显的事情，

　　　　只要听人叫你们蝇主、破坏者、说谎精。

　　　　得啦，你到底是谁？

梅非斯特：那种力量的一部分，

　　　　常想作恶，反而常将好事作成。

浮士德：这个谜语意义可有欠分明？

梅非斯特：我是常在否定的精灵！

　　　　这自有道理，因为，

　　　　生成的一切总应当要归于毁灭；

　　　　所以最好，不如不生。

　　　　因此你们所说的罪行、

　　　　破坏，总之，所说的恶，

　　　　都是我的拿手杰作。

浮士德：你自称一部分，如何对我呈现出整体？

梅非斯特：我对你讲话是实事求是。

　　　　人类，愚蠢的小宇宙，他们总是

把他们自己当做整体；
我是部分的一部分，部分原本是大全，
我是黑暗的一部分，光本来生于黑暗，
傲慢的光，如今跟它的母亲——黑夜
争夺空间及其古老的地位，
可是总不成功，因为，这尽管努力，
却总不能跟物体分离。
光发自物体，赋予美丽的外形，
却又被物体将去路阻挡，
因此，我想，等不久长，
光或许会跟物体同归于尽。

浮士德：我弄清你的伟大任务！
　　　　你不能大规模毁灭万物，
　　　　只得先从小规模开始。

梅非斯特：当然这样成不了大事。
　　　　　跟虚无对立的这种存在，
　　　　　就是这个笨拙的世界，
　　　　　尽管我耗费许多心血，
　　　　　我总是无法将它解决，
　　　　　用地震、火灾、暴风、巨浪，
　　　　　到头来海和陆地依然无恙！
　　　　　对付人和禽兽，这些该死的混蛋，
　　　　　简直没有办法可想。
　　　　　不知有多少已被我埋葬！
　　　　　可是却依然有新鲜的血液在循环。
　　　　　这样下去，真要令人发疯！
　　　　　从空气中、水中、土中，
　　　　　一切燥湿寒暖之地，
　　　　　都萌发出无数的胚芽！
　　　　　如果我没有把火焰留下，
　　　　　我就别无特殊的武器。

浮士德：你就对那无止无休、
　　　　救世创世的最高权威
　　　　握紧冷酷的魔鬼拳头，
　　　　你的心机徒然白费！
　　　　混沌所生的古怪的儿子，
　　　　去找点其他工作干干！

梅非斯特：这件事真要从长计议，
　　　　　我们留待下次再谈！

这次可否让我告辞？

浮士德：我不明白，干吗要问我？

现在我已跟你认识，

你高兴时，尽可以来找我。

这儿是窗，这儿是门，

烟囱也可随你出入。

梅非斯特：老实说吧！我要走出房门，

有点小障碍将我挡住，

你的门槛上的魔脚——

浮士德：五角星使你很不自在？

地狱之子，我不明了，

它既能驱魔，你却怎能进来？

你怎样将这灵符瞒过？

梅非斯特：仔细看看！它画得有点讹错，

你瞧，它有一点小小的缺口，

就在向外的一只角上。

浮士德：这种巧事非比寻常！

你竟成了我的阶下囚？

真是意想不到的外快！

梅非斯特：狮子狗没有注意，它就跳了进来，

现在事情完全两样，

恶魔无法走出书房。

浮士德：你为何不从窗口出去？

梅非斯特：因为恶魔和幽灵有一个规律：

走进走出必须打从同一个地方。

走进时自由自在，走出时确是奴隶。

浮士德：地狱也有它的法治？

我觉得很好，可以跟阁下订约，

你们这种人一定会保证遵守？

梅非斯特：约好的权利，你可以全部享受，

一点不会有什么减少。

可是这不能草草办成，

我们下次再来商议；

现在我要恳求你，

这次务须给我放生。

浮士德：请你再在这里逗留一会，

先讲一些有趣的新闻。

梅非斯特：请放我走！我马上就要回来，

那时随你怎样询问。

浮士德：不是我存心将你擒拿，
　　　　而是你自己自投罗网。
　　　　捉住魔鬼，不可放他！
　　　　第二次再要擒他，没有这样便当。

梅非斯特：既然你高兴，我也非常乐意，
　　　　　留在这里跟你作伴；
　　　　　但有个条件，让我行使我的法术，
　　　　　跟你好好消遣。

浮士德：我很想欣赏，请随意施行，
　　　　只是法术要使人高兴！

梅非斯特：朋友，在这一小时之间，
　　　　　你的官能获得的快感，
　　　　　超过单调的一年光阴。
　　　　　温柔的精灵发出的歌唱，
　　　　　给你变来的美丽的景象，
　　　　　决非空虚的魔术把戏。
　　　　　你会嗅到一片芳馨，
　　　　　你会感到口舌生津，
　　　　　触觉也会忘其所以。
　　　　　我们毋须事先准备，
　　　　　人已到齐，现在开始！

众精灵：阴暗的屋顶，
　　　　请你们开放！
　　　　让蓝天灏气
　　　　亲切迷人地
　　　　向室内窥望！
　　　　昏昏的乌云，
　　　　请你们隐藏！
　　　　……

梅非斯特　他睡了！行了，轻捷、温柔的小鬼！
　　　　　你们忠实地唱得他入睡！
　　　　　我非常感激你们这一次合唱。
　　　　　你还没有资格能把恶魔抓住，
　　　　　请用甘美的幻影把他骗住，
　　　　　把他沉入幻想的海洋；
　　　　　可是要破除门槛上的魔符，
　　　　　我要用鼠牙帮忙。
　　　　　我念咒毋需花很久时间，
　　　　　有一只已在钻动，它马上就会听见。

我是大鼠、小鼠、苍蝇、

青蛙、臭虫、跳蚤的主人，

现在命令你大胆出来，

给我把这门槛咬坏，

刚刚把油涂上门槛——

你已跳到我的面前！

赶快进行！最前面那只角上，

那个尖端是我的魔障。

再咬一口，那就成功。——

浮士德，再见以前，请继续做你的好梦。

（浮士德醒来）

浮士德：难道我又上当一回？

成群的精灵就此化为乌有，

我只落得在梦中见了次魔鬼，

反而逃掉一只狮子狗？

钱春绮　译

【作者作品】

歌德（1749—1832），生于法兰克福镇的一个富裕市民家庭，德国伟大的诗人、小说家和剧作家，德国"狂飙突进"的中坚。其创作最著名的是书信体小说《少年维特之烦恼》、诗体哲理悲剧《浮士德》和长篇小说《威廉·迈斯特》。

本文选自钱春绮译著名诗剧《浮士德》，上海译文出版社，一九八二年版。

海涅在一八三二年《论浪漫派》中指出："德国人民本身就是那位知识丰富的浮士德博士，就是那位理想主义者……"《西方的没落》的作者施本格勒则认为，浮士德的形象象征着整整一个文化时代——当然指的是资本主义时代；浮士德可以说是"现代欧洲人"——就是资产者的典型。还有学者干脆称浮士德为"地道的人"，为最完美的人性的理想。

否定浮士德的说法有：迪尔克论证天才的浮士德到最后成了庸人，只满足于日常的事务性工作，成为平凡的企业主、追求利润的冒险者。按照伯姆的观点，浮士德充满"精神上的巨人主义"，而这又不断突变成融解了的感伤性。浮士德是个具有"巨人性和感伤性的怪人"。浮士德不是人类的象征，由于与魔鬼结盟成了破产者和昧心的冒险家。

当代西方研究浮士德的人希望能恰当地评价浮士德。托马斯·曼和当代著名歌德研究者特龙茨等都强调浮士德形象的双重性。

【阅读提示】

《浮士德》取材于十六世纪关于浮士德博士的民间传说。以浮士德博士的思想发展为线索写他探索人生要义的一生，是一部思想内容很丰富的诗剧作品。通过浮士德的人生经历，宣传自强不息的进取精神；宣传摆脱中世纪的愚昧状态，克服人类内在和外在的矛盾，创造资产阶级理想王国的启蒙思想。浮士德经历了书斋、爱情、宫廷、美的梦幻、征服自然等五个人生阶段，他从挣脱思想禁锢，到沉溺于个人的官能享受，进而对事业和美的追求，最后在改造自然、实现崇高理想的伟大斗争中得出结论："每天每日去开拓生活和自由，然后才能作自由和生活的享受"；表达了作者深刻的人生体验——生活就是追求，而追求的过程又是循环前进的。世界和人类就是在这不断追求、不断幻灭的大循环中矛盾运动、发展进步的。诗剧还表达了一种现代意义，即人始终处于与外界的冲突中，失败和灾难无法避免，但主人公以自身的行动决定自己的本质，从而奠定了现代人格的基础。

浮士德的形象既鲜明生动，又具有矛盾复杂的个性，他一方面平庸鄙俗，安于现状；另一方面又不断追求，积极向上，这反映了特定历史时期资产阶级的两重性。作为一个新兴的阶级，它有革命的一面；作为剥削阶级，它又有保守的一面。

《浮士德》在艺术上有它独特的风采：以幻想为主，将写实和幻想结合（天上地下、现实古代、人类魔鬼），用矛盾对比的手法刻画人物群像。天帝与魔鬼是理性与情欲的对比；浮士德与梅非斯特是人类与魔鬼的对比；浮士德与玛加蕾特是知识者与自然的对比。比较的手法使各自的性格特征更为鲜明。形式多样化。诗剧大量运用了象征、比喻的手法，如人造人、海伦、魔女之厨都是象征，批评教会则常用暗喻。

【能力培养与训练】

1. 浮士德是个什么样的人？作者塑造这个形象的意义何在？

2. 课堂讨论：每个人的思想深处都有善和恶的一面，在你的生活中有梅非斯特的存在吗？结合自己的经历谈谈对梅非斯特的看法。

西 风 颂
〔英国〕雪莱

一

哦，狂野的西风，你把秋气猛吹，
不露脸便将落叶一扫而空，
犹如法师赶走了群鬼，

赶走那黄绿红黑紫的一群，
那些染上了瘟疫的魔怪——
啊，你让种子长翅腾空，

又落在冰冷的土壤里深埋，

像尸体躺在坟墓，但一朝
你那青色的春风妹妹回来，

为沉睡的大地吹响银号，
驱使羊群般的蓓蕾把大气猛喝，
就吹出遍野嫩色，处处香飘。

狂野的精灵！你吹遍了大地山河，
破坏者，保护者，听吧——听我的歌！

二

你激荡长空，乱云飞坠
如落叶；你摇撼天和海，
不许它们像老树缠在一堆；

你把雨和电赶了下来，
只见蓝空上你骋驰之处

忽有万丈金发拨开，

像是酒神的女祭司勃然大怒，
愣把她的长发遮住了半个天，
将暴风雨的来临宣布。

你唱着挽歌送别残年，

今夜这天空宛如圆形的大墓，
罩住了混浊的云雾一片，

却挡不住电火和冰雹的突破，
更有黑雨倾盆而下！啊，听我的歌！

三

你惊扰了地中海的夏日梦，
它在清澈的碧水里静躺，
听着波浪的催眠曲，睡意正浓，

朦胧里它看见南国港外石岛旁，
烈日下古老的宫殿和楼台
把影子投在海水里晃荡，

它们的墙上长满花朵和癣苔，

那香气光想想也叫人醉倒！
你的来临叫大西洋也惊骇，

它忙把海水劈成两半，为你开道，
海底下有琼枝玉树安卧，
尽管深潜万丈，一听你的怒号

就闻声而变色，只见一个个
战栗，畏缩——啊，听我的歌！

四

如果我能是一片落叶随你飘腾，
如果我能是一片流云伴你飞行，
或是一个浪头在你的威力下翻滚，

如果我能有你的锐势和冲动，
即使比不上你那不羁的奔放，
但只要能拾回我当年的童心，

我就能陪着你遨游天上，

那时候追上你未必是梦呓，
又何至沦落到这等颓丧，

祈求你来救我之急！
啊，卷走我吧，像卷落叶，波浪，流云！
我跌在人生的刺树上，我血流遍体！

岁月沉重如铁链，压着的灵魂
原本同你一样：高傲，飘逸，不驯。

五

让我做你的竖琴吧，就同森林一般，
纵然我们都叶落纷纷，又有何妨！
我们身上的秋色斑斓，

好给你那狂飙曲添上深沉的回响，
甜美而带苍凉。给我你迅猛的劲头！
豪迈的精灵，化成我吧，借你的锋芒，

把我的腐朽思想扫出宇宙，

扫走了枯叶好把新生来激发；
凭着我这诗韵做符咒，

犹如从未灭的炉头吹出火花，
把我的话散布在人群之中！
对那沉睡的大地，拿我的嘴当喇叭，

吹响一个预言！啊，西风，
如果冬天已到，难道春天还用久等？

王佐良　译

【作者作品】

　　雪莱（1792—1822），十九世纪英国著名浪漫主义诗人。他出生在一个古老而保守的贵族家庭，就学于伊顿公学和牛津大学，曾参加爱尔兰民族独立运动。一八二二年七月八日，诗人出海航行遭遇暴风雨，溺水而亡。诗人一生创作了大量优秀的抒情诗及政治诗，他的诗作纯洁无邪，经常以山花、云彩、飞鸟、流水入诗，赞美民族自由，向往理想社会，鞭挞专制暴政，歌颂革命思想。其作品热情而富哲理思辨，诗风自由不羁，常任天上地下、时间空间、神怪精灵往来变幻驰骋，又惯用梦幻象征手法和远古神话题材。《致云雀》、《西风颂》、《自由颂》、《解放了的普罗米修斯》、《暴政的假面游行》等诗都一直为人们传唱不衰。雪莱的诗，激情澎湃，洋溢着乐观主义的精神，饱含着对未来和革命必胜的信念，曾激动了无数革命者的心灵。恩格斯称他为"天才的预言家"，马克思冠他为"彻头彻尾的革命家"。

【阅读提示】

《西风颂》是雪莱"三大颂"诗歌中的一首，写于 1819 年。这时诗人正旅居意大利，处于创作的高峰期。全诗气势磅礴，文笔飘逸，想象奇特，形式完善，描绘了西风横扫大地、席卷长空、震撼海洋的自然奇观，歌颂了西风摧枯拉朽、孕育新生命的"毁坏者"兼"保存着"的形象，抒发了诗人反抗黑暗、向往光明的革命激情。诗人凭借自己的诗才，借助自然的精灵让自己的生命与鼓荡的西风相呼相应，用气势恢宏的篇章唱出了生命的旋律和心灵的狂舞。

《西风颂》的艺术特点如下。首先，结构严谨，层次清晰，主题集中，全诗围绕歌唱西风扫除腐朽、鼓舞新生的强大威力，通过西风扫除林中残叶、搅动天上的浓云密雾和掀起大海的汹涌波涛三个意境来抒发对西风的赞美之情。其次，《西风颂》采用的是象征手法，整首诗从头至尾环绕着秋天的西风做文章，无论是写景还是抒情，都没有脱离这个特定的描写对象，没有使用过一句政治术语和革命口号。然而雪莱实质上是通过歌唱西风来歌唱革命。诗中的西风、残叶、种籽、流云、暴雨雷电、大海波涛、海底花树等，包含着深刻的寓意，大自然风云激荡的动人景色，乃是人间蓬勃发展的革命斗争的象征性反映。这里，西风已经成了一种象征，它是一种无处不在的宇宙精神，一种打破旧世界，追求新世界的西风精神。诗人以西风自喻，表达了自己对生活的信念和向旧世界宣战的决心。

【能力培养与训练】

1. 大声诵读，体会《西风颂》所表达的思想感情。

2. 同样一种自然现象在不同心情的人看来有不同的感受，试以"风"为例，谈谈感受。

《叶甫盖尼·奥涅金》节选
〔俄国〕普希金
第一章
五

粗浅的、一知半解的教育，
我们大家全都受过一点，
因此，炫耀这个，感谢上帝，
在我们这儿并不困难。
奥涅金，按照众人的评议

（这些评论家都果断严厉），
有点儿学问，但自命不凡，

他拥有一种幸运的才干，
善于侃侃而谈，从容不迫，
会不疼不痒地说天道地，
也会以专家博学的神气，
在重大争论中保持沉默，
也会突然用警句的火花，
把女士嫣然的笑意激发。

十

他过早地学会以假当真，　　花言巧语时，又热情奔放，
会隐瞒希望，他也会忌妒，　　写情书时多么轻率随便！
会让你死心，会让你相信，　　为一件事活着，爱得专一，
会装得憔悴，会显得愁苦，　　他是多么善于忘却自己！
有时会高傲，有时会顺从，　　眼神多么急速，情意缠绵，
或全神贯注，或无动于衷！　　羞怯又大胆，并且有几回
沉默不响时，又多么惆怅，　　竟然闪烁着顺从的热泪。

三十七

不：情感在心中早已僵冷；　　总是这样喝喝香槟美酒，
他早厌弃社交界的喧嚷；　　吃吃 beef—steaks 和法国大馅饼，
美人儿会让他一时钟情，　　每当自己喝得昏头涨脑，
不是他长期思念的对象，　　就来发一发满腹的牢骚。
一次次的变心使他厌倦；　　尽管他赋有如火的性情，
朋友和友谊也令他心烦，　　可是对斗殴、佩剑和铅弹，
因为他也不能一年到头　　到头来他已经不再喜欢。

四十四

于是这个无所事事的人，　　或毫无意义，或诛心之论；
又感到自己灵魂的空寂，　　每本书都有各自的锁链；
坐下来——学点别人的聪明，　　古旧的东西早已经衰老，
这是个值得夸奖的目的；　　新东西也哼着旧的腔调。
书架上摆满了成排的书，　　抛开书像抛开女人一般，
读来读去，什么也读不出：　　书架和尘封的书的家族
或枯燥乏味，或胡诌骗人；　　蒙上一块丝织的遮尸布。

四十五

像他一样避开浮华人生，　　两人都尝过激情的味道；
摆脱社交界规约的重担，　　两人都受过生活的折磨；
我那时和他建立了友情。　　两人都燃尽了心头的火；
我爱他身上的种种特点：　　在我们两人生命的清早，
对幻想的不自主的忠诚、　　盲目的福耳图那和世，
他那无法仿效的怪性情　　已心怀恶意等待着我们。
和他锐利而冷静的智慧。　　福耳图那：罗马神话中的命运女神
那时我愤激，他紧皱双眉，

四十六

谁生活、思想过，谁就不能　　谁有知觉，那逝去的幽灵
不在灵魂深处傲视人寰；　　就会不时拨动他的心弦，

他已不再为任何事着迷，
回忆的蛇蝎不让他休息，
悔恨在不停地噬咬着他。
这一切却往往能使谈话
变得非常美妙，非常动人。

最初奥涅金的那根舌头
使我很惶惑；但天长日久，
我对他出口不逊的争论，
半辛酸而半诙谐的笑谈，
恶毒的警句也逐渐习惯。

第八章

十

谁在年轻时候便很年轻，
谁能够不迟不早地成熟，
逐渐对生活的冷酷不幸
学会了忍受，谁就算幸福；
谁不沉溺于荒唐的迷梦，
谁不躲避社交界的俗众，
谁二十岁是个浪子、光棍，

而三十岁合算地结了婚，
谁能把公私的一切欠款
到五十岁上全都摆脱掉，
谁能够按部就班地得到
名誉、官职、地位以及金钱，
整个世纪人们都会承认：
某某某真是个出色的人。

十二

你变成器杂评论的对象，
难容忍（你也说难以容忍），
你与一群明智之士交往，
却号称装模作样的怪人，
或者说是个可悲的狂夫，
或者说是撒旦似的怪物，
或甚至是我的恶魔再生。

奥涅金（我又来谈奥涅金）
自从在决斗中杀了朋友，
无目的、不劳动直到今天，
他已经活足了二十六年，
无聊的闲散中他很难受，
没有个妻室、事业、或职位，
无论干什么事，他都不会。

智量　译

【作者作品】

　　亚历山大·谢尔盖耶维奇·普希金（1799—1837），俄国十九世纪杰出的诗人。他出身于贵族世家。他的作品是俄国民族意识高涨以及贵族革命运动在文学上的反映。普希金的抒情诗内容广泛，既有政治抒情诗《致恰达耶夫》、《自由颂》、《致西伯利亚的囚徒》等，也有大量爱情诗和田园诗，如《我记得那美妙的一瞬》和《我又重新造访》等。普希金一生创作了十二部叙事长诗，其中最主要的是《鲁斯兰和柳德米拉》、《高加索的俘虏》、《青铜骑士》等。普希金剧作不多，最重要的是历史剧《鲍里斯·戈都诺夫》。此外，他还创作了诗体小说《叶甫盖尼·奥涅金》、散文体小说《别尔金小说集》及关于普加乔夫白山起义的长篇小说《上尉的女儿》。一八三七年二月，普希金在一场决斗中身亡。普希金的创作对俄罗斯现实主义文学及世界文学的发展都有重要影响，高尔基称之为"一切开端的开端"。

【阅读提示】

《叶甫盖尼·奥涅金》是俄国文学史上第一部现实主义诗体小说，作品生动描绘了十九世纪二十年代俄国的社会生活，反映了俄国经济、政治、哲学、文学、风俗人情等各个方面的情况，从而被誉为俄国社会生活的"百科全书"。作品深刻反映了当时俄国社会的重大社会问题，即进步的贵族知识分子与人民之间的关系问题。

奥涅金是俄国文学中"多余人"形象的始祖，他的性格是矛盾的。出身于上流社会的奥涅金有着俄国贵族根深蒂固的习气：虚荣、浮夸、讲排场，天天忙着赶沙龙、舞会和宴请。他穿戴入时，谈吐机智幽默，在上流社会如鱼得水。他也是一个情场老手，精通爱情的各种把戏。但他又和一般的贵族青年不同，他是一个进步的贵族知识分子，受过资产阶级思想的启蒙，因此不满于现状，要求改革，但缺乏坚实的信念和实现这种信念的力量，找不到出路。他厌倦上流社会的生活，却又摆脱不了贵族偏见的束缚，最终一事无成。奥涅金的形象概括了俄国十九世纪二十年代进步贵族青年知识分子的精神特征，也体现了普希金对贵族阶级的批判。

这部诗体小说在艺术上有独特的特点。首先是简练。作者在展示情节的同时，既描绘了环境，又揭示了人物的性格，水乳交融，言简意赅。其次是"抒情插笔"的巧妙运用。作品中通过"我"的主观插入，产生一种独特的艺术魅力。再次是音节和谐，押韵巧妙，使全诗韵律抑扬顿挫而又舒展洒脱，不仅在形式上产生浓郁的美感，并且出色地传达了诗人的感情。

【能力培养与训练】

1. 为什么说奥涅金是个多余的人？作者塑造这个人物的意义何在？现在的社会中还有这样的人吗？谈谈你的看法。
2. 课外阅读普希金的诗歌作品。

《吉檀迦利》节选
〔印度〕泰戈尔

1

你已经使我永生，这样做是你的欢乐。这脆薄的杯儿，你不断地把它倒空，又不断地以新生命来充满。

这小小的苇笛，你携带着它逾山越谷，从笛管里吹出永新的音乐。

在你双手的不朽的安抚下，我的小小的心，消融在无边快乐之中，发出不可言说的词调。

你的无穷的赐予只倾入我小小的手里。时代过去了，你还在倾注，而我的手里还有余量待充满。

12

我旅行的时间很长，旅途也是很长的。

天刚破晓，我就驱车起行，穿遍广漠的世界，在许多星球之上，留下辙痕。

离你最近的地方，路途最远。最简单的音调，需要最艰苦的练习。

旅客在每一个生人门口敲叩，才能敲到自己的家门；人要在外面到处漂流，最后才能走到最深的内殿。

我的眼睛向空阔处四望，最后才合上眼说："你原来在这里！"

这句问话和呼唤"啊，在哪儿呢？"融化在千股的泪泉里，和你保证的回答"我在这里！"的洪流，一同泛滥了全世界。

14

我的欲望很多，我的哭泣也很可怜，但你永远用坚决的拒绝来拯救我；这刚强的慈悲已经紧密地交织在我的生命里。

你使我一天一天地更配领受你自动的、简单伟大的赐予——这天空和光明，这躯体和生命与心灵——把我从极欲的危险中拯救了出来。

有时候我懈怠地捱延，有时候我急忙警觉寻找我的路向；但是你却忍心地躲藏起来。

你不断地拒绝我，从软弱动摇的欲望的危险中拯救了我，使我一天一天地更领受你完全的接纳。

27

灯火，灯火在哪里呢？用熊熊的渴望之火把它点上吧！

灯在这里，却没有一丝火焰——这是你的命运吗？我的心呵！你还不如死了好！

悲哀在你门上敲着，她传话说你的主醒着呢，他叫你在夜的黑暗中奔赴爱的约会。

云雾遮满天空，雨也不停地下。我不知道我心里有什么在动荡——我不懂得它的意义。

一霎的电光，在我的视线上抛下一道更深的黑暗。我的心摸索着路径，寻找那呼唤着我的夜的音乐。

灯火，灯火在哪里呢？用熊熊的渴望之火把它点上吧！雷声在响，狂风怒吼着穿过天空。夜像黑岩一般的黑。不要让时间在黑暗中度过吧。用你的生命把爱的灯点上吧。

67

你是天空，你也是窝巢。

呵，美丽的你，在窝巢里就是你的爱，用颜色、声音和香气来围拥住灵魂。

在那里，清晨来了，右手提着金筐，带着美的花环，静静地替大地加冕。

在那里，黄昏来了，越过无人畜牧的荒林，穿过车马绝迹的小径，在她的金瓶里带着安靖的西方海上和平的凉飙。

但是在那里，纯白的光辉，统治着伸展着的、为灵魂翱翔的、无际的天空。在那里无昼无夜，无形无色，而且永远、永远无有言说。

80

我像一片秋天的残云，无主地在空中飘荡，呵，我的永远光耀的太阳！你的摩触远没有蒸化了我的水气，使我与你的光明合一，因此我计算着和你分离的悠长的年月。

假如这是你的愿望，假如这是你的游戏，就请把我这流逝的空虚染上颜色，镀上金辉，让它在狂风中飘浮，舒卷成种种的奇观。

而且假如你愿意在夜晚结束这场游戏，我就在黑暗中，或在灿白晨光的微笑中，在净化的清凉中，溶化消失。

92

我知道这日子将要来到，当我眼中的人世渐渐消失，生命默默地向我道别，把最后的帘幕拉过我的眼前。

但是星辰将在夜中守望，晨曦仍旧升起，时间像海波的汹涌，激荡着欢乐与哀伤。

当我想到我的时间的终点，时间的隔栏便破裂了。在死的光明中，我看见了你的世界和世界里弃置的珍宝。最低的座位是极其珍奇的，最小的生物也是世间少有的。

我追求而未得到和我已经得到的东西——让它们过去罢。只让我真正地据有那些我所轻视和忽略的东西。

冰心　译

【作者作品】

泰戈尔（1861—1941），印度著名诗人、作家、艺术家和社会活动家。他出生于加尔各答市的一个富有哲学和文学艺术修养的家庭，十三岁即能创作长诗和颂歌体诗集。一八七八年赴英国留学，一八八〇年回国专门从事文学活动。一九四一年写作了控诉英国殖民统治和相信祖国必将获得独立解放的著名遗言《文明的危机》，同年八月七日逝世。

泰戈尔是具有巨大世界影响的作家，共写了五十多部诗集，被称为"诗圣"，诗集有《故事诗集》、《吉檀迦利》、《新月集》、《飞鸟集》等。《吉檀迦利》获一九一三年诺贝尔文学奖，他是东方文坛获此奖的第一人，被誉为"亚洲第一诗人"。

【阅读提示】

《吉檀迦利》是泰戈尔中期诗歌创作的高峰，是最能代表他的思想观念和艺术风格的作品。"吉檀迦利"在印度语中是"献歌"的意思，即献给神的诗歌。用作者自己的话说，是"献给那给他肉体光明和诗才之神的"。

敬仰神、渴求与神结合是该诗集的一个基本主题。但是《吉檀迦利》又不是一般意义的宗教颂神诗，它同时是一部抒情哲理诗。在这部诗集中的一百零三首诗中，诗人表达了对神的敬仰、与神合一的欢乐以及对生与死的思索，记录着生命的体验、人世的欢乐与悲哀，真挚地表现了诗人对人生理想的思索和追求。而这一切既是诗人广博而细致、丰富又复杂的内心世界的表露，又处处展现着诗歌美的极致。

解读《吉檀迦利》的意义在于，通过截取诗集中的片段与剖析断面，向人们展示出泰戈尔作品中"诗人的宗教"的哲学思想及崇尚美好与博爱的艺术追求，共同感受作者博大、深远、优美、清新的心灵世界。

这部诗集在艺术上的主要特色是清新质朴的格调，凝练、口语化的语言、丰富的想象和温婉的古典韵味。作者在诗歌中流露出的情感，具有率真的朴实美。用朴实无华的形式表现丰富深刻的内涵，使思想感情和艺术水乳交融。诗人还大量运用象征、比喻、排比、烘托等修辞手法使诗篇形象而且具有强烈的感染力，给人朦胧的难以言传的艺术美感。诺贝尔文学奖的授奖理由是："由于他含义深远，清新而美丽的诗篇，完美技巧的运用，自身英语词汇的使用，使得他诗意盎然的思想成为西方文学的组成部分。"

【能力培养与训练】

1. 试述《吉檀迦利》在东方及世界文坛的地位。

2. 背诵两至三则诗文。

3. 分析《吉檀迦利》的语言特色。

当你老了
〔爱尔兰〕叶芝

当你老了，头白了，睡思昏沉，
炉火旁打盹，请取下这部诗歌，
慢慢读，回想你过去眼神的柔和，
回想它们昔日浓重的阴影；

多少人爱你青春欢畅的时辰，
爱慕你的美丽，假意或真心，

只有一个人爱你那朝圣者的灵魂，
爱你衰老了的脸上痛苦的皱纹；

垂下头来，在红光闪耀的炉子旁，
凄然地轻轻诉说那爱情的消逝，
在头顶的山上它缓缓踱着步子，
在一群星星中间隐藏着脸庞。

袁可嘉 译

注释

本诗是威廉·巴特勒·叶芝于一八九三年创作的一首诗歌，是叶芝献给女友毛特·冈妮热烈而真挚的爱情诗篇。毛特·冈妮是爱尔兰自治运动中的重要人物，曾是叶芝长期追求的对象。

【作者作品】

叶芝（1865—1939），爱尔兰诗人和剧作家。一九二三年获诺贝尔文学奖。早期作品带有唯美主义倾向和浪漫主义色彩。九十年代后，因支持爱尔兰民族自治运动，诗风逐渐走向坚实明朗和接近现实。

这是一首情诗，写给诗人终生追求的一位女性——毛特·冈妮。她是位才华出众的演员，但一直投身于爱尔兰的民族自治运动，并成为这场运动的领导人之一。在年轻时代，诗人第一次见到这位传奇女性，就被她深深吸引，坠入了情网，但遭到了拒绝，这段痛苦的恋情几乎萦绕了诗人一生。《当你老了》一诗，写于诗人的感情受挫之后，诗歌成了化解内心苦痛的方式。

【阅读提示】

诗人写这首诗时，他所爱恋的对象正值青春年少，有着靓丽的容颜和迷人的风韵。人们常说，"哪个少女不善怀春，哪个少男不善钟情"。古往今来，爱情似乎总是与青春、美貌联系在一起。当人们沐浴在爱情的光辉中，脑海里只有当下，总是潜藏着一种拒绝时间、拒绝变化、将瞬间化为永恒的欲望。但是，诗人没有直接抒写当时的感受，而是将时间推移到几十年以后，想象自己的恋人衰老时的情景。

这首爱情诗是独特的，其独特来自诗人独特而真挚的情感，没有这种情感，刻意去别出心裁，只会让人觉得做作。因而，本诗与其说是诗人在想象中讲述少女的暮年，不如说是诗人在向少女、向滔滔流逝的岁月剖白自己天地可鉴的真情。从这个意义上讲，打动人们的正是诗中流溢出的那股哀伤无望、却又矢志无悔的真挚情感。

【能力培养与训练】

1. 反复诵读，体会诗歌的情韵之美，进而把握作者爱的圣洁和伟大。
2. 诗的第一节，诗人设想了一个什么样的情景？这个情景表达了诗人什么愿望？
3. 请说说诗歌中不同意象的功能。
4. 用诗歌的形式抒写自己的爱情宣言。

实训一　公文写作常识

所谓公文，是公务文书的简称，是指国家机关在行政管理过程中为处理公务而按规定格式制作的书面材料。公文的种类主要包括命令、议案、决定、公告、通告、通报、报告、请示、批复、意见、函、会议纪要。在各类企业中，所指的公文一般为商务公文，主要分为介绍报告、请示、会议纪要、工作计划要点、公司及产品介绍、信函、讲话稿、可行性报告、工作总结、市场调查报告、说明等。

一、公文写作的步骤与方法

（1）结构安排好后，要按照要求所列顺序，开宗明义、紧扣主题、拟写正文。写作中注意以下两点。

①要观点鲜明，用材得当。也就是说要用观点来统率材料，使材料来为观点服务。运用材料要能说明问题，做到材料与观点统一。

②要语句简练，交代清楚。拟写文件既要尽量节省用字、缩短篇幅、简洁通顺，又要注意交代的问题清楚明了。

（2）反复检查，认真修改。

初稿写出后，要认真进行修改。自古以来，好文章都要经过反复修改，写文件也同样，尤其是重要的文件，往往要经过几稿才能通过。

①关于主题的修改。看主题是否明确，主题论述是否集中，主题挖掘是否深刻。

②关于观点的修改。修改公文要考虑到观点是否正确，表达有无问题。

③关于材料的修改。材料是文件的基础，有了正确的观点，还要通过适当的材料表现出来。

④关于结构的修改。修改文件的结构，包括文件总体结构的修正，使全文更加严谨。

⑤关于语言的精练。主要是修改不通顺的语句、不规范的字及标点符号。

修改工作要做到认真仔细，必须有足够的耐心和精益求精的精神。

二、几种常用的公文

1. 指示

请示是下级向上级请求决断、指示或批准事项所使用的呈批性公文。

1）请示的特点

（1）针对性。针对具体事情下级才会向上级请示。

（2）呈批性。请示是有针对性的上行文，上级领导对于呈报的请示事项，无论同意与否，都必须给予明确的"批复"回文。

（3）单一性。请示应一文一事，一般只写一个受文领导，即使需要同时呈送其他领导，也只能用抄送形式。

（4）时效性。请示是针对本单位当前工作中出现的情况和问题，求得上级单位指示、批准的公文，如能及时发出，就会使问题得到及时解决。

2）请示的分类

根据内容、性质的不同，请示分为以下三种：请求指示性请示、请求批准性请示、请求批转性请示。

3）请示的结构、内容和写法

请示由首部、正文和尾部三部分组成，其各部分的格式、内容和写法如下。

（1）首部。主要包括标题和主送机关两个项目内容。

① 标题。请示的标题一般有两种书写方式：一种是由发文机关名称、事由和文种构成，如《×××组关于××××××的请示》；另一种是由事由和文种构成，如《关于××××××的请示》。

② 主送机关。即受文领导。每份请示只能写一个受文领导，不能多头请示。

（2）正文。其结构一般由开头、主体、结语构成。

① 开头。主要交代请示的理由。

② 主体。主要说明请示事项，它是向上级机关提出的具体请求，这部分内容要单一，只宜请求一件事。

③ 结语。另起一段，其习惯用语有"当否，请批示"、"妥否，请批复"、"以上请示，请予审批"、"以上请示，呈请核准"或"以上请示如无不妥，请批转各部门予以执行"。

（3）尾部。其主要结构为落款与成文时间两部分。

4）请示应注意的问题

（1）一文一事的原则。

（2）材料真实，不要为得到领导批准而虚构情况。

（3）理由充分，请示事项明确。

（4）语气平实、恳切，以引起上级的重视。

2. 报告

报告是下级向上级汇报工作、反映情况、提出意见或建议、答复询问的陈述性上行公文。写作时要以真实材料为主要内容，以概括叙述为主要表达方式。报告是行政公文中的上行文种，撰写报告的目的就是为了让上级掌握本单位的情况，了解本单位的工作状况及要求，使上级领导能及时给予支持，为上级机关处理问题，布置工作或作出某一决策提供依据。下情上达是制发报告的目的，所以报告的内容要求以摆事实为主，要客观地反映具体情况，不要过多地采用议论和说明，表达方式以概括为主，语气要委婉、谦和、不宜用指令性语言。

1）报告的特点

（1）报告的目的是为了向上级汇报工作、情况、建议、答复等，它不直接请求上级机关正面回答报告中的问题，所以不带请示事项，这是它与请示的重要区别之一。

（2）报告中一般不提建议或意见。如果确实需要在某一领域或某些部门贯彻报告中提出的建议或意见，可建议上级机关批转到有关部门贯彻执行，报告一经批准，便作为批转文件的附件下发，其权威性依赖或附属于批转机关。

（3）报告在内容上不像"请示"那样有一文一事的要求，它可在一件公文中综合报告几件事情，层次结构比较复杂。

（4）报告广泛使用于下级向上级反馈信息，是沟通上下级机关纵向联系的一种重要形式。向上级及时汇报工作、反映问题、提出建议，也是下级机关必须履行的一项工作制度。

2）报告的种类

报告从种类与内容上分主要有汇报性报告、答复性报告、呈报性报告、例行工作报告。

（1）汇报性报告。汇报性报告主要是下级向上级汇报工作、反映情况的报告。一般分为两类。一类是综合报告。这种报告是本单位工作到一定的阶段，就工作的全面情况向上级写的汇报性报告。其内容大体包括工作进展情况、成绩或问题、经验或教训以及对今后工作的意见或建议。这种报告的特点是全面、概括、精练。另一类是专题报告。这种报告是针对某项工作中的某个问题，向上级所写的汇报性报告。

（2）答复性报告。答复性报告是针对上级或管理层所提出的问题或某些要求而写出的报告。这种报告要求问什么答什么，不涉及询问以外的问题或情况。

（3）呈报性报告。呈报性报告主要用于下级向上级报送文件、物件随文呈报的一种报告。一般是一两句话说明报送文件或物件的根据或目的以及与文件、物件相关的事宜。

（4）例行工作报告。例行工作报告是下级因工作需要定期向上级所写的报告。如财务报告、费用支出报告等。

3. 公告

公告是用于对企业内、外宣布重要事项的公文。公告是一种严肃、庄重的公文，它的内容较为单一，篇幅较短，表达直截了当，语言简洁明快。

公告一般由标题、正文、落款及日期几部分组成。其各部分的写作要求如下。

（1）标题。公告的标题有三种。一是完全标题，包括发文机关、事由和文种。二是由发文机关和文种构成。以上两项，多用于政府机关。三是只有文种，如《公告》，标题之下，有时可依公告单独编号。

（2）正文。正文一般由主旨与说明构成。主旨单独成段，用简短的一句话概括出此公告的主题内容。说明写出公告依据、公告事项。结尾一般用"特此公告"作为结语。

（3）落款及日期。公告日期有的标注在标题下方，也可以标注在公告结尾处。重要的公告落款处除注明发文单位外，还应标明发文地点。

4. 会议纪要

会议纪要是一种记载、传达会议情况及议定事项的纪实性公文。它用于各机关、企事业单位召开的工作会议、座谈会、研讨会等重要会议。会议纪要通过记载会议的基本情况、会议成果、会议议定事项，综合概括反映会议精神，以便使与会者统一认识，会后全面如实地进行传达组织开展工作的依据。同时，会议纪要可以多向行文，具有上报、下达以及同级单位进行交流的作用。

会议纪要一般由首部、正文、尾部三部分组成。其各部分的写作要求如下。

（1）首部。这部分的主要项目是标题。有的会议纪要的首部还有成文时间等项目内容。会议纪要的标题通常是由会议名称和文种构成，如《×××××社团×××××会议纪要》。

（2）正文。会议纪要正文结构由前言、主体两部分组成。

① 前言。首先概括交代会议的名称、时间、地点、主持人、主要议程、参加人员、会议形式以及会议主要的成果。

② 主体。它是会议纪要的核心内容，主要记载会议情况和会议结果，写作时要注意紧紧围绕中心议题，把会议的基本精神，特别是会议形成的决定、决议准确地表达清楚。对于会议上有争议的问题和不同意见，必须如实予以反映。

（3）尾部。包括署名和成文时间两项内容。

5. 电子公文

电子公文随着网络化的发展，公文通过 E-mail 的方式批阅使传统的办公模式正在发生着革命性的变化，但现在国内缺少实现网上公文批阅的软件，文件容易被复制、篡改，企业的办公方式还无法真正实现无纸化。

电子公文主要由主题、事项或附件、落款组成。

（1）主题。相当于公文的标题，如《关于×××请示》、《关于×××报告》。

（2）事项。公文的主要内容，包括发文目的、事项等（与日常公文写作方法一致）。若提供相关文件或报告等，可以附件方式发送（注明）。

（3）落款。署名及成文时间。

电子公文的递交程序以递交直属领导为宜。

散文精品选读

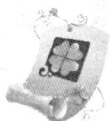

【阅读导入】

中国散文发展从先秦诸子散文算起，大约有两千多年的历史了。古代散文作为一种文学样式是紧随诗歌的兴起逐步发展成熟起来的，为区别于韵文、骈文，凡不押韵、不重排偶的散体文章，包括经、传、史书在内，一律称为散文。

我国古代散文的发展历程如下。

先秦散文：包括诸子散文和历史散文。诸子散文以论说为主，如《论语》、《孟子》、《庄子》；历史散文是以历史题材为主的散文，凡记述历史事件、历史人物的文章和书籍都是历史散文，如《左传》。

两汉散文：西汉时期的司马迁的《史记》把传记散文推到了前所未有的高峰。东汉以后，开始出现了书、记、碑、铭、论、序等个体单篇散文形式。

唐宋散文：在古文运动的推动下，散文的写法日益繁复，出现了文学散文，产生了不少优秀的山水游记、寓言、传记、杂文等作品，著名的"唐宋八大家"也在此时涌现。

明代散文：先有"七子"以拟古为主，后有唐宋派主张作品"皆自胸中流出"，较为有名的是归有光。

清代散文：以桐城派为代表的清代散文，注重"义理"的体现。桐城派的代表作家姚鼐对我国古代散文文体加以总结，分为十三类，包括论辩、序跋、奏议、书说、赠序、诏令、传状、碑志、杂说、箴铭、颂赞、辞赋、哀奠。

不过，在这里，作为一种非中文专业的通识文学教育，限于篇幅，只选取了古代一些有代表性的散文名家名篇。

现代散文从新文化运动开始以后，曾经有如万点银星，构成中国史上一派瑰丽壮观的文学美景。在白话文正式进入文学创作领域以后，现代散文很快成熟。本教材选取了鲁迅、朱自清、梁实秋、林语堂、余秋雨、龙应台等的名家名篇，请同学们欣赏现代散文的特点。同时，也精选了《假如给我三天光明》这篇外国励志散文。

【能力目标】

- 了解中国古代散文和现代散文发展的概况。
- 阅读名家名作，学会对散文的阅读欣赏。

● 分析古代散文和现代散文的特点。

【延伸阅读】

孔子《论语》十则，见本书课件。

《道德经》一章
老 子

道可道，非常道；名可名，非常名。无，名天地之始；有，名万物之母。故常无欲，以观其妙；常有欲，以观其徼[1]。此两者，同出而异名。同谓之玄，玄之又玄，众妙之门。

注释

[1] 徼（jiào）：边界的意思。这句的解释为：常没有欲（欲可理解为人的情欲和志欲），才能观察到其至小至微；常有欲，才能观察到其规律及目的。

【作者作品】

老子，姓李名耳，字伯阳，谥曰聃，又称老聃。中国古代伟大哲学家和思想家、道家学派创始人，其被唐皇武后封为太上老君。世界文化名人，世界百位历史名人之一，著有《道德经》（又称《老子》），其作品精华是朴素辩证法，主张无为而治，其学说对中国哲学发展具有深刻影响，在道教中老子被尊为道祖。

"道"，是老子首创的含有深刻哲理意义的概念。道的本意是"道路"，引申为事物运动变化所遵循的秩序、方法和规则。除此之外，老子"道"的哲学内涵是宇宙本原。宇宙本原含有两方面内容：一是道体（有），即"道之为物"，是化生宇宙万物的最基本的物质；二是道性（无），是宇宙万物赖以生成的最一般规律。道体、道性不可分离，二者相互对立统一，构成了宇宙的本原。

老子的《道德经》，虽然涵盖天地，无所不包，但它首先以人体科学为理论基础，并由养生理论扩展到治国理论，因此，《道德经》既是治身理论，又是治国理论，治身和治国是密切联系、相互印证的。

【阅读提示】

圣人之道是可以行走的，却不是平常人所走的道路；名是可以求得的，却不是平常人所追求的名。这种解释是前人从没有过的，前贤解老，开篇即陷入道不可言说论，这就为打开老子道的大门设置了障碍。

开头这十二个字，是通篇的总纲。老子著道德篇，旨在向世人指明可以免祸于身、免祸于社会的圣人之道。"可道"之道、"可名"之名是圣人所行之道、所求之名，非常人所行之道、所求之名。人生之道无非是追求自由、幸福、健康、长寿之道，同一条人生道路，却有两种截然不同的走法。一是走圣人之道，也就是顺其自然，返璞归真之道；一是走常人之道，也就是追求外在的名利之道。不同的道路，必然造就不同的人生和社会。

老子把宇宙本原赋予道的哲学内涵。道是"有"和"无"即物质和规律的统一体，其形态是不断旋转运动着的玄，玄蕴藏着人生和宇宙奥妙。然而，玄不是人的外部感官所能认识的，外官所认识的只是事物的表面现象，属于感性认识。要把握世界内在的本质和规律，必须反观内视，开发悟性认识，前提条件是"无欲"，这就关系到认识论的问题。

【能力培养与训练】

1. 用现代白话文翻译《道德经》这一章，并谈谈自己对老子所说的"道"的体会。
2. 阅读《道德经》的其他几章，整体地感悟老子哲学思想的内涵。

秋水（节选）

庄 子

秋水时[1]至，百川灌河[2]；泾流[3]之大，两涘渚崖[4]之间不辩[5]牛马。于是焉河伯[6]欣然自喜，以天下之美为尽在己。顺流而东行，至于北海，东面而视，不见水端。于是焉河伯始旋[7]其面目，望洋向若[8]而叹曰："野语[9]有之曰，'闻道百[10]，以为莫己若[11]'者，我之谓也。且夫我尝闻少仲尼之闻而轻伯夷之义者[12]，始吾弗信；今我睹子之难穷也，吾非至于子之门则殆[13]矣，吾长见笑于大方之家[14]。"

北海若曰："井蛙不可以语于海者，拘于虚也[15]；夏虫不可以语于冰者，笃[16]于时也；曲士[17]不可以语于道者，束于教也。今尔出于崖涘，观于大海，乃知尔丑[18]，尔将可与语大理矣。天下之水，莫大于海，万川归之，不知何时止而不盈[19]；尾闾[20]泄之，不知何时已而不虚[21]；春秋不变，水旱不知。此其过[22]江河之流，不可为量数[23]。而吾未尝以此自多[24]者，自以比形于天地而受气于阴阳[25]，吾在于天地之间，犹小石小木之在大山也。方存乎见少[26]，又奚以自多！计四海之在天地之间也，不似礨空[27]之在大泽乎？计中国[28]之在海内，不似稊米之在大仓乎[29]？号[30]物之数谓之万，人处一[31]焉；人卒[32]九州，谷食之所生，舟车之所通，人处一焉；此其比万物也，不似豪末[33]之在于马体乎？五帝之所连[34]，三王之所争，仁人之所忧，任士[35]之所劳，尽此矣！伯夷辞[36]之以为名，仲尼语之以为博，此其自多也；不似尔向[37]之自多于水乎？"

注释

[1] 时：按照时令，按照季节。
[2] 灌：灌注，流入。河：黄河。
[3] 泾（jīng）流：指水流。
[4] 涘（sì）：河岸。渚：水中之洲。崖：涯，水边。
[5] 辩：通"辨"，辨别、识别。
[6] 河伯：黄河之神。
[7] 旋：改变。
[8] 若："北海若"，海神。
[9] 野语：俗语、谚语。
[10] 闻道百：即"闻百道"，听了许多道理。"百"字并非确数，泛指很多。
[11] 莫己若：即"莫若己"的倒装，意为没有谁能比得上自己。
[12] 少仲尼之闻而轻伯夷之义：小看孔子的学识，轻视伯夷的义行。少：贬低，瞧不起。仲尼：即孔丘，他向来以学识渊博著称。伯夷：相传为殷代诸侯孤竹君的长子，不愿意继承父位与弟弟叔齐一道逃

到了周，周武王伐纣时极力反对，隐于首阳山不食周粟而死，向来被推崇为高义之士。

[13] 殆：危险。

[14] 大方之家：指通晓大道、修养极高的人。成语"贻笑大方"源于此。方：道。

[15] 拘：局限，限制。虚：同"墟"，这里指狭小的空间。

[16] 笃 (dǔ)：固，跟上句的"拘"字意义相近。前一句指生活空间上受到限制，这一句指生活时间上受到限制。

[17] 曲士：乡曲之士，这里指孤陋寡闻的人。

[18] 丑：鄙陋。

[19] 盈：满。

[20] 尾闾 (lú)：传说中海底排泄海水的地方。

[21] 虚：空虚，指水尽。

[22] 过：超过。

[23] 不可为量数：不能估量和计算。

[24] 自多：自以为多，还有自满、自夸的意思。

[25] 比 (bì)：通作"庇"，寄托的意思。比形于天地：寄托身形于天地。受气于阴阳：从阴核阳那里禀受了元气。

[26] 见少：显得太少。

[27] 礨 (lěi)：通"磊"，累积石块的意思。空：孔。礨空：即小空穴。

[28] 中国：即以下所说的"九州"，指古代中原一带区域。

[29] 稊 (tí) 米：细小的米粒。大仓：储粮的大仓库。

[30] 号：号称。

[31] 处一：占万物中之一。

[32] 卒：尽、满。

[33] 豪末：毫毛之末。豪，通"毫"。

[34] 五帝：传说中的黄帝、颛顼 (zhuān xū)、帝喾 (kù)、尧、舜。一说指伏羲、神农、黄帝、尧、舜。连：续连，继承。

[35] 任士：以治理天下为己任的人。

[36] 辞：辞让。

[37] 向：刚才。

【作者作品】

庄子（约前369—前286），名周，战国时代宋国蒙（今安徽省蒙城县）人。著名思想家、哲学家、文学家，是道家学派的代表人物，老子哲学思想的继承者和发展者，先秦庄子学派的创始人。他的学说涵盖着当时社会生活的方方面面，但根本精神还是归依于老子的哲学。后世将他与老子并称为"老庄"，他们的哲学为"老庄哲学"。庄子的代表作品为《庄子》，名篇有《逍遥游》、《齐物论》等，庄子主张"天人合一"和"清静无为"。

庄子的思想包含着朴素辩证法因素，主要思想是"天道无为"。庄子主张"无为"，放弃一切妄为。又认为一切事物都是相对的，因此他否定一切事物的本质区别，极力否定现实，幻想一种"天地与我并生，万物与我为一"（《齐物论》）的主观精神境界，安时处顺，逍遥自得。在政治上主张"无为而治"，反对一切社会制度，摒弃一切文化知识。

庄子的文章，想象力很强，文笔变化多端，具有浓厚的浪漫主义色彩，并采用寓言故事形式，富有幽默讽刺的意味，对后世文学语言有很大影响。其超常的想象和变幻莫测的寓言故事，构成了庄子特有的奇特的形象世界，"意出尘外，怪生笔端。"（刘熙载《艺概·文概》）庄周和他的门人及其后学者著有《庄子》（被道教奉为《南华经》），成为道家经典之一。《汉书·艺文志》著录《庄子》五十二篇，但留下来的只有三十三篇。其中内篇七篇，一般定为庄子著；外篇杂篇可能掺杂有他的门人和后来道家的作品。

《庄子》在哲学、文学上都有较高研究价值。研究中国哲学，不能不读《庄子》；研究中国文学，也不能不读《庄子》。鲁迅先生说过："其文汪洋辟阖，仪态万方，晚周诸子之作，莫能先也。"（《汉文学史纲要》）名篇有《逍遥游》、《齐物论》、《养生主》等，《养生主》中的"庖丁解牛"尤为后世传诵。

【阅读提示】

《秋水》是《庄子》中的又一长篇，用篇首的两个字作为篇名，中心是讨论人应怎样去认识外物。全文可分成七个片段，这里选用的是第一个片段，写河神的小却自以为大，对比海神的大却自以为小，说明了认识事物的相对性观点。进而说明了人类对于自身的认识是受到严重局限的，人应该清楚自身的渺小和认识的局限性。

作者虚构一个寓言故事，以此展开说理，深奥抽象的哲理得以准确生动地阐释。另外，作者在寓言故事中又用连类设喻和多重对比的方式，使其说理既形象生动，容易明白，同时又逻辑严密，无懈可击。寓言中几乎所有的事物均被逻辑说理紧密地联系为一体，互相关联，从而构成了一个寓言的整体，非常奇妙。

语言方面，景物描写的运用衬托了河神前后不同的认知境界；大量的排比句和反诘句配合使用，造成了文章滔滔莽莽的气势，强化了说理的力量。

【能力培养与训练】

1. 《秋水》表达了庄子怎样的思想？人们现在应该怎样认识这种思想？
2. 阅读下列文言短文，翻译成白话，看看作者表达了什么观点。

惠子相梁，庄子往见之。或谓惠子曰："庄子来，欲代子相。"于是惠子恐，搜于国中。远三日三夜，庄子往见之，曰："南方有鸟，其名为鹓雏，子知之乎？夫鹓雏，发于南海，而飞于北海；非梧桐不上，非练食不食，非醴泉不饮。于是鸱得腐鼠，鹓雏过之，仰而视之曰：吓！今子欲以子之梁国而吓我邪？"

燕昭王求士

刘 向

燕昭王收破燕后即位[1]，卑身厚币，以招贤者，欲将以报仇[2]。故往见郭隗[3]先生曰："齐因孤国之乱，而袭破燕[4]。孤极知燕小力少，不足以报[5]。然得贤士与共国[6]，以雪先王之耻，孤之愿也。敢问以国报仇者奈何[7]？"

郭隗先生对曰："帝者与师处[8]，王者与友处，霸者与臣处，亡国与役处[9]。诎指而事之，北面而受学，则百己者至[10]。先趋而后息，先问而后嘿[11]，则什己者至。人趋己趋，则若己者至[12]。冯几据杖[13]，眄视指使，则厮役之人至。若恣睢奋击，籍叱咄，则徒隶之人至矣[14]。此古服道致士[15]法也。王诚博选国中之贤者，而朝其门下[16]，天下闻王朝其贤臣，天下之士必趋于燕[17]矣。"

昭王曰："寡人将谁朝而可[18]？"郭隗先生曰："臣闻古之君人[19]，有以千金求千里马者，三年不能得[20]。涓人[21]言于君曰：'请求之。'君遣之。三月得千里马，马已死，买其首五百金，反以[22]报君。君大怒曰：'所求者生马，安事死马而捐五百金[23]？'涓人对曰：'死马且买之五百金，况生马乎？天下必以王为能市马，马今[24]至矣。'于是不能期年，千里之马至者三[25]。今王诚[26]欲致士，先从隗始；隗且见事[27]，况贤于隗者乎？岂远千里哉[28]？"于是昭王为隗筑宫[29]而师之。乐毅自魏往，邹衍自齐往，剧辛自赵往，士争凑燕[30]。燕王吊死问生[31]，与百姓同甘共苦。二十八年，燕国殷富，士卒乐佚轻战[32]。于是遂以乐毅为上将军，与秦、楚、三晋[33]合谋以伐齐，齐兵败，闵王出走于外[34]。燕兵独追北，入至临淄，尽取齐宝，烧其宫室宗庙[35]。齐城之不下者，唯独莒[36]、即墨……

注释

[1] 收：收拾。破燕：残破的燕国。公元前316年，燕王哙让位于燕相子之，燕国演成大乱。公元前314年，齐宣王乘机伐燕，燕王哙和子之死亡。公元前311年，燕太子平立为王。

[2] 卑：形容词用如使动。卑身：降低自己的身份。币：礼物。欲将：打算。

[3] 郭隗：燕国贤士。

[4] 因：趁着。孤：君王谦称。袭：偷袭。

[5] 极知：很清楚，非常清楚。报：报仇。

[6] 与：介词，后面省略宾语。共国：共同治理国家。

[7] 奈何：怎么办。

[8] 帝者与师处：成就帝业的人与老师相处。帝：名词用如动词，成就帝业。

[9] 亡国：亡国之君。与役处：与仆役相处。本句意谓：亡国之君妒贤嫉能，其所信任者只不过是些唯命是听的仆役小人。

[10] 诎，通："屈"。使动用法。指：通"旨"。诎指：抑制甚至放弃自己的意愿、想法。北面而受学：坐北面南是尊位，是老师的座位，学生应该坐南面北来学习。百己者：才能是自己百倍的人。

[11] 先趋而后息，先问而后嘿：有事奔走在别人前面，休息在别人后面；向人求教发问在别人前面，停止在别人后面。嘿："默"的异体字，沉默。本句意谓：事师勤劳，求教积极。

[12] 人趋已趋：见面时，对方有礼貌快步迎上来，自己也跟着有礼貌快步迎上去。趋：见了尊长快步向前，表示尊敬，这是一种礼节。若己者：跟自己水平相同的人。

[13] 冯（píng）几：靠着几案。冯：后来写作"凭"。据伏：拄着手杖。

[14] 恣睢（zì suī）：任意胡为。奋击：用力打人。籍：践踏。叱咄（chì duō）：呼喝，大声斥责。徒隶：罪犯奴隶，这里指奴才。

[15] 服道致士：服事有道者，招致贤士。

[16] 诚：假设连词，假使，如果。博：广泛。朝其门下：登门拜见。

[17] 趋于燕：疾速到燕国来。

[18] 谁朝：拜见谁，前置宾语。可：合适，恰当。

[19] 君人：人君，国君。

[20] 得：获得，得到。

[21] 涓（juān）人：宫中洒扫的人。

[22] 以：介词，后面省略宾语。

[23] 安事死马而捐五百金：怎么买一匹死马就花去五百金？捐：舍弃，损失。这里作"花去"解。

[24] 今：副词，立即，立刻，很快。

[25] 不能：不到。三：表示多数，非实指。

[26] 诚：假设连词。

[27] 见事：被事奉。

[28] 岂远千里哉：贤人难道会嫌路程遥远而不来吗？远：形容词用如意动。

[29] 宫：房屋，住宅。师之：把他作为老师。师：名词用如意动。

[30] 乐毅：魏国名将乐羊的后代，为魏使燕，燕昭王以客礼相待，任为亚卿。后任上将军，率军破齐，封昌国君。燕昭王死，其子惠王立，信齐反间计，罢免乐毅。乐毅奔赵，封望诸君。邹衍：齐人，战国时著名阴阳家。剧辛：赵人，破齐的计谋主要由他策划。后来伐赵失败，为赵所杀。凑：聚集。

[31] 吊死：悼念死者。问生：慰问活着的人。

[32] 乐佚（lè yì）：悠闲安乐。轻：轻视；不害怕。

[33] 三晋：指韩、赵、魏三国。

[34] 闵王（公元前300—前284年在位）：又写作"湣王"。出走于外：乐毅攻入临淄，齐闵王出逃至卫、邹、鲁、莒等地。

[35] 北：败北之敌。临淄：齐国首都，在今山东淄博市东北部。

[36] 莒（jǔ）：今山东莒县。即墨：今山东即墨市。

【作者作品】

刘向（约前77—前6），原名更生，字子政，沛县（今属江苏）人。西汉经学家、目录学家、文学家。刘向的散文主要是"奏疏"和校雠古书的"叙录"，较有名的有《谏营昌陵疏》和《战国策叙录》，叙事简约，理论畅达、舒缓平易是其主要特色。

西汉时，宫廷的密室中藏有很多战国时的史料，但这些珍贵的史料却错乱残破不全，一些残简上的字只剩下一半，如"赵"字只剩下了"肖"，此类错误屡见不鲜。朝廷便将编校整理这些史料的任务交给了刘向。宫廷密室所藏战国史料，分别名为《国策》、《国事》、《短长》、《事语》、《长书》、《修书》，刘向以国别划分，把六种书的资料，分别编入十二国中。因这些材料大多是记述战国时游士的策谋和言论，所以，刘向将其定名为《战国策》。然而，《战国策》里并非尽是策士的说辞，还有诸如"豫让刺襄子"、"荆轲刺秦王"之类记载，所以，不能仅视为战国时游说之士的策谋和游说之辞的汇编，它还是一部上接《春秋左氏传》，下接陆贾《楚汉春秋》的战国杂史。

《战国策》共三十三篇，记载了继《春秋》以后，讫楚、汉之起，共二百四十五年间的历史。因此书思想活跃，有许多纵横阴谋之术，不合于儒家的思想，故被儒家所排斥，未得在世广泛传播，后来便逐渐残缺不全。如刘向所编订的《战国策》有《蒯通说韩信自立》一篇，曾被司马贞的《史记索隐·淮阴侯列传注》所引，但后来《战国策》中此篇佚失。据《崇文总目》称，共散失十一篇。北宋著名文学家曾巩从士大夫的私人藏书中访求书籍，并加以校订，正其谬误，又重新凑足了三十三篇。然而，由于历史的原因，曾巩所校订的《战国策》与刘向所编订的《战国策》在篇目上已有出入。所以，历史上就存有两种文本的《战国策》，刘向所编为古本，曾巩所校补的为新本。

【阅读提示】

本文选自《战国策》中的《燕策》，是《战国策》中的名篇，叙述了燕昭王收拾了残破的燕国登上王位以后，不惜重金招纳天下的贤能之士为自己所用，并在激烈残酷的兼并战争中取得优势，而雄极一时。燕昭王的贤士郭隗先生所言极有深度，所谓"周公吐哺，天下归心"就是帝王要有足够的人格魅力才会对人才形成吸引力，心甘情愿为之效命。他的谦逊是一种极强的向心力。

燕昭王的求士并非低三下四地"求"，是他对人才的尊重和谦卑形成了一种魅力，致于自愿地归属。一个贤能的领导者不一定要有各方面的能力，贤就贤在选贤任能，而保持一种谦卑的低姿态，这种谦恭何尝不是一种凝聚力量成就伟业的人格魅力呢？

【能力培养与训练】

1. 《燕昭王求士》中燕昭王能富国强兵、报仇雪耻的原因是什么？郭隗是怎样说服燕昭王采纳自己的建议的？

2. 谈谈作者是如何刻画燕昭王和郭隗的人物形象的。

3. 阅读下面的文字，准确地用现代文翻译出来。谈谈表达了作者什么思想。

郭隗先生曰："臣闻古之君人，有以千金求千里马者，三年不能得。涓人（亲信的侍臣）言于君曰：'请求之。'君遣之。三月得千里马，马已死，买其首五百金，反以报君。君大怒曰：'所求者生马，安事死马而捐五百金？'涓人对曰：'死马且买之五百金，况生马乎？天下必以王为能市马，马今至矣。'于是不能期年，千里之马至者三。今王诚欲致士，先从隗始；隗且见事，况贤于隗者乎？岂远千里哉？"

于是昭王为隗筑宫而师之。乐毅自魏往，邹衍自齐往，剧辛自赵往，士争凑燕。燕王吊死问生，与百姓同甘共苦。

垓 下 之 围

司马迁

项王军壁垓下，兵少食尽，汉军及诸侯兵围之数重。夜闻汉军四面皆楚歌，项王乃大惊曰："汉皆已得楚乎？是何楚人之多[1]也！"项王则夜起，饮帐中。有美人名虞，常幸从；骏马名骓[2]，常骑之。于是项王乃悲歌慷慨，自为诗曰："力拔山兮气盖世，时不利兮骓不逝[3]。骓不逝兮可奈何，虞兮虞兮奈若何[4]？"歌数阕[5]，美人和之。项王泣数行下，左右皆泣，莫能仰视。

于是项王乃上马骑，麾下壮士骑从者八百余人，直[6]夜溃围南出，驰走。平明，汉军乃觉之，令骑将灌婴以五千骑追之。项王渡淮，骑能属[7]者百余人耳。项王至阴陵，迷失道，问一田父[8]，田父绐[9]曰："左。"左，乃陷大泽中，以故汉追及之。项王乃复引兵而东，至东城，乃有二十八骑。汉骑追者数千人。项王自度不得脱，谓其骑曰："吾起兵至今八岁矣，身七十余战，所当者破，所击者服，未尝败北，遂霸有天下。然今卒困于此，此天之亡我，非战之罪也。今日固决死，愿为诸君快战[10]，必三胜之，为诸君溃围，斩将，刈[11]旗，令诸君知天亡我，非战之罪也。"乃分其骑以为四队，四向[12]。汉军围之数重。项王谓其骑曰："吾为公取彼一将。"令四面骑驰下，期山东为三处。于是项王大呼驰下，汉军皆披靡[13]，遂斩汉一将。是时，赤泉侯为骑将，追项王，项王瞋目而叱之，赤泉侯人马俱惊，辟易[14]数里。与其骑会为三处。汉军不知项王所在，乃分军为三，复围之。项王乃驰，复斩汉一都尉，杀数十百人，复聚其骑，亡其两骑耳。乃谓其骑曰："何如？"骑皆伏曰："如大王言！"

于是项王乃欲东渡乌江。乌江亭长舣[15]船待，谓项王曰："江东虽小，地方千里，众数十万人，亦足王也。愿大王急渡。今独臣有船，汉军至，无以渡。"项王笑曰："天之亡我，我何渡为[16]！且籍与江东子弟八千人渡江而西，今无一人还，纵江东父兄怜而王我，我何面目见之？纵彼不言，籍独不愧于心乎？"乃谓亭长曰："吾知公长者。吾骑此马五岁，所当无敌，尝一日行千里，不忍杀之，以赐公。"乃令骑皆下马步行，持短兵接战。独籍所杀汉军数百人。项王身亦被[17]十余创，顾见汉骑司马吕马童，曰："若非吾故人[18]乎？"马童面之[19]，指王翳曰："此项王也。"项王乃曰："吾闻汉购[20]我头千金，邑万户，吾为若德[21]。"乃自刎而死。王翳取其头，余骑相蹂践争项王，相杀者数十人。最其后，郎中骑杨喜，骑司马吕马童，郎中吕胜、杨武各得其一体[22]。五人共会其体，皆是，故分其地为五：封吕马童为中水侯，封王翳为杜衍侯，封杨喜为赤泉侯，封杨武为吴防侯，封吕胜为涅阳侯。

……

太史公曰：吾闻之周生[23]曰："舜目盖重瞳子"[24]，又闻项羽亦重瞳子。羽岂其苗裔邪[25]？何兴之暴[26]也！夫秦失其政，陈涉首难，豪杰蜂起，相与并争，不可胜数。然羽非有尺寸，乘埶起陇亩之中，三年，遂将五诸侯灭秦，分裂天下，而封王侯，政由羽出，号为"霸王"，位虽不终，近古以来未尝有也[27]。及羽背关[28]怀楚，放逐义帝而自立，怨王侯叛己，难矣。自矜功伐[29]，奋其私智而不师古[30]，谓霸王之业，欲以力征[31]经营天下，五年卒亡其国，身死东城，尚不觉寤[32]而不自责，过[33]矣。乃引[34]"天亡我，非用兵之罪也"，岂不谬哉！

注释

[1] 何楚人之多：怎么楚人这么多。

[2] 骓（zhuī）：毛色苍白相杂的马。

[3] 逝：跑。

[4] 奈若何：把你怎么办。

[5] 阕：乐曲每终了一次叫一阕。数阕：几遍。

[6] 直：同"值"，当，趁。

[7] 属：连接，这里指跟上。

[8] 田父（fǔ）：老农。

[9] 绐：欺骗。

[10] 快战：痛快地打一仗。

[11] 刈（yì）：割，砍。

[12] 四向：面向四方。

[13] 披靡：原指草木随风倒伏，这里比喻军队溃败。

[14] 辟易：倒退的样子。

[15] 舣（yǐ）：整船靠岸。

[16] 何渡为：还渡江干什么。

[17] 被：遭受。

[18] 故人：旧友。

[19] 面之：跟项王面对面。吕马童原在后面追赶项王，项王回过头来看见他，二人才正面相对。

[20] 购：悬赏征求。

[21] 为若德：意思是送给你点儿好处。德：恩德。

[22] 体：身体的部分，四肢加头合称五体。

[23] 周生：《正义》引孔文祥说以为是汉代儒者，姓周。

[24] 盖：大概。重瞳子：两个瞳人儿。

[25] 苗裔：后代。

[26] 何兴之暴：怎么起来得这么突然。

[27] 尺寸：形容很少，有人认为"尺寸"指尺寸之地。埶：同"势"，权势，权柄。乘埶：趁势的意思。陇亩之中：田野之中，指民间。陇：同"垄"。五诸侯：指战国时的齐、赵、韩、魏、燕五个诸侯国。位：指王位。终：到最后。不终：指没有维持下来。

[28] 背关：舍弃关中。背：弃。

[29] 矜：夸。功伐：功劳，"伐"与"功"同义。

[30] 奋：振，这里有极力施展的意思。师古：效法古人。

[31] 力征：以武力征伐。

[32] 寤：同"悟"。

[33] 过：错。

[34] 乃：竟然。引：拿过来，这里有找词儿的意思。

【作者作品】

司马迁（约前145—前87），字子长，西汉夏阳（今陕西韩城，一说山西河津）人。中国西汉伟大的史学家、文学家，思想家，汉武帝时任郎中、太史令、中书令，被后人尊称为"史圣"。所著《史记》是中国第一部纪传体通史，被鲁迅称为"史家之绝唱，无韵之离骚。"

司马迁十岁开始学习古文书传。约在汉武帝元光、元朔年间，向经学家董仲舒学《公羊春秋》，又向古文家孔安国学《古文尚书》。二十岁时，从京师长安南下漫游，足迹遍及江淮流域和中原地区，所到之处考察风俗，采集传说。不久仕为郎中，成为汉武帝的侍卫和扈从，多次随驾西巡，曾出使巴蜀。元封三年（前108年），司马迁继承其父司马谈之职，任太史令，掌管天文历法及皇家图籍，因而得读史官所藏图书。太初元年（前104年），与唐都、落下闳等共订《太初历》，以代替由秦沿袭下来的《颛顼历》，新历适应了当时社会的需要。此后，司马迁开始撰写《史记》。后因替投降匈奴的李陵辩护，获罪下狱，受宫刑。

出狱后任中书令，继续发愤著书，终于完成了《史记》的撰写。人称其书为《太史公书》。《史记》是中国第一部纪传体通史，对后世史学影响深远，《史记》语言生动，形象鲜明，也是优秀的文学作品。司马迁还撰有《报任安书》，记述了他下狱受刑的经过和著书的抱负，为历代传颂。

司马迁是中国历史上伟大的史学家，他因直言进谏而遭宫刑，却因此更加发愤著书，创作了名震古今中外的史学巨著《史记》，为中国人民，世界人民留下了一笔珍贵的文化遗产。《史记》是中国第一部纪传体通史，全书包括十二"本纪"，三十"世家"，七十"列传"，十"表"，八"书"，共五个部分，一百三十篇，约五十二万六千多字。记述了从传说中的黄帝至汉武帝太初四年上下三千年的历史。它同时也是一部文学名著，是中国传记文学的开创性著作。它的主体部分是本纪、世家和列传，其中列传是全书的精华。

司马迁撰写史记，态度严谨认真，实录精神是其最大的特色。他写的每一个历史人物或历史事件，都经过了大量的调查研究，并对史实反复作了核对。司马迁早在二十岁时，便离开首都长安遍踏名山大川，实地考察历史遗迹，了解到许多历史人物的遗闻轶事以及许多地方的民情风俗和经济生活，开阔了眼界，扩大了胸襟。汉朝的历史学家班固说，司马迁"其文直，其事核，不虚美，不隐恶，故谓之实录"。也就是说，他的文章公正，史实可靠，不空讲好话，不隐瞒坏事。这便高度评价了司马迁的科学态度和史记的记事翔实。

【阅读提示】

《垓下之围》选自《项羽本纪》的最后一部分。司马迁在塑造人物形象时，运用了多种艺术手法，其中最主要的是选择影响项羽命运发展的关键事件（场面），具体描述项羽既是一位叱咤风云、气盖一世的英雄豪杰，更是一位情感丰富、个性鲜明的悲剧英雄。霸王别姬时，项羽被围垓下，四面楚歌，军情何等急迫，作者却以舒缓的笔调去写项羽夜起帐饮，慷慨悲歌，倾诉对虞姬与骏马的难舍之情，表现出项羽英雄末路、情深无奈的侠骨柔肠。东城突围中，项羽虽兵剩无几，却能连斩数将，展露了其勇冠三军、力挫群雄的勇猛英姿。兵退乌江，本可渡江以期东山再起，但项羽因愧见江东父老而自刎，展现了他宁死不辱、知耻重义的性格特征。这三个场面的描写，多角度地展示了人物个性，使人物形象活灵活现，达到了呼之欲出的程度。

本篇还巧于构思，善于将复杂的事件安排得井然有序，丝毫没有杂乱之感。篇末的"太史公曰"，热情歌颂了项羽在灭秦过程中建立的丰功伟绩，充分肯定了他的历史贡献，同时也批评了他自矜武力以经营天下的错误，对他的失败给予了惋惜与同情。作者的评价公允深刻，而且寓有作者的身世感，使项羽这个悲剧人物形象具备了浓厚的抒情色彩。

本篇在塑造项羽这个人物形象时，运用了各种艺术手法，最主要的是选择最能影响项羽命运发展的关键事件，同时也是最能体现他个性特征的事件来展开具体的描述，通过故事情节的发展来展示人物的命运与人物的性格特征。

【能力培养与训练】

1. 《垓下之围》表现了英雄末路时无可奈何的心态。联系东城快战和乌江自刎两节内容，谈谈项羽的性格特征。

2. 《垓下之围》所引申出来的成语在今天使用频率依然很高的有哪些？同时谈谈其古今意义有什么变化。

3. 《史记》对中国历史文化和文学创作影响深远，里面包括了许多著名的篇章。谈谈其他的与《史记》有关的故事和人物形象。

原　毁

韩　愈

古之君子，其责己也重以周[1]，其待人也轻以约[2]。重以周，故不怠[3]；轻以约，故人乐为善。闻古之人有舜者，其为人也，仁义人也[4]；求其所以为舜者[5]，责于己曰：

"彼，人也，予，人也；彼能是，而我乃不能是[6]！"早夜以思，去其不如舜者，就其如舜者。闻古之人有周公者[7]，其为人也，多才与艺人也[8]；求其所以为周公者，责于己曰："彼，人也，予，人也；彼能是，而我乃不能是！"早夜以思，去其不如周公者，就其如周公者，舜，大圣人也，后世无及焉；周公，大圣人也，后世无及焉；是人也，乃曰："不如舜，不如周公，吾之病也[9]。"是不亦责于身者重以周乎！其于人也，曰："彼人也，能有是，是足为良人矣[10]；能善是，是足为艺人矣[11]。"取其一，不责其二；即其新，不究其旧[12]；恐恐然惟惧其人之不得为善之利[13]。一善易修也，一艺易能也。其于人也，乃曰："能有是，是亦足矣。"曰："能善是，是亦足矣。"不亦待于人者轻以约乎！

今之君子则不然，其责人也详，其待己也廉[14]。详，故人难于为善；廉，故自取也少[15]。己未有善，曰："我善是，是亦足矣。"己未有能，曰："我能是，是亦足矣。"外以欺于人，内以欺于心，未少有得而止矣，是不亦待于己者已廉乎[16]！其于人也，曰："彼虽能是，其人不足称也；彼虽善是，其用[17]不足称也。"举其一，不计其十[18]，究其旧，不图[19]其新，恐恐然惟惧其人之有闻[20]也。是不亦责于人者已详乎！夫是谓不以众人待其身[21]，而以圣人望于人，吾未见其尊己也。

虽然，为是者有本有原，怠与忌之谓也。怠者不能修[22]，而忌者畏人修。吾常试之矣。尝试语于众曰："某良士[23]，某良士。"其应[24]者，必其人之与[25]也；不然，则其所疏远不与同其利者也[26]；不然，则其畏也。不若是，强者必怒于言[27]，懦者必怒于色矣[28]。又尝语于众曰："某非良士，某非良士。"其不应者，必其人之与也；不然，则其所疏远不与同其利者也；不然，则其畏也。不若是，强者必说[29]于言，懦者必说于色矣。是故事修而谤兴，德高而毁来。呜呼！士之处此世，而望名誉之光，道德之行[30]，难矣！

将有作于上者[31]，得吾说而存之[32]，其国家可几而理欤[33]！

注释

[1] 重：严格。周：周密，全面。

[2] 轻：宽容。约：简少。以上两句出自《论语·卫灵公》："躬自厚而薄责于人"。

[3] 不怠：指不懈息地进行道德修养。

[4] 仁义人：符合儒家仁义道德规范的人。句出《孟子·离娄下》："舜明于庶物，察于人伦，由仁义行，非行仁义也"。

[5] 求：探求。所以：……的道理，……的原因。

[6] "而我"句：句出《孟子·滕文公上》："颜渊曰：'舜，何人也？予，何人也？有为者，亦若是。'"这里说以舜为标准要求自己。

[7] 周公：周文王子，周武王弟。武王死后，成王年幼继位，由周公摄政。

[8] 多才与艺人：多才多艺的人。句出《尚书·金滕》：周公有言："予仁若考，能多才多艺，能事鬼事神。"

[9] 病：缺陷。

[10] 良人：良善的人。

[11] 艺人：有技能的人。

[12] "即其新"两句：意思是只就其当前好的表现赞美他，不追究他的过去。

[13] 恐恐然：惶恐的样子。不得为善之利：得不到做好事应有的表扬。

[14] 廉：少，意指要求不高。

[15] 取：得到。

［16］已：太，甚。

［17］用：作用，才能。

［18］"举其一"两句：指偏举别人的一个缺点，而不管他的其他许多优点。

［19］图：考虑。

［20］闻（wèn）：声望，名誉。

［21］不以众人待其身：不以一般人的标准来要求自己。意思是比要求一般人的标准还要低。

［22］修：品德修养。

［23］良士：犹言贤人。

［24］应：响应，附和。

［25］与：党羽，朋友。

［26］不与同其利者也：同他没有利害关系的人。

［27］怒于言：在言语中表示愤怒。

［28］怒于色：在表情中流露愤怒。

［29］说：同"悦"。下亦同。

［30］行：实行，贯彻。

［31］将有作于上者：居上位而将要有所作为的人。

［32］存之：记在心里。

［33］几：庶几，差不多。理：治理。

【作者作品】

韩愈（768—824），字退之，河南河阳（今孟县）人，世称韩昌黎。因官吏部侍郎，又称韩吏部。谥号"文"，又称韩文公。唐代文学家。政治上较有作为，思想上推崇儒家，后人尊他为"唐宋八大家"之首，杜牧把韩文与杜诗并列，称为"杜诗韩笔"，苏轼称他"文起八代之衰"。他倡导了古文运动。主要作品有《韩昌黎集》。本文选自《中国历代文学作品选》。原：追溯原因，探求。毁：毁谤。

【阅读提示】

本文探究毁谤产生的原因。作者从"责己"、"待人"几个方面，古今对比，指出士大夫之间毁谤之风的盛行是道德败坏的一种表现，其根源在于"怠"和"忌"，即怠于自我修养且又妒忌别人；不怠不忌，毁谤便无从产生。文章先从正面开导，说明一个人应该如何正确对待自己和对待别人才符合君子之德、君子之风，然后将不合这个准则的行为拿来对照，最后指出其根源及危害性。通篇采用对比手法，有"古之君子"与"今之君子"的对比，有同一个人"责己"和"待人"不同态度的比较，还有"应者"与"不应者"的比较，等等。全篇行文严肃而恳切，切中时弊。句式整齐而有变化，语言生动而形象，刻画当时士风，入木三分。

【能力培养与训练】

1. 本文的主旨是什么？针对毁谤的产生谈谈你的看法。

2. 与《师说》对比，两篇文章在写法上有什么异同？

3. 阅读《进学解》、《原君》等文章，谈谈韩愈的文章的特点。

段太尉逸事状

柳宗元

太尉始为泾州刺史时[1]，汾阳王以副元帅居蒲[2]。王子晞为尚书[3]，领行营节度使[4]，寓军邠州[5]，纵士卒无赖[6]。邠人偷嗜暴恶者，率以货窜名军伍中[7]，则肆志，吏不得问。日群行丐取于市，不嗛[8]，辄奋击折人手足，椎釜鬲瓮盎盈道上[9]，袒臂徐去，至撞杀孕妇人。邠宁节度使白孝德[10]以王故，戚不敢言。

太尉自州以状白府[11]，愿计事。至则曰："天子以生人付公理[12]，公见人被暴害，因恬然。且大乱，若何？"孝德曰："愿奉教。"太尉曰："某为泾州，甚适，少事；今不忍人无寇暴死，以乱天子边事。公诚以都虞侯[13]命某者，能为公已乱，使公之人不得害。"孝德曰："幸甚！"出如尉请。

既署一月，晞军士十七人入市取酒，又以刃刺酒翁，坏酿器，酒流沟中。太尉列卒取十七人，皆断头注槊上，植市门外。晞一营大噪，尽甲。孝德震恐，召太尉曰："将奈何？"太尉曰："无伤也！请辞于军。"孝德使数十人从太尉，太尉尽辞去。解佩刀，选老躄[14]者一人持马，至晞门下。甲者出，太尉笑且入曰："杀一老卒，何甲也？吾戴吾头来矣！"甲者愕。因谕曰："尚书固负若属耶？副元帅固负若属耶？奈何欲以乱败郭氏？为白尚书，出听我言。"

晞出见太尉。太尉曰："副元帅勋塞天地，当务始终。今尚书恣卒为暴，暴且乱，乱天子边，欲谁归罪？罪且及副元帅。今邠人恶子弟以货窜名军籍中，杀害人，如是不止，几日不大乱？大乱由尚书出，人皆曰尚书倚副元帅，不戢[15]士。然则郭氏功名，其与存者几何？"言未毕，晞再拜曰："公幸教晞以道，恩甚大，愿奉军以从。"顾叱左右曰："皆解甲散还火伍中，敢哗者死！"太尉曰："吾未晡食[16]，请假设草具。"既食，曰："吾疾作，愿留宿门下。"命持马者去，旦日来。遂卧军中。晞不解衣，戒候卒击柝[17]卫太尉。旦，俱至孝德所，谢不能，请改过。邠州由是无祸。

先是，太尉在泾州为营田官。泾大将焦令谌取人田，自占数十顷，给与农，曰："且熟，归我半。"是岁大旱，野无草，农以告谌。谌曰："我知入数而已，不知旱也。"督责益急，农且饥死，无以偿，即告太尉。

太尉判状辞甚巽[18]，使人求谕谌。谌盛怒，召农者曰："我畏段某耶？何敢言我！"取判铺背上，以大杖击二十，垂死，舆来庭中。太尉大泣曰："乃我困汝！"即自取水洗去血，裂裳衣疮，手注善药，旦夕自哺农者，然后食。取骑马卖，市谷代偿，使勿知。

淮西[19]寓军帅尹少荣，刚直士也。入见谌，大骂曰："汝诚人耶？泾州野如赭[20]，人且饥死；而必得谷，又用大杖击无罪者。段公，仁信大人也，而汝不知敬。今段公唯一马，贱卖市谷入汝，汝又取不耻。凡为人傲天灾、犯大人、击无罪者，又取仁者谷，使主人出无马，汝将何以视天地，尚不愧奴隶耶！"谌虽暴抗，然闻言则大愧流汗，不能食，曰："吾终不可以见段公！"一夕，自恨死。

及太尉自泾州以司农征，戒其族："过岐[21]，朱泚幸致货币[22]，慎勿纳。"及过，泚固致大绫三百匹。太尉婿韦晤坚拒，不得命。至都，太尉怒曰："果不用吾言！"晤谢曰："处贱无以拒也。"太尉曰："然终不以在吾第。"以如司农治事堂，栖之梁木上。泚反，太尉终，吏以告泚，泚取视，其故封识具存[23]。

太尉逸事如右[24]。

元和九年[25]月日，永州司马员外置同正员柳宗元谨上史馆[26]。今之称太尉大节者，出入以为武人一时奋不虑死[27]，以取名天下，不知太尉之所立如是。宗元尝出入岐周邠斄间[28]，过真定[29]，北上马岭[30]，历亭障堡戍，窃好问老校[31]退卒，能言其事。太尉为人姁姁[32]，常低首拱手行步，言气卑弱，未尝以色待物[33]；人视之，儒者也。遇不可，必达其志，决非偶然者。会州刺史崔公来，言信行直，备得太尉遗事，覆校无疑，或恐尚逸坠，未集太史氏，敢以状私于执事[34]。谨状。

注释

[1] "太尉"句：唐代宗广德二年（764年），因邠宁节度使白孝德的推荐，段秀实任泾州（治所在今甘肃省泾川县北）刺史。这里以段秀实死后追赠的官名称呼他，以示尊敬。

[2] 汾阳王：即郭子仪。郭子仪平定安史之乱有功，于肃宗宝应元年（762年）进封汾阳王。代宗广德二年正月，郭子仪兼任关内、河东副元帅，河中节度使、观察使，出镇河中。蒲：州名，唐为河中府（治所在今山西省永济县）。

[3] "王子晞"句：郭晞，汾阳王郭子仪第三子，随父征伐，屡建战功。代宗广德二年，吐蕃侵边，郭晞奉命率朔方军支援邠州，时任御史中丞、转御史大夫，后于大历中追赠兵部尚书。《资治通鉴》胡三省注："据《实录》，时晞官为左常侍，宗元云尚书，误也。"

[4] 领：兼任。节度使：主要掌军事。唐代开元间设置，原意在增加都察权力。安史之乱后，愈设愈滥。

[5] 寓军：在辖区之外驻军。邠（bīn）州：治所在今陕西省彬县。

[6] 无赖：横行。

[7] 货：财物，这里指贿赂。

[8] 嗛（qiàn）：满足。

[9] 釜：锅。鬲（lì）：三脚烹饪器。瓮（wèng）：盛酒的陶器。盎：腹大口小的瓦盆。

[10] 白孝德：安西（治所在今新疆库车县）人，李广弼部将，广德二年任邠宁节度使。

[11] 状：一种陈述事实的文书。白：禀告。

[12] 生人：生民，百姓。理：治。唐代为避李世民、李治讳而改。

[13] 都虞侯：军队中的执法官。

[14] 躄（bì）：跛脚。

[15] 戢（jí）：管束。

[16] 晡（bū）食：晚餐。晡：申时，下午三至五时。

[17] 柝（tuò）：古代巡夜打更用的梆子。

[18] 巽（xùn）：通"逊"，委婉。

[19] 淮西：今河南省许昌、信阳一带。

[20] 赭（zhě）：赤褐色。

[21] "及太尉"句：德宗建中元年（780年）二月，段秀实自泾原节度使被召为司农卿。司农卿，为司农寺长官，掌国家储备用粮之事。岐：州名，治所在今陕西省凤翔县南。

[22] 朱泚（cǐ）：昌平（今北京市昌平）人，时为凤翔府尹。货币：物品和钱币。

[23] 识（zhì）：标记。

[24] "太尉"句：这是表示正文结束的话。

[25] 元和九年：公元八一四年。元和是唐宪宗李纯年号（806—820）。

[26] "永州"句：当时柳宗元任永州（治所在今湖南省零陵县）司马，这里是他官职地位的全称。史

馆：国家修史机构。

[27] 出入：大抵，不外乎。

[28] "宗元"句：柳宗元于贞元十年（794年）曾游历邠州一带。周：在岐山下，今陕西省郿县一带。釐（tái）：同"邰"，在今陕西省武功县西。

[29] 真定：不可考，或是"真宁"之误。真宁即今甘肃省正宁县。

[30] 马岭：山名，在今甘肃省庆阳县西北。

[31] 校：中下级军官。

[32] 姁（xǔ）姁：和好的样子。

[33] 色：脸色。物：此指人。

[34] 执事：指专管某方面事务的官吏。这里指史官韩愈。

【作者作品】

柳宗元（773—819），字子厚，唐代河东郡（今山西永济县）人，著名杰出诗人、哲学家、儒学家乃至成就卓著的政治家，唐宋八大家之一。著名作品有《永州八记》等六百多篇文章，经后人辑为三十卷，名为《柳河东集》。因为他是河东人，人称柳河东，又因终于柳州刺史任上，又称柳柳州。柳宗元与韩愈同为中唐古文运动的领导人物，并称"韩柳"。在中国文化史上，其诗、文成就均极为杰出，可谓一时难分轩轾。

段太尉（719—783），名秀实，字成公，唐汧阳（今陕西省千阳县）人。官至泾州刺史兼泾原郑颍节度使。德宗建中四年（783年），泾原士兵在京哗变，德宗仓皇出奔，叛军遂拥戴原卢龙节度使朱泚为帝。当时段秀实在朝中，以狂贼斥之，并以朝笏廷出朱泚面额，被害，追赠太尉。

状是旧时详记死者世系、名字、爵里、行治、寿年的一种文体。逸事状专录人物逸事，是状的一种变体。

【阅读提示】

这是一篇叙事严谨、写人生动的传记文。作者选取段太尉一生中勇服郭晞、仁愧焦令谌、节显治事堂三件逸事，塑造了一个不畏强暴，关心人民，临财不苟取的封建时代正直官吏的形象，揭露了社会现实的丑恶现象。

首先是精心选材，全文写了段秀实三件事，每一件事都表现他思想性格的一个侧面。倒叙手法，有利于主题突出，文章结构巧妙。作者先写剑拔弩张的气氛和激烈的场面，能给读者一种强烈的印象，然后写段秀实性格中仁信爱民的一面，对百姓的和好眷眷之意，文势跌宕起伏，布局富有变化。这样安排，能收到较好的艺术效果。其次是用个性化的语言行动塑造人物形象，描写生动形象，而不作议论；全文不着一句议论，纯用冷静从容的写实手法，在客观的叙述中隐含着深沉的歌颂之情。

【能力培养与训练】

1. 在这篇文章里面作者是怎样把三件逸事串起来的？谈谈文章的结构。

2. 柳宗元写作本文，不仅仅是为段太尉正名立传，还与当时的藩镇割据的政治局面有关。结合当时的形式谈谈自己的理解。

3. 翻译柳宗元写的《蝜蝂传》。谈谈蝜蝂小虫形象象征了社会中的哪些人。

蝜蝂者，善负小虫也。行，遇物辄持取，昂其首负之。背愈重，虽困剧不止也。其背甚涩，物积因不散。卒踬仆，不能起。人或怜之，为去其负。苟能行，又持取如故。又好上高，极其力不已，至坠地死。今世之嗜取者，遇货不避，以厚其室，不佑为己累也，唯恐其不积；及其怠而踬也，黜弃之，迁徙之，亦以病矣。苟能起，又不艾，日思高其位，大其禄，而贪取滋甚，以近于危坠。观前之死亡不知戒，虽其形魁然大者也，其名人也，而智则小虫也，亦足哀夫！

朋 党 论
欧阳修

臣闻朋党[1]之说[2]，自古有之[3]，惟[4]幸[5]人君辨其君子小人而已[6]。大凡君子与君子以同道为朋，小人与小人以同利为朋，此自然之理也[7]。

然臣谓小人无朋，惟君子则[8]有之。其故何哉[9]？小人所好[10]者禄利也，所贪者财货也。当其同利之时，暂相党引[11]以为朋者，伪也；及其见利而争先，或利尽而交疏，则反相贼害，虽其兄弟亲戚，不能自保[12]。故臣谓小人无朋，其暂为朋者，伪也。君子则不然[13]。所守者道义，所行者忠信，所惜者名节[14]。以之修身，则同道而相益[15]；以之事国，则同心而共济[16]；终始如一，此君子之朋也。故为人君者，但当退小人之伪朋，用君子之真朋，则天下治矣[17]。

尧[18]之时，小人共工、驩兜[19]等四人为一朋，君子八元、八恺[20]十六人为一朋。舜佐尧[21]，退四凶小人之朋，而进元、恺君子之朋，尧之天下大治。及舜自为天子，而皋、夔、稷、契等二十二人[22]并列于朝，更相称美，更相推让[23]，凡二十二人为一朋，而舜皆用之，天下亦大治。《书》曰："纣有臣亿万，惟亿万心；周有臣三千，惟一心。"[24]纣之时，亿万人各异心，可谓不为朋矣，然纣以亡国[25]。周武王之臣，三千人为一大朋，而周用以兴[26]。后汉献帝时，尽取天下名士囚禁之，目为党人[27]。及黄巾贼起，汉室大乱，后方悔悟，尽解党人而释之，然已无救矣[28]。唐之晚年，渐起朋党之论[29]。及昭宗时，尽杀朝之名士[30]，或投之黄河，曰："此辈清流，可投浊流[31]。"而唐遂亡矣。

夫[32]前世之主，能使人人异心不为朋，莫如纣[33]；能禁绝善人为朋，莫如汉献帝；能诛[34]戮清流之士，莫如唐昭宗之世；然皆乱亡其国[35]。更相称美推让而不自疑[36]，莫如舜之二十二臣，舜亦不疑而皆用之；然而后世不诮[37]舜为二十二人朋党所欺，而称舜为聪明[38]之圣者，以[39]能辨君子与小人也。周武之世，举[40]其国之臣三千人共为一朋，自古为朋之多且大，莫如周[41]；然周用此以兴[42]者，善人虽多而不厌[43]也。

夫兴亡治乱之迹[44]，为人君者，可以鉴[45]矣。

注释

[1] 朋党：一般指人们因政治理想相同和利益一致而结成的派别或集团。

[2] 说：说法，议论。

[3] 自古有之：《韩非子》、《战国策》、《史记》等书中都曾论及朋党。

[4] 惟：只，只是。

[5] 幸：希望。

[6] 而已：罢了。

[7] 大凡：大抵。同道：志同道合。利：指下文所说的"禄利"、"财货"之类。

[8] 则：才。

[9] 其故何哉：这是什么缘故。

[10] 好：喜爱。

[11] 党引：结为朋党，相互援引。

[12] 及：等到。则：却。贼害：伤害。

[13] 不然：不是这样。

[14] 惜：爱惜。名节：名誉气节。

[15] 以：用。相益：相得益彰。

[16] 事：治理。共济：相互救助，共图事业的成功。

[17] 但：只，只是。退：黜退。用：进用。治：安定太平，形容词，与"乱"相对。

[18] 尧：儒家所推崇的古代圣贤之主。

[19] 共工、驩兜等四人：传说中尧时的四个坏人。除共工、驩兜外，还有鲧、三苗。下文所说的"四凶"，即指此四人。

[20] 八元、八恺：据传说，上古高辛氏有子八人，人称八元；高阳氏有子八人，人称八恺。均是贤臣。元：善良之意。恺：和乐之意。

[21] 舜：儒家所推崇的古代圣贤之主。佐：辅佐，辅助。

[22] 皋、夔、稷、契等二十二人：皆传说中舜时的贤臣，分别担任司法、音乐、农业、教育等各部门的长官。

[23] 更相称美，更相推让：更替着相互推崇，相互谦让。

[24]《书》：《尚书》，儒家经典之一，收录上古时代政府文告，相传由孔子编选而成。这里引的四句话，见《尚书·周书·秦誓》。《秦誓》是周武王伐纣、大军渡孟津时的誓师词。纣：商朝末代君主。亿万：极言其多。惟：为，是。

[25] 然纣以亡国：然而纣王却因此而亡国。以：以此，因此。

[26] 周武王：儒家所推崇的古代圣贤之主。他率军攻灭了商纣，建立了周朝。周用以兴：周朝因此而兴旺发达。

[27] 汉献帝：东汉的末代君主。"献帝时"，误，应为桓帝、灵帝时。"尽取"两句：将天下名士全部逮捕囚禁起来，把他们看做是朋党。桓帝、灵帝时，宦官专权，一些名士如李膺、范滂等被诬为朋党，被杀百余人。此后，各州又陆续处死、流放、囚禁六七百人，史称"党锢之祸"。目：视，看。

[28] 黄巾贼：灵帝时，爆发了以张角为首的农民大起义，起义军皆以黄巾裹头。贼：对农民起义军的诬称。"汉室"三句：黄巾事起，天下大乱，再加上"党锢之祸"，造成民怨沸腾，于是灵帝大赦党人。解：解除，赦免。释：放，释放。然已无救矣：然而这时汉室的危亡已经没有办法挽救了。

[29]"唐之晚年"二句：唐朝末年，又渐渐兴起了朋党的说法。这主要是指唐穆宗至唐宣宗年间以牛僧孺、李宗闵为首和以李德裕为首的官僚集团之间的派别斗争，史称"牛李党争"。

[30] 昭宗：误，应为唐哀帝。尽杀朝中名士：唐哀帝天祐二年（905 年），朱全忠专权，杀大臣裴枢等七人于滑州白马驿，同时受牵连而死者数百人，皆被诬为朋党。

[31]"或投之"三句：有的被抛进黄河，并说："这些人自称为清流，应当把他们投到浊流里去。"当时，朱全忠的谋士李振因屡试不第，怨恨朝中大臣，就对朱说："此辈自谓清流，宜投入黄河，永为浊流。"朱竟笑而从之，把裴枢等人的尸体抛入黄河。清流：指品行高洁之士。

[32] 夫：句首语助词，一般表示另起一层的意思。

[33] 莫如纣：没有人比得上纣王。莫：没有人。

[34] 诛：杀。戮：杀。

[35] 然皆乱亡其国：然而他们都扰乱、断送了自己的国家。

[36] 自疑：指党人内部相互猜忌。

[37] 诮：讥讽，责备。

[38] 聪明：聪慧而贤明。

[39] 以：因为，由于。

[40] 举：全，尽。

[41] 多且大：又多又大。莫如周：没有一个朝代比得上周朝。

[42] 用此以兴：因此而兴旺发达。

[43] 厌：通"餍"，满足。

[44] 迹：史迹，历史事实。

[45] 鉴：比照，借鉴，鉴戒。

【作者作品】

欧阳修（1007—1072），字永叔，号醉翁，晚号六一居士。吉州永丰（今属江西）人。欧阳修自称庐陵人，因为吉州原属庐陵郡。北宋政治家、文学家，唐宋八大家之一。仁宗朝进士。一生在各种文体方面都有建树，留下很多著名的篇章。

欧阳修一生写了五百余篇散文，各体兼备，有政论文、史论文、记事文、抒情文和笔记文等。他的散文大都内容充实，气势旺盛，具有平易自然、流畅婉转的艺术风格。叙事既得委婉之妙，又简括有法；议论纡徐有致，却富有内在的逻辑力量。章法结构既能曲折变化而又十分严密。《朋党论》、《新五代史·伶官传序》、《与高司谏书》、《醉翁亭记》、《丰乐亭记》、《泷冈阡表》等，都是历代传诵的佳作。

欧阳修还开了宋代笔记文创作的先声。他的笔记文，有《归田录》、《笔说》、《试笔》等。文章不拘一格，写得生动活泼，富有情趣，并常能描摹细节，刻画人物。其中，《归田录》记述了朝廷遗事、职官制度、社会风习和士大夫的趣事逸闻，介绍自己的写作经验，都很有价值。

欧阳修的赋也很有特色。著名的《秋声赋》运用各种比喻，把无形的秋声描摹得非常生动形象，使人仿佛可闻。这篇赋变唐代以来的"律体"为"散体"，对于赋的发展具有开拓意义。

欧阳修的诗歌创作成就不及散文，但也很有特色。他的一些诗反映了人民的疾苦，揭露了社会的黑暗，如《食糟民》、《答杨子静祈雨长句》。他还在诗中议论时事，抨击腐败政治，如《奉答子华学士安抚江南见寄之作》。其他如《明妃曲和王介甫作》、《再和明妃曲》，表现了诗人对妇女命运的同情，对昏庸误国的统治者的谴责。但他写得更多、也更成功的，是那些抒写个人情怀和山水景物的诗。

他的诗在艺术上主要受韩愈影响。《凌溪大石》、《石篆》、《紫石屏歌》等作品，模仿韩愈想象奇特的诗风。但多数作品，主要学习韩愈"以文为诗"，即议论化、散文化的特点。虽然他以自然流畅的诗歌语言，避免了韩愈的险怪艰涩之弊，但仍有一些诗说理过多，缺乏生动的形象。

欧阳修还有一部分诗作写得沉郁顿挫，笔墨淋漓，将叙事、议论、抒情结为一体，风格接近杜甫，如《重读〈徂徕集〉》、《送杜岐公致仕》；另一部分作品雄奇变幻，气势豪放，却近于李白，如《庐山高赠同年刘中允归南康》。更多的写景抒情作品，或清新秀丽，或平淡有味，如《黄溪夜泊》中的"万树苍烟三峡暗，满川明月一猿哀"，《春日西湖寄谢法曹歌》中的"雪消门外千山绿，花发江边二月晴"等。总的来看，他的诗歌风格还是多样的。

欧阳修还善于论诗。在《梅圣俞诗集序》中，他提出诗"穷者而后工"的论点，发展了杜甫、白居易的诗歌理论，对当时和后世的诗歌创作产生过很大的影响。他的《六一诗话》是中国文学史上第一部诗话，以随便亲切的漫谈方式评叙诗歌，成为一种论诗的新形式。

欧阳修也擅长写词。他的词，主要内容仍是恋情相思、酣饮醉歌、惜春、赏花之类，善于以清新疏淡的笔触写景。例如，《采桑子》十三首，描绘颍州西湖的自然之美，写得恬静、澄澈，富有情韵，宛如一幅幅淡雅的山水画。另一些词如"杏花红处青山缺，山畔行人山下歌"（《玉楼春》），"堤上游人逐画船，拍堤春水四垂天。绿杨楼外出秋千"（《浣溪沙》）等，也都是写景的佳句。偏重抒情的词，写得婉曲缠绵，情深语近，例如《踏莎行》中上下阕的最后两句"离愁渐远渐无穷，迢迢不断如春水"，"平芜尽处是春山，行人更在春山外"，通过春水春山，把感情抒写得非常深挚。他还有一些词，虽然颓唐叹老、牢骚不平，却直抒胸臆，表现出襟怀豪逸和乐观的一面。还有一些艳词，虽写男女约会，也朴实生动；当然，其中也不免有浅薄庸俗的作品。

欧阳修在经学、史学、金石学等方面都有成就。在经学方面，他研究《诗》、《易》、《春秋》，能不拘守前人之说，提出自己的创见。史学造诣更深于经学。除了参加修撰《新唐书》二百五十卷外，又自著《新五代史》，总结五代的历史经验，意在引为鉴戒。他勤于收集、整理周代至隋唐的金石器物、铭文碑刻，编辑成一部考古学资料专集——《集古录》。

【阅读提示】

历朝历代，朝野上下不乏朋党。君子能结为朋党，小人也能结成朋党，不过君子之党兴国，小人之党误国甚而亡国罢了。"朋党"不仅是一个政治现象，也是一个历史现象。关于朋党，欧阳修作了这篇论说文，同时也是一篇辩护文。这是一篇奇文，文章之奇在于没有单纯地从歌颂君子之朋兴国、批判小人之朋的角度出发，而是着重从人君使人用人的角度出发作文。其说理之深，其用心之诚，实所共鉴。

中国文人的主流理想是"学而优则仕"，更有"穷则独善其身，达则兼济天下"的抱负，更有"先天下之忧而忧，后天下之乐而乐"的情怀，这是中国文化促成的一股巨大的洪流，欧阳修就是此洪流中人。参与政治运作、激扬政治热情成了他作品中一个重要的主题，这篇《朋党论》既是一篇政治上的辩护文，也是一篇伟大的文学作品。其不仅着眼于一时一地，而且是对当朝以及后来的统治者的殷切劝谕。

这篇文章起笔不凡，开篇提出：君子无党，小人有党的观点。对于小人用来陷人以罪、君子为之谈虎色变的"朋党之说"，作者不回避，不辩解，而是明确地承认朋党之有，这样，便夺取了政敌手中的武器，而使自己立于不败之地。开头一句，作者就理直气壮地揭示了全文的主旨。它包含三个方面内容：朋党之说自古有之，朋党有君子与小人之别，人君要善于辨别。作者首先从道理上论述君子之朋与小人之朋的本质区别；继而引用了六件史实，以事实证明了朋党的"自古有之"；最后通过对前引史实的进一步分析，论证了人君用小人之朋，则国家乱亡；用君子之朋，则国家兴盛。文章写得不枝不蔓，中心突出，有理有据，剖析透辟，具有不可辩驳的逻辑力量。

文章用笔流畅如行云流水，说理透彻令人醍醐灌顶。金圣叹批曰："最明畅之文，却甚幽细；最条直之文，却甚郁勃；最平夷之文，却甚跳跃鼓舞。"非虚语也！

文忠公论朋党，是在封建君主专制体制背景下论述的，然而"朋党"是一个普遍现象，在当代对当权者仍有相当的借鉴意义和极大的警醒作用。望后来人能退小人之朋用君子之朋，不负文忠公之望，不负天下人之望。

【能力培养与训练】

1. 阅读课文，谈谈作者在《朋党论》中表达了怎样的观点。

2. 翻译全文。

狗·猫·鼠

鲁 迅

从去年起，仿佛听得有人说我是仇猫的。那根据自然是在我的那一篇《兔和猫》[1]；这是自画招供，当然无话可说，——但倒也毫不介意。一到今年，我可很有点担心了。我是常不免于弄弄笔墨的，写了下来，印了出去，对于有些人似乎总是搔着痒处的时候少，碰着痛处的时候多。万一不慎，甚而至于得罪了名人或名教授[2]，或者更甚而至于得罪了"负有指导青年责任的前辈"[3]之流，可就危险已极。为什么呢？因为这些大角色是"不好惹"[4]的。怎地"不好惹"呢？就是怕要浑身发热[5]之后，做一封信登在报纸上，广告道："看哪！狗不是仇猫的么？鲁迅先生却自己承认是仇猫的，而他还说要打'落水狗'！"这"逻辑"的奥义，即在用我的话，来证明我倒是狗，于是而凡有言说，全都根本推翻，即使我说二二得四，三三见九，也没有一字不错。这些既然都错，则绅士口头的二二得七，三三见千等等，自然就不错了。

我于是就间或留心着查考它们成仇的"动机"。这也并非敢妄学现下的学者以动机来褒贬作品[6]的那些时髦，不过想给自己预先洗刷洗刷。据我想，这在动物心理学家，是用不着费什么力气的，可惜我没有这学问。后来，在覃哈特[7]博士（Dr. O. Dahmhardt）的《自然史底国民童话》里，总算发现了那原因了。据说，是这么一回事：动物们因为要商议要事，开了一个会议，鸟、鱼、兽都齐集了，单是缺了象。大家议定，派伙计去迎接它，拈到了当这差使的阄的就是狗。"我怎么找到那象呢？我没有见过它，也和它不认识。"它问。"那容易，"大众说，"它是驼背的。"狗去了，遇见一匹猫，立刻弓起脊梁来，它便招待，同行，将弓着脊梁的猫介绍给大家道："象在这里！"但是大家都嗤笑它了。从此以后，狗和猫便成了仇家。

日尔曼人[8]走出森林虽然还不很久，学术文艺却已经很可观，便是书籍的装潢，玩具的工致，也无不令人心爱。独有这一篇童话却实在不漂亮；结怨也结得没有意思。猫的弓起脊梁，并不是希图冒充，故意摆架子的，其咎却在狗的自己没眼力。然而原因也总可以算作一个原因。我的仇猫，是和这大大两样的。

其实人禽之辨，本不必这样严。在动物界，虽然并不如古人所幻想的那样舒适自由，可是噜苏做作的事总比人间少。它们适性任情，对就对，错就错，不说一句分辩话。虫蛆也许是不干净的，但它们并没有自命清高；鸷禽猛兽以较弱的动物为饵，不妨说是凶残的罢，但它们从来没有竖过"公理""正义"[9]的旗子，使牺牲者直到被吃的时候为止，还是一味佩服赞叹它们。而人呢，能直立了，自然就是一大进步；能说话了，自然又是一大进步；能写字作文了，自然还是一大进步。然而也就堕落，因为那时也开始了说空话。说空话尚无不可，甚至于连自己也不知道说着违心之论，则对于只能嗥叫的动物，实在免不得"颜厚有忸怩"[10]。假使真有一位一视同仁的造物主，高高在上，那么，对于人类的这些小聪明，也许倒以为多事，正如我们在万生园[11]里，看见猴子翻筋斗，母象请安，虽然往往破颜一笑，但同时也觉得不舒服，甚至于感到悲哀，以为这些多余的聪明，倒不如没有的好罢。然而，既经为人，便也只好"党同伐异"[12]，学着人们的说话，随俗来谈一谈，——辩一辩了。

现在说起我仇猫的原因来，自己觉得是理由充足，而且光明正大的。一、它的性情就和别的猛兽不同，凡捕食雀、鼠，总不肯一口咬死，定要尽情玩弄，放走，又捉住，捉住，又放走，直待自己玩厌了，这才吃下去，颇与人们的幸灾乐祸，慢慢地折磨弱者的坏脾气相同。二、它不是和狮虎同族的么？可是有这么一副媚态！但这也许是限于天分之故罢，假使它的身材比现在大十倍，那就真不知道它所取的是怎么一种态度。然而，这些口实，仿佛又是现在提起笔来的时候添出来的，虽然也象是当时涌上心来的理由。要说得可靠一点，或者倒不如说不过因为它们配合时候的嗥叫，手续竟有这么繁重，闹得别人心烦，尤其是夜间要看书，睡觉的时候。当这些时候，我便要用长竹竿去攻击它们。狗们在大道上配合时，常有闲汉拿了木棍痛打；我曾见大勃吕该尔（P. Bruegeld. &Auml）[13]的一张铜版画 Allegorie der Woll ust 上，也画着这回事，可见这样的举动，是中外古今一致的。自从那执拗的奥国学者弗罗特（S. Freud）[14]提倡了精神分析说——psychoanalysis，听说章士钊[15]先生是译作"心解"的，虽然简古，可是实在难解得很——以来，我们的名人名教授也颇有隐隐约约，检来应用的了，这些事便不免又要归宿到性欲上去。打狗的事我不管，至于我的打猫，却只因为它们嚷嚷，此外并无恶意，我自信我的嫉妒心还没有这么博大，当现下"动辄获咎"之秋，这是不可不预先声明的。例如人们当配合之前，也很有些手续，新的是写情书，少则一束，多则一捆；旧的是什么"问名""纳采"[16]，磕头作揖，去年海昌蒋氏在北京举行婚礼，拜来拜去，就十足拜了三天，还印有一本红面子的《婚礼节文》，《序论》里大发议论道："平心论之，既名为礼，当必繁重。专图简易，何用礼为？……然则世之有志于礼者，可以兴矣！不可退居于礼所不下之庶人矣！"然而我毫不生气，这是因为无须我到场；因此也可见我的仇猫，理由实在简简单单，只为了它们在我的耳朵边尽嚷的缘故。人们的各种礼式，局外人可以不见不闻，我就满不管，但如果当我正要看书或睡觉的时候，有人来勒令朗诵情书，奉陪作揖，那是为自卫起见，还要用长竹竿来抵御的。还有，平素不大交往的人，忽而寄给我一个红帖子，上面印着"为舍妹出阁"，"小儿完姻"，"敬请观礼"或"阖第光临"这些含有"阴险的暗示"[17]的句子，使我不花钱便总觉得有些过意不去的，我也不十分高兴。

但是，这都是近时的话。再一回忆，我的仇猫却远在能够说出这些理由之前，也许是还在十岁上下的时候了。至今还分明记得，那原因是极其简单的：只因为它吃老鼠，——吃了我饲养着的可爱的小小的隐鼠[18]。

听说西洋是不很喜欢黑猫的，不知道可确；但 Edgar Allan Poe[19] 的小说里的黑猫，却实在有点骇人。日本的猫善于成精，传说中的"猫婆"[20]，那食人的惨酷确是更可怕。中国古时候虽然曾有"猫鬼"[21]，近来却很少听到猫的兴妖作怪，似乎古法已经失传，老实起来了。只是我在童年，总觉得它有点妖气，没有什么好感。那是一个我的幼时的夏夜，我躺在一株大桂树下的小板桌上乘凉，祖母摇着芭蕉扇坐在桌旁，给我猜谜，讲故事。忽然，桂树上沙沙地有趾爪的爬搔声，一对闪闪的眼睛在暗中随声而下，使我吃惊，也将祖母讲着的话打断，另讲猫的故事了——

"你知道么？猫是老虎的先生。"她说，"小孩子怎么会知道呢，猫是老虎的师父。老虎本来是什么也不会的，就投到猫的门下来。猫就教给它扑的方法，捉的方法，吃的方法，象自己的捉老鼠一样。这些教完了；老虎想，本领都学到了，谁也比不过它了，只有老师的猫还比自己强，要是杀掉猫，自己便是最强的角色了。它打定主意，就上前去扑猫。猫是早知道它的来意的，一跳，便上了树，老虎却只能眼睁睁地在树下蹲着。猫还没有教给它上树。"

这是侥幸的，我想，幸而老虎很性急，否则从桂树上就会爬下一匹老虎来。然而究竟很怕人，我要进屋子里睡觉去了。夜色更加黯然；桂叶瑟瑟地作响，微风也吹动了，想来草席定已微凉，躺着也不至于烦得翻来复去了。

几百年的老屋中的豆油灯的微光下，是老鼠跳梁的世界，飘忽地走着，吱吱地叫着，那态度往往比"名人名教授"还轩昂。猫是饲养着的，然而吃饭不管事。祖母她们虽然常恨鼠子们啮破了箱柜，偷吃了东西，我却以为这也算不得什么大罪，也和我不相干，况且这类坏事大概是大个子的老鼠做的，决不能诬陷到我所爱的小鼠身上去。这类小鼠大抵在地上走动，只有拇指那么大，也不很畏惧人，我们那里叫它"隐鼠"，与专住在屋上的伟大者是两种。我的床前就帖着两张花纸，一是"八戒招赘"[22]，满纸长嘴大耳，我以为不甚雅观；别的一张"老鼠成亲"[23]却可爱，自新郎、新妇以至傧相、宾客、执事，没有一个不是尖腮细腿，象煞读书人的，但穿的都是红衫绿裤。我想，能举办这样大仪式的，一定只有我所喜欢的那些隐鼠。现在是粗俗了，在路上遇见人类的迎娶仪仗，也不过当作性交的广告看，不甚留心；但那时的想看"老鼠成亲"的仪式，却极其神往，即使象海昌蒋氏似的连拜三夜，怕也未必会看得心烦。正月十四的夜，是我不肯轻易便睡，等候它们的仪仗从床下出来的夜。然而仍然只看见几个光着身子的隐鼠在地面游行，不象正在办着喜事。直到我敖不住了，快快睡去，一睁眼却已经天明，到了灯节了。也许鼠族的婚仪，不但不分请帖，来收罗贺礼，虽是真的"观礼"，也绝对不欢迎的罢，我想，这是它们向来的习惯，无法抗议的。

老鼠的大敌其实并不是猫。春后，你听到它"咋！咋咋咋咋！"地叫着，大家称为"老鼠数铜钱"的，便知道它的可怕的屠伯已经光临了。这声音是表现绝望的惊恐的，虽然遇见猫，还不至于这样叫。猫自然也可怕，但老鼠只要窜进一个小洞去，它也就奈何不得，逃命的机会还很多。独有那可怕的屠伯——蛇，身体是细长的，圆径和鼠子差不多，凡鼠子能到的地方，它也能到，追逐的时间也格外长，而且万难幸免，当"数钱"的时候，大概是已经没有第二步办法的了。

有一回，我就听得一间空屋里有着这种"数钱"的声音，推门进去，一条蛇伏在横梁上，看地上，躺着一匹隐鼠，口角流血，但两胁还是一起一落的。取来给躺在一个纸盒子里，大半天，竟醒过来了，渐渐地能够饮食，行走，到第二日，似乎就复了原，但是不逃走。放在地上，也时时跑到人面前来，而且缘腿而上，一直爬到膝髁。给放在饭桌上，便捡吃些菜渣，舔舔碗沿；放在我的书桌上，则从容地游行，看见砚台便舔吃了研着的墨汁。这使我非常惊喜。我听父亲说过的，中国有一种墨猴，只有拇指一般大，全身的毛是漆黑而且发亮的。它睡在笔筒里，一听到磨墨，便跳出来，等着，等到人写完字，套上笔，就舔尽了砚上的余墨，仍旧跳进笔筒里去了。我就极愿意有这样的一个墨猴，可是得不到；问那里有，那里买的呢，谁也不知道。"慰情聊胜无"[24]，这隐鼠总可以算是我的墨猴了罢，虽然它舔吃墨汁，并不一定肯等到我写完字。

现在已经记不分明，这样地大约有一两月；有一天，我忽然感到寂寞了，真所谓"若有所失"。我的隐鼠，是常在眼前游行的，或桌上，或地上。而这一日却大半天没有见，大家吃午饭了，也不见它走出来，平时，是一定出现的。我再等着，再等它一半天，然而仍然没有见。

长妈妈，一个一向带领着我的女工，也许是以为我等得太苦了罢，轻轻地来告诉我一句话。这即刻使我愤怒而且悲哀，决心和猫们为敌。她说：隐鼠是昨天晚上被猫吃去了！

当我失掉了所爱的，心中有着空虚时，我要充填以报仇的恶念！

我的报仇，就从家里饲养着的一匹花猫起手，逐渐推广，至于凡所遇见的诸猫。最先不过是追赶，袭击；后来却愈加巧妙了，能飞石击中它们的头，或诱入空屋里面，打得它垂头丧气。这作战继续得颇长久，此后似乎猫都不来近我了。但对于它们纵使怎样战胜，大约也算不得一个英雄；况且中国毕生和猫打仗的人也未必多，所以一切韬略、战绩，还是全部省略了罢。

但许多天之后，也许是已经经过了大半年，我竟偶然得到一个意外的消息：那隐鼠其实并非被猫所害，倒是它缘着长妈妈的腿要爬上去，被她一脚踏死了。

这确是先前所没有料想到的。现在我已经记不清当时是怎样一个感想，但和猫的感情却终于没有融和；到了北京，还因为它伤害了兔的儿女们，便旧隙夹新嫌，使出更辣的辣手。"仇猫"的话柄，也从此传扬开来。然而在现在，这些早已是过去的事了，我已经改变态度，对猫颇为客气，倘其万不得已，则赶走而已，决不打伤它们，更何况杀害。这是我近几年的进步。经验既多，一旦大悟，知道猫的偷鱼肉，拖小鸡，深夜大叫，人们自然十之九是憎恶的，而这憎恶是在猫身上。假如我出而为人们驱除这憎恶，打伤或杀害了它，它便立刻变为可怜，那憎恶倒移在我身上了。所以，目下的办法，是凡遇猫们捣乱，至于有人讨厌时，我便站出去，在门口大声叱曰："嘘！滚！"小小平静，即回书房，这样，就常保着御侮保家的资格。其实这方法，中国的官兵就常在实做的，他们总不肯扫清土匪或扑灭敌人，因为这么一来，就要不被重视，甚至于因失其用处而被裁汰。我想，如果能将这方法推广应用，我大概也总可望成为所谓"指导青年"的"前辈"的罢，但现下也还未决心实践，正在研究而且推敲。

一九二六年二月二十一日

注释

[1]《兔和猫》：短篇小说，后收入《呐喊》。

[2] 名人或名教授：指当时现代评论派陈西滢等人。

[3]"负有指导青年责任的前辈"：指徐志摩、陈西滢等。

[4]"不好惹"：这是徐志摩恫吓作者的话。

[5] 浑身发热：这是讽刺陈西滢的话。

[6] 以动机来褒贬作品：是针对陈西滢的。

[7] 覃哈特（1870—1915）：今译德恩哈尔特，德国文史学家、民俗学者。

[8] 日耳曼人：古代居住在欧洲东北部的一些部落的总称。

[9]"公理""正义"：这是陈西滢等常用的字眼。

[10]"颜厚有忸怩"：意思是脸皮虽厚，内心也感到惭愧。

[11] 万生园：北京动物园的前称。

[12] "党同伐异"：意思是纠合同伙，攻击异己。

[13] 大勃吕该尔：通译勃鲁盖尔，欧洲文艺复兴时期法兰德斯的讽刺画家。

[14] 弗罗特（1856—1939）：通译弗洛伊德，奥地利精神病学家，精神分析学说的创立者。

[15] 章士钊（1882—1973）：字行严，湖南长沙人。

[16] "问名""纳采"：旧时议婚中的仪式。"问名"是男方通过媒妁问女方的姓名和出生年月日；"纳采"是向女方送订婚的礼物。

[17] "阴险的暗示"：这也是陈西滢的话。

[18] 隐鼠：即鼹鼠，鼠类中最小的一种。

[19] Edgar Allan Poe：通译爱伦·坡（1809—1849），美国诗人和小说家。

[20] "猫婆"：日本民间传说。

[21] "猫鬼"：《北史·独孤信传》中记有猫鬼杀人的情节。

[22] "八戒招赘"：指猪八戒在高老庄入赘高太公家的故事。

[23] "老鼠成亲"：旧时江浙一带的民间传说。

[24] "慰情聊胜无"：语出陶渊明诗《和刘柴桑》："弱女虽非男，慰情良胜无。"

【作者作品】

鲁迅（1881—1936），原名周树人，字豫才，浙江绍兴人。是文学家、思想家和革命家，鲁迅的精神被称为中华民族魂，并且是中国现代文学的奠基人之一。鲁迅一生中写了很多小说、散文、杂文、散文诗，主要作品有《野草》、《而已集》、《鲁迅传略》、《伪自由书》、《朝花夕拾》等。《狗·猫·鼠》选自《朝花夕拾》。

本篇最初发表于一九二六年三月十日《莽原》半月刊第一卷第五期。

创作《朝花夕拾》时鲁迅已是文坛举足轻重的作家。一九二六年"三一八"惨案后，鲁迅写了《纪念刘和珍君》等文，愤怒声讨反动政府的无耻行径，遭到反动政府的迫害，不得不过起颠沛流离的生活。他曾先后避居山本医院、德国医院等处。尽管生活艰苦，还写了不少散文诗和《二十四孝图》、《五猖会》、《无常》等三篇散文，它们后来与鲁迅在惨案发生之前写作的《狗·猫·鼠》、《阿长与〈山海经〉》收入了散文集《朝花夕拾》。《朝花夕拾》是鲁迅所写的唯一一部回忆性散文集，李霁野先生评论其为："它是对作者所经历的真实生活典型的提炼和醇化，是有高度艺术成就的别具一格的回忆散文。"鲁迅汲取古今中外的文学营养，开拓了现代散文创作的道路，《朝花夕拾》成为中国现代散文中的经典之作，也是研究鲁迅早期思想和生活以及当时社会的重要艺术文献。

一九二六年九月鲁迅接受了厦门大学的聘请，南下教书，但他在厦门大学只待了四个多月，因为他发现厦门大学的空气和北京一样，也是污浊的。鲁迅在这里见识了种种知识分子的丑恶嘴脸，毫不留情地进行抨击。鲁迅虽然不喜欢厦门大学，但他对自己担任的课程却倾注了全力，他上的课很受学生的欢迎。在繁忙的教学之余，鲁迅写了很多作品，这其中就包括《从百草园到三味书屋》、《父亲的病》、《琐记》、《藤野先生》和《范爱农》五篇散文。这五篇散文与在北京创作的另五篇散文就构成了《朝花夕拾》的全部。

【阅读提示】

这篇文章取了"猫"这样一个类型，尖锐而又形象地讽刺了生活中与猫相似的人。《狗·猫·鼠》代表了鲁迅生活的那个年代的三个阶层。《狗·猫·鼠》是针对"正人君子"的攻击引发的，嘲讽了他们散布的"流言"，表述了对他们"对弱者尽情折磨"、"到处嗥叫"、时而"一副媚态"等特性的憎恶；追忆童年时救养的一只可爱的隐鼠遭到摧残的经历和感慨，表现了对弱小者的同情和对暴虐者的憎恨。

《狗·猫·鼠》是一篇在现实问题的直接激发下近似杂文的作品，这是针对"现代评论派"那些绅士们而写的，着重在给"媚态的猫"画像。鲁迅一向对"奴性十足"的奴才深恶痛绝，用辛辣的笔调讽刺了"现代评论派"文人的"媚态的猫"式的嘴脸。这使文章有明确的针对性，论战性很浓。同时也表现出作者深厚的文化底蕴。

【能力培养与训练】

1. 阅读全文，谈谈鲁迅作品的价值和意义。
2. 从《狗·猫·鼠》可以看出鲁迅先生怎样的文化人格？
3. 谈谈你还学习过鲁迅哪些散文。

秋 夜
巴 金

窗外"荷荷"地下着雨，天空黑得像一盘墨汁，风从窗缝吹进来，写字桌上的台灯像闪眼睛一样忽明忽暗地闪了几下。我刚翻到《野草》的最后一页。我抬起头，就好像看见先生站在面前。

仍旧是矮小的身材，黑色的长袍，浓浓的眉毛，厚厚的上唇须，深透的眼光和慈祥的微笑，右手两根手指夹着一支香烟。他深深地吸一口烟，向空中喷着烟雾。

他在房里踱着，在椅子上坐下来，他抽烟，他看书，他讲话，他俯在他那张书桌上写字，他躺在他那把藤椅上休息，他突然发出来爽朗的笑声……

这一切都是那么自然，那么平易近人。而且每一个动作里仿佛都有先生的特殊的东西。你一眼就可以认出他来。

不管窗外天空漆黑，只要他抬起眼睛，整个房间就马上亮起来，他的眼光仿佛会看透你的心，你在他面前想撒谎也不可能。不管院子里暴雨下个不停，只要他一开口，你就觉得他的每个字都很清楚地进到你的心底。他从不教训人，他鼓励你，安慰你，慢慢地使你的眼睛睁大，牵着你的手徐徐朝前走去，倘使有绊脚石，他会替你踢开。

他一点也没有改变。他还是那么安静，那么恳切，那么热心，那么慈祥。他坐在椅子上，好象从他身上散出来一股一股的热气。我觉得屋子里越来越温暖了。

风在震摇窗户，雨在狂流，屋子里灯光黯淡。可是从先生坐的地方发出来炫目的光。我不转眼地朝那里看。透过黑色长袍我看见一颗燃得通红的心。先生的心一直在燃烧，成了一个鲜红的、透明的、光芒四射的东西。我望着这颗心，我浑身的血都烧起来，我觉得我需要把我身上的热发散出去，我感到一种献身的欲望。这不是第一回了。过去跟先生本人接近，或者翻阅先生著作的时候，我接触到这颗燃烧的心，我常常有这样一种感觉；其实不仅是我，当时许多年青人都曾从这颗心得到温暖，受到鼓舞，找到勇气，得到启发。

他站起来，走到窗前，发光的心仍然在他的胸膛里燃烧，跟着他到了窗前。我记起来了，多少年来这颗心就一直在燃烧，一直在给人们指路。他走到哪里，他的心就在哪里发光，生热。我知道多少年青人带着创伤向他要求帮助，他细心地治好他们的伤，让他们恢复了精力和勇气，继续走向光明的前途。

"不要离开我们!"我又一次听见了这个要求，这是许多人的声音，尤其是许多年青人的声音。我听见一声响亮的回答："我决不离开你们!"这是多年来听惯了的声音。我看见他在窗前，向窗外挥一下手，好象他又在向谁吐出这一句说过多少次的话。

雨住了，风也消逝了。天空不知在什么时候露出一点点灰色。夜很静。连他那颗心"必必剥剥"地燃烧的声音也听得见。他拿一只手慢慢地压在胸前，我觉得他的身子似乎微微地在颤动，我听见他激动地、带感情地说：

"忘记我，管自己的生活。可是我永远忘不了你们。

"难道为了你们，我还有什么不可以拿出来的?

"难道为了你们，我还有过什么顾虑?

"难道我曾经在真理面前退却? 在暴力面前低头?

"为了追求真理我不是敢说，敢做，敢骂，敢恨，敢爱?

"我所预言的'将来的光明'不是已经出现在你们的眼前?

"那么仍然要记住：为了真理，要敢爱，敢恨，敢做，敢追求!

"勇敢地继续向着更大的光明前进!"

静寂的夜让他的声音冲破了。仿佛整个空间都骚动起来。从四面八方送过来响应的声音。声音渐渐地凝结在一起，愈凝愈厚，好象成了一大块实在的东西。不知道从哪里送来了火，它一下子就燃烧起来，愈燃愈亮，于是整个房间，整个夜都亮起来了，就像在白天一样。

那一块东西继续在燃烧，愈燃愈小，终于成了一块像人心一样的东西。它愈燃愈往上升，渐渐地升到了空中，就挂在天空，像一轮初升的红日。

我再看窗前鲁迅先生的身形，它不知道在什么时候不见了。

我连忙跑到窗前。我看出来：像初日那样挂在天空里的就是先生燃烧的心。我第一眼只看到一颗心。可是我仰起头仔细再看，先生的慈祥的脸不是就在那儿? 他笑得多么快乐! 真是我从未见过的表示衷心愉快的笑脸!

我笑了，我也衷心愉快地笑了。

我知道鲁迅先生并没有死，而且也永不会死!

我回到写字桌前，把《野草》阖上，我吃惊地发现那一颗透明的红心也在书上燃烧……

原来我俯在摊开的先生的《野草》上做了一个秋夜的梦。

窗外还有雨声，秋夜的雨滴在芭蕉叶上的声音，滴在檐前石阶上的声音。

可是在先生的书上，我的确看到了他那颗发光的燃烧的心。

一九五六年九月

【作者作品】

巴金（1904—2005），原名李尧棠，字芾甘，出生于四川成都，中国现当代著名的小说家、散文家。"巴金"是他一九二八年写完《灭亡》时开始使用的笔名。他成就最高的小说是《激流三部曲》（《家》、《春》、《秋》）。出版过《旅途随笔》、《随想录》等多本散文集。

《秋夜》是巴金为纪念鲁迅先生逝世二十周年而写的一篇抒情色彩很浓的记人散文。记述了自己在读过鲁迅先生的作品《野草》之后做的一个秋夜的梦，展现了鲁迅先生伟大的人格，歌颂了鲁迅先生热情地帮助青年、爱护青年、指引青年的高尚精神，抒发了自己对鲁迅先生无限崇敬的感情。

【阅读提示】

作者回忆鲁迅先生，巧妙地借助于梦境来表现，一方面可以使人物形象能完整地再现出来，不仅是肖像、动作、行为、语言的描写，而且还可以把人物的精神、品格通过自己的感受集中在一起，来展现鲁迅先生的伟大人格；一方面写梦境，能清楚地表明鲁迅先生对自己影响之深，易于真切具体地抒发自己强烈的感情，增强文章的艺术表现力。

文中运用了象征的艺术手法。作者多次描写了鲁迅先生那颗"燃得通红的心"。先是从鲁迅先生的身上看到的，从而"使我浑身的血都烧起来"；继而是鲁迅先生走到窗前，让窗外的许多青年都看到了那颗"燃得通红的心"，给他们鼓舞，给他们力量；然后再写那颗心渐渐升入空中，"像一轮初升的红日"，使整个夜就像白天一样；最后写到那颗心在鲁迅先生的书中燃烧，这就把鲁迅先生的精神的感染力扩展开来，增强了作品的艺术表现力。巴金的《秋夜》中写鲁迅先生那颗"燃得通红的心"，就是以之象征鲁迅先生的精神和人格。

本文抒情气氛很浓，除了梦境的叙事和象征的方法外，开头与结尾的景物描写，也起到了渲染的作用。文中多处使用排比的句式，也增强了抒情的效果。

【能力培养与训练】

1. 结合文章首尾的自然景物的描写，领会作者以"秋夜"为题的含义。
2. 理清文章的思路，归纳文章中表现的鲁迅先生对青年的影响的具体内容。

绿

朱自清

我第二次到仙岩的时候，我惊诧于梅雨潭的绿了。

梅雨潭是一个瀑布潭。仙瀑有三个瀑布，梅雨瀑最低。走到山边，便听见花花花花的声音；抬起头，镶在两条湿湿的黑边儿里的，一带白而发亮的水便呈现于眼前了。

我们先到梅雨亭。梅雨亭正对着那条瀑布；坐在亭边，不必仰头，便可见它的全体了。亭下深深的便是梅雨潭。这个亭踞在突出的一角的岩石上，上下都空空的；仿佛一只苍鹰展着翼翅浮在天宇中一般。三面都是山，像半个环儿拥着；人如在井底了。这是一个秋季的薄阴的天气。微微的云在我们顶上流着；岩面与草丛都从润湿中透出几分油油的绿意。而瀑布也似乎分外的响了。那瀑布从上面冲下，仿佛已被扯成大小的几绺；不复是一幅整齐而平滑的布。岩上有许多棱角；瀑流经过时，作急剧的撞击，便飞花碎玉般乱溅着了。那溅着的水花，晶莹而多芒；远望去，像一朵朵小小的白梅，微雨似的纷纷落着。据说，这就是梅雨潭之所以得名了。但我觉得像杨花，格外确切些。轻风起来时，点点随风飘散，那更是杨花了。——这时偶然有几点送入我们温暖的怀里，便倏的钻了进去，再也寻它不着。

梅雨潭闪闪的绿色招引着我们；我们开始追捉她那离合的神光了。揪着草，攀着乱石，小心探身下去，又鞠躬过了一个石穹门，便到了汪汪一碧的潭边了。瀑布在襟袖之间；但我的心中已没有瀑布了。我的心随潭水的绿而摇荡。那醉人的绿呀，仿佛一张极大极大的荷叶铺着，满是奇异的绿呀。我想张开两臂抱住她；但这是怎样一个妄想呀。——站在水边，望到那面，居然觉着有些远呢！这平铺着，厚积着的绿，着实可爱。她松松的皱缬着，像少妇拖着的裙幅；她轻轻的摆弄着，像跳动的初恋的处女的心；她滑滑的明亮着，像涂了"明油"一般，有鸡蛋清那样软，那样嫩，令人想着所曾触过的最嫩的皮肤；她又不杂些儿尘滓，宛然一块温润的碧玉，只清清的一色——但你却看不透她！我曾见过北京什刹海拂地的绿杨，脱不了鹅黄的底子，似乎太淡了。我又曾见过杭州虎跑寺旁高峻而深密的"绿壁"，重叠着无穷的碧草与绿叶的，那又似乎太浓了。其余呢，西湖的波太明了，秦淮河的又太暗了。可爱的，我将什么来比拟你呢？我怎么比拟得出呢？大约潭是很深的、故能蕴蓄着这样奇异的绿；仿佛蔚蓝的天融了一块在里面似的，这才这般的鲜润呀。——那醉人的绿呀！我若能裁你以为带，我将赠给那轻盈的舞女；她必能临风飘举了。我若能挹你以为眼，我将赠给那善歌的盲妹；她必明眸善睐了。我舍不得你；我怎舍得你呢？我用手拍着你，抚摩着你，如同一个十二三岁的小姑娘。我又掬你入口，便是吻着她了。我送你一个名字，我从此叫你"女儿绿"，好么？

我第二次到仙岩的时候，我不禁惊诧于梅雨潭的绿了。

【作者作品】

朱自清（1898—1948），原名自华，字佩弦，号秋实，原籍浙江绍兴。中国现代著名的作家。主要作品有散文《绿》、《春》、《背影》、《荷塘月色》等，曾任清华大学、西南联大教授。

《绿》是朱自清先生早期的游记散文《温州的踪迹》里的一篇，作于一九二四年二月八日，是一篇贮满诗意的美文。文章不仅取题为《绿》，也用"绿"自然地将全文勾连在一起。

【阅读提示】

文章通过梅雨潭的绿绿的潭水，抒写作者之情。"绿"字不仅在文章的结构上起关连作用，它更是全文情景交融的焦点。作者像一个善调丹青的能手，调动了比喻、拟人、联想等多种手法，从各个角度，波澜起伏地描绘了奇异、可爱、温润、柔和的梅雨潭水，把自己倾慕、欢愉、神往的感情融汇在这一片绿色之中。随着作者的笔触，随着作者感情的波澜，不仅我们的眼前出现了那微微泛起的绿色涟漪，而且我们的指肤间仿佛还能感触到那闪着光亮的绿波的跳动，一种柔和、明快、亲切的感情也会从心头漾起。在这饱含诗情、充满生趣的绿意中，透露出作者对生活的爱，升腾着作者向上的激情。

《绿》一文之所以脍炙人口，传诵至今，不仅在于它形象地描绘了梅雨潭"奇异""醉人"的绿，而且在于它字里行间所洋溢的那一种浓郁的诗味。它不仅具有诗的构思，诗的结构，更有诗的情感，诗的意境，诗的语言，可以说做到了以诗为文，文中有诗。而后三者，即真挚充沛的情感，大胆丰富的想象，生动传神的语言，则是构成《绿》的诗意特征的主要因素，是《绿》的独特魅力之所在。

《绿》虽是一篇写景散文，但"一切景语皆情语"，作者将他对祖国山水的一片"至情"融于对梅雨潭景物的细致刻画之中，"溶景入情"，情景交融，使景物既写得细腻生动，又具有绵密深厚、真挚清幽的情致，抒写出"作者心灵的歌声"，从而使全文充满着诗情画意。同时，作者这种情感的抒发并不像奔腾的长江大河，一泻千里，直抒胸臆，而是在构思上采用了欲擒故纵，欲抑先扬的笔法。先以"惊诧"一词道出对梅雨潭的绿的总体感受，也象征着作者要追捉、探究梅雨潭胜景的内在驱力。然后，通过拟声绘色、细致入微的描绘，为人们展示了一幅梅雨潭周围环境的立体画卷。

朱自清先生在语言上颇有造诣。其散文语言多用口语，简洁朴素，平易自然。为了表情达意的需要，他十分注重语言的锤炼加工，注重创词炼字，努力以生动而传神的语言创造出诗的意境，于朴素之中见风华，达到一个"不易达到的境界"。《绿》的语言就很有代表性。概括起来，主要有三个方面的美感特征，即绘画美、动态美、音乐美。

【能力培养与训练】

1. 散文形散神聚，说说朱自清的《绿》是用什么线索联系起来的。
2. 朱自清的散文被称作美文，我们还学习过他的哪些经典名篇？
3. 谈谈本文的美感特征。

雅　舍

梁实秋

到四川来，觉得此地人建造房屋最是经济。火烧过的砖，常常用来做柱子，孤零零地砌起四砖柱，上面盖上一个木头架子，看上去瘦骨嶙峋，单薄得可怜；但是顶上铺了瓦，四面编了竹篾墙，墙上敷了泥灰，远远的看过去没有人能说不像是座房子。我现在住的"雅舍"正是这样一座典型的房子。不消说，这房子有砖柱，有竹篾墙，一切特点都应有尽有。讲到住房，我的经验不算少，什么"上支下摘"、"前廊后厦"、"一楼一底"、"三上三下"、"亭子间"、"茅草棚"、"琼楼玉宇"和"摩天大厦"，各式各样，我都尝试过。我不论住在哪里，只要住得稍久，对那房子便发生感情，非不得已我还舍不得搬。这"雅舍"，我初来时仅求其能蔽风雨，并不敢存奢望，现在住了两个多月，我的好感油然而生。虽然我已渐渐感觉它并不能蔽风雨，因为有窗而无玻璃，风来则洞若凉亭，有瓦而空隙不少，雨来则渗如滴漏。纵然不能蔽风雨，"雅舍"还是自有它的个性。有个性就可爱。

"雅舍"的位置在半山腰，下距马路约有七八十层的土阶。前面是盘绕山间的稻田。再远望过去是几抹葱翠的远山，旁边有高粱地，有竹林，有水池，有粪坑，后面是荒僻的榛莽[1]未除的土山坡。若说地点荒凉，则月明之夕，或风雨之日，亦常有客到，大抵好友不嫌路远，路远乃见情谊。客来则先爬几十级的土阶，进得屋来仍须上坡，因为屋内地板仍依山势而铺，一面高，一面低，坡度甚大，来客无不惊叹，我则久而安之，每日由书房走到饭厅是上坡，饭后鼓腹而出是下坡，亦不觉有大不便处。

"雅舍"共是六间，我居其二。篾墙不固，门窗不严，故我与邻人彼此均可互通声息。邻人轰饮作乐、咿唔诗章、喁喁细语，以及鼾声、喷嚏声、吮汤声、撕纸声、脱皮鞋声，均随时由门窗户壁的隙处荡漾而来，破我岑寂。入夜则鼠子瞰灯，才一合眼，鼠子便自由行动，或搬核桃在地板上顺坡而下，或吸灯油而推翻烛台，或攀援而上帐顶，或在门框桌脚上磨牙，使得人不得安枕。但是对于鼠子，我很惭愧地承认，我"没有法子"。"没有法子"一语是常常被外国人引用的，以为这话最足代表中国人的懒惰隐忍的态度。其实我的对付鼠子并不懒惰。窗上糊纸，纸一戳就破；门户关紧，而"相鼠有牙"，一阵咬便是一个洞洞。试问还有什么法子？洋鬼子住到"雅舍"里，不也是"没有法子"？比鼠子更骚扰的是蚊子。"雅舍"的蚊风之盛，是我前所未见的。"聚蚊成雷"真有其事！每当黄昏时候，满屋里磕头碰脑的全是蚊子，又黑又大，骨骼都像是硬的。在别处蚊子早已肃清的时候，在"雅舍"则格外猖獗，来客偶不留心，则两腿伤处累累隆起如玉蜀黍，但是我仍安之。冬天一到，蚊子自然绝迹，明年夏天——谁知道我还是否住在"雅舍"！

"雅舍"最宜月夜——地势较高，得月较先。看山头吐月，红盘乍涌，一霎间，清光四射，天空皎洁，四野无声，微闻犬吠，坐客无不悄然！舍前有两株梨树，等到月升中天，清光从树间筛洒而下，地上阴影斑斓，此时尤为幽绝。直到兴阑人散，归房就寝，月光仍然逼进窗来，助我凄凉。细雨蒙蒙之际，"雅舍"亦复有趣。推窗展望，俨然米氏章法[2]，若云若雾，一片弥漫。但若大雨滂沱，我就又惶悚不安了，屋顶湿印到处都有，起初如碗大，俄而扩大如盆，继则滴水乃不绝，终乃屋顶灰泥突然崩裂，如奇葩初绽，砉然一声而泥水下注，此刻满室狼藉，抢救无及。此种经验，已数见不鲜。

"雅舍"之陈设，只当得简朴二字，但洒扫拂拭，不使有纤尘。我非显要，故名公巨卿之照片不得入我室；我非牙医，故无博士文凭张挂壁间；我不业理发，故丝织西湖十景以及电影明星之照片亦均不能张我四壁。我有一几一椅一榻，酣睡写读，均已有着，我亦不复他求。但是陈设虽简，我却喜欢翻新布置。西人常常讥笑妇人喜欢变更桌椅位置，以为这是妇人天性喜变之一征。诬否且不论，我是喜欢改变的。中国旧式家庭，陈设千篇一律，正厅上是一条案，前面一张八仙桌，一边一把靠椅，两旁是两把靠椅夹一只茶几。我以为陈设宜求疏落参差之致，最忌排偶。"雅舍"所有，毫无新奇，但一物一事之安排布置俱不从俗。人人我室，即知此是我室。笠翁《闲情偶记》[3]之所论，正合我意。

"雅舍"非我所有，我仅是房客之一。但思"天地者万物之逆旅"[4]，人生本来如寄，我住"雅舍"一日，"雅舍"即一日为我所有。即使此一日亦不能算是我有，至少此一日"雅舍"所能给予之苦辣酸甜，我实躬受亲尝。刘克庄词："客里似家家似寄。"我此时此刻卜居[5]"雅舍"，"雅舍"即似我家。其实似家似寄，我亦分辨不清。

长日无俚，写作自遣，随想随写，不拘篇章，冠以"雅舍小品"四字，以示写作所在，且志因缘。

注释

[1] 榛莽：丛生的草木。

[2] 米氏章法：北宋书法家米芾（1051—1107）的书法以行书著称，体势洒脱，运笔爽劲，布格讲究虚实相生、疏密配合。

[3] 《闲情偶寄》：清代戏曲家李渔（号湖上笠翁）的戏曲理论专著，其中强调角色塑造的个性化："说一人，肖一人，勿使雷同"。

[4] 天地者万物之逆旅：语出自李白《春夜宴桃李园序》："夫天地者，万物之逆旅；光阴者，百代之过客。"

[5] 卜居：选择地方居住。

【作者作品】

梁实秋（1902—1987），原名梁治华，字实秋。原籍浙江钱塘，生于北京。中国现当代著名的散文家、理论批评家、翻译家。代表作有《雅舍小品》、《雅舍杂文》、《槐园梦忆》、《梁实秋论文学》、《英国文学史》等，译作有《莎士比亚全集》、《呼啸山庄》等。

《雅舍小品》有梁实秋友人龚业雅写的"序"，该序文有助于读者理解、评价《雅舍》一文，现录入如下。

二十八年实秋入蜀，居住在北碚雅舍的时候最久。他久已不写小品文，许多年来他只是潜心于读书译作。入蜀后，流离贫病，读书译作亦不能像从前那样顺利进行。刘英士在重庆办星期评论，邀他写稿，"与抗战有关的"他不会写，他用笔名一连写了十篇，即名为"雅舍小品"。刊物停办，他又写了十篇，散见于当时渝昆等处。战事结束后，他归隐故乡，应张纯明之邀，在《世纪评论》又陆续发表了十四篇，一直沿用"雅舍小品"的名义，因为这四个字已为不少的读者所熟知。我和许多朋友怂恿他辑印小册，给没读过的人一个欣赏的机会。

一个人有许多方面可以表现他的才华。画家拉斐尔不是也写过诗吗？诗人但丁不是也想画吗？"雅舍小品"不过是实秋的一面。许多人喜欢他这一面，虽然这不是他的全貌。也许他还是更可贵的一面呢？我期待着。

三十六年六月，业雅

【阅读提示】

这是一篇托物言志的散文。作者借助于外物的具体描写，曲折地反映出自己忘怀得失、甘居淡泊的心志。外物与内情自然地融合为体，构成了多彩多姿、含蓄隽永的艺术境界。文中的"雅舍"就是作者四十年代在陪都重庆寓居的一间陋室，房子十分简陋，雨来则泥水为注，风来则洞若凉亭，且"鼠蚊猖獗"，扰人安宁。然而作者不忧不愁，不悲不悯，达观顺变，恬然自安。作者给这陋舍幽默地冠以"雅"名，并多角度地铺陈"雅舍"之雅，无论是正面描写还是侧面衬托，都借助于浓浓的"雅趣"来展示自己旷达的高远的胸襟。作者写本文时正值抗日战争最艰苦的阶段，抛家别子只身南下，蜗居重庆郊区一处小小陋室，自己操持生活琐事，从苦难中寻觅诗意，保持着乐观向上的精神状态，实则是中国知识分子和全国各阶层人民艰苦抗战的决心和勇气的缩影。

生逢乱世，颠沛流离，在倍极艰辛的生活困境中，作者能以审美的态度，将辛酸苦涩借助于细致、具体的描述清晰地再现出来，读来如临其境，倍感亲切，这不仅是美学趣味的体现，更是高贵人格的显露。此外，作者为突出"雅趣"，运用文言与白话巧妙结合的语言形式，具体传神地展示艰难生活中儒雅的一面，寓绚烂于平淡之中，于自由参差中见出整齐，于平凡相间中突出声韵和谐，开创了典雅简洁的语言风格，使我国的小品散文达到了意蕴深远，含蓄隽永的极高境界。

【能力培养与训练】

1. 归纳出散文中描绘好的"雅舍"的主要内容和基本特点。
2. 结合文章第四段，具体分析文白相间的语言形式所产生的表达效果。

3. 搜集一些梁实秋的小品散文，用心阅读后领会其间的审美情趣和审美特征。

中 国 书 法

林语堂

一切艺术的问题都是韵律问题。所以，要弄懂中国的艺术，我们必须从中国人的韵律和艺术灵感的来源谈起。我们承认韵律是普遍存在的，并非中国人的专利，但这并不妨碍我们去探索一个不同的侧重点。在讨论理想的中国妇女时，笔者已经指出，西方艺术总是到女性人体那里寻求最理想、最完美的韵律，把女性当作灵感的来源。而中国艺术家和艺术爱好者则通常满足于高兴地赏玩一只蜻蜓、一只青蛙、一只蚱蜢或一块嶙峋的怪石。由此看来，西方艺术的精神较为耽于声色，较为热情，较为充满艺术家的自我；而中国艺术的精神则较为高雅，较为含蓄，较为和谐于自然。我们可以借用尼采的话来说明它们的不同，中国的艺术是太阳神的艺术，而西方艺术是酒神的艺术。这一巨大差别只有具备对韵律不同的理解与欣赏才能形成。无论在哪个国度，艺术问题总是韵律问题，这一点毫无疑问。但直到晚近，韵律才在西方艺术中起到决定性的作用。而在中国，韵律一直占有举足轻重的地位——这一点也是毫无疑问的。

很奇怪，这种对韵律理想的崇拜首先是在中国书法艺术中发展起来的。一幅寥寥几笔画出的顽石图，挂在墙上，供人日夜赏玩。人们面对它沉思冥想，并得到一种奇异的快感。西方人士要想懂得此种快感，就非懂得中国书法艺术的原则不可。学习书法艺术，实则学习形式与韵律的理论，由此可见书法在中国艺术中的重要地位，我们甚至可以说，书法提供给了中国人民以基本的美学，中国人民就是通过书法才学会线条和形体的基本概念的。因此，如果不懂得中国书法及其艺术灵感，就无法谈论中国的艺术。比方说，中国的建筑，不管是牌楼、亭子还是庙宇，没有任何一种建筑的和谐感与形式美，不是导源于某种中国书法的风格。

这样，中国书法在世界艺术史上的地位实在是十分独特的。毛笔使用起来比钢笔更为精妙，更为敏感。由于毛笔的使用，书法便获得了与绘画平起平坐的真正的艺术地位。中国人已经充分认识到这一点，他们把绘画和书法视为姐妹艺术，合称为"书画"，几乎构成一个单独的概念，总是被人们相提并论。假如要问二者之中哪一个得到了更多人的喜爱，回答毫无疑问是书法。于是，书法成了一门艺术。人们对之投以的满腔热忱和献身精神，以及它丰富的传统，人们对它的尊崇，这些都丝毫不亚于绘画。书法标准与绘画标准一样严格，书法家高深的艺术造诣远非凡夫俗子所能企及，如同其他领域的情形一样。中国的大画家，像董其昌、赵孟頫等人，通常也都是大书法家。赵孟頫（1254—1322）是最著名的中国画家之一。他在谈到自己的绘画时说："石如飞白木如篆，六法原与八法通，若也有人能会此，须知书画本来同。"

在我看来，书法代表了韵律和构造最为抽象的原则，它与绘画的关系，恰如纯数学与工程学或天文学的关系。欣赏中国书法，是全然不顾其字面含义的，人们仅仅欣赏它的线条和构造。于是，在研习和欣赏这种线条的魅力和构造的优美之时，中国人就获得了一种完全的自由，全神贯注于具体的形式，内容则撇开不管。绘画总有一个客体要传达，但一个写得很好的字却只传达其本身线条和结构的美。在这绝对自由的天地里，各种各样的韵律都得到了尝试，各种各样的结构都得到了探索。正是中国的毛笔使每一种韵律的表达成为可能。而中国字，尽管在理论上是方方正正的，实际上却是由最为奇特的笔划构成的，这就使得书法家不得不去设法解决那些千变万化的结构问题。于是通过书法，中国的学者训练了自己对各种美质的欣赏力，如线条的刚劲、流畅、蕴蓄、精微、迅捷、优雅、雄壮、粗犷、谨严或洒脱，形式上的和谐、匀称、对比、平衡、长短、紧密，有时甚至是懒懒散散或参差不齐的美。这样，书法艺术给美学欣赏提供了一整套术语，我们可以把这些术语所代表的观念看作中华民族美学观念的基础。

由于这门艺术具有近2 000年的历史，且每位书法家都力图用一种不同的韵律和结构来标新立异，这样，在书法上，也许只有在书法上，我们才能够看到中国人艺术心灵的极致。某些美学鉴赏范畴，如对参差不齐之美的尊崇，对那些乍看摇摇欲坠、细看则安如磐石的结构的尊崇，这些美学范畴会使西方人大为吃惊。如果他们知道这些范畴在中国艺术的其他领域中并不容易看到，他们就更会惊叹不已。

对西方来说，更有意义的事实是，书法不仅为中国艺术提供了美学鉴赏的基础，而且代表了一种万物有灵的原则。这种原则一经正确地领悟和运用，将硕果累累。如上所说，中国书法探索了每一种可能出现的韵律和形式，这是从大自然中捕捉艺术灵感的结果，尤其来自动物、植物——梅花的枝丫、摇曳着几片残叶的枯藤、斑豹的跳跃、猛虎的利爪、麋鹿的捷足、骏马的遒劲、熊罴的丛毛、白鹳的纤细，或者苍老多皱的松枝，于是，凡自然界的种种韵律，无一不被中国书法家所模仿，并直接地或间接地形成了某种灵感，以造就某些特殊的"书体"。如果一位中国学者在一棵枯藤之上看到了某种美，它那不经意的雅致，可伸可缩的韧性，枝头弯弯曲曲，几片叶儿悬挂其上，漫不经心，却又恰到好处，他就会把这种种的美融于自己的书法之中。如果另一位学者看到一棵松树树干弯曲、树枝下垂而不直立，表现出一种惊人的坚韧和力量，他也会将这种美融入自己的书法风格。于是，我们就有了"枯藤"和"劲松"的笔法。

曾经有一位名僧兼书法家先前习书多年却无长进。一天，他闲步于山径之间，偶见两条大蛇在争斗，各自伸长脖颈，颇有一股外柔内刚之势。他猛然有所感悟，顿生灵感，回去后便练就了一种极有个性的书体，称作"斗蛇"体，表现了蛇颈的伸展和弯曲。中国的"书圣"王羲之在谈书法艺术时，也使用了自然界的意象：每作一横画，如列阵之排云；每作一戈，如百钧之弩发；每作一点，如高峰坠石；每作一折，如屈折钢钩；每作一牵，如万岁枯藤；每作一放纵，如足行之趋骤。

如欲通晓中国书法，必先仔细观察蕴藏在每个动物体内的形态和韵律。每种动物都有其和谐优美之处，这是一种直接出自其生理机能，尤其是运动机能的和谐。一匹腿部多毛，躯干高大的负重拉车之马，有其独特的美，正如一匹光滑灵巧的赛马有其独特的美一样。这种和谐还存在于身体细长、蹦蹦跳跳、快速灵活的灵提犬身上，也存在于长毛的爱尔兰梗狗身上；它的头和四肢在一起几乎构成了一个方形物，极似中国书法中的"隶书"（流行于汉代，后由清代邓石如发展成为一种艺术）。

有一点很重要，需要注意。这些动植物的外形之所以美，是因为它们蕴藏着一种动势。试想一枝盛开的梅花，具有多么不经意的美丽和充满艺术感的不规则变化！彻底而艺术化地领悟这种美，就等于领会了万物有灵的内在原则，领悟了中国艺术。这枝梅花，即使花朵凋谢或被拨落，仍然美丽无比，因为它还活着，因为它表达了一种生的冲动。每一棵树的外形都显示了一种韵律，它源自某种生命的冲动，它要生长，要拥抱阳光，要保持自己生命的平衡；它也源自抵御风暴的必要。每一棵树都是美的，因为它暗示了这种冲动，尤其是因为它暗示了一种朝某个方向的运动，一种向某个地方的延伸。它并没有想美，它只是想生存，结果却是极端的和谐和令人十分满意的美。

大自然给予灵提犬以高度弯曲的身躯和一条连接身体与后腿的曲线，以使它跑起路来迅捷无比。除此之外，大自然并没有人为地赐给它什么抽象的美。这些器官之所以美，是因为它们代表了某种速度，从这些和谐的器官中产生了一种和谐的形式。猫儿轻柔的举动，导致了其柔软的外形。即使是一只固执地蹲伏在那里的叭喇狗的线条，也能反映出它本身力大性猛的美。这样，我们就解释了自然界无穷无尽的形态，这些形态总是那么和谐，那么富有韵律，变化万端，无以穷尽。换言之，自然界的美是动态的美，而非静态的美。

这种运动的美正是理解中国书法的钥匙。中国书法的美在动在不静，由于它表达了一种动态的美，它生存了下来，并且也同样是千变万化，不可胜数的。迅捷稳重的一笔之所以是完美的，是因为它是速度和力量的象征。不能模仿，不能更改，因为任何更改都会带来不和谐。这也就是为什么书法作为一门艺术非常难学的原因。

把中国书法的美归结为万物有灵的原则，并非著者的独创。汉语中的不少说法可资证明和参考，比如笔划的"肉"、"骨"、"筋"等等。其哲理性内涵从未被有意识地揭示出来过。只有当我们想方设法使西方人理解中国书法时，我们才开始探索。王羲之曾从师的东晋女书法家卫夫人说道：善笔力者多骨，不善笔力者多肉。多骨微肉者，谓之筋书；多肉微骨者，谓之墨猪。多力丰筋者圣；无力无筋者病。

运动的动态原理生发出一种结构原理，这是理解中国书法的要旨。单纯的平衡匀称之美，绝不是美的最高形式。中国书法的原则之一，即方块字绝不应该是真正的方块，而应是一面高一面低，两个对称部分的大小和位置也不应该绝对相同。这条原则叫作"势"，代表着一种冲力的美。结果，在这种艺术的范型中，我们有了不少看似不平衡，实际却十分平衡的结构形态。这种冲力之美与纯静态之美的区别，有如一个人站立或静坐之图景，与挥舞高尔夫球棒或把足球猛一脚踢上天时的图景的区别。又如一位女士把头往后一仰的照片，要比她正视前方的照片动态感更强。所以中国字笔画起端总是侧向一方，这比平平地划过去要艺术得多。这种结构的范例可见于《张猛龙碑》，其中字体似有倒塌之势，却又能很好地保持平衡。

现代艺术正在探索各种韵律，试验各种新的结构形式，但至今尚无收获。它唯一的成功是给予我们一种逃避现实的印象。它最为明显的特征，不是努力抚慰我们的心灵，而是竭力刺激我们的感官，由于这一原因，对中国书法及其万物有灵原则的研究，归根结底也就是在万物有灵或韵律活力的原则指导下，对自然界韵律所进行的再研究，它会为现代艺术开辟广阔的前景。直线、平面和锥体的相互交错和反复运用，可以使我们激动不已，却不具备生动活泼的美。正是这些平面、锥体、直线和曲线，看来已经使现代艺术家的才智衰竭了。何不回归自然，向自然求救呢？看来有待于一些西方艺术家不畏艰险，开始用毛笔练习写英语。练上十年之后，如果他天资聪慧，真正弄懂万物有灵原则的话，他将可以用真正称得上一门艺术的线条和形式在泰晤士广场上书写招牌和广告牌。

中国书法作为中国美学的基础，其中的全部含义将在研究中国绘画和建筑时进一步看到。在中国绘画的线条和构思上，在中国建筑的形式和结构上，我们将可以分辨出那些从中国书法发展起来的原则。正是这些韵律、形态、范围等基本概念给予了中国艺术的各种门类，比如诗歌、绘画、建筑、瓷器和房屋修饰，以基本的精神体系。

【作者作品】

林语堂（1895—1976），福建龙溪人。中国现代作家、翻译家。主要作品有《京华烟云》、《中国人》等。

"万物有灵"在《辞海》里是这样解说的："万物有灵论，一称'泛灵论'，宗教的最初形态之一，认为各种自然物都具有灵性。形成于原始社会时期，产生的基本原因是生产力水平的极端低下，以及由此而来的知识的贫乏和没有力量同自然界搏斗。"

显然，林语堂在本文中所概括出的"万物有灵"的原则，是从艺术创作的韵律和结构的角度，总结出中国书法艺术取法于自然，从自然界的动植物身上，捕捉到其运动的韵律和本身的结构形态，进而形成的艺术灵感。这种美学原则运用到书法艺术的创新之中，结出了累累硕果。并且还进一步指出，研究自然万物和艺术创作之间的关系，不仅能正确认识中国的书法艺术，而且会为现代艺术开辟广阔的前景。可见，本文所说的自然万物运动和结构上的灵性，与宗教体系中所说的自然万物都具有神灵的本性是并不一致的。

【阅读提示】

《中国书法》是林语堂向西方人介绍中国的书法艺术的一篇随笔。作者从"一切的艺术问题都是韵律的问题"的本源谈起，比较了中西文化不同的审美精神，阐释了中国书法艺术和建筑艺术的关系，书法艺术和绘画艺术的关系，进而概括出书法艺术"代表了一种万物有灵的原则"。往下作者则以丰富而又具体的事实来表述植物的生命形式和动物的运动形态在书法艺术中的体现，巧妙地把读者带入了自然界无穷无尽变化万千的美和书法艺术相互融合的审美意境之中。最后又明确地告诉读者，从万物有灵和韵律活力的方向去研究自然和艺术的关系，"会为现代艺术开辟广阔的前景"。

文章立意深远，以丰富而深刻的艺术思想，对中国的书法艺术做了一次全方位的美学审视，即凸现了中国传统艺术的美学内涵，又将书法艺术和现代艺术构建了具体的联系，使审美精神提升到更广阔的境界。其间，融注了作者对民族文化的自信和自豪，也表明了作者对艺术、对中国文化的深刻见解。

文章的另一个特点是文笔优雅，逻辑清晰。作者在轻松自然的叙述中，不蔓不枝，把独到的思想鲜明地表现出来。尤其是谈书法艺术和自然生物关系的几段，语言生动形象而又优雅恬静，颇具美文的艺术品质，是内容与形式自然融合的佳作。

【能力培养与训练】

1. 作者为什么说"运动的美正是理解中国书法的钥匙"？

2. 归纳作者介绍"中国书法"中蕴涵的美学思想。

3. 阅读文章，仿写一篇介绍中国文化艺术其他方面（如京剧脸谱、绘画、雕刻、剪纸等）的文章。

都 江 堰

余秋雨

一

我以为，中国历史上最激动人心的工程不是长城，而是都江堰。

长城当然也非常伟大，不管孟姜女们如何痛哭流涕，站远了看，这个苦难的民族竟用人力在野山荒漠间修了一条万里屏障，为我们生存的星球留下了一种人类意志力的骄傲。长城到了八达岭一带已经没有什么味道，而在甘肃、陕西、山西、内蒙一带，劲厉的寒风在时断时续的颓壁残垣间呼啸，淡淡的夕照、荒凉的旷野溶成一气，让人全身心地投入对历史、对岁月、对民族的巨大惊悸，感觉就深厚得多了。

但是，就在秦始皇下令修长城的数十年前，四川平原上已经完成了一个了不起的工程。它的规模从表面上看远不如长城宏大，却注定要稳稳当当地造福千年。如果说，长城占据了辽阔的空间，那么，它却实实在在地占据了邈远的时间。长城的社会功用早已废弛，而它至今还在为无数民众输送汩汩清流。有了它，旱涝无常的四川平原成了天府之国，每当我们民族有了重大灾难，天府之国总是沉着地提供庇护和濡养。因此，可以毫不夸张地说，它永久性地灌溉了中华民族。有了它，才有诸葛亮、刘备的雄才大略，才有李白、杜甫、陆游的川行华章。说得近一点，有了它，抗日战争中的中国才有一个比较安定的后方。

它的水流不像万里长城那样突兀在外，而是细细浸润、节节延伸，延伸的距离并不比长城短。长城的文明是一种僵硬的雕塑，它的文明是一种灵动的生活。长城摆出一副老资格等待人们的修缮，它却卑处一隅，像一位绝不炫耀、毫无所求的乡间母亲，只知贡献。一查履历，长城还只是它的后辈，它就是都江堰。

二

我去都江堰之前，以为它只是一个水利工程罢了，不会有太大的游观价值。连葛洲坝都看过了，它还能怎么样？只是要去青城山玩，得路过灌县县城，它就在近旁，就乘便看一眼吧。因此，在灌县下车，心绪懒懒的，脚步散散的，在街上胡逛，一心只想看青城山。

七转八弯，从简朴的街市走进了一个草木茂盛的所在。脸面渐觉滋润，眼前愈显清朗，也没有谁指路，只向更滋润、更清朗的去处走。忽然，天地间开始有些异常，一种隐隐然的骚动，一种还不太响却一定是非常响的声音，充斥周际。如地震前兆，如海啸将临，如山崩即至，浑身起一种莫名的紧张，又紧张得急于趋附。不知是自己走去的还是被它吸去的，终于陡然一惊，我已站在伏龙观前，眼前，急流浩荡，大地震颤。即便是站在海边礁石上，也没有像这里强烈地领受到水的魅力。海水是雍容大度的聚会，聚会得太多太深，茫茫一片，让人忘记它是切切实实的水，可掬可捧的水。这里的水却不同，要说多也不算太多，但股股叠叠都精神焕发，合在一起比赛着飞奔的力量，踊跃着喧嚣的生命。这种比赛又极有规矩，奔着奔着，遇到江心的分水堤，刷地一下裁割为二，直窜出去，两股水分别撞到了一道坚坝，立即乖乖地转身改向，再在另一道坚坝上撞一下，于是又根据筑坝者的指令来一番调整……也许水流对自己的驯顺有点恼怒了，突然撒起野来，猛地翻卷咆哮，但越是这样越是显现出一种更壮丽的驯顺。已经咆哮到让人心魄俱夺，也没有一滴水溅错了方位。阴气森森间，延续着一场千年的收伏战。水在这里吃够了苦头也出足了风头，就像一场千年的收伏战。就像一大拨翻越各种障碍的马拉松健儿，把最强悍的生命付之于规整，付之于企盼，付之于众目睽睽。看云看雾看日出各有胜地，要看水，万不可忘了都江堰。

三

这一切，首先要归功于遥远得看不出面影的李冰。

四川有幸，公元前251年出现过一项毫不惹人注目的任命：李冰任蜀郡守。

此后中国千年官场的惯例，是把一批批有所执持的学者遴选为无所专攻的官僚，而李冰，却因官位而成了一名实践科学家。这里明显地出现了两种判然不同的政治走向，在李冰看来，政治的含义是浚理，是消灾，是滋润，是濡养，它要实施的事儿，既具体又质朴。他领受了一个连孩童都能领悟的简单道理：既然四川最大的困扰是旱涝，那么四川的统治者必须成为水利学家。

前不久我曾接到一位极有作为的市长的名片，上面的头衔只印了"土木工程师"，我立即追想到了李冰。

没有证据可以说明李冰的政治才能，但因有过他，中国也就有过了一种冰清玉洁的政治纲领。

他是郡守，手握一把长锸，站在滔滔的江边，完成了一个"守"字的原始造型。那把长锸，千年来始终与金杖玉玺、铁戟钢锤反复辩论。他失败了，终究又胜利了。

他开始叫人绘制水系图谱。这图谱，可与今天的裁军数据、登月线路遥相呼应。

他当然没有在哪里学过水利。但是，以使命为学校，死钻几载，他总结出治水三字经"深淘滩，低作堰"、八字真言"遇湾截角，逢正抽心"，直到20世纪仍是水利工程的圭臬。他的这点学问，永远水气淋漓，而后于他不知多少年的厚厚典籍，却早已风干，松脆得无法翻阅。

他没有料到，他治水的韬略很快被替代成治人的计谋；他没有料到，他想灌溉的沃土将会时时成为战场，沃土上的稻谷将有大半充作军粮。他只知道，人类要想不灭绝，就必须要有清泉和米粮。他大愚，又大智。他大拙，又大巧。他以田间老农的思维，进入了最澄彻的人类学的思考。

他未曾留下什么生平资料，只留下硬扎扎的水坝一座，让人们去猜想。人们到这儿一次次纳闷：这是谁呢？死于两千年前，却明明还在指挥水流。站在江心的岗亭前，"你走这边，他走那边"的吆喝声、劝诫声、慰抚声声声入耳。没有一个人能活得这样长寿。秦始皇筑长城的指令，雄壮、蛮吓、残忍；他筑堰的指令，智慧、仁慈、透明。

有什么样的起点就会有什么样的延续。长城半是壮胆半是排场，世世代代，大体是这样。直到今天，长城还常常成为排场。都江堰一开始就清朗可鉴，结果，它的历史也总显出超乎寻常的格调。李冰在世时已考虑事业的承续，命令自己的儿子作3个石人，镇于江间，测量水位。李冰逝世400年后，也许3个石人已经损缺，汉代水官重造高及3米的"三神石人"测量水位。这"三神石人"其中一尊即是李冰雕像。这位汉代水官一定是承接了李冰的伟大精魂，竟敢于把自己尊敬的祖师，放在江中镇水测量。他懂得李冰的心意，唯有那里才是他最合适的岗位。这个设计竟然没有遭到反对而顺利实施，只能说都江堰为自己流泻出了一个独特的精神世界。

石像终于被岁月的淤泥掩埋，本世纪70年代出土时，有一尊石像头部已经残缺，手上还紧握着长锸。有人说，这是李冰的儿子。即使不是，我仍然把他看成是李冰的儿子。一位现代作家见到这尊塑像怦然心动，"没淤泥而蔼然含笑，断颈项而长锸在握"，作家由此而向现代官场衮衮诸公诘问：活着或死了应站在哪里？出土的石像现正在伏龙观里展览。人们在轰鸣如雷的水声中向他们默默祭奠。在这里，我突然产生了对中国历史的某种乐观。只要都江堰不坍，李冰的精魂就不会消散，李冰的儿子会代代繁衍。轰鸣的江水便是至圣至善的遗言。

四

继续往前走，看到了一条横江索桥。桥很高，桥索由麻绳、竹篾编成。跨上去，桥身就猛烈摆动，越犹豫进退，摆动就越大。在这样高的地方偷看桥下会神志慌乱，但这是索桥，到处漏空，由不得你不看。一看之下，先是惊叹。脚下的江流，从那么遥远的地方奔来，一派义无反顾的决绝势头，挟着寒风，吐着白沫，凌厉锐进。我站得这么高还感觉到了它的砭肤冷气，估计它是从雪山赶来的罢。但是，再看桥的另一边，它硬是化作许多亮闪闪的河渠，改恶从善。人对自然力的驯服，干得多么爽利。如果人类干什么事都这么爽利，地球早已是另一副模样。

但是，人类总是缺乏自信，进进退退，走走停停，不断自我耗损，又不断地为耗损而再耗损。结果，仅仅多了一点自信的李冰，倒成了人们心中的神。离索桥东端不远的玉垒山麓，建有一座二王庙，祭祀李冰父子。人们在虔诚膜拜，膜拜自己同类中更像一点人的人。钟鼓钹磬，朝朝暮暮，重一声，轻一声，伴和着江涛轰鸣。李冰这样的人，是应该找个安静的地方好好纪念一下的，造个二王庙，也合民众心意。

实实在在为民造福的人升格为神，神的世界也就会变得通情达理、平适可亲。中国宗教颇多世俗气息，因此，世俗人情也会染上宗教式的光斑。一来二去，都江堰倒成了连接两界的桥墩。

我到边远地区看傩戏，对许多内容不感兴趣，特别使我愉快的是，傩戏中的水神河伯，换成了灌县李冰。傩戏中的水神李冰比二王庙中的李冰活跃得多，民众围着他狂舞呐喊，祈求有无数个都江堰带来全国的风调雨顺，水土滋润。傩戏本来都以神话开头的，有了一个李冰，神话走向实际，幽深的精神天国，一下子贴近了大地，贴近了苍生。

【作者作品】

余秋雨，一九四六年出生于浙江省余姚县桥头镇（今属慈溪市）。当代著名散文家、文化学者、艺术理论家、文化史学家，电视名人、节目特邀主持人，网络博客名人。专业从事散文、艺术理论的写作。主要著作有《文化苦旅》、《山居笔记》、《霜冷长河》等。

【阅读提示】

作为一位富有使命感的学者，余秋雨在文化景观与历史遗迹中穿行，在探寻中观照，在观照中体悟，在体悟中传达，用现代意识烛照历史遗迹，反思传统文化，构建人文精神。学院化的经历和身份，使得他的文章带有浓厚的书卷气和深邃的文化底蕴。读他的文章，会让人感到字里行间流淌着文化的清流，绽放着智慧的琼花。

《都江堰》和余秋雨的其他文章一样，传达了他对于中国文化的独特观念。在作者那里，都江堰不是一种单纯的建筑，而是一个中国文化因子的载体。从"都江堰—李冰—中国文化"的逻辑演进中，作者难以掩饰自己内心中的兴奋、感慨、悲凉和欣慰的复杂情绪。在作者那里，长城和都江堰代表了中国文化的两端。长城是一种蛮横的政治哲学的象征，不过是统治者壮胆和摆排场的道具；而都江堰是一种灵动的文明，是实实在在为民造福的丰碑，因此都江堰才这样激动人心，才这样让作者击节赞赏，他那种兴奋的心情早已溢出文外。作者从都江堰想到李冰，想到李冰所象征的冰清玉洁的政治纲领，想到李冰的治水哲学体现出的文化观念，想到李冰的澄明的智慧境界。李冰的治水哲学固然泽被后人的水利事业，然而让人悲哀的是，这种哲学却被统治者扭曲利用而成为治人的阳谋抑或阴谋。悲凉中又有着若干亮色。作者又从人们对李冰的纪念膜拜中产生了一种乐观：只要都江堰不坍，李冰的精魂就不会消散，李冰的儿子会代代繁衍。李冰父子已经成为民众心中的神，李冰的哲学已经成为普通百姓普遍的价值标准。文章的最后一节，传达了作者所认同的一种文化理念，这就是"厚生爱民"。在作者饱满沉实的文字中，让人们再次感受到都江堰所承载的文化重量。

正是余秋雨的复杂情绪和灵动文字，使得整篇文章起伏跌宕，颇具生命力和丰富性。从艺术角度看，至少有以下几点比较惹人注目。

一是两相对照的太极笔法。余秋雨从文章一开始就将都江堰和长城并置，宛如太极图中的两极：一阳刚，一阴柔。二者相互映照构成了一种对比，孕育了作者的价值判断。文章一落笔就有千钧之力，一反人们的思维定式。在常人的眼里，长城是人民智慧的结晶，雄壮的气势哪里是都江堰所能与之相比的？然而作者却认为中国历史上最激动人心的工程不是长城而是都江堰。因为在作者的眼里，长城和都江堰在这里是中国文化系统内部两种文化的象征。长城所代表的是统治者的文化，这种文化是一种雄壮、蛮横、残忍的文化，是一种僵硬、壮胆和排场的文化；都江堰所代表的是一种苍生的文化，即中国文化传统中"天地之大德曰生"的文化，是一种浚理、消灾、滋润、濡养的文化，是一种实在而又具体的惠泽苍生的文化。

二是个人与山水的周旋中，为传统文化的精华招魂。《都江堰》一文实际上并没有描写都江堰的实际情貌，只是通过写都江堰两侧水的不同态势来对都江堰进行虚写，重点还是放在对都江堰所代表的文化的体验感悟上，从而将人、建筑和历史有机地混融在一起。人观照山水建筑，从山水建筑感悟历史文化，最后通过感慨、赞赏、希冀，为这种苍生的文化招魂。这构成了余秋雨散文的特殊景观。

【能力培养与训练】

1. 作者说中国历史上最激动人心的不是长城而是都江堰。长城占据了辽阔的空间，而都江堰占据了邈远的时间。作者是从什么意义上讲这两句话的？

2. "傩戏本来都以神话开头的，有了一个李冰，神话走向实际，幽深的精神天国，一下子贴近了大地，贴近了苍生。"为什么？

3. 你如何评价余秋雨散文写作的风格？

《丑陋的中国人》节选

柏　杨

第一部分　丑陋的中国人（2）

一个人生活在世上，就好像水泥搅拌器里的石子一样，运转起来之后，身不由己。使我们感觉到，不是某一个人的问题，而是社会问题，而是文化问题。耶稣临死的时候说："宽容他们！他们做的他们不知道。"年轻时候读这句话，觉得稀松平常，长大之后，也觉得这句话没有力量。但是到了我现在这个年龄，才发现这句话多么深奥，多么痛心。使我想到我们中国人，成了今天这个样子，我们的丑陋，来自于我们不知道我们丑陋。我到爱荷华，我们夫妇的经费是由爱荷华大学出一半，再由私人捐助一半，捐助一半的是爱荷华燕京饭店老板，一位从没有回过中国的中国人裴竹章先生，我们从前没见过面，捐了一个这么大的数目，使我感动。他和我谈话，他说："我在没有看你的书之前，我觉得中国人了不起，看了你的书之后，才觉得不是那么一回事，所以说，我想请你当面指教。"

裴竹章先生在发现我们文化有问题后，深思到是不是我们中国人的品质有问题？我第一次出国时，孙观汉先生跟我讲："你回国之后，不准讲一句话——唉！中国人到哪里都是中国人。"我说："好，我不讲。"回国之后，他问我："你觉得怎么样？"我说："还是不准讲的那句话——中国人到哪里都是中国人。"他希望我不要讲这句话，是他希望中国人经过若干年后，有所改变，想不到并没有变。是不是我们中国人的品质真的有了问题？是不是上帝造我们中国人的时候，就赋给我们一个丑陋的内心？我想不应是品质问题，这不是自我安慰，中国人可是世界上最聪明的民族之一，在美国各大学考前几名的，往往是中国人，许多大科学家，包括中国原子科学之父孙观汉先生，诺贝尔奖金得主杨振宁、李政道先生，都是第一流的头脑。中国人并不是品质不好，中国人的品质足可以使中国走到一个很健康、很快乐的境界，我们有资格做到这一点，我们有理由相信中国会成为一个很好的国家。但我们不必整天要我们的国家强大，国家不强大有什么关系？只要人民幸福。在人民幸福了之后，再去追求强大不迟。我想我们中国人有高贵的品质。但是为什么几百年以来，始终不能使中国人脱离苦难？什么原因？

我想冒昧地提出一个综合性的答案，那就是，中国传统文化中有一种滤过性病毒，使我们子子孙孙受了感染，到今天都不能痊愈。有人说："自己不争气，却怪祖先。"这话有一个大漏洞。记得易卜生有一出名剧（按：《群鬼》），有梅毒的父母，生出个梅毒的儿子，每次儿子病发的时候，都要吃药。有一次，儿子愤怒地说："我不要这个药，我宁愿死，你看你给我一个什么样的身体？"这能怪他而不怪他的父母？我们不是怪我们的父母，我们不是怪我们的祖先，假定我们要怪的话，我们要怪我们的祖先给我们留下什么样的文化。这么一个庞大的国度，拥有全世界四分之一人口的一个庞大民族，却陷入贫穷、愚昧、斗争、血腥等等的流沙之中，难以自拔。我看到别的国家人与人之间的相处，心里充满了羡慕。这样的一个传统文化，产生了现在这样的一个现象，使我们中国人具备了很多种可怕的特征。

最明显的特征之一就是脏、乱、吵。台北曾经一度反脏乱，结果反了几天也不再反了。我们的厨房脏乱，我们的家庭脏乱。有很多地方，中国人一去，别人就搬走了。我有一个小朋友，国立政治大学毕业的，嫁给一个法国人，住在巴黎，许多朋友到欧洲旅行，都在她家打过地铺。她跟我说："她住的那栋楼里，法国人都搬走了，东方人都搬来了。"（东方人的意思，有时候是指整个东方，有时候专指中国人。）我听了很难过，可是随便看看，到处是冰淇淋盒子、拖鞋；小孩子到处跑，到处乱画，空气里有潮湿的霉味。我问："你们不能弄干净吗？"她说："不能。"不但外国人觉得我们脏，我们乱，经过这么样提醒之后，我们自己也觉得我们脏、我们乱。至于吵，中国人的嗓门之大，真是天下无双，尤以广东老乡的嗓门最为叫座。有个发生在美国的笑话：两个广东人在那里讲悄悄话，美国人认为他们就要打架，急拨电话报案。警察来了，问他们在干什么，他们说："我们正耳语。"

为什么中国人声音大？因为没有安全感，所以中国人嗓门特高，觉得声音大就是理大，只要声音大、嗓门高，理都跑到我这里来了，要不然我怎么会那么气愤？我想这几点足够使中国人的形象受到破坏，使我们的内心不能平安，因为吵、脏、乱，自然会影响内心，窗明几净和又脏又乱，是两个完全不一样的世界。

至于中国人的窝里斗，可是天下闻名的中国人的重要特性。每一个单独的日本人，看起来都像一条猪，可是三个日本人加起来就是一条龙，日本人的团队精神使日本所向无敌！中国人打仗打不过日本人，做生意也做不过日本人，就在台北，三个日本人做生意，好，这次是你的，下次是我的。中国人做生意，就显现出中国人的丑陋程度，你卖五十，我卖四十，你卖三十，我卖二十。所以说，每一个中国人都是一条龙，中国人讲起话来头头是道，上可以把太阳一口气吹灭，下可以治国平天下。中国人在单独一个位置上，譬如在研究室里，在考场上，在不需要有人际关系的情况下，他可以有了不起的发展。但是三个中国人加在一起——三条龙加在一起，就成了一条猪、一条虫，甚至连虫都不如。因为中国人最拿手的是内斗。有中国人的地方就有内斗，中国人永远不团结，似乎中国人身上缺少团结的细胞，所以外国人批评中国人不知道团结，我只好说："你知道中国人不团结是什么意思？是上帝的意思！因为中国有十亿人口，团结起来，万众一心，你受得了？是上帝可怜你们，才教中国人不团结。"我一面讲，一面痛彻心腑。

中国人不但不团结，反而有不团结的充分理由，每一个人都可以把这个理由写成一本书。各位在美国看得最清楚，最好的标本就在眼前，任何一个华人社会，至少分成三百六十五派，互相想把对方置于死地。中国有一句话："一个和尚担水吃，两个和尚抬水吃，三个和尚没水吃。"人多有什么用？中国人在内心上根本就不了解合作的重要性。可是你说他不了解，他可以写一本团结重要的书给你看看。我上次（一九八一年）来美国，住在一个在大学教书的朋友家里，谈得头头是道，天文地理，怎么样救国等等，第二天我说："我要到张三那儿去一下。"他一听是张三，就眼冒不屑的火光，我说："你送我去一下吧！"他说："我不送，你自己去好了。"都在美国学校教书，都是从一个家乡来的，竟不能互相容忍，那还讲什么理性？所以中国人的窝里斗，是一项严重的特征。

各位在美国更容易体会到这一点，凡是整中国人最厉害的，不是外国人，而是中国人。凡是出卖中国人的，也不是外国人，而是中国人。凡是陷害中国人的，不是外国人，而是中国人。在马来西亚就有这样的一个故事：有一个朋友住在那儿开矿，一下子被告了，告得很严重，追查之下，告他的原来是个老朋友，一块从中国来的，在一起打天下的。朋友质问他怎么做出这种下流的事？那人说："一块儿打天下是一块儿打天下，你现在高楼大厦，我现在搞得没办法，我不告你告谁？"所以搞中国人的还是中国人。譬如说，在美国这么大的一个国度，沧海一粟，怎么会有人知道你是非法入境？有人告你么！谁告你？就是你身边的朋友，就是中国人告你。

【作者作品】

柏杨（1920—2008），本姓郭，原名定生。出生于河南省开封，籍贯为河南省辉县。1949年随恩师吴文义前往台湾。笔名来自中横公路隧道附近台湾原住民部落的原名谐音"古柏杨"（今称古白杨）。

柏杨一生著作不辍，平生有十年小说、十年杂文、十年牢狱、五年专栏、十年通鉴等历程，此外还有古典诗、报道文学及其他散文，共完成《柏杨全集》等文学、历史、思想著作100余册。

【阅读提示】

我们的丑陋，来自于我们不知道我们丑陋。台湾著名作家柏杨以"恨铁不成钢"的态度，强烈批判中国人的"脏、乱、吵"、"窝里斗"、"不能团结"、"死不认错"等，指出中国传统文化中有一种滤过性疾病使我们的子子孙孙受感染，到今天也不能痊愈。这又是一部传统的反思作品。作者柏杨直率指出中国人存在的种种恶习，种种负面性格和狭隘心理，以图让中国人正视，让中国人有勇气面对。中国的历史总是被匆忙地翻过去，但问题并没有解决，丰厚的遗产总是包裹着问题被永久寄存，而对未来的奢望必然注定了挫败的宿命。尽管作者对中国人有许多严厉的批评及指责，但基本上还是认为中国还有救。希望中国人脱胎换骨，跟其他文明国家一样，成为一个有尊严，而又尊重人尊严的民族。

柏杨好友，物理学家孙观汉说："每个人差不多都知道自己可自豪的一面，但是柏杨使我了解我丑陋的一面，而最使我惊奇而伤心的是这种可怕的丑陋，竟不是我一人所独占，而是十亿同胞所共有的。"

中国现代文学馆馆长陈建功评价柏杨是"当代文学史上的奇迹"。

作家聂华苓曾评价柏杨小说和杂文有一个共同点，"在冷嘲热讽之中，蕴藏着深厚的'爱'和'情'。"

学者陈晓明回忆指出，"想要走向现代化之路，就要批判传统，柏杨对传统思想文化的批判精神和态度，很大程度上影响了我们，成为一种很经典的认知，在青年知识分子中影响很大。"同时评价柏杨是一个中国历史文化的批判者，"他对中国历史文化'爱之弥深，恨之愈切'，只有对传统文化非常关切、对中国人怀有非常高的期望，他才会批判、揭示它的问题所在"。

【能力培养与训练】

1. 课外阅读柏杨《丑陋的中国人》，总结他的写作特点。
2. 说说什么是中国人的滤过性疾病。
3. 通过阅读柏杨的其他作品，试分析柏杨和鲁迅的讽刺艺术有什么不同的特点。

假如给我三天光明

〔美国〕海伦·凯勒

第一天

第一天，我要看人，他们的善良、温厚与友谊使我的生活值得一过。首先，我希望长久地凝视我亲爱的老师，安妮·莎莉文·梅西太太的面庞，当我还是个孩子的时候，她就来到了我面前，为我打开了外面的世界。我将不仅要看到她面庞的轮廓，以便我能够将它珍藏在我的记忆中，而且还要研究她的容貌，发现她出自同情心的温柔和耐心的生动迹象，她正是以此来完成教育我的艰巨任务的。我希望从她的眼睛里看到能使她在困难面前站得稳的坚强性格，并且看到她那经常向我流露的、对于全人类的同情。

我不知道什么是透过"灵魂之窗"，即从眼睛看到朋友的内心。我只能用手指尖来"看"一个脸的轮廓。我能够发觉欢笑、悲哀和其他许多明显的情感。我是从感觉朋友的脸来认识他们的。但是，我不能靠触摸来真正描绘他们的个性。当然，通过其他方法，通过他们向我表达的思想，通过他们向我显示出的任何动作，我对他们的个性也有所了解。但是我却不能对他们有较深的理解，而那种理解，我相信，通过看见他们，通过观看他们对种种被表达的思想和境况的反应，通过注意他们的眼神和脸色的反应，是可以获得的。

我身旁的朋友，我了解得很清楚，因为经过长年累月，他们已经将自己的各个方面揭示给了我；然而，对于偶然的朋友，我只有一个不完全的印象。这个印象还是从一次握手中，从我通过手指尖理解他们的嘴唇发出的字句中，或从他们在我手掌的轻轻划写中获得来的。

你们有视觉的人，可以通过观察对方微妙的面部表情，肌肉的颤动，手势的摇摆，迅速领悟对方所表达的意思的实质，这该是多么容易，多么令人心满意足啊！但是，你们可曾想到用你们的视觉，抓住一个人面部的外表特征，来透视一个朋友或者熟人的内心吗？

我还想问你们：能准确地描绘出五位好朋友的面容吗？你们有些人能够，但是很多人不能够。有过一次实验，我询问那些丈夫们，关于他们妻子眼睛的颜色，他们常常显得困窘，供认他们不知道。顺便说一下，妻子们还总是经常抱怨丈夫不注意自己的新服装、新帽子的颜色，以及家内摆设的变化。

有视觉的人，他们的眼睛不久便习惯了周围事物的常规，他们实际上仅仅注意令人惊奇的和壮观的事物。然而，即使他们观看最壮丽的奇观，眼睛都是懒洋洋的。法庭的记录每天都透露出"目击者"看得多么不准确。某一事件会被几个见证人以几种不同的方式"看见"。有的人比别人看得更多，但没有几个人看见他们视线以内一切事物。

啊，如果给我三天光明，我会看见多少东西啊！

第一天，将会是忙碌的一天。我将把我所有亲爱的朋友都叫来，长久地望着他们的脸，把他们内在美的外部迹像铭刻在我的心中。我也将会把目光停留在一个婴儿的脸上，以便能够捕捉到在生活冲突所致的个人意识尚未建立之前的那种渴望的、天真无邪的美。

我还将看看我的小狗们忠实信赖的眼睛——庄重、宁静的小司格梯、达吉，还有健壮而又懂事的大德恩，以及黑尔格，它们的热情、幼稚而顽皮的友谊，使我获得了很大的安慰。在忙碌的第一天，我还将观察一下我的房间里简单的小东西，我要看看我脚下的小地毯的温暖颜色，墙壁上的画，将房子变成一个家的那些亲切的小玩意。我的目光将会崇敬地落在我读过的盲文书籍上，然而那些能看的人们所读的印刷字体的书籍，会使我更加感兴趣。在我一生漫长的黑夜里，我读过的和人们读给我听的那些书，已经成为了一座辉煌的巨大灯塔，为我指示出了人生及心灵的最深的航道。

在能看见的第一天下午，我将到森林里进行一次远足，让我的眼睛陶醉在自然界的美丽之中，在几小时内，拼命吸取那经常展现在正常视力人面前的光辉灿烂的广阔奇观。自森林郊游返回的途中，我要走在农庄附近的小路上，以便看看在田野耕作的马（也许我只能看到一台拖拉机），看看紧靠着土地过活的悠然自得的人们，我将为光艳动人的落日奇景而祈祷。当黄昏降临，我将由于凭借人为的光明看见外物而感到喜悦，当大自然宣告黑暗到来时，人类天才地创造了灯光，来延伸他的视力。在第一个有视觉的夜晚，我将睡不着，心中充满对于这一天的回忆。

第二天

有视觉的第二天，我要在黎明前起身，去看黑夜变为白昼的动人奇迹。我将怀着敬畏之心，仰望壮丽的曙光全景，与此同时，太阳唤醒了沉睡的大地。

这一天，我将向世界，向过去和现在的世界匆忙瞥一眼。我想看看人类进步的奇观，那变化无穷的万古千年。这么多的年代，怎么能被压缩成一天呢？当然是通过博物馆。我常常参观纽约自然史博物馆，用手摸一摸那里展出的许多展品，但我曾经渴望亲眼看看地球的简史和陈列在那里的地球上的居民——按照自然环境描画的动物和人类，巨大的恐龙和剑齿象的化石，早在人类出现并以他短小的身材和有力的头脑征服动物王国以前，它们就漫游在地球上了；博物馆还逼真地介绍了动物、人类，以及劳动工具的发展经过，人类使用这些工具，在这个行星上为自己创造了安全牢固的家；博物馆还介绍了自然史的其它无数方面。

我不知道，有多少本文的读者看到过那个吸引人的博物馆里所描绘的活着的动物的形形色色的样子。当然，许多人没有这个机会，但是，我相信许多有机会的人却没有利用它。在那里确实是使用你眼睛的好地方。有视觉的你可以在那里度过许多收益不浅的日子，然而我，借助于想像中的能看见的三天，仅能匆匆一瞥而过。

我的下一站将是首都艺术博物馆，因为它正像自然史博物馆显示了世界的物质外观那样，首都艺术博物馆显示了人类精神的无数个小侧面。在整个人类历史阶段，人类对于艺术表现的强烈欲望几乎像对待食物、藏身处，以及生育繁殖一样迫切。

在这里，在首都艺术博物馆巨大的展览厅里，埃及、希腊、罗马的精神在它们的艺术中表现出来，展现在我面前。

我通过手清楚地知道了古代尼罗河国度的诸神和女神。我抚摸了巴台农神庙中的复制品，感到了雅典冲锋战士有韵律的美。阿波罗、维纳斯，以及双翼胜利之神莎莫瑞丝都使我爱不释手。荷马的那副多瘤有须的面容对我来说是极其珍贵的，因为他也懂得什么叫失明。我的手依依不舍地留恋罗马及后期的逼真的大理石雕刻，我的手抚摸遍了米开朗基罗的感人的英勇的摩西石雕像，我感知到罗丹的力量，我敬畏哥特人对于木刻的虔诚。这些能够触摸的艺术品对我来讲，是极有意义的，然而，与其说它们是供人触摸的，毋宁说它们是供人观赏的，而我只能猜测那种我看不见的美。我能欣赏希腊花瓶的简朴的线条，但它的那些图案装饰我却看不到。

因此，这一天，给我光明的第二天，我将通过艺术来搜寻人类的灵魂。我会看见那些我凭借触摸所知道的东西。更妙的是，整个壮丽的绘画世界将向我打开，从富有宁静的宗教色彩的意大利早期艺术及至带有狂想风格的现代派艺术。我将细心地观察拉斐尔、达·芬奇、提香、伦勃朗的油画。我要饱览维洛内萨的温暖色彩，研究艾尔·格列科的奥秘，从科罗的绘画中重新观察大自然。啊，你们有眼睛的人们竟能欣赏到历代艺术中这么丰富的意味和美！在我对这个艺术神殿的短暂的游览中，我一点儿也不能评论展开在我面前的那个伟大的艺术世界，我将只能得到一个肤浅的印象。艺术家们告诉我，为了达到深刻而真正的艺术鉴赏，一个人必须训练眼睛。

一个人必须通过经验学习判断线条、构图、形式和颜色的品质优劣。假如我有视觉从事这么使人着迷的研究，该是多么幸福啊！但是，我听说，对于你们有眼睛的许多人，艺术世界仍是个有待进一步探索的世界。

我十分勉强地离开了首都艺术博物馆，它装纳着美的钥匙。但是，看得见的人们往往并不需要到首都艺术博物馆去寻找这把美的钥匙。同样的钥匙还在较小的博物馆中甚或在小图书馆书架上等待着。但是，在我假想的有视觉的有限时间里，我应当挑选一把钥匙，能在最短的时间内去开启藏有最大宝藏的地方。

我重见光明的第二晚，我要在剧院或电影院里度过。即使现在我也常常出席剧场的各种各样的演出，但是，剧情必须由一位同伴拼写在我手上。然而，我多么想亲眼看看哈姆雷特的迷人的风采，或者穿着伊丽莎白时代鲜艳服饰的生气勃勃的弗尔斯塔夫！我多么想注视哈姆雷特的每一个优雅的动作，注视精神饱满的弗尔斯塔夫的大摇大摆！因为我只能看一场戏，这就使我感到非常为难，因为还有数十幕我想要看的戏剧。

你们有视觉，能看到你们喜爱的任何一幕戏。当你们观看一幕戏剧、一部电影或者任何一个场面时，我不知道，究竟有多少人对于使你们享受它的色彩、优美和动作的视觉的奇迹有所认识，并怀有感激之情呢？由于我生活在一个限于手触的范围里，我不能享受到有节奏的动作美。但我只能模糊地想像一下巴荚洛娃的优美，虽然我知道一点律动的快感，因为我常常能在音乐震动地板时感觉到它的节拍。我能充分想像那有韵律的动作，一定是世界上最令人悦目的一种景象。我用手指抚摸大理石雕像的线条，就能够推断出几分。如果这种静态美都能那么可爱，看到的动态美一定更加令人激动。我最珍贵的回忆之一就是，约瑟·杰佛逊让我在他又说又做地表演他所爱的里卜·万·温克时去摸他的脸庞和双手。

我多少能体会到一点戏剧世界，我永远不会忘记那一瞬间的快乐。但是，我多么渴望观看和倾听戏剧表演进行中对白和动作的相互作用啊！而你们看得见的人该能从中得到多少快乐啊！如果我能看到仅仅一场戏，我就会知道怎样在心中描绘出我用盲文字母读到或了解到的近百部戏剧的情节。所以，在我虚构的重见光明的第二晚，我没有睡成，整晚都在欣赏戏剧文学。

第三天

下一天清晨，我将再一次迎接黎明，急于寻找新的喜悦，因为我相信，对于那些真正看得见的人，每天的黎明一定是一个永远重复的新的美景。依据我虚构的奇迹的期限，这将是我有视觉的第三天，也是最后一天。我将没有时间花费在遗憾和热望中，因为有太多的东西要去看。第一天，我奉献给了我有生命和无生命的朋友。第二天，向我显示了人与自然的历史。今天，我将在当前的日常世界中度过，到为生活奔忙的人们经常去的地方去，而哪儿能像纽约一样找得到人们那么多的活动和那么多的状况呢？所以城市成了我的目的地。

我从我的家，长岛的佛拉斯特小而安静的郊区出发。这里，环绕着绿色草地、树木和鲜花，有着整洁的小房子，到处是妇女儿童快乐的声音和活动，非常幸福，是城里劳动人民安谧的憩息地。我驱车驶过跨越伊斯特河上的钢制带状桥梁，对人脑的力量和独创性有了一个崭新的印象。忙碌的船只在河中嘎嘎急驶——高速飞驶的小艇，慢悠悠、喷着鼻息的拖船。如果我今后还有看得见的日子，我要用许多时光来眺望这河中令人欢快的景象。我向前眺望，我的前面耸立着纽约——一个仿佛从神话的书页中搬下来的城市的奇异高楼。多么令人敬畏的建筑啊！这些灿烂的教堂塔尖，这些辽阔的石砌钢筑的河堤坡岸——真像诸神为他们自己修建的一般。这幅生动的画面是几百万人民每天生活的一部分。我不知道，有多少人会对它回头投去一瞥？只怕寥寥无几。对这个壮丽的景色，他们视而不见，因为这一切对他们是太熟悉了。

我匆匆赶到那些庞大建筑物之一——帝国大厦的顶端，因为不久以前，我在那里凭借我秘书的眼睛"俯视"过这座城市，我渴望把我的想像同现实作一比较。我相信，展现在我面前的全部景色一定不会令我失望，因为它对我将是另一个世界的景色。此时，我开始周游这座城市。首先，我站在繁华的街角，只看看人，试图凭借对他们的观察去了解一下他们的生活。看到他们的笑颜，我感到快乐；看到他们的严肃的决定，我感到骄傲；看到他们的痛苦，我不禁充满同情。

我沿着第五大街散步。我漫然四顾，眼光并不投向某一特殊目标，而只看看万花筒般五光十色的景象。我确信，那些活动在人群中的妇女的服装色彩一定是一幅绝不会令我厌烦的华丽景色。然而如果我有视觉的话，我也许会像其他大多数妇女一样——对个别服装的时髦式样感到兴趣，而对大量的灿烂色彩不怎么注意。而且，我还确信，我将成为一位习惯难改的橱窗顾客，因为，观赏这些无数精美的陈列品一定是一种眼福。

从第五大街起，我作一番环城游览——到公园大道去，到贫民窟去，到工厂去，到孩子们玩耍的公园去，我还将参观外国人居住区，进行一次不出门的海外旅行。

我始终睁大眼睛注视幸福和悲惨的全部景象，以便能够深入调查，进一步了解人们是怎样工作和生活的。

我的心充满了人和物的形象。我的眼睛决不轻易放过一件小事，它争取密切关注它所看到的每一件事物。有些景象令人愉快，使人陶醉；但有些则是极其凄惨，令人伤感。对于后者，我绝不闭上我的双眼，因为它们也是生活的一部分。在它们面前闭上眼睛，就等于关闭了心房，关闭了思想。

我有视觉的第三天即将结束了。也许有很多重要而严肃的事情，需要我利用这剩下的几个小时去看，去做。但是，我担心在最后一个夜晚，我还会再次跑到剧院去，看一场热闹而有趣的戏剧，好领略一下人类心灵中的谐音。

到了午夜，我摆脱盲人苦境的短暂时刻就要结束了，永久的黑夜将再次向我迫近。在那短短的三天，我自然不能看到我想要看到的一切。只有在黑暗再次向我袭来之时，我才感到我丢下了多少东西没有见到。然而，我的内心充满了甜蜜的回忆，使我很少有时间来懊悔。此后，我摸到每一件物品，我的记忆都将鲜明地反映出那件物品是个什么样子。

我的这一番如何度过重见光明的三天的简述，也许与你假设知道自己即将失明而为自己所做的安排不相一致。可是，我相信，假如你真的面临那种厄运，你的目光将会尽量投向以前从未曾见过的事物，并将它们储存在记忆中，为今后漫长的黑夜所用。你将比以往更好地利用自己的眼睛。你所看到的每一件东西，对你都是那么珍贵，你的目光将饱览那出现在你视线之内的每一件物品。然后，你将真正看到，一个美的世界在你面前展开。

失明的我可以给那些看得见的人们一个提示——对那些能够充分利用天赋视觉的人们一个忠告：善用你的眼睛吧，犹如明天你将遭到失明的灾难。同样的方法也可以应用于其它感官。聆听乐曲的妙音，鸟儿的歌唱，管弦乐队的雄浑而铿锵有力的曲调吧，犹如明天你将遭到耳聋的厄运。抚摸每一件你想要抚摸的物品吧，犹如明天你的触觉将会衰退。嗅闻所有鲜花的芳香，品尝每一口佳肴吧，犹如明天你再不能嗅闻品尝。充分利用每一个感官，通过自然给予你的几种接触手段，为世界向你显示的所有愉快而美好的细节而自豪吧！不过，在所有感官中，我相信，视觉一定是最令人赏心悦目的。

【作者作品】

海伦·凯勒（1880—1968），生于美国亚拉巴马州的塔斯坎比亚，原名为 Helen Adams Kelle，毕业于哈佛大学。十九世纪美国盲聋女作家、教育家、慈善家、社会活动家。她以自强不息的顽强毅力，在安妮·莎莉文老师的帮助下，掌握了英语、法语、德语等五种语言，完成了她的一系列著作，并致力于为残疾人造福，建立慈善机构，被美国《时代周刊》

评为美国十大英雄偶像，荣获"总统自由勋章"等奖项。主要著作有《假如给我三天光明》、《我的生活》、《我的老师》等。

海伦·凯勒幼年因意外疾病而引致失明及失聪。后来凭借着她的导师安妮·莎莉文的努力，她学会了说话，并开始和其他人沟通并接受教育。她走遍美国和世界各地，为盲人学校募集资金，把自己的一生献给了盲人福利和教育事业。她获得了世界各国人民的赞扬，并得到许多国家政府的嘉奖。

海伦·凯勒一生一共写了十四部巨作。《我的生活》是她的处女作。作品一发表立即在美国引起了轰动，被称为"世界文学史上无与伦比的杰作"，出版的版本超过百余种，在世界上产生了巨大的影响。本书由海伦·凯勒的《我的生活》、《走出黑暗》、《老师》三本书以及发表在美国《大西洋月刊》上的著名散文《假如给我三天光明》编译而成，完整系统地介绍了海伦·凯勒丰富、生动、真实而伟大的一生。

【阅读提示】

二十世纪，一个独特的生命个体以其勇敢的方式震撼了世界，她就是海伦·凯勒，一个生活在黑暗中却又给人类带来光明的女性，一共度过了生命的八十八个春秋，却熬过了八十七年无光、无声、无语的孤绝岁月的弱女子。

然而，正是这么一个幽闭在盲聋哑世界里的人，竟然毕业于哈佛大学德克利夫学院；并用生命的全部力量四处奔走，建起了一家家慈善机构，为残疾人造福，被美国《时代周刊》评选为二十世纪美国十大英雄偶像。

《假如给我三天光明》是海伦·凯勒的散文代表作，她以一个身残志坚的柔弱女子的视角，告诫身体健全的人们应珍惜生命，珍惜造物主赐予的一切。海伦的生命是一个悲剧，但我们从她身上可以看到勇敢者的力量。

【能力培养与训练】

1. 本文给读者最大的启示是什么？
2. 谈谈作者的心态，我们应该如何面对生活？
3. 仔细阅读全文，描述一下作者的形象。

实训二　职场错别字的避免

使用规范字，是指使用规范的通用汉字，主要以国家正式公布的《印刷通用汉字字形表》为规范；也指使用规范的简体字，以《简化字总表》为规范。

写错别字主要有四种情况。

第一，因偏旁、部件相似相近而写错。例如，眨眼—贬眼，妄想—忘想，驰骋—驰聘，斑马—班马，草菅—草管，蔓延—漫延，典型—典形，姿态—恣态，锻炼—煅炼，冶金—治金。

在这类易错字中，形声字往往是声旁相同而形旁不同，因此辨析清楚不同形旁所表示的意义，对于辨别字形很有帮助。

有些形近字不是形声字，也应抓住特点，把形、音、义结合起来进行比较。例如，"灸"与"炙"，前者读 jiǔ，从火久声，针灸；后者念 zhì，会意字，从夕（肉）从火，像火烤肉。还可通过抓住形近字之间的主要差别，编出口诀，帮助记忆。如"戌"、"戍"、"戊"、"戎"和"戒"几个字的形、音、义都不同，根据形体差异编成口诀："横 xū（戌）点 shù（戍）wù（戊）中空，十字交叉就念 róng（戎），戎加一竖就是 jiè（戒）"。这样还把读音与字形结合起来了。

第二，受上下文影响，常结合在一起使用的双音节词中的一个字受另个字偏旁影响而误写，即偏旁同化的错误。例如，编辑—编缉，清晰—清淅，安排—按排，狭隘—狭猛，模糊—模糊，滋味—滋沫，枪支—枪枝，纯洁—纯结，粉碎—粉粹，辉煌—辉煐。

第三，由于音同、音近或意义相近而写了别字。例如，直截了当—直接了当，阴谋诡计—阴谋鬼计，歪风邪气—歪风斜气，自力更生—自立更生，原形毕露—原形必露，再接再厉—再接再励，异口同声——口同声，破釜沉舟—破斧沉舟，提纲—题纲，贡献—供献，针砭—针贬，公园—公圆，那里—哪里，篮子—蓝子。

要避免这类错别字，了解字义相当重要。如了解"诡"字的意思为"狡诈"，而"鬼"是迷信中人死后的存在形式，就不会把"阴谋 guǐ 计"中的"诡"误写为"鬼"了，因为整个成语的意思是"暗地里策划的一些害人的计谋"。

有些词的常用义不是原义而是引申义，要弄清字（词）的原义才能避免写别字。如"提纲"误写作"题纲"，若了解"提纲"之"纲"是鱼网上的总绳，引申指事物最主要的部分，而"提纲"本义为提着网上的总绳子，引申为抓住事物的最主要部分，也常用来指代事物的主要部分，就不会把动词"提"误作文章标题之"题"了。

有些成语出自古代寓言或历史故事，了解其出处，对于避免写错别字有极大的帮助。这类成语如"班门弄斧"，掌握了"班门"指传说中木匠的始祖鲁班的家门口，就不会由"搬弄"一词联想，把"班"字误为"搬"了。又如"滥竽充数"之"滥"常被误写为"烂"，但若了解来历，知道南郭先生所吹之竽并不破烂，而是他不会吹竽却混在里面充数，就知道"滥"为"没有限制"之意，就不会再写错了。

第四，因弄错字的笔画而写错字。如把"卑"字中从"白"字撇出的斜撇误为竖、撇两笔，写成"卑"；把"刊"字的第一、三笔都误为撇，写成"刋"字。

避免写错别字要从两个环节入手，一是构形要素，二是书写要素。构形要素主要是指部件，书写要素主要是指笔画，包括笔形、笔顺和笔数。

构形要素的规范如下。

汉字是由数量有限的部件按照一定的结构模式构成的。从构形层次上来说，部件规范和结构形式的正确是两个不可忽视的环节。

部件是汉字的构形元素，许多错字都是由于部件的书写错误造成的。特别是因部件形体相近而致错。汉字中有许多形近部件，例如，位—往、这—建、福—裕等，这三组字的左偏旁形体相近，是形近部件；冠—寇的上部偏旁是形近部件；广—厂、日—曰是形近部件。其中最容易混淆的是"示字旁"和"衣补旁"、"宝盖头"和"秃宝盖"。例如，"冠"字上面常被加点，"裕"字常被写成"示字旁"，"初"却常被写成"衣补旁"，"延"字的左偏旁上面常被加点，等等。

要防止将部件安错，最有效的方法是正确理解汉字的构意和部件的构字功能。例如，

"示字旁"与"衣补旁"。示，本义是祭祀牌位，因而有"祭祀"与"神灵"的意思，凡从"示"之字皆与祭祀、与"神灵"有关。如社，土地神；祟，凶兆出；祠，祭神之地；祝、祷，同神说话；故字皆从示。"衣"，作偏旁皆用其本义。凡与"衣物"有关之字皆从衣不从示。例如，初，本义是"裁衣之始"，故从"衣"。裕，指衣食富足；衬，指贴身的内衣；袜，指"足衣"；襟、袖，皆为衣裳的某部分；故字皆从衣而不从示。

"宝盖头"和"秃宝盖"。"宝盖头"由房屋之形变来，故凡从"宝盖头"者，皆属建筑物或与建筑物有关的字，如家、宅、宇等。富，屋里有粮仓；字，本义指"产子"，产子必在屋里；宝，家中有玉有贝；宿，止宿之处；宰，"罪人在屋下执事者"（见《说文》），即屋中的奴隶。"秃宝盖"，由蒙头布巾的形象演变而来，本义为覆盖，所从之字皆与帽子、覆盖义有关。如蒙头的蒙（古字没有草字头），以及冕、冒上部所从的部件是古"帽"字，即从"秃宝盖"得义。因此，冠，是一种帽子，上面决不会有点；寇，本义是入"室"抢劫，上面的点绝不能丢。

"单立人"与"双立人"。二者虽皆称"人"，却意义迥异。与"行走"有关的字皆从"双立人"，如行、往、径（指人走的路）、循（顺着走）、御（驾驶马车）等。与"人"有关的字皆丛"单立人"，如仇、仙、侮、倡、优、傀、偏等。

"广"与"厂"。"广"，本义是房屋之形，从广之字皆与房屋有关。如府（藏文书之处）、厨、庐、庑、廊、废（房屋颓败）、庖等。"厂"，是山崖的"崖"的古字，凡从"厂"之字皆与山崖、山石有关。如厉（磨刀石）、崖、岸等。崖、岸上面的"山"是后加上去的。

部件位置的规范也很重要。汉字的结构形式有左右、上下、内外三种主要的结构形式和其他几种次要的结构形式。在绝大多数汉字中，部件的位置是固定的。但是，部件摆放的位置，作为一种区别要素，在汉字体系中并不严密。主要有三种情况。

（1）部件摆放位置的不同，构成异体字。在有些汉字中，部件的位置没有区别意义的作用。例如，晰、鹅、群、峰、蛾都有左右、上下两种结构形式，构成意义全同的异体字。

（2）部件位置的改换可构成错字。有一些字，其部件的结构形式是固定的，不能随意改换；改换了结构形式，就构成了错字。例如，邻、融、鳞，是左右结构，把它们的部件左右调换一下，就会变得不成字；遵，把"寸"拿到最下面，也会成为错字。

（3）部件的摆放位置不同，构成记词功能不同的字。在多数情况下，部件摆放的位置则构成区别意义的手段，即部件的结构样式不同，就构成记词功能不同的两个字。例如，杏—呆，杲—杳，旮—旭，旯—旯，晰—皙。

由于部件的位置区别意义的作用并不严格，因此给汉字的规范书写带来了一定的困难。在记忆、书写汉字时，一定要注意部件的摆放位置，防止写错字。

书写要素的规范如下。

汉字的书写要素是笔画，笔画有三个要素，即笔形、笔数和笔顺。

汉字是由不同笔形的笔画一笔一画写出来的，因此，了解汉字的笔画首先要了解汉字的笔形。

现在的规范字体是楷书。楷书的基本笔形共有六种，即点、横、竖、撇、捺、折（丶、一、丨、丿、乀、乙），其他笔画形式都是这六种笔形的变体。有人把捺归入点，因而又有五种之说。又有人把挑（又称提）和竖钩（亅）分出来，因此又有八种之说。其实，挑是横的变体，钩是竖的变体，可以不必分出。

楷书的基本笔形在不同的字里和不同的部位上又有许多变化。这些变化了的笔形，又叫"发展笔形"，与"基本笔形"相对。掌握了基本笔形及其写法，发展笔形便很容易掌握。

每个规范汉字的笔形是确定的，不能改变，否则就会出现错别字。例如，"天"的末笔是捺，写成折钩就成了"无"；"元"字最后一笔是折钩，写成一个斜点就与"六"分不清了。相同形状的笔画在每个字中的位置是固定的，位置的改换，就成了不同的字，如主—玉、庄—压，点的位置不同，构成不同的字；末—未、士—土，长横短横的不同位置，构成不同的字。可见，汉字笔画与书写规范的关系是相当密切的。

其次要了解笔数。每个规范汉字的笔画是有定数的，书写时一定要注意不可随意增减笔画，否则就会产生错字。例如，"庆"与"驮"中的"大"字上加一点，便成为错字；"伐"字少写一撇，就成了"代"字。

第三，要掌握笔顺。

由于绝大多数汉字是由多笔画构成的，所以书写时就存在一个下笔的顺序问题。这个下笔的先后的规则，就叫笔顺。掌握笔顺规则，目的是为了提高书写速度，避免写错字，并使汉字写得均衡漂亮。

笔顺的规则大致有八条。

（1）先上后下。如立、宝、辛、且。

（2）先左后右。如林、愧、陈、以。

（3）先外后内。如用、匡、闷、匀。

（4）先中间后两边。如办、小、水、承。

（5）先外后内再封门。如圆、回、田、且。

（6）先横后竖。如十、干、井、丰。

（7）先撇后捺。如八、大、入、人。

（8）先横后撇。如厂、左、右、万。

汉字的形体多样，因此有些字的笔顺也很特殊，可能有不符合上述规则的情况。在把字写得均衡规范的前提下，可以灵活变通。遵照笔画规则写字，可以把字写得整齐端正。例如，"匡"字，先写好外框，内部结构就容易安排了；"丰"字，先把主体位置确定，再从中间穿过，便于把字写得均衡美观。

有些书法家出于某种审美的需要，可以不按笔顺规则书写。但对于一般的汉字书写行为，应尽量遵守笔顺规则。

小说精品选读

【阅读导入】

　　中国小说，晚熟于诗歌、散文，略早于戏剧。在长期的封建社会里，小说一向受到封建正统文人的鄙视。现在似乎可以这样认为：中国古代小说，是在封建正统文人"每訾其卑下"的歧视眼光下发展繁荣起来的。这也是一种"逆反"。小说写作技巧比诗歌、散文要复杂得多。先秦两汉可以看做是中国小说的萌芽时期，这一时期的神话、寓言、史传、"野史"、传说等，都孕育着小说艺术的因素，为小说文体的形成准备了条件；同时也呈露出了中国小说童年时期便已形成志人、志怪两大类别的端倪。不过中国古代早期的小说与历史传记难以截然分开。从后汉至唐代以前，是中国小说的童年时期，或者说是中国小说初步形成的时期。鲁迅先生把唐以前的小说称为"古小说"。小说发展到宋代，发生了根本的变化，这就是话本的产生。明代的文言短篇小说虽不能与同时代的白话长、短篇小说比肩，但在文言小说发展史上占有重要的地位。明代是白话小说蓬勃发展的时代。就白话短篇小说而言，明人从三个方面作出了贡献：一是加工润色宋、元、明三代艺术上有缺陷的话本，二是搜集整理话本小说集，三是创作了大量的拟话本。明代白话小说（短篇）最繁荣的时期是在万历以后，尤其是南方，都市经济发达，形成士大夫阶层，因而以反映市民生活为主要内容的白话短篇小说日益蓬勃地发展起来。最有代表性的集子是洪楩的《清平山堂话本》和冯梦龙的"三言"（《喻世明言》、《警世通言》、《醒世恒言》）及凌蒙初的"二拍"（《初刻拍案惊奇》、《二刻拍案惊奇》）。明末清初，在"三言"、"二拍"的影响下，出现了拟话本创作热潮，集子有四十余部。明初，《三国演义》和《水浒传》相继问世，标志着中国小说史又进入到了一个崭新的历史发展阶段。从此，中国小说史以短篇小说为主转而进入到了以长篇小说为主的新时期。清代乾隆年间，《儒林外史》和《红楼梦》两部长篇巨著问世。当然这同时也出现了一部优秀的短片小说集《聊斋志异》。综前所述，中国古代小说发展的历史大体是：宋代以前，是文言短篇小说的单线发展；宋元时代，文言、白话、长篇、短篇、多线发展，呈现出多姿多彩的状态。

　　中国现当代小说继承和发展了古代小说的优点，随着白话文正式进入文学创作，小说反映社会生活的深度和广度也愈加宽泛，出现了一大批优秀的作家作品，如鲁迅、茅盾、巴金、沈从文及其创作等。"文化大革命"结束以后，伤痕文学、启蒙文学兴起，小说创作欣欣向荣。特别是莫言在 2012 年圆了几代中国人的诺贝尔文学奖的梦，可喜可贺。在本部分的后面，选取了台湾、香港和国外的一些名家名篇，题材丰富多彩。

【能力目标】

- 了解中国古代小说和现当代小说发展概况。
- 阅读名家名篇，学会对小说作品进行阅读欣赏。
- 对同时代不同文学潮流的中外作家作品进行梳理，增加对生活的感知。尝试小说写作。

花 姑 子
蒲松龄

安幼舆，陕之拔贡[1]生，为人挥霍好义，喜放生。见猎者获禽，辄不惜重直买释之。会舅家丧葬，往助执绋[2]暮归，路经华岳[3]，迷窜山谷中。心大恐。一矢之外，忽见灯火，趋投之。数武中，欻见一叟，伛偻曳杖，斜径疾行。安停足，方欲致问，叟先诘谁何。安以迷途告；且言灯火处必是山村，将以投止。叟曰："此非安乐乡。幸老夫来，可从去，茅庐可以下榻。[4]"

安大悦，从行里许，睹小村，叟扣荆扉，一妪出，启关曰"郎子来耶[5]？"叟曰："诺。"

既入，则舍宇湫隘[6]。叟挑灯促坐，便命随事具食[7]。又谓妪曰："此非他，是吾恩主。婆子不能行步，可唤花姑子来酾酒[8]。"俄女郎以馔具入，立叟侧，秋波斜盼。安视之，芳容韶齿[9]，殆类天仙。叟顾令煨酒[10]。房西隅有煤炉，女即入房拨火，安问："此公何人？"答云："老夫章姓。七十年止有此女。田家少婢仆，以君非他人，遂敢出妻见子[11]，幸勿哂也。"安问："婿家何里？"答言："尚未。"安赞其惠丽，称不容口。叟方谦挹[12]，忽闻女郎惊号。叟奔入，则酒沸火腾。叟乃救止，诃曰："老大婢，濡猛不知耶[13]！"回首，见炉旁有蒻心插紫姑未竟[14]，又诃曰："发蓬蓬许，裁如婴儿！"持向安曰："贪此生涯，致酒腾沸。蒙君子奖誉，岂不羞死！"安审谛之，眉目袍服，制甚精工。赞曰："虽近儿戏，亦见慧心。"

斟酌移时，女频来行酒，嫣然含笑，殊不羞。安注目情动。忽闻妪呼，叟便去。安觑无人，谓女曰："睹仙容，使我魂失。欲通媒的，恐其不遂，如何？"女把壶向火，默若不闻；屡问不对。生渐入室。女起，厉色曰："狂郎入闼[15]，将何为！"生长跪哀之。女夺门欲去。安暴起要遮，狎接臑[16]。女颤声疾呼，叟忽遽入问。安释手而出，殊切愧惧。女从容向父曰："酒复涌沸，非郎君来，壶子融化矣。"安闻女言，心始安妥，益德之。魂魄颠倒，丧所怀来[17]于是伪醉离席，女亦遂去。叟设裯褥，阖扉乃出。

安不寐，未曙，呼别。至家，即浼交好者造庐术聘，终日而返，竟莫得其居里。安遂命仆马，寻途自往。至则绝壁岩，竟无村落；访诸近里，则此姓绝少。失望而归，并忘食寝。由此得昏瞀之疾[18]，强啖汤粥，则哽欲吐[19]；溃乱中，辄呼花姑子。家人不解，但终夜环伺之，气势阽危。一夜，守者困怠并寐，生矇瞳中，觉有人揣而抚之[20]。略开眸，则花姑子立床下，不觉神气清醒，熟视女郎，潜潜涕堕。女倾头笑曰："痴儿何至此耶？"乃登榻，坐安股上，以两手为按太阳穴。安觉脑麝奇香，穿鼻沁骨。按数刻，忽觉汗满天庭[21]，浙达肢体。小语曰："室中多人，我不便住。三日当复相望。"又于绣袪中出数蒸饼置床头，悄然遂去。安至中夜，汗已思食，扪饼啖之。不知所苞何料，甘美非常，遂尽三枚。又以衣覆余饼，憒憒睡[22]，辰分始醒，如释重负。

三日饼尽，精神倍爽，乃遣散家人。又虑女来不得其门而入，潜出斋庭，悉脱扃键。未几，女果至，笑曰："痴郎子！不谢巫耶[23]？"安喜极，抱与绸缪，恩爱甚至。已而曰："妾冒险蒙垢，所以故，来报重恩耳。实不能永谐琴瑟，幸早别图。"安默默良久，乃问曰："素昧平生，何处与卿家有旧？实所不忆。"女不言，但云："君自思之。"生固求永好。女曰："屡屡夜奔，固不可；常谐伉俪，亦不能。"安闻言，邑邑而悲[24]。女曰："必欲相谐，明宵请临妾家。"安乃收悲以忻，问曰："道路辽远，卿纤纤之步，何遂能来？"曰："妾固未归。东头聋媪我姨行，为君故，淹留至今。"家中恐所疑怪，安与同衾，但觉气息肌肤，无处不香。问曰："熏何芗泽，致侵肌骨？"女曰："妾生来便尔，非由熏饰。"安益奇之。女早起言别。安虑迷途，女约相候于路，安抵暮驰去，女果伺待，偕至旧所。叟媪欢逆。酒肴无佳品，杂具藜藿。既而请客安寝。女子殊不瞻顾，颇涉疑念。更既深，女始至，曰："父母絮絮不寝，致劳久待。"浃洽终夜，谓安曰："此宵未会，乃百年之别。"安惊问之。答曰："父以小村孤寂，故将远徙。与君好合，尽此夜耳。"安不忍释，俯仰悲怆。依恋之间，夜色渐曙。叟忽然闯入，骂曰："婢子玷我清门，使人愧作欲死！"女失色，草草奔去。叟亦出，且行且詈。安惊屠愕怵，无以自容，潜奔而归。

数日徘徊，心景殊不可过。因思夜往，逾墙以观其便。叟固言有思，即令事泄，当无大谴。遂乘夜窜往，踤蹬山中[25]，迷闷不知所住。大惧。方觅归途，见谷中隐有舍宇；喜诣之，则闳阁高壮[26]，似是世家，重门尚未启也。安向门者讯章氏之居。有青衣人出，问："昏夜何人询章氏？"安曰："是吾亲好，偶迷居向。"青衣曰："男子无问章也。此是渠妗家，花姑即今在此，容传白之。"入未几，即出邀安。才登廊舍，花姑趋出迎，谓青衣曰："安郎奔波中夜，想已困殆，可伺床寝。"少间，携手入帏[27]。安问："岭家何别无人？"女曰："妗他出，留妾代守。幸与郎遇，岂非夙缘？"然偎傍之际，觉甚膻腥，心疑有异。女抱安颈，遽以舌舐鼻孔，彻脑如刺。安骇绝，急欲逃脱，而身若巨绠之缚。少时，闷然不觉矣。安不归，家中逐者穷人迹。或言暮遇于山径者。家人入山，则见裸死危崖下。惊怪莫察其由，舁归。

众方聚哭，一女郎来吊，自门外嗷啕而入[28]。抚尸捺鼻，涕洟其中，呼曰："天乎，天乎！何愚冥至此！"痛哭声嘶，移时乃已。告家人曰："停以七日，勿殓也。"众不知何人，方将启问；女傲不为礼，含涕径出，留之不顾。尾其后，转眸已渺。群疑为神，谨遵所教。

夜又来，哭如昨。至七夜，安忽苏，反侧以呻。家人尽骇。女子入，相向呜咽。安举手，挥众令去。女出青草一束，煸汤升许[29]，即床头进之，顷刻能言。叹曰："再杀之惟卿，再生之亦惟卿矣！"因述所遇。女曰："此蛇精冒妾也，前迷道时，所见灯光，即是物也。"安曰："卿何能起死人而肉白骨也[30]？勿乃仙乎？"曰："久欲言之，恐致惊怪。君五年前，曾于华山道上买猎獐而放之否？"曰："然，其有之。"曰："是即妾父也。前言大德，盖以此故。君前日已生西村王主政家[31]。妾与父讼诸阎摩王，阎摩王弗善也。父愿坏道代郎死，哀之七日，始得当。今之邂逅，幸耳。然君虽生，必且痿痹不仁[32]；得蛇血合酒饮之，病乃可除。"生唧恨切齿，而虑其无术可以擒之。女曰："不难。但多残生命，累我百年不得飞升。其穴在老崖中，可于晡时聚茅焚之，外以强弩戒备，妖物可得。"言已，别曰："妾不能终事，实所哀惨。然为君故，业行已损其七[33]，幸悯宥也。月来觉腹中微动，恐是孽根。男与女，岁后当相寄耳。"流涕而去。

安经宿，觉腰下尽死，爬抓无所痛痒。乃以女言告家人。家人往，如其言，炽火穴中。有巨白蛇冲焰而出。数弩齐发，射杀之。火熄入洞，蛇大小数百头，皆焦臭。家人归，以蛇血进。安服三日，两股渐能转侧，半年始起。

后独行谷中，遇老媪以绷席抱婴儿授之，曰："吾女致意郎君。"方欲问讯，瞥不复见。启褓视之，男也。抱归，竟不复娶。

异史氏曰："人之所以异于禽兽者几希，此非定论也。蒙恩衔结[34]，至于没齿[35]，则人有惭于禽兽者矣。至于花姑，始而寄慧于憨，终而寄情于忽，乃知憨者慧之极，忽者情之至也[36]。仙乎，仙乎！"

注释

[1] 拔贡：明代称为"选贡"。清顺治元年首举选贡，从廪膳生员中选拔。

[2] 执绋（fú）：指送葬。《礼记·曲礼上》："助葬必执绋。"绋：牵引灵车的绳索。古时送葬的人牵着灵车的绳索以助行进，因称送葬为"执绋"。

[3] 华岳：指陕西境内西岳华山。

[4] 下榻：《后汉书·徐稺传》：豫章太守陈蕃素不接待来访客人，唯特设一榻专待郡之名士徐稺来访留宿。徐去，则将榻悬起。后因称接待宾客为下榻。

[5] 郎子：旧时对别人年幼子弟的敬称。这里称安幼舆。

[6] 湫隘：低湿狭小。

[7] 随事具食：就家中现有的食物，准备饭食。具食：备饭。

[8] 酾（shāi）酒：滤酒，后世指斟酒。

[9] 芳容韶齿：意思是年轻貌美。韶齿：犹言妙龄。韶：美。

[10] 煨酒：文火温酒。

[11] 出妻见（xiàn）子：使妻子儿女出来见面。这是旧时亲切待客的表现。见：同"现"。

[12] 谦挹：谦虚客气。挹：通"抑"。

[13] 濡猛：指猝然酒沸。濡：渍、水泡。猛：猝急。

[14] 蜀心：指高粱秆心。山东称高粱为"蜀秫"，见蒲松龄《农桑经·农经》。紫姑：旧时民间传说的女神，姓何，名媚。唐代寿阳被史李景之妾，正月十五日被景妻虐杀于厕间。上帝怜悯她，命为厕神（见《荆楚岁时记》及《显异录》）。自唐以来即有祭紫姑之俗。于此日作其形态，夜于厕边或猪栏边迎之，以卜蚕桑或问祸福。未竟：未完成。

[15] 闼：门。这里指闺闼，犹言内室。

[16] 接朦（jué）：犹言接吻。

[17] 丧所怀来：意谓对花姑子采取非礼行为的念头消失了。《文选》司马相如《难蜀父老》："于是诸大夫芒然丧其所怀来，而失厥所以进。"怀来：来意。

[18] 昏瞀（mào）：神志不清，精神错乱。

[19] 喱：气急喘息，同"喀"。

[20] 撝而扰（yǎn）之：晃动他。撝、扰：动也。

[21] 天庭：两眉之间，指前额。

[22] 憒：迷乱，朦胧。

[23] 巫：治病的女巫。此是花姑子自指。

[24] 邑邑：同"悒悒"，不乐的样子。

[25] 蹀躞：此据青柯亭刻本，原作"揲"。

[26] 闬闳（hànhóng）：里门，巷门。

[27] 入：据铸雪斋抄本补，原缺。

[28] 嗷（jiào）啕：即"号啕"，高声嚎哭。

[29] 燀（tán）：煮，加热。

[30] 起死人而肉白骨：使死人复活，使白骨生肉。指起死回生。

[31] 主政：古代官名，明清时中央各部"主事"也称"主政"。

[32] 痿痹不仁：肢体萎缩麻木，失去感觉，不能活动。不仁：丧失感觉或感觉迟钝。

[33] 业行（xíng）：指修行的道业。

[34] 衔结：指衔环结草以报恩。衔：指"衔环"。传说东汉杨宝救活一只黄雀，夜间有一黄衣童子以白环四枚相报，谓当使其子孙洁白，位登三公。后杨宝子孙果皆显贵（见《后汉书·杨震传》，李贤注引《续齐谐记》）。结：指"结草"。《左传·宣公十五年》：魏武子有嬖妾；武子有病，嘱其子颗，把嬖妾嫁出去。后武子病重，又嘱其子颗，要嬖妾为他殉葬。武子死，颗不使嬖妾殉葬，而令她改嫁。后来在一次战争中，颗见一老人结草助其俘获敌将。梦中知道老人就是嬖妾之父来报嫁女之恩。

[35] 没齿：终身，一辈子。

[36] 恝（jiá）：淡漠，不在意。

【作者作品】

蒲松龄（1640—1715），字留仙，又字剑臣，别号柳泉居士，世称聊斋先生，清代杰出文学家，山东省淄川县（现淄博市淄川区洪山镇）蒲家庄人。蒲松龄出身于一个败落的地主家庭，十九岁应童子试，以县、府、道三考皆第一而闻名籍里，补博士弟子员。但后来却屡应省试不第，直至七十二岁时才成岁贡生。为生活所迫，他除了应同邑人宝应县知县孙蕙之邀请，为其做幕宾数年之外，主要是在本县西铺村毕际友家做塾师，舌耕笔耘，几近四十年，直至七十一岁时方撤帐归家。清康熙五十四年（1715年）正月病逝。他一生热衷科举，却不得志，因此对科举制度对读书人人性的摧残和不合理的社会现状有着深刻的体验。毕一生精力完成《聊斋志异》八卷、共四百九十一篇，约四十余万字。

《聊斋志异》内容丰富多彩，故事多采自民间传说和野史轶闻，将花妖狐魅和幽冥世界的事物人格化、社会化，充分表达了作者的爱憎感情和美好理想。作品继承和发展了我国文学中志怪传奇文学的优秀传统和表现手法，情节幻异曲折，跌宕多变，文笔简练，叙次井然，被誉为我国古代文言短篇小说中成就最高的作品集。鲁迅先生在《中国小说史略》中说此书是"专集之最有名者"；郭沫若先生为蒲氏故居题联，赞蒲氏著作"写鬼写妖高人一等，刺贪刺虐入骨三分"。

【阅读提示】

《花姑子》写花姑子情注少年，煨酒沸腾，自掩其情，惟妙惟肖，情趣盎然。《聊斋志异》的叙事也吸取了诗歌尚含蓄蕴藉的特点。作者虽然用全知的视点，却时而故作含糊，造成扑朔迷离的意味。

三百年的修行换取三十天的人间真爱，人鬼殊途的悲剧，荡气回肠的情缘，跨越阴阳两界的青纱幔影。安幼舆在猎人的围捕之下救出了花姑子的原形——香樟精，花姑子心存感激。一日安幼舆和花姑子在山间相遇，正遇钟云山手下上山捉妖，安幼舆和癫道人掩护她逃走。原来近来常有蛇精害人的事情发生，钟云山的驱妖破坏了蛇精的修行，蛇精于是假扮孤身女子，博取安幼舆的同情，并且时常搅出事端让安幼舆对花姑子心存误会。安幼舆知是蛇精从中作祟，和花姑子消除误解，感情迅速发展。安幼舆最终知道了花姑子的身世，人妖不得通婚使他非常伤心绝望，而钟素秋却一如既往深爱着他，安幼舆深深感动，两人遂成婚。可是花姑子无法放弃这段感情，宁愿舍弃自己三百年的修行来换取三十天在人间。安幼舆在新婚之夜得知花姑子为自己所做的一切，疯了似的去找寻失踪的花姑子，却被蛇精化成的"花姑子"吸取了血液……

【能力培养与训练】

1. 现实中的男人与鬼幻魔影里的女妖之恋表现了超乎寻常的想象力，作品是如何营造扑朔迷离的神话意味来刻画人物形象的？

2. 花姑子的形象跟现代的女性形象有哪些共同之处？

【延伸阅读】

罗贯中　曹操煮酒论英雄（节选），见本书课件。

黛 玉 焚 稿[1] （节选）

曹雪芹

　　且说黛玉虽然服药，这病日重一日。紫鹃等在旁苦劝，说道："事情到了这个分儿，不得不说了。姑娘的心事，我们也都知道。至于意外之事，是再也没有的。姑娘不信，只拿宝玉的身子说起，这样大病，怎么做得亲呢？姑娘别听瞎话，自己安心保重才好。"黛玉微笑一笑，也不答言，又咳嗽数声，吐出好些血来。紫鹃等看去，只有一息奄奄，明知劝不过来，惟有守着流泪。天天三四趟去告诉贾母，鸳鸯测度贾母近日比前疼黛玉的心差了些，所以不常去回。况贾母这几日的心都在宝钗宝玉身上，不见黛玉的信儿，也不大提起，只请太医调治罢了[2]。

　　黛玉向来病着，自贾母起，直到姊妹们的下人，常来问候。今见贾府中上下人等都不过来，连一个问的人都没有，睁开眼只有紫鹃一人，自料万无生理，因扎挣着向紫鹃说道："妹妹，你是我最知心的。虽是老太太派你伏侍我，这几年，我拿你就当作我的亲妹妹……"说到这里，气又接不上来。紫鹃听了，一阵心酸，早哭得说不出话来。迟了半日，黛玉又一面喘一面说道："紫鹃妹妹，我躺着不受用，你扶起我来靠着坐坐才好。"紫鹃道："姑娘的身上不大好，起来又要抖搂着了[3]。"黛玉听了，闭上眼不言语了。一时又要起来。紫鹃没法，只得同雪雁把他扶起，两边用软枕靠住，自己却倚在旁边。

　　黛玉那里坐得住，下身自觉硌的疼，狠命的撑着。叫过雪雁来道："我的诗本子……"说着又喘。雪雁料是要他前日所理的诗稿，因找来送到黛玉跟前。黛玉点点头儿，又抬眼看那箱子。雪雁不解，只是发怔。黛玉气得两眼直瞪，又咳嗽起来，又吐了一口血。雪雁连忙回身取了水来，黛玉漱了，吐在盂内。紫鹃用绢子给他拭了嘴。黛玉便拿那绢子指着箱子，又喘成一处，说不上来，闭了眼。紫鹃道："姑娘歪歪儿罢。"黛玉又摇摇头儿。紫鹃料是要绢子，便叫雪雁开箱，拿出一块白绫绢子来。黛玉瞧了，撂在一边，使劲说道："有字的！"紫鹃这才明白过来，要那块题诗的旧帕，只得叫雪雁拿出来递给黛玉。紫鹃劝道：

"姑娘歇歇儿罢，何苦又劳神？等好了再瞧罢。"只见黛玉接到手里，也不瞧诗，扎挣着伸出那只手来，狠命的撕那绢子。却是只有打颤的分儿，那里撕得动。紫鹃早已知他是恨宝玉，却也不敢说破，只说："姑娘，何苦自己又生气！"黛玉微微的点头，掖在袖里，便叫雪雁点灯。雪雁答应，连忙点上灯来。

　　黛玉瞧瞧，又闭上眼坐着，喘了一会子，又道："笼上火盆。"紫鹃打量他冷，因说道："姑娘躺下，多盖一件罢。那炭气只怕耽不住[4]。"黛玉又摇头儿。雪雁只得笼上，搁在地下火盆架上。黛玉点头，意思叫挪到炕上来。雪雁只得端上来，出去拿那张火盆炕桌。那黛玉却又把身子欠起，紫鹃只得两只手来扶着他。黛玉这才将方才的绢子拿在手中，瞅着那火，点点头儿，往上一撂。紫鹃唬了一跳，欲要抢时，两只手却不敢动。雪雁又出去拿火盆桌子，此时那绢子已经烧着了。紫鹃劝道："姑娘！这是怎么说呢？"黛玉只作不闻，回手又把那诗稿拿起来，瞧了瞧，又撂下了。紫鹃怕他也要烧，连忙将身倚住黛玉，腾出手来拿时，黛玉又早拾起，撂在火上。此时紫鹃却够不着，干急。雪雁正拿进桌子来，看见黛玉一撂，不知何物，赶忙抢时，那纸沾火就着，如何能够少待，早已烘烘的着了。雪雁也顾不得烧手，从火里抓起来，撂在地下乱踩，却已烧得所余无几了。

　　那黛玉把眼一闭，往后一仰，几乎不曾把紫鹃压倒。紫鹃连忙叫雪雁上来，将黛玉扶着放倒，心里突突的乱跳。欲要叫人时，天又晚了；欲不叫人时，自己同着雪雁和鹦哥等几个小丫头，又怕一时有什么原故。好容易熬了一夜。

　　到了次日早起，觉黛玉又缓过一点儿来。饭后，忽然又嗽又吐，又紧起来。紫鹃看着不祥了[5]，连忙将雪雁等都叫进来看守，自己却来回贾母。那知到了贾母上房，静悄悄的，只有两三个老妈妈和几个做粗活的丫头在那里看屋子呢。紫鹃因问道："老太太呢？"那些人都说不知道。紫鹃听这话诧异，遂到宝玉屋里去看，竟也无人。遂问屋里的丫头，也说不知。紫鹃已知八九："但这些人怎么竟这样狠毒冷淡！"又想到黛玉这几天竟连一个人问的也没有，越想越悲，索性激起一腔闷气来，一扭身，便出来了。

注释

[1]本文节选自《红楼梦》第九十七回"林黛玉焚稿断痴情，薛宝钗出闺成大礼"。课文题目为编者所加。

[2]调治：调养医治。

[3]抖搂：这里的意思是因掀开衣被而受凉。

[4]耽不住：受不了。

[5]不祥：指黛玉身体不行，快要死去。

【作者作品】

　　曹雪芹（约1715—1763），名霑，字梦阮，号雪芹，又号芹圃、芹溪。祖籍辽阳（今属辽宁）。《红楼梦》前八十回的作者。

　　曹雪芹，清代伟大的文学家。

　　曹雪芹一生恰好经历了曹家盛极而衰的过程。从宫廷贵族下降到"举家食粥"的不平常的经历，使他对社会上种种黑暗和罪恶的认识比别人更全面、更深刻，对封建统治阶级没落命运的感受也比别人更深切，同时也使他有机会接触更广阔的社会现实，这都为他的创作提供了坚实的生活基础。

　　生活的困顿并没有消磨曹雪芹的志气，《红楼梦》就写于他凄凉困苦的晚年。《红楼梦》

的创作过程十分艰苦。小说第一回说"曹雪芹于悼红轩中，披阅十载，增删五次"，真是"字字看来皆是血，十年辛苦不寻常"。可惜没有完稿，他就因幼子夭折、感伤成疾，还不到五十岁，就在贫病交迫中搁笔长逝了。死后连他的手稿也无人整理，几位好友草草地殡葬了这位伟大的作家。

曹雪芹的未完稿题名《石头记》。后四十回一般认为是高鹗续成的。高鹗，字兰墅，别号"红楼外史"，乾隆时进士，做过内阁侍读、刑科给事中等官。他根据原书线索，把宝、黛爱情写成悲剧结局，使小说成了一部结构完整、故事首尾齐全的文学巨著，在社会上产生了巨大影响。在续作中，有些篇章和片段也写得很精彩、生动，如黛玉之死、袭人改嫁等。但就总的思想和艺术成就来说，和原著还有相当的距离。

【阅读提示】

《红楼梦》写于十八世纪中叶，是我国封建社会末世的历史画卷。它以贾、史、王、薛四大家族为背景，以贾宝玉、林黛玉的爱情悲剧为主要线索，着重描写贾家荣、宁二府由盛到衰的过程，暴露了贵族集团的荒淫腐败和封建礼教的虚伪反动，展现了错综复杂的社会矛盾，热情地赞颂了叛逆者及受压迫者的爱情理想、生活愿望和反抗精神，深刻地揭示了封建社会土崩瓦解行将就木的历史趋势。

作品以极大的艺术表现力，塑造了众多富有典型性格的艺术形象。它既善于通过大事件、大场面的描写，在矛盾冲突的旋涡中来刻画人物性格，同时又善于从日常生活中选取看似平淡无奇却具有典型意义的情节，以细腻的心理描写，多侧面地展示人物之间复杂的关系，塑造血肉丰满的人物形象。作品以"儿女笔墨"写"闺阁琐事"，千头万绪，参差错落，但又脉络分明，有条不紊，使人物的活动、情节的推移具有统一性和整体性，其结构宏伟而又完整，严谨而又自然，在我国古代小说中前所未有。作品的语言生动凝练、准确传神，无论是描写人物言行、刻画人物心理，还是叙述事件、摹写景物、渲染气氛，都能绘声绘色，惟妙惟肖，显现人物的个性、身份以及处境。这些足以表明，《红楼梦》代表着我国古代小说的最高成就。

作者准确地把握人物的性格特点，着眼于人物的特定处境，运用精细逼真的白描手法，刻画黛玉在"一息奄奄""万无生理"的情况下，拼力挣扎着撕绢焚稿这一典型细节，真实自然地表达出她风雷激荡的内心世界。文中没有刻意的渲染与烘托，也没有惊人的哭骂与呐喊，然而在平易从容的字里行间，黛玉的大悲大恨却真切可感，令人震撼。

围绕中心情节黛玉焚稿，作者还注意表现当时的环境氛围。文中写黛玉病得"日重一日"，危在旦夕，可身边却只有两名丫鬟，别无亲人照看，这就充分表现出黛玉处境的凄凉。同时在本节开头与结尾的记叙中，作者运用看似漫不经心的笔触，巧妙涉及贾母等人，顺势穿插交代几句，"贾府中上下人等都不过来""这几天竟连一个人问的也没有"，如此等等，着墨虽然不多，悲凉的气氛却笼罩全篇。这样的描写暴露了封建家族的虚伪和冷酷，创造了黛玉焚稿的典型环境，因而赋予人物言行以深刻的思想内涵。

【能力培养与训练】

1. "黛玉焚稿"的原因是什么？这一情节表现了她什么样的心理和性格？

2. 阅读《红楼梦》全集，或欣赏电视连续剧。谈谈宝黛爱情的悲剧的原因。

【延伸阅读】

施耐庵 武松威镇安平寨 施恩义夺快活林（节选），见本书课件。

伤 逝
——涓生的手记
鲁 迅

如果我能够，我要写下我的悔恨和悲哀，为子君，为自己。

会馆[1]里的被遗忘在偏僻里的破屋是这样地寂静和空虚。时光过得真快，我爱子君，仗着她逃出这寂静和空虚，已经满一年了。事情又这么不凑巧，我重来时，偏偏空着的又只有这一间屋。依然是这样的破窗，这样的窗外的半枯的槐树和老紫藤，这样的窗前的方桌，这样的败壁，这样的靠壁的板床。深夜中独自躺在床上，就如我未曾和子君同居以前一般，过去一年中的时光全被消灭，全未有过，我并没有曾经从这破屋子搬出，在吉兆胡同创立了满怀希望的小小的家庭。

不但如此。在一年之前，这寂静和空虚是并不这样的，常常含着期待；期待子君的到来。在久待的焦躁中，一听到皮鞋的高底尖触着砖路的清响，是怎样地使我骤然生动起来呵！于是就看见带着笑涡的苍白的圆脸，苍白的瘦的臂膊，布的有条纹的衫子，玄色的裙。她又带了窗外的半枯的槐树的新叶来，使我看见，还有挂在铁似的老干上的一房一房的紫白的藤花。

然而现在呢，只有寂静和空虚依旧，子君却决不再来了，而且永远，永远地！……

子君不在我这破屋里时，我什么也看不见。在百无聊赖中，顺手抓过一本书来，科学也好，文学也好，横竖什么都一样；看下去，看下去，忽而自己觉得，已经翻了十多页了，但是毫不记得书上所说的事。只是耳朵却分外地灵，仿佛听到大门外一切往来的履声，从中便有子君的，而且橐橐地逐渐临近，——但是，往往又逐渐渺茫，终于消失在别的步声的杂沓中了。我憎恶那不像子君鞋声的穿布底鞋的长班[2]的儿子，我憎恶那太像子君鞋声的常常穿着新皮鞋的邻院的搽雪花膏的小东西！

莫非她翻了车么？莫非她被电车撞伤了么？……

我便要取了帽子去看她，然而她的胞叔就曾经当面骂过我。

蓦然，她的鞋声近来了，一步响于一步，迎出去时，却已经走过紫藤棚下，脸上带着微笑的酒窝。她在她叔子的家里大约并未受气；我的心宁贴了，默默地相视片时之后，破屋里便渐渐充满了我的语声，谈家庭专制，谈打破旧习惯，谈男女平等，谈伊孛生，谈泰戈尔，谈雪莱[3]……她总是微笑点头，两眼里弥漫着稚气的好奇的光泽。壁上就钉着一张铜板的雪莱半身像，是从杂志上裁下来的，是他的最美的一张相。当我指给她看时，她却只草草一看，便低了头，似乎不好意思了。这些地方，子君就大概还未脱尽旧思想的束缚，——我后来也想，倒不如换一张雪莱淹死在海里的纪念像或是伊孛生的罢；但也终于没有换，现在是连这一张也不知那里去了。

"我是我自己的，他们谁也没有干涉我的权利！"

这是我们交际了半年，又谈起她在这里的胞叔和在家的父亲时，她默想了一会之后，分明地，坚决地，沉静地说了出来的话。其时是我已经说尽了我的意见，我的身世，我的缺点，很少隐瞒；她也完全了解的了。这几句话很震动了我的灵魂，此后许多天还在耳中发响，而且说不出的狂喜，知道中国女性，并不如厌世家所说那样的无法可施，在不远的将来，便要看见辉煌的曙色的。

送她出门，照例是相离十多步远；照例是那鲇鱼须的老东西的脸又紧贴在脏的窗玻璃上了，连鼻尖都挤成一个小平面；到外院，照例又是明晃晃的玻璃窗里的那小东西的脸，加厚的雪花膏。她目不斜视地骄傲地走了，没有看见；我骄傲地回来。

"我是我自己的，他们谁也没有干涉我的权利！"这彻底的思想就在她的脑里，比我还透澈，坚强得多。半瓶雪花膏和鼻尖的小平面，于她能算什么东西呢？

我已经记不清那时怎样地将我的纯真热烈的爱表示给她。岂但现在，那时的事后便已模胡，夜间回想，早只剩了一些断片了；同居以后一两月，便连这些断片也化作无可追踪的梦影。我只记得那是以前的十几天，曾经很仔细地研究过表示的态度，排列过措辞的先后，以及倘或遭了拒绝以后的情形。可是临时似乎都无用，在慌张中，身不由己地竟用了在电影上见过的方法了。后来一想到，就使我很愧恧，但在记忆上却偏只有这一点永远留遗，至今还如暗室的孤灯一般，照见我含泪握着她的手，一条腿跪了下去……

不但我自己的，便是子君的言语举动，我那时就没有看得分明；仅知道她已经允许我了。但也还仿佛记得她脸色变成青白，后来又渐渐转作绯红，——没有见过，也没有再见的绯红；孩子似的眼里射出悲喜，但是夹着惊疑的光，虽然力避我的视线，张皇地似乎要破窗飞去。然而我知道她已经允许我了，没有知道她怎样说或是没有说。

她却是什么都记得：我的言辞，竟至于读熟了的一般，能够滔滔背诵；我的举动，就如有一张我所看不见的影片挂在眼下，叙述得如生，很细微，自然连那使我不愿再想的浅薄的电影的一闪。夜阑人静，是相对温习的时候了，我常是被质问，被考验，并且被命复述当时的言语，然而常须由她补足，由她纠正，像一个丁等的学生。

这温习后来也渐渐稀疏起来。但我只要看见她两眼注视空中，出神似的凝想着，于是神色越加柔和，笑窝也深下去，便知道她又在自修旧课了，只是我很怕她看到我那可笑的电影的一闪。但我又知道，她一定要看见，而且也非看不可的。

然而她并不觉得可笑。即使我自己以为可笑，甚而至于可鄙的，她也毫不以为可笑。这事我知道得很清楚，因为她爱我，是这样地热烈，这样地纯真。

去年的暮春是最为幸福，也是最为忙碌的时光。我的心平静下去了，但又有别一部分和身体一同忙碌起来。我们这时才在路上同行，也到过几回公园，最多的是寻住所。我觉得在路上时时遇到探索，讥笑，猥亵和轻蔑的眼光，一不小心，便使我的全身有些瑟缩，只得即刻提起我的骄傲和反抗来支持。她却是大无畏的，对于这些全不关心，只是镇静地缓缓前行，坦然如入无人之境。

寻住所实在不是容易事，大半是被托辞拒绝，小半是我们以为不相宜。起先我们选择得很苛酷，——也非苛酷，因为看去大抵不像是我们的安身之所；后来，便只要他们能相容了。看了二十多处，这才得到可以暂且敷衍的处所，是吉兆胡同一所小屋里的两间南屋；主人是一个小官，然而倒是明白人，自住着正屋和厢房。他只有夫人和一个不到周岁的女孩子，雇一个乡下的女工，只要孩子不啼哭，是极其安闲幽静的。

我们的家具很简单，但已经用去了我的筹来的款子的大半；子君还卖掉了她唯一的金戒指和耳环。我拦阻她，还是定要卖，我也就不再坚持下去了；我知道不给她加入一点股份去，她是住不舒服的。

和她的叔子，她早经闹开，至于使他气愤到不再认她做侄女；我也陆续和几个自以为忠告，其实是替我胆怯，或者竟是嫉妒的朋友绝了交。然而这倒很清静。每日办公散后，虽然已近黄昏，车夫又一定走得这样慢，但究竟还有二人相对的时候。我们先是沉默的相视，接着是放怀而亲密的交谈，后来又是沉默。大家低头沉思着，却并未想着什么事。我也渐渐清醒地读遍了她的身体，她的灵魂，不过三星期，我似乎于她已经更加了解，揭去许多先前以为了解而现在看来却是隔膜，即所谓真的隔膜了。

子君也逐日活泼起来。但她并不爱花，我在庙会[4]时买来的两盆小草花，四天不浇，枯死在壁角了，我又没有照顾一切的闲暇。然而她爱动物，也许是从官太太那里传染的罢，不一月，我们的眷属便骤然加得很多，四只小油鸡，在小院子里和房主人的十多只在一同走。但她们却认识鸡的相貌，各知道那一只是自家的。还有一只花白的叭儿狗，从庙会买来，记得似乎原有名字，子君却给它另起了一个，叫作阿随。我就叫它阿随，但我不喜欢这名字。

这是真的，爱情必须时时更新，生长，创造。我和子君说起这，她也领会地点点头。

唉唉，那是怎样的宁静而幸福的夜呵！

安宁和幸福是要凝固的，永久是这样的安宁和幸福。我们在会馆里时，还偶有议论的冲突和意思的误会，自从到吉兆胡同以来，连这一点也没有了；我们只在灯下对坐的怀旧谭中，回味那时冲突以后的和解的重生一般的乐趣。

子君竟胖了起来，脸色也红活了；可惜的是忙。管了家务便连谈天的工夫也没有，何况读书和散步。我们常说，我们总还得雇一个女工。

这就使我也一样地不快活，傍晚回来，常见她包藏着不快活的颜色，尤其使我不乐的是她要装作勉强的笑容。幸而探听出来了，也还是和那小官太太的暗斗，导火线便是两家的小油鸡。但又何必硬不告诉我呢？人总该有一个独立的家庭。这样的处所，是不能居住的。

我的路也铸定了，每星期中的六天，是由家到局，又由局到家。在局里便坐在办公桌前钞，钞，钞些公文和信件；在家里是和她相对或帮她生白炉子，煮饭，蒸馒头。我的学会了煮饭，就在这时候。

但我的食品却比在会馆里时好得多了。做菜虽不是子君的特长，然而她于此却倾注着全力；对于她的日夜的操心，使我也不能不一同操心，来算作分甘共苦。况且她又这样地终日汗流满面，短发都粘在脑额上；两只手又只是这样地粗糙起来。

况且还要饲阿随，饲油鸡……都是非她不可的工作。我曾经忠告她：我不吃，倒也罢了；却万不可这样地操劳。她只看了我一眼，不开口，神色却似乎有点凄然；我也只好不开口。然而她还是这样地操劳。

我所豫期的打击果然来到。双十节的前一晚，我呆坐着，她在洗碗。听到打门声，我去开门时，是局里的信差，交给我一张油印的纸条。我就有些料到了，到灯下去一看，果然，印着的就是：

> 奉
>
> 局长谕史涓生着毋庸到局办事
>
> 　　　　　　　　　　　秘书处启　十月九号

　　这在会馆里时，我就早已料到了；那雪花膏便是局长的儿子的赌友，一定要去添些谣言，设法报告的。到现在才发生效验，已经要算是很晚的了。其实这在我不能算是一个打击，因为我早就决定，可以给别人去钞写，或者教读，或者虽然费力，也还可以译点书，况且《自由之友》的总编辑便是见过几次的熟人，两月前还通过信。但我的心却跳跃着。那么一个无畏的子君也变了色，尤其使我痛心；她近来似乎也较为怯弱了。

　　"那算什么。哼，我们干新的。我们……"她说。

　　她的话没有说完；不知怎地，那声音在我听去却只是浮浮的；灯光也觉得格外黯淡。人们真是可笑的动物，一点极微末的小事情，便会受着很深的影响。我们先是默默地相视，逐渐商量起来，终于决定将现有的钱竭力节省，一面登"小广告"去寻求钞写和教读，一面写信给《自由之友》的总编辑，说明我目下的遭遇，请他收用我的译本，给我帮一点艰辛时候的忙。

　　"说做，就做罢！来开一条新的路！"

　　我立刻转身向了书案，推开盛香油的瓶子和醋碟，子君便送过那黯淡的灯来。我先拟广告；其次是选定可译的书，迁移以来未曾翻阅过，每本的头上都满漫着灰尘了；最后才写信。

　　我很费踌蹰，不知道怎样措辞好，当停笔凝思的时候，转眼去一瞥她的脸，在昏暗的灯光下，又很见得凄然。我真不料这样微细的小事情，竟会给坚决的，无畏的子君以这么显著的变化。她近来实在变得很怯弱了，但也并不是今夜才开始的。我的心因此更缭乱，忽然有安宁的生活的影像——会馆里的破屋的寂静，在眼前一闪，刚刚想定睛凝视，却又看见了昏暗的灯光。

　　许久之后，信也写成了，是一封颇长的信；很觉得疲劳，仿佛近来自己也较为怯弱了。于是我们决定，广告和发信，就在明日一同实行。大家不约而同地伸直了腰肢，在无言中，似乎又都感到彼此的坚忍崛强的精神，还看见从新萌芽起来的将来的希望。

　　外来的打击其实倒是振作了我们的新精神。局里的生活，原如鸟贩子手里的禽鸟一般，仅有一点小米维系残生，决不会肥胖；日子一久，只落得麻痹了翅子，即使放出笼外，早已不能奋飞。现在总算脱出这牢笼了，我从此要在新的开阔的天空中翱翔，趁我还未忘却了我的翅子的扇动。

　　小广告是一时自然不会发生效力的；但译书也不是容易事，先前看过，以为已经懂得的，一动手，却疑难百出了，进行得很慢。然而我决计努力地做，一本半新的字典，不到半月，边上便有了一大片乌黑的指痕，这就证明着我的工作的切实。《自由之友》的总编辑曾经说过，他的刊物是决不会埋没好稿子的。

　　可惜的是我没有一间静室，子君又没有先前那么幽静，善于体贴了，屋子里总是散乱着碗碟，弥漫着煤烟，使人不能安心做事，但是这自然还只能怨我自己无力置一间书斋。然而又加以阿随，加以油鸡们。加以油鸡们又大起来了，更容易成为两家争吵的引线。

　　加以每日的"川流不息"的吃饭；子君的功业，仿佛就完全建立在这吃饭中。吃了筹钱，筹来吃饭，还要喂阿随，饲油鸡；她似乎将先前所知道的全都忘掉了，也不想到我的构思就常常为了这催促吃饭而打断。即使在坐中给看一点怒色，她总是不改变，仍然毫无感触似的大嚼起来。

　　使她明白了我的作工不能受规定的吃饭的束缚，就费去五星期。她明白之后，大约很不高兴罢，可是没有说。我的工作果然从此较为迅速地进行，不久就共译了五万言，只要润色一回，便可以和做好的两篇小品，一同寄给《自由之友》去。只是吃饭却依然给我苦恼。菜冷，是无妨的，然而竟不够；有时连饭也不够，虽然我因为终日坐在家里用脑，饭量已经比先前要减少得多。这是先去喂了阿随了，有时还并那近来连自己也轻易不吃的羊肉。她说，阿随实在瘦得太可怜，房东太太还因此嗤笑我们了，她受不住这样的奚落。

于是吃我残饭的便只有油鸡们。这是我积久才看出来的，但同时也如赫胥黎[5]的论定"人类在宇宙间的位置"一般，自觉了我在这里的位置：不过是叭儿狗和油鸡之间。

后来，经多次的抗争和催逼，油鸡们也逐渐成为肴馔，我们和阿随都享用了十多日的鲜肥；可是其实都很瘦，因为它们早已每日只能得到几粒高粱了。从此便清静得多。只有子君很颓唐，似乎常觉得凄苦和无聊，至于不大愿意开口。我想，人是多么容易改变呵！

但是阿随也将留不住了。我们已经不能再希望从什么地方会有来信，子君也早没有一点食物可以引它打拱或直立起来。冬季又逼近得这么快，火炉就要成为很大的问题；它的食量，在我们其实早是一个极易觉得的很重的负担。于是连它也留不住了。

倘使插了草标[6]到庙市去出卖，也许能得几文钱罢，然而我们都不能，也不愿这样做。终于是用包袱蒙着头，由我带到西郊去放掉了，还要追上来，便推在一个并不很深的土坑里。

我一回寓，觉得又清静得多了；但子君的凄惨的神色，却使我很吃惊。那是没有见过的神色，自然是为阿随。但又何至于此呢？我还没有说起推在土坑里的事。

到夜间，在她的凄惨的神色中，加上冰冷的分子了。

"奇怪。——子君，你怎么今天这样儿了？"我忍不住问。

"什么？"她连看也不看我。

"你的脸色……"

"没有什么，——什么也没有。"我终于从她言动上看出，她大概已经认定我是一个忍心的人。其实，我一个人，是容易生活的，虽然因为骄傲，向来不与世交来往，迁居以后，也疏远了所有旧识的人，然而只要能远走高飞，生路还宽广得很。现在忍受着这生活压迫的苦痛，大半倒是为她，便是放掉阿随，也何尝不如此。但子君的识见却似乎只是浅薄起来，竟至于连这一点也想不到了。

我拣了一个机会，将这些道理暗示她；她领会似的点头。然而看她后来的情形，她是没有懂，或者是并不相信的。

天气的冷和神情的冷，逼迫我不能在家庭中安身。但是，往那里去呢？大道上，公园里，虽然没有冰冷的神情，冷风究竟也刺得人皮肤欲裂。我终于在通俗图书馆里觅得了我的天堂。

那里无须买票；阅书室里又装着两个铁火炉。纵使不过是烧着不死不活的煤的火炉，但单是看见装着它，精神上也就总觉得有些温暖。书却无可看：旧的陈腐，新的是几乎没有的。

好在我到那里去也并非为看书。另外时常还有几个人，多则十余人，都是单薄衣裳，正如我，各人看各人的书，作为取暖的口实。这于我尤为合式。道路上容易遇见熟人，得到轻蔑的一瞥，但此地却决无那样的横祸，因为他们是永远围在别的铁炉旁，或者靠在自家的白炉边的。

那里虽然没有书给我看，却还有安闲容得我想。待到孤身枯坐，回忆从前，这才觉得大半年来，只为了爱，——盲目的爱，——而将别的人生的要义全盘疏忽了。第一，便是生活。人必生活着，爱才有所附丽。世界上并非没有为了奋斗者而开的活路；我也还未忘却翅子的扇动，虽然比先前已经颓唐得多……

屋子和读者渐渐消失了，我看见怒涛中的渔夫，战壕中的兵士，摩托车[7]中的贵人，洋场上的投机家，深山密林中的豪杰，讲台上的教授，昏夜的运动者和深夜的偷儿……子君，——不在近旁。她的勇气都失掉了，只为着阿随悲愤，为着做饭出神；然而奇怪的是倒也并不怎样瘦损……

冷了起来，火炉里的不死不活的几片硬煤，也终于烧尽了，已是闭馆的时候。又须回到吉兆胡同，领略冰冷的颜色去了。近来也间或遇到温暖的神情，但这却反而增加我的苦痛。记得有一夜，子君的眼里忽而又发出久已不见的稚气的光来，笑着和我谈到还在会馆时候的情形，时时又很带些恐怖的神色。我知道我近来的超过她的冷漠，已经引起她的忧疑来，只得也勉力谈笑，想给她一点慰藉。然而我的笑貌一上脸，我的话一出口，却即刻变为空虚，这空虚又即刻发生反响，回向我的耳目里，给我一个难堪的恶毒的冷嘲。子君似乎也觉得的，从此便失掉了她往常的麻木似的镇静，虽然竭力掩饰，总还是时时露出忧疑的神色来，但对我却温和得多了。

我要明告她，但我还没有敢，当决心要说的时候，看见她孩子一般的眼色，就使我只得暂且改作勉强的欢容。但是这又即刻来冷嘲我，并使我失却那冷漠的镇静。

她从此又开始了往事的温习和新的考验，逼我做出许多虚伪的温存的答案来，将温存示给她，虚伪的草稿便写在自己的心上。我的心渐被这些草稿填满了，常觉得难于呼吸。我在苦恼中常常想，说真实自然须有极大的勇气的；假如没有这勇气，而苟安于虚伪，那也便是不能开辟新的生路的人。不独不是这个，连这人也未尝有！

子君有怨色，在早晨，极冷的早晨，这是从未见过的，但也许是从我看来的怨色。我那时冷冷地气愤和暗笑了；她所磨练的思想和豁达无畏的言论，到底也还是一个空虚，而对于这空虚却并未自觉。她早已什么书也不看，已不知道人的生活的第一着是求生，向着这求生的道路，是必须携手同行，或奋身孤往的了，倘使只知道捶着一个人的衣角，那便是虽战士也难于战斗，只得一同灭亡。

我觉得新的希望就只在我们的分离；她应该决然舍去，——我也突然想到她的死，然而立刻自责，忏悔了。幸而是早晨，时间正多，我可以说我的真实。我们的新的道路的开辟，便在这一遭。

我和她闲谈，故意地引起我们的往事，提到文艺，于是涉及外国的文人，文人的作品：《诺拉》，《海的女人》[8]。称扬诺拉的果决……也还是去年在会馆的破屋里讲过的那些话，但现在已经变成空虚，从我的嘴传入自己的耳中，时时疑心有一个隐形的坏孩子，在背后恶意地刻毒地学舌。

她还是点头答应着倾听，后来沉默了。我也就断续地说完了我的话，连余音都消失在虚空中了。

"是的。"她又沉默了一会，说，"但是，……涓生，我觉得你近来很两样了。可是的？你，——你老实告诉我。"

我觉得这似乎给了我当头一击，但也立即定了神，说出我的意见和主张来：新的路的开辟，新的生活的再造，为的是免得一同灭亡。

临末，我用了十分的决心，加上这几句话：

"……况且你已经可以无须顾虑，勇往直前了。你要我老实说，是的，人是不该虚伪的。我老实说罢：因为，因为我已经不爱你了！但这于你倒好得多，因为你更可以毫无挂念地做事……"

我同时豫期着大的变故的到来，然而只有沉默。她脸色陡然变成灰黄，死了似的；瞬间便又苏生，眼里也发了稚气的闪闪的光泽。这眼光射向四处，正如孩子在饥渴中寻求着慈爱的母亲，但只在空中寻求，恐怖地回避着我的眼。

我不能看下去了，幸而是早晨，我冒着寒风径奔通俗图书馆。

在那里看见《自由之友》，我的小品文都登出了。这使我一惊，仿佛得了一点生气。我想，生活的路还很多，——但是，现在这样也还是不行的。

我开始去访问久已不相闻问的熟人，但这也不过一两次；他们的屋子自然是暖和的，我在骨髓中却觉得寒冽。夜间，便蜷伏在比冰还冷的冷屋中。

冰的针刺着我的灵魂，使我永远苦于麻木的疼痛。生活的路还很多，我也还没有忘却翅子的扇动，我想。——我突然想到她的死，然而立刻自责，忏悔了。

在通俗图书馆里往往瞥见一闪的光明，新的生路横在前面。她勇猛地觉悟了，毅然走出这冰冷的家，而且，——毫无怨恨的神色。我便轻如行云，漂浮空际，上有蔚蓝的天，下是深山大海，广厦高楼，战场，摩托车，洋场，公馆，晴明的闹市，黑暗的夜……。

而且，真的，我豫感得这新生便要来到了。

我们总算度过了极难忍受的冬天，这北京的冬天；就如蜻蜓落在恶作剧的坏孩子的手里一般，被系着细线，尽情玩弄，虐待，虽然幸而没有送掉性命，结果也还是躺在地上，只争着一个迟早之间。

写给《自由之友》的总编辑已经有三封信，这才得到回信，信封里只有两张书券[9]：两角的和三角的。我却单是催，就用了九分的邮票，一天的饥饿，又都白挨给于己一无所得的空虚了。

然而觉得要来的事，却终于来到了。

这是冬春之交的事，风已没有这么冷，我也更久地在外面徘徊；待到回家，大概已经昏黑。就在这样一个昏黑的晚上，我照常没精打采地回来，一看见寓所的门，也照常更加丧气，使脚步放得更缓。但终于走进自己的屋子里了，没有灯火；摸火柴点起来时，是异样的寂寞和空虚！

正在错愕中，官太太便到窗外来叫我出去。

"今天子君的父亲来到这里，将她接回去了。"她很简单地说。

这似乎又不是意料中的事，我便如脑后受了一击，无言地站着。

"她去了么？"过了些时，我只问出这样一句话。

"她去了。"

"她，——她可说什么？"

"没说什么。单是托我见你回来时告诉你，说她去了。"

我不信；但是屋子里是异样的寂寞和空虚。我遍看各处，寻觅子君；只见几件破旧而黯淡的家具，都显得极其清疏，在证明着它们毫无隐匿一人一物的能力。我转念寻觅或她留下的字迹，也没有；只是盐和干辣椒，面粉，半株白菜，却聚集在一处了，旁边还有几十枚铜元。这是我们两人生活材料的全副，现在她就郑重地将这留给我一个人，在不言中，教我借此去维持较久的生活。

我似乎被周围所排挤，奔到院子中间，有昏黑在我的周围；正屋的纸窗上映出明亮的灯光，他们正在逗着孩子推笑。我的心也沉静下来，觉得在沉重的迫压中，渐渐隐约地现出脱走的路径：深山大泽，洋场，电灯下的盛筵；壕沟，最黑最黑的深夜，利刃的一击，毫无声响的脚步……。

心地有些轻松，舒展了，想到旅费，并且嘘一口气。

躺着，在合着的眼前经过的豫想的前途，不到半夜已经现尽；暗中忽然仿佛看见一堆食物，这之后，便浮出一个子君的灰黄的脸来，睁了孩子气的眼睛，恳托似的看着我。我一定神，什么也没有了。

但我的心却又觉得沉重。我为什么偏不忍耐几天，要这样急急地告诉她真话的呢？现在她知道，她以后所有的只是她父亲——儿女的债主——的烈日一般的严威和旁人的赛过冰霜的冷眼。此外便是虚空。负着虚空的重担，在严威和冷眼中走着所谓人生的路，这是怎么可怕的事呵！而况这路的尽头，又不过是——连墓碑也没有的坟墓。

我不应该将真实说给子君，我们相爱过，我应该永久奉献她我的说谎。如果真实可以宝贵，这在子君就不该是一个沉重的空虚。谎语当然也是一个空虚，然而临末，至多也不过这样地沉重。

我以为将真实说给子君，她便可以毫无顾虑，坚决地毅然前行，一如我们将要同居时那样。但这恐怕是我错误了。她当时的勇敢和无畏是因为爱。

我没有负着虚伪的重担的勇气，却将真实的重担卸给她了。她爱我之后，就要负了这重担，在严威和冷眼中走着所谓人生的路。

我想到她的死……。我看见我是一个卑怯者，应该被摈于强有力的人们，无论是真实者，虚伪者。然而她却自始至终，还希望我维持较久的生活……。

我要离开吉兆胡同，在这里是异样的空虚和寂寞。我想，只要离开这里，子君便如还在我的身边；至少，也如还在城中，有一天，将要出乎意表地访我，像住在会馆时候似的。

然而一切请托和书信，都是一无反响；我不得已，只好访问一个久不问候的世交去了。他是我伯父的幼年的同窗，以正经出名的拔贡[10]，寓京很久，交游也广阔的。

大概因为衣服的破旧罢，一登门便很遭门房的白眼。好容易才相见，也还相识，但是很冷落。我们的往事，他全都知道了。

"自然，你也不能在这里了，"他听了我托他在别处觅事之后，冷冷地说，"但那里去呢？很难。——你那，什么呢，你的朋友罢，子君，你可知道，她死了。"

我惊得没有话。

"真的？"我终于不自觉地问。

"哈哈。自然真的。我家的王升的家，就和她家同村。"

"但是，——不知道是怎么死的？"

"谁知道呢。总之是死了就是了。"

我已经忘却了怎样辞别他，回到自己的寓所。我知道他是不说谎话的；子君总不会再来的了，像去年那样。她虽是想在严威和冷眼中负着虚空的重担来走所谓人生的路，也已经不能。她的命运，已经决定她在我所给与的真实——无爱的人间死灭了！

自然，我不能在这里了；但是，"那里去呢？"

四围是广大的空虚，还有死的寂静。死于无爱的人们的眼前的黑暗，我仿佛一一看见，还听得一切苦闷和绝望的挣扎的声音。

我还期待着新的东西到来，无名的，意外的。但一天一天，无非是死的寂静。

我比先前已经不大出门，只坐卧在广大的空虚里，一任这死的寂静侵蚀着我的灵魂。死的寂静有时也自己战栗，自己退藏，于是在这绝续之交，便闪出无名的，意外的，新的期待。

一天是阴沉的上午，太阳还不能从云里面挣扎出来；连空气都疲乏着。耳中听到细碎的步声和咻咻的鼻息，使我睁开眼。大致一看，屋子里还是空虚；但偶然看到地面，却盘旋着一匹小小的动物，瘦弱的，半死的，满身灰土的……。

我一细看，我的心就一停，接着便直跳起来。

那是阿随。它回来了。

我的离开吉兆胡同，也不单是为了房主人们和他家女工的冷眼，大半就为着这阿随。但是，"那里去呢？"新的生路自然还很多，我约略知道，也间或依稀看见，觉得就在我面前，然而我还没有知道跨进那里去的第一步的方法。

经过许多回的思量和比较，也还只有会馆是还能相容的地方。依然是这样的破屋，这样的板床，这样的半枯的槐树和紫藤，但那时使我希望，欢欣，爱，生活的，却全都逝去了，只有一个虚空，我用真实去换来的虚空存在。

新的生路还很多，我必须跨进去，因为我还活着。但我还不知道怎样跨出那第一步。有时，仿佛看见那生路就像一条灰白的长蛇，自己蜿蜒地向我奔来，我等着，等着，看看临近，但忽然便消失在黑暗里了。

初春的夜，还是那么长。长久的枯坐中记起上午在街头所见的葬式，前面是纸人纸马，后面是唱歌一般的哭声。我现在已经知道他们的聪明了，这是多么轻松简截的事。

然而子君的葬式却又在我的眼前，是独自负着虚空的重担，在灰白的长路上前行，而又即刻消失在周围的严威和冷眼里了。

我愿意真有所谓鬼魂，真有所谓地狱，那么，即使在孽风怒吼之中，我也将寻觅子君，当面说出我的悔恨和悲哀，祈求她的饶恕；否则，地狱的毒焰将围绕我，猛烈地烧尽我的悔恨和悲哀。

我将在孽风和毒焰中拥抱子君，乞她宽容，或者使她快意……。

但是，这却更虚空于新的生路；现在所有的只是初春的夜，竟还是那么长。我活着，我总得向着新的生路跨出去，那第一步，——却不过是写下我的悔恨和悲哀，为子君，为自己。

我仍然只有唱歌一般的哭声，给子君送葬，葬在遗忘中。

我要遗忘；我为自己，并且要不再想到这用了遗忘给子君送葬。

我要向着新的生路跨进第一步去，我要将真实深深地藏在心的创伤中，默默地前行，用遗忘和说谎做我的前导……。

一九二五年十月二十一日毕

注释

[1] 会馆：旧时都市中同乡会或同业公会设立的馆舍，供同乡或同业旅居、聚会之用。

[2] 长班：旧时官员的随身仆人，也用来称呼一般的"听差"。

[3] 伊孛生（H. Ibsen，1828—1906）：通译易卜生，挪威剧作家。泰戈尔（R. Tagore，1861—1941），印度诗人。一九二四年曾来过中国。当时他的诗作译成中文的有《新月集》、《飞鸟集》等。雪莱（P. B. Shelley，1792—1822），英国诗人。曾参加爱尔兰民族独立运动，因传播革命思想和争取婚姻自由屡遭迫害。后在海里覆舟淹死。他的《西风颂》、《云雀颂》等著名短诗，"五四"后被介绍到中国。

[4] 庙会：又称"庙市"，旧时在节日或规定的日子，设在寺庙或其附近的集市。

[5] 赫胥黎（T. Huxley，1825—1895）：英国生物学家。他的《人类在宇宙间的位置》（今译《人类在自然界的位置》），是宣传达尔文的进化论的重要著作。其中一部分由严复译成中文，名《天演论》。

[6] 草标：旧时在被卖的人身或物品上插置的草秆，作为出卖的标志。

[7] 摩托车：当时对小汽车的称呼。

[8]《诺拉》：通译《娜拉》（又译作《玩偶之家》）。《海的女人》：通译《海的夫人》。都是易卜生的著名剧作。

[9] 书券：旧时购书用的代金券，可按券面金额到指定书店选购。旧时有的报刊用它代替现金支付稿酬。

[10] 拔贡：清代科举考试制度，在规定的年限（原定六年，后改为十二年）选拔"文行兼优"的秀才，保送到京师，贡入国子监，称为"拔贡"。是贡生的一种。

【作者作品】

鲁迅（1881—1936），原名周樟寿，后改为周树人，笔名鲁迅，字豫山、豫亭，后改名为豫才。二十世纪中国重要作家，新文化运动的领导人、左翼文化运动的支持者。鲁迅的作品包括杂文、短篇小说、评论、散文、翻译作品，对于五四运动以后的中国文化与中国新文学产生了深远的影响。

一九四〇年，毛泽东在《新民主主义论》中评价："鲁迅是中国文化革命的主将，他不但是伟大的文学家，而且是伟大的思想家和伟大的革命家。鲁迅的骨头是最硬的，他没有丝毫的奴颜和媚骨，这是殖民地半殖民地人民最可宝贵的性格。鲁迅是在文化战线上，代表全民族的大多数，向着敌人冲锋陷阵的最正确、最勇敢、最坚决、最忠实、最热忱的空前的民族英雄。鲁迅的方向，就是中华民族新文化的方向。"

【阅读提示】

描写青年男女的爱情，是当时小说创作的主要题材，在鲁迅的创作中，这是唯一的一篇，而且与当时的所有作品不同，小说描写了一对青年男女的爱情悲剧，显示了作者非凡的思想深度。

争取婚姻自由和妇女解放，是"五四"时期广大知识青年普遍关心的社会问题，也是当时思想文化战线上反封建斗争的一个重要问题。主人公子君是一位受到"五四"风暴洗礼的新女性，在个性解放思想的指引下，她要求恋爱自由、婚姻自主，勇敢地冲出封建家庭的牢笼和封建礼教的樊篱，和涓生相恋并建立了小家庭。但是，由于经济困难，只能依靠涓生作抄写工作的微薄收入生活，她不得不陷入烦琐、庸俗的家务中。接着，涓生失业，断绝了他们唯一的经济来源，他们面临的问题，首先是求生，子君不得不凄楚地离开爱人，回到封建专制的旧家庭中结束了年轻的生命。鲁迅通过涓生和子君的爱情悲剧，形象而深刻地表达了一个卓越的思想：社会解放是婚姻自由和妇女解放的前提。他不只描写了一个悲剧的爱情故事，而是揭露了产生这个悲剧的社会根源。

本文在情节结构上，蕴涵着鲁迅不少知识分子题材小说的结构模式：出走—返回—再离去（本文是死亡）。子君以决然的姿态走出封建家庭，追求个人爱情自由和个性解放，然而，最后却不得不回到先前背弃和叛逆了的旧家庭。这个人物行动结构，冷峻地揭示出子君面对的残酷现实——周围人对她和涓生的不理解。也暴露了男女主人公自身的性格缺陷，子君后来的停滞，涓生失业后不能面对生存压力，把逃离子君作为他的出路，对生存中物质支持的忽略，都是造成悲剧的原因。由这个结构，反映出鲁迅思想的深刻：在许多作家表现争取男女爱情自由和个性解放的目标时，鲁迅进一步思考：取得自由和个性解放以后如何。他提出，爱（包括精神上的追求）要以经济为后盾。涓生失业，造成了他们爱情大厦的坍塌。涓生在生计困难的时候，嫌弃子君的拖累也可以看出他退缩行为下面藏着的自私。它不是一个简单的道德悲剧，而是一个深刻的社会和精神悲剧。

小说采用第一人称的写法，便于把委婉细致地叙述故事和深入揭示人物内心世界紧密地结合起来。他的语言也是采用优美动人的散文式的语言，不仅有大段大段的抒情独白，而且叙事、议论也都带有强烈的感情色彩。作品全篇以涓生的追悔构成，充满着幽婉缠绵的感伤气息，也使整个作品如同一首动人的抒情诗，具有强烈的感染力。

【能力培养与训练】

1. 本文采用内心独白的方式叙事，谈谈这种叙事方式在表现文章主题方面有什么特殊的作用。

2. 女性小说，尤其是反映爱情婚姻的主题，古今中外的小说家写了很多，在这篇文章里面，鲁迅对女性问题又作出了怎样的思考？

春　蚕

茅　盾

一

老通宝坐在"塘路"[1]边的一块石头上，长旱烟管斜摆在他身边。"清明"节后的太阳已经很有力量，老通宝背脊上热烘烘地，像背着一盆火。"塘路"上拉纤的快班船上的绍兴人只穿了一件蓝布单衫，敞开了大襟，弯着身子拉，额角上黄豆大的汗粒落到地下。

看着人家那样辛苦的劳动，老通宝觉得身上更加热了；热的有点儿发痒。他还穿着那件过冬的破棉袄，他的夹袄还在当铺里，却不防才得"清明"边，天就那么热。

"真是天也变了！"

老通宝心里说，就吐一口浓厚的唾沫。在他面前那条"官河"内，水是绿油油的，来往的船也不多，镜子一样的水面这里那里起了几道皱纹或是小小的涡旋，那时候，倒影在水里的泥岸和岸边成排的桑树，都晃乱成灰暗的一片。可是不会很长久的。渐渐儿那些树影又在水面上显现，一弯一曲地蠕动，像是醉汉，再过一会儿，终于站定了，依然是很清晰的倒影。那拳头模样的桠枝顶都已经簇生着小手指儿那么大的嫩绿叶。这密密层层的桑树，沿着那"官河"一直望去，好像没有尽头。田里现在还只有干裂的泥块，这一带，现在是桑树的势力！在老通宝背后，也是大片的桑林，矮矮的，静穆的，在热烘烘的太阳光下，似乎那"桑拳"上的嫩绿叶过一秒钟就会大一些。

离老通宝坐处不远，一所灰白色的楼房蹲在"塘路"边，那是茧厂。十多天前驻扎过军队，现在那边田里留着几条短短的战壕。那时都说东洋兵要打进来，镇上有钱人都逃光了；现在兵队又开走了，那座茧厂依旧空关在那里，等候春茧上市的时候再热闹一番。老通宝也听得镇上小陈老爷的儿子——陈大少爷说过，今年上海不太平，丝厂都关门，恐怕这里的茧厂也不能开；但老通宝是不肯相信的。他活了六十岁，反乱年头也经过好几个，从没见过绿油油的桑叶白养在树上等到成了"枯叶"去喂羊吃；除非是"蚕花"不熟，但那是老天爷的"权柄"，谁又能够未卜先知？

"才得清明边，天就那么热！"

老通宝看着那些桑拳上怒苗的小绿叶儿，心里又这么想，同时有几分惊异，有几分快活。他记得自己还是二十多岁少壮的时候，有一年也是"清明"边就得穿夹，后来就是"蚕花二十四分"，自己也就在这一年成了家。那时，他家正在"发"；他的父亲像一头老牛似的，什么都懂得，什么都做得；便是他那创家立业的祖父，虽说在长毛窝里吃过苦头，却也愈老愈硬朗。那时候，老陈老爷去世不久，小陈老爷还没抽上鸦片烟，"陈老爷家"也不是现在那么不像样的。老通宝相信自己一家和"陈老爷家"虽则一边是高门大户，而一边不过是种田人，然而两家的运命好像是一条线儿牵着。不但"长毛造反"那时候，老通宝的祖父和陈老爷同被长毛掳去，同在长毛窝里混上了六七年，不但他们俩同时从长毛营盘里逃了出来，而且偷得了长毛的许多金元宝——人家到现在还是这么说；并且老陈老爷做丝生意"发"起来的时候，老通宝家养蚕也是年年都好，十年中间挣得了二十亩的稻田和十多亩的桑地，还有三开间两进的一座平屋。这时候，老通宝家在东村庄上被人人所妒羡，也正像"陈老爷家"在镇上是数一数二的大户人家。可是以后，两家都不行了；老通宝现在已经没有自己的田地，反欠出三百多块钱的债，"陈老爷家"也早已完结。人家都说"长毛鬼"在阴间告了一状，阎罗王追还"陈老爷家"的金元宝横财，所以败的这么快。这个，老通宝也有几分相信，不是鬼使神差，好端端的小陈老爷怎么会抽上了鸦片烟？

可是老通宝死也想不明白为什么"陈老爷家"的"败"会牵动到他家。他确实知道自己家并没得过长毛的横财。虽则听死了的老头子说，好像那老祖父逃出长毛营盘的时候，不巧撞着了一个巡路的小长毛，当时没法，只好杀了他，——这是一个"结"！然而从老通宝懂事以来，他们家替这小长毛鬼拜忏念佛烧纸锭，记不清有多少次了。这个小冤魂，理应早投凡胎。老通宝虽然不很记得祖父是怎样"做人"，但父亲的勤俭忠厚，他是亲眼看见的；他自己也是规矩人，他的儿子阿四，儿媳四大娘，都是勤俭的。就是小儿子阿多年纪青，有几分"不知苦辣"，可是毛头小伙子，大都这么着，算不得"败家相"！

老通宝抬起他那焦黄的皱脸，苦恼地望着他面前的那条河，河里的船，以及两岸的桑地。一切都和他二十多岁时差不了多少，然而"世界"到底变了。他自己家也要常常把杂粮当饭吃一天，而且又欠出了三百多块钱的债。

呜！呜，呜，呜——

汽笛叫声突然从那边远远的河身的弯曲地方传了来。就在那边，蹲着又一个茧厂，远望去隐约可见那整齐的石"帮岸"。一条柴油引擎的小轮船很威严地从那茧厂后驶出来，拖着三条大船，迎面向老通宝来了。满河平静的水立刻激起泼剌剌的波浪，一齐向两旁的泥岸卷过来。一条乡下"赤膊船"赶快拢岸，船上人揪住了泥岸上的树根，船和人都好像在那里打秋千。轧轧轧的轮机声和洋油臭，飞散在这和平的绿的田野。老通宝满脸恨意，看着这小轮船来，看着它过去，直到又转一个弯，呜呜呜地又叫了几声，就看不见。老通宝向来仇恨小轮船这一类洋鬼子的东西！他从没见过洋鬼子，可是他从他的父亲嘴里知道老陈老爷见过洋鬼子：红眉毛，绿眼睛，走路时两条腿是直的。并且老陈老爷也是很恨洋鬼子，常常说"铜钿都被洋鬼子骗去了"。老通宝看见老陈老爷的时候，不过八九岁，——现在他所记得的关于老陈老爷的一切都是听来的，可是他想起了"铜钿都被洋鬼子骗去了"这句话，就仿佛看见了老陈老爷捋着胡子摇头的神气。

洋鬼子怎样就骗了钱去，老通宝不很明白。但他很相信老陈老爷的话一定不错。并且他自己也明明看到自从镇上有了洋纱，洋布，洋油，——这一类洋货，而且河里更有了小火轮船以后，他自己田里生出来的东西就一天一天不值钱，而镇上的东西却一天一天贵起来。他父亲留下来的一分家产就这么变小，变做没有，而且现在负了债。老通宝恨洋鬼子不是没有理由的！他这坚定的主张，在村坊上很有名。五年前，有人告诉他：朝代又改了，新朝代是要"打倒"洋鬼子的。老通宝不相信。为的他上镇去看见那新到的喊着"打倒洋鬼子"的年青人们都穿了洋鬼子衣服。他想来这伙年青人一定私通洋鬼子，却故意来骗乡下人。后来果然就不喊"打倒洋鬼子"了，而且镇上的东西更加一天一天贵起来，派到乡下人身上的捐税也更加多起来。老通宝深信这都是串通了洋鬼子干的。

然而更使老通宝去年几乎气成病的，是茧子也是洋种的卖得好价钱；洋种的茧子，一担要贵上十多块钱。素来和儿媳总还和睦的老通宝，在这件事上可就吵了架。儿媳四大娘去年就要养洋种的蚕。小儿子跟他嫂嫂是一路，那阿四虽然嘴里不多说，心里也是要洋种的。老通宝拗不过他们，末了只好让步。现在他家里有的五张蚕种，就是土种四张，洋种一张。

"世界真是越变越坏！过几年他们连桑叶都要洋种了！我活得厌了！"

老通宝看着那些桑树，心里说，拿起身边的长旱烟管恨恨地敲着脚边的泥块。太阳现在正当他头顶，他的影子落在泥地上，短短地像一段乌焦木头，还穿着破棉袄的他，觉得浑身躁热起来了。他解开了大襟上的纽扣，又抓着衣角搧了几下，站起来回家去。

那一片桑树背后就是稻田。现在大部分是匀整的半翻着的燥裂的泥块。偶尔也有种了杂粮的，那黄金一般的菜花散出强烈的香味。那边远远地一簇房屋，就是老通宝他们住了三代的村坊，现在那些屋上都袅起了白的炊烟。

老通宝从桑林里走出来，到田塍上，转身又望那一片爆着嫩绿的桑树。忽然那边田野跳跃着来了一个十来岁的男孩子，远远地就喊道：

"阿爹！妈等你吃中饭呢！"

"哦——"

老通宝知道是孙子小宝，随口应着，还是望着那一片桑林。才只得"清明"边，桑叶尖儿就抽得那么小指头儿似的，他一生就只见过两次。今年的蚕花，光景是好年成。三张蚕种，该可以采多少茧子呢？只要不像去年，他家的债也许可以拔还一些罢。

小宝已经跑到他阿爹的身边了，也仰着脸看那绿绒似的桑拳头；忽然他跳起来拍着手唱道："清明削口，看蚕娘娘拍手！"[2]

老通宝的皱脸上露出笑容来了。他觉得这是一个好兆头。他把手放在小宝的"和尚头"上摩着，他的被穷苦弄麻木了的老心里勃然又生出新的希望来了。

二

天气继续暖和，太阳光催开了那些桑拳头上的小手指儿模样的嫩叶，现在都有小小的手掌那么大了。老通宝他们那村庄四周围的桑林似乎发长得更好，远望去像一片绿锦平铺在密密层层灰白色矮矮的篱笆上。"希望"在老通宝和一般农民们的心里一点一点一天一天强大。蚕事的动员令也在各方面发动了。藏在柴房里一年之久的养蚕用具都拿出来洗刷修补。那条穿村而过的小溪旁边，蠕动着村里的女人和孩子，工作着，嚷着，笑着。

这些女人和孩子们都不是十分健康的脸色，——从今年开春起，他们都只吃个半饱；他们身上穿的，也只是些破旧的衣服。实在他们的情形比叫花子好不了多少。然而他们的精神都很不差。他们有很大的忍耐力，又有很大的幻想。虽然他们都负了天天在增大的债，可是他们那简单的头脑老是这么想：只要蚕花熟，就好了！他们想像到一个月以后那些绿油油的桑叶就会变成雪白的茧子，于是又变成丁丁当当响的洋钱，他们虽然肚子里饿得咕咕地叫，却也忍不住要笑。

这些女人中间也就有老通宝的媳妇四大娘和那个十二岁的小宝。这娘儿两个已经洗好了那些"团匾"和"蚕箪[3]"，坐在小溪边的石头上撩起布衫角揩脸上的汗水。

"四阿嫂！你们今年也看（养）洋种么？"

小溪对岸的一群女人中间有一个二十岁左右的姑娘隔溪喊过来了。四大娘认得是隔溪的对门邻舍陆福庆的妹子六宝。四大娘立刻把她的浓眉毛一挺，好像正想找人吵架似的嚷了起来：

"不要来问我！阿爹做主呢！——小宝的阿爹死不肯，只看了一张洋种！老糊涂的听得带一个洋字就好像见了七世冤家！洋钱，也是洋，他倒又要了！"

小溪旁那些女人们听得笑起来了。这时候有一个壮健的小伙子正从对岸的陆家稻场上走过，跑到溪边，跨上了那横在溪面用四根木头并排做成的雏形的"桥"。四大娘一眼看见，就丢开了"洋种"问题，高声喊道：

"多多弟！来帮我搬东西罢！这些匾，浸湿了，就像死狗一样重！"

小伙子阿多也不开口，走过来拿起五六只"团匾"，湿漉漉地顶在头上，却空着一双手，划桨似的荡着，就走了。这个阿多高兴起来时，什么事都肯做，碰到同村的女人们叫他帮忙拿什么重家伙，或是下溪去捞什么，他都肯；可是今天他大概有点不高兴，所以只顶了五六只"团匾"去，却空着一双手。那些女人们看着他戴了那特别大箬帽似的一叠"匾"，袅着腰，学镇上女人的样子走着，又都笑起来了，老通宝家紧邻的李根生的老婆荷花一边笑，一边叫道：

"喂，多多头！回来！也替我带一点儿去！"

"叫我一声好听的，我就给你拿。"

阿多也笑着回答，仍然走。转眼间就到了他家的廊下，就把头上的"团匾"放在廊檐口。

"那么，叫你一声干儿子！"

荷花说着就大声的笑起来，她那出众地白净然而扁得作怪的脸上看去就好像只有一张大嘴和眯紧了好像两条线一般的细眼睛。她原是镇上人家的婢女，嫁给那不声不响整天苦着脸的半老头子李根生还不满半年，可是她的爱和男子们胡调已经在村中很有名。

"不要脸的！"

忽然对岸那群女人中间有人轻声骂了一句。荷花的那对细眼睛立刻睁大了，怒声嚷道：

"骂哪一个？有本事，当面骂，不要躲！"

"你管得我？棺材横头踢一脚，死人肚里自得知：我就骂那不要脸的骚货！"

隔溪立刻回骂过来了，这就是那六宝，又一位村里有名淘气的大姑娘。

于是对骂之下，两边又泼水。爱闹的女人也夹在中间帮这边帮那边。小孩子们笑着狂呼。四大娘是老成的，提起她的"蚕箪"，喊着小宝，自回家去。阿多站在廊下看着笑。他知道为什么六宝要跟荷花吵架；他看着那"辣货"六宝挨骂，倒觉得很高兴。

老通宝捐着一架"蚕台[4]"从屋子里出来，这三棱形家伙的木梗子有几条给白蚂蚁蛀过了，怕的不牢，须得修补一下。看见阿多站在那里笑嘻嘻地望着外边的女人们吵架，老通宝的脸色就板起来了。他这"多多头"的小儿子不老成，他知道。尤其使他不高兴的，是多多也和紧邻的荷花说说笑笑。"那母狗是白虎星，惹上了她就得败家"，——老通宝时常这样警戒他的小儿子。

"阿多！空手看野景么？阿四在后边扎'缀头'[5]，你去帮他！"

老通宝像一匹疯狗似的咆哮着，火红的眼睛一直盯住了阿多的身体，直到阿多走进屋里去，看不见了，老通宝方才提过那"蚕台"来反复审察，慢慢地动手修补。木匠生活，老通宝早年是会的；但近来他老了，手指头没有劲，他修了一会儿，抬起头来喘气，又望望屋里挂在竹竿上的三张蚕种。

四大娘就在廊檐口糊"蚕箪"。去年他们为的想省几百文钱，是买了旧报纸来糊的。老通宝直到现在还说是因为用了报纸——不惜字纸，所以去年他们的蚕花不好。今年是特地全家少吃一餐饭，省下钱来买了"糊箪纸"来了。四大娘把那鹅黄色坚韧的纸儿糊得很平贴，然后又照品字式糊上三张小小的花纸——那是跟"糊箪纸"一块儿买来的，一张印的花色是"聚宝盆"，另两张都是手执尖角旗的人儿骑在马上，据说是"蚕花太子"。

"四大娘！你爸爸做中人借来三十块钱，就只买了二十担叶。后天米又吃完了，怎么办？"

老通宝气喘喘地从他的工作里抬起头来，望着四大娘。那三十块钱是二分半的月息。总算有四大娘的父亲张财发做中人，那债主也就是张财发的东家"做好事"，这才只要了二分半的月息。条件是蚕事完后本利归清。

四大娘把糊好了的"蚕箪"放在太阳底下晒，好像生气似的说：

"都买了叶！又像去年那样多下来——"

"什么话！你倒先来发利市了！年年像去年么？自家只有十来担叶；五张布子（蚕种），十来担叶够么？"

"噢，噢；你总是不错的！我只晓得有米烧饭，没米饿肚子！"

四大娘气哄哄地回答；为了那"洋种"问题，她到现在常要和老通宝抬杠。

老通宝气得脸都紫了。两个人就此再没有一句话。

但是"收蚕"的时期一天一天逼进了。这二三十人家的小村落突然呈现了一种大紧张，大决心，大奋斗，同时又是大希望。人们似乎连肚子饿都忘记了。老通宝他们家东借一点，西赊一点，居然也一天一天过着来。也不仅老通宝他们，村里哪一家有两三斗米放在家里呀！去年秋收固然还好，可是地主，债主，正税，杂捐，一层一层地剥削来，早就完了。现在他们唯一的指望就是春蚕，一切临时借贷都是指明在这"春蚕收成"中偿还。

他们都怀着十分希望又十分恐惧的心情来准备这春蚕的大搏战！

"谷雨"节一天近一天了。村里二三十人家的"布子"都隐隐现出绿色来。女人们在稻场上碰见时，都匆匆地带着焦灼而快乐的口气互相告诉道：

"六宝家快要'窝种'[6]了呀！"

"荷花说她家明天就要'窝'了。有这么快！"

"黄道士去测一字，今年的青叶要贵到四洋！"

四大娘看自家的五张"布子"。不对！那黑芝麻似的一片细点子还是黑沉沉，不见绿影。她的丈夫阿四拿到亮处去细看，也找不出几点"绿"来。四大娘很着急。

"你就先'窝'起来罢！这余杭种，作兴是慢一点的。"

阿四看着他老婆，勉强自家宽慰。四大娘堵起了嘴巴不回答。

老通宝哭丧着干皱的老脸，没说什么，心里却觉得不妙。

幸而再过了一天，四大娘再细心看那"布子"时，哈，有几处转成绿色了！而且绿的很有光彩。四大娘立刻告诉了丈夫，告诉了老通宝，多多头，也告诉了她的儿子小宝。她就把那些布子贴肉揾在胸前，抱着吃奶的婴孩似的静静儿坐着，动也不敢多动了。夜间，她抱着那五张"布子"到被窝里，把阿四赶去和多多头做一床。那"布子"上密密麻麻的蚕子儿贴着肉，怪痒痒的；四大娘很快活，又有点儿害怕，她第一次怀孕时胎儿在肚子里动，她也是那样半惊半喜的！

全家都是惴惴不安地又很兴奋地等候"收蚕"。只有多多头例外。他说：今年蚕花一定好，可是想发财却是命里不曾来。老通宝骂他多嘴，他还是要说。

蚕房早已收拾好了。"窝种"的第二天，老通宝拿一个大蒜头涂上一些泥，放在蚕房的墙脚边[7]；也是年年的惯例，但今番老通宝更加虔诚，手也抖了。去年他们"卜"的非常灵验。可是去年那"灵验"，现在老通宝想也不敢想。

现在这村里家家都在"窝种"了。稻场上和小溪边顿时少了那些女人们的踪迹。一个"戒严令"也在无形中颁布了：乡农们即使平日是最好的，也不往来；人客来冲了蚕神不是玩的！他们至多在稻场上低声交谈一二句就走开。这是个"神圣"的季节。

老通宝家的五张布子上也有些"乌娘"[8]蠕蠕地动了。于是全家的空气，突然紧张。那正是"谷雨"前一日。四大娘料来可以挨过了"谷雨"节那一天[9]。布子不须再"窝"了，很小心地放在"蚕房"里。老通宝偷眼看一下那个躺在墙脚边的大蒜头，他心里就一跳。那大蒜头上还只有一两茎绿芽！老通宝不敢再看，心里祷祝后天正午会有更多更多的绿芽。

终于"收蚕"的日子到了。四大娘心神不定地淘米烧饭，时时看饭锅上的热气有没有直冲上来。老通宝拿出预先买了来的香烛点起来，恭恭敬敬放在灶君神位前。阿四和阿多去到田里采野花。小宝帮着把灯芯草剪成细末子，又把采来的野花揉碎。一切都准备齐全了时，太阳也近午刻了，饭锅上水蒸气嘟嘟地直冲，四大娘立刻跳了起来，把"蚕花"[10]和一对鹅毛插在发髻上，就到"蚕房"里。老通宝拿着秤杆，阿四拿了那揉碎的野花片儿和灯芯草碎末。四大娘揭开"布子"，就从阿四手里拿过那野花碎片和灯芯草末子撒在"布子"上，又接过老通宝手里的秤杆来，将"布子"挽在秤杆上，于是拔下发髻上的鹅毛在"布子"上轻轻儿拂；野花片，灯芯草末子，连同"乌娘"，都拂在那"蚕箪"里了。一张，两张……都拂过了；最后一张是洋种，那就收在另一个"蚕箪"里。末了，四大娘又拔下发髻上那朵"蚕花"，跟鹅毛一块插在"蚕箪"的边儿上。

这是一个隆重的仪式！千百年相传的仪式！那好比是誓师典礼，以后就要开始了一个月光景的和恶劣的天气和恶运以及和不知什么的连日连夜无休息的大决战！

"乌娘"在"蚕箪"里蠕动，样子非常强健；那黑色也是很正路的。四大娘和老通宝他们都放心地松一口气了。但当老通宝悄悄地把那个"命运"的大蒜头拿起来看时，他的脸色立刻变了！大蒜头上还只得三四茎嫩芽！天哪！难道又同去年一样？

三

然而那"命运"的大蒜头这次竟不灵验。老通宝家的蚕非常好！虽然头眠二眠的时候连天阴雨，气候是比"清明"边似乎还要冷一点，可是那些"宝宝"都很强健。

村里别人家的"宝宝"也都不差。紧张的快乐弥漫了全村庄，似那小溪里琤琤的流水也像是朗朗的笑声了。只有荷花家是例外。她们家看了一张"布子"，可是"出火"[11]只称得二十斤；"大眠"快边人们还看见那不声不响晦气色的丈夫根生倾弃了三"蚕箪"在那小溪里。

这一件事，使得全村的妇人对于荷花家特别"戒严"。她们特地避路，不从荷花的门前走，远远的看见了荷花或是她那不声不响丈夫的影儿就赶快躲开；这些幸运的人儿惟恐看了荷花他们一眼或是交谈半句话就传染了晦气来！

老通宝严禁他的小儿子多多头跟荷花说话。——"你再跟那东西多嘴，我就告你忤逆！"老通宝站在廊檐外高声大气喊，故意要叫荷花他们听得。

小宝也受到严厉的嘱咐，不许跑到荷花家的门前，不许和他们说话。

阿多像一个聋子似的不理睬老头子那早早夜夜的唠叨，他心里却在暗笑。全家就只有他不大相信那些鬼禁忌。可是他也没有跟荷花说话，他忙都忙不过来。

"大眠"捉了毛三百斤，老通宝全家连十二岁的小宝也在内，都是两日两夜没有合眼。蚕是少见的好，活了六十岁的老通宝记得只有两次是同样的，一次就是他成家的那年，又一次是阿四出世那一年。"大眠"以后的"宝宝"第一天就吃了七担叶，个个是生青滚壮，然而老通宝全家都瘦了一圈，失眠的眼睛上充满了红丝。

谁也料得到这些"宝宝"上山前还得吃多少叶。老通宝和儿子阿四商量了：

"陈大少爷借不出，还是再求财发的东家罢？"

"地头上还有十担叶，够一天。"

阿四回答，他委实是支撑不住了，他的一双眼皮像有几百斤重，只想合下来。老通宝却不耐烦了，怒声喝道：

"说什么梦话！刚吃了两天老蚕呢。明天不算，还得吃三天，还要三十担叶，三十担！"

这时外边稻场上忽然人声喧闹，阿多押了新发来的五担叶来了。于是老通宝和阿四的谈话打断，都出去"抒叶"。四大娘也慌忙从蚕房里钻出来。隔溪陆家养的蚕不多，那大姑娘六宝抽得出工夫，也来帮忙了。那时星光满天，微微有点风，村前村后都断断续续传来了吆喝和欢笑，中间有一个粗暴的声音嚷道：

"叶行情飞涨了！今天下午镇上开到四洋一担！"

老通宝偏偏听得了，心里急得什么似的。四块钱一担，三十担可要一百二十块呢，他哪来这许多钱！但是想到茧子总可以采五百多斤，就算五十块钱一百斤，也有这么二百五，他又心一宽。那边"抒叶"的人堆里忽然又有一个小小的声音说：

"听说东路不大好，看来叶价钱涨不到多少的！"

老通宝认得这声音是陆家的六宝。这使他心里又一宽。

那六宝是和阿多同站在一个筐子边"抒叶"。在半明半暗的星光下，她和阿多靠得很近。忽然她觉得在那"杠条"[12]的隐蔽下，有一只手在她大腿上拧了一把。好像知道是谁拧的，她忍住了不笑，也不声张。蓦地那手又在她胸前摸了一把，六宝直跳起来，出惊地喊了一声：

"嗳哟！"

"什么事？"

同在那筐子边抒叶的四大娘问了，抬起头来。六宝觉得自己脸上热烘烘了，她偷偷地瞪了阿多一眼，就赶快低下头，很快地抒叶，一面回答：

"没有什么。想来是毛毛虫刺了我一下。"

阿多咬住了嘴唇暗笑。虽然在这半个月来也是半饱而且少睡，也瘦了许多了，他的精神可还是很饱满。老通宝那种忧愁，他是永远没有的。他永不相信靠一次蚕花好或是田里熟，他们就可以还清了债再有自己的田；他知道单靠勤俭工作，即使做到背脊骨折断也是不能翻身的。但是他仍旧很高兴地工作着，他觉得这也是一种快活，正像和六宝调情一样。

第二天早上，老通宝就到镇里去想法借钱来买叶。临走前，他和四大娘商量好，决定把他家那块出产十五担叶的桑地去抵押。这是他家最后的产业。

叶又买来了三十担。第一批的十担发来时，那些壮健的"宝宝"已经饿了半点钟了。"宝宝"们尖出了小嘴巴，向左向右乱晃，四大娘看得心酸。叶铺了上去，立刻蚕房里充满着萨萨萨的响声，人们说话也不大听得清。不多一会儿，那些"团匾"里立刻又全见白了，于是又铺上厚厚的一层叶。人们单是"上叶"也就忙得透不过气来。但这是最后五分钟了。再得两天，"宝宝"可以上山。人们把剩余的精力榨出来拼死命干。

阿多虽然接连三日三夜没有睡，却还不见怎么倦。那一夜，就由他一个人在"蚕房"里守那上半夜，好让老通宝以及阿四夫妇都去歇一歇。那是个好月夜，稍稍有点冷。蚕房里熬了一个小小的火。阿多守以二更过，上了第二次的叶，就蹲在那个"火"旁边听那些"宝宝"萨萨萨地吃叶。渐渐儿他的眼皮合上了。恍惚听得有门响，阿多的眼皮一跳，睁开眼来看了看，就又合上了。他耳朵里还听得萨萨萨的声音和屑索屑索的怪声。猛然一个跟跄，他的头在自己膝头上磕了一下，他惊醒过来，恰就听得蚕房的芦帘拍又一声响，似乎还看见有人影一闪。阿多立刻跳起来，到外面一看，门是开着，月光下稻场上有一个人正走向溪边去。阿多飞也似跳出去，还没看清那人是谁，已经把那人抓过来摔在地下。他断定了这是一个贼。

"多多头！打死我也不怨你，只求你不要说出来！"

是荷花的声音，阿多听真了时不禁浑身的汗毛都竖了起来。月光下他又看见那扁得作怪的白脸儿上一对细圆的眼睛定定地看住了他。可是恐怖的意思那眼睛里也没有。阿多哼了一声，就问道：

"你偷什么？"

"我偷你们的宝宝！"

"放到哪里去了？"

"我扔到溪里去了！"

阿多现在也变了脸色。他这才知道这女人的恶意是要冲克他家的"宝宝"。

"你真心毒呀！我们家和你们可没有冤仇！"

"没有么？有的，有的！我家自管蚕花不好，可并没害了谁，你们都是好的！你们怎么把我当作白老虎，远远地望见我就别转了脸？你们不把我当人看待！"

那妇人说着就爬了起来，脸上的神气比什么都可怕。阿多瞅着那妇人好半晌，这才说道：

"我不打你，走你的罢！"

阿多头也不回的跑回家去，仍在"蚕房"里守着。他完全没有睡意了。他看那些"宝宝"，都是好好的。他并没想到荷花可恨或可怜，然而他不能忘记荷花那一番话；他觉到人和人中间有什么地方是永远弄不对的，可是他不能够明白想出来是什么地方，或是为什么。再过一会儿，他就什么都忘记了。"宝宝"身强健的，像有魔法似的吃了又吃，永远不会饱！

以后直到东方快打白了时，没有发生事故。老通宝和四大娘来替换阿多了，他们拿那些渐渐身体发白而变短了的"宝宝"在亮处照着，看是"有没有通"。他们的心被快活胀大了。但是太阳出山时四大娘到溪边汲水，却看见六宝满脸严重地跑过来悄悄地问道：

"昨夜二更过，三更不到，我远远地看见那骚货从你们家跑出来，阿多跟在后面，他们站在这里说了半天话呢！四阿嫂！你们怎么不管事呀？"

四大娘的脸色立刻变了，一句话也没说，提了水桶就回家去，先对丈夫说了，再对老通宝说。这东西竟偷进人家"蚕房"来了，那还了得！老通宝气得直跺脚，马上叫了阿多来查问。但是阿多不承认，说六宝是做梦见鬼。老通宝又去找六宝询问。六宝是一口咬定了看见的。老通宝没有主意，回家去看那"宝宝"，仍然是很健康，瞧不出一些败相来。

但是老通宝他们满心的欢喜却被这件事打消了。他们相信六宝的话不会毫无根据。他们唯一的希望是那骚货或者只在廊檐口和阿多鬼混了一阵。

"可是那大蒜头上的苗却当真只有三四茎呀！"

老通宝自心里这么想，觉得前途只是阴暗。可不是，吃了许多叶去，一直落来都很好，然而上了山却干僵了的事，也是常有的。不过老通宝无论如何不敢想到这上头去；他以为即使是肚子里想，也是不吉利。

四

"宝宝"都上山了，老通宝他们还是捏着一把汗。他们钱都花光了，精力也绞尽了，可是有没有报酬呢，到此时还没有把握。虽则如此，他们还是硬着头皮去干。"山棚"下蒸了火，老通宝和阿四他们伛着腰慢慢地从这边蹲到那边，又从那边蹲到这边。他们听得山棚上有些屑屑索索的细声音[13]，他们就忍不住想笑，过一会儿又不听得了，他们的心就重甸甸地往下沉了。这样地，心是焦灼着，却不敢向山棚上望。偶或他们仰着的脸上淋到了一滴蚕尿了[14]，虽然觉得有点难过，他们心里却快活；他们巴不得多淋一些。

阿多早已偷偷地挑开"山棚"外围着的芦帘望过几次了。小小宝看见，就扭住了阿多，问"宝宝"有没有做茧子。阿多伸出舌头做一个鬼脸，不回答。

"上山"后三天，息火了。四大娘再也忍不住，也偷偷地挑开芦帘角看了一眼，她的心立刻卜卜地跳了。那是一片雪白，几乎连"缀头"都瞧不见；那是四大娘有生以来从没有见过的"好蚕花"呀！老通宝全家立刻充满了欢笑。现在他们一颗心定下来了！"宝宝"们有良心，四洋一担的叶不是白吃的；他们全家一个月的忍饿失眠总算不冤枉，天老爷有眼睛！

同样的欢笑声在村里到处都起来了。今年蚕花娘娘保佑这小小的村子。二三十人家都可以采到七八分，老通宝家更是比众不同，估量来总可以采一个十二三分。

小溪边和稻场上现在又充满了女人和孩子们。这些人都比一个月前瘦了许多，眼眶陷进了，嗓子也发沙，然而都很快活兴奋。她们嘈嘈地谈论那一个月内的"奋斗"时，她们的眼前便时时现出一堆堆雪白的洋钱，她们那快乐的心里便时时闪过了这样的盘算：夹衣和夏衣都在当铺里，这可先得赎出来；过端阳节也许可以吃一条黄鱼。

那晚上荷花和阿多的把戏也是她们谈话的资料。六宝见了人就宣传荷花的"不要脸，送上门去！"男人们听了就粗暴地笑着，女人们念一声佛，骂一句，又说老通宝家总算幸气，没有犯克，那是菩萨保佑，祖宗有灵！

接着是家家都"浪山头"了，各家的至亲好友都来"望山头"[15]。老通宝的亲家张财发带了小儿子阿九特地从镇上来到村里。他们带来的礼物，是软糕，线粉，梅子，枇杷，也有咸鱼。小宝快活得好像雪天的小狗。

"通宝，你是卖茧子呢，还是自家做丝？"

张老头子拉老通宝到小溪边一棵杨柳树下坐了，这么悄悄地问。这张老头子张财发是出名"会寻快活"的人，他从镇上城隍庙前露天的"说书场"听来了一肚子的疙瘩东西；尤其烂熟的，是"十八路反王，七十二处烟尘"，程咬金卖柴扒，贩私盐出身，瓦岗寨做反王的《隋唐演义》。他向来说话"没正经"，老通宝是知道的；所以现在听得问是卖茧子或者自家做丝，老通宝并没把这话看重，只随口回答道：

"自然卖茧子。"

张老头子却拍着大腿叹一口气。忽然他站了起来，用手指着村外那一片秃头桑林后面耸露出来的茧厂的风火墙说道：

"通宝，茧子是采了，那些茧厂的大门还关得紧洞洞呢！今年茧厂不开秤！——十八路反王早已下凡，李世民还没出世；世界不太平！今年茧厂关门，不做生意！"

老通宝忍不住笑了，他不肯相信。他怎么能够相信呢？难道那"五步一岗"似的比露天毛坑还要多的茧厂会一齐都关了门不做生意？况且听说和东洋人也已"讲拢"，不打仗了，茧厂里驻的兵早已开走。

张老头子也换了话，东拉西扯讲镇里的"新闻"，夹着许多"说书场"上听来的什么秦叔宝，程咬金。最后，他代他的东家催那三十块钱的债，为的他是"中人"。

然而老通宝到底有点不放心。他赶快跑出村去，看看"塘路"上最近的两个茧厂，果然大门紧闭，不见半个人；照往年说，此时应该早已摆开了柜台，挂起了一排乌亮亮的大秤。

老通宝心里也着慌了，但是回家去看见了那些雪白发光很厚实硬古古的茧子，他又忍不住嘻开了嘴。上好的茧子！会没有人要，他不相信。并且他还要忙着采茧，还要谢"蚕花利市"[16]，他渐渐不把茧厂的事放在心上了。

可是村里的空气一天一天不同了。才得笑了几声的人们现在又都是满脸的愁云。各处茧厂都没开门的消息陆续从镇上传来，从"塘路"上传来。往年这时候，"收茧人"像走马灯似的在村里巡回，今年没见半个"收茧人"，却换替着来了债主和催粮的差役。请债主们就收了茧子罢，债主们板起面孔不理。

全村子都是嚷骂，诅咒，和失望的叹息！人们做梦也不会想到今年"蚕花"好了，他们的日子却比往年更加困难。这在他们是一个晴天的霹雳！并且愈是像老通宝他们家似的，蚕愈养得多，愈好，就愈加困难，——"真正世界变了！"老通宝捶胸跺脚地没有办法。然而茧子是不能搁久了的，总得赶快想法：不是卖出去，就是自家做丝。村里有几家已经把多年不用的丝车拿出来修理，打算自家把茧做成了丝再说。六宝家也打算这么办。老通宝便也和儿子媳妇商量道：

"不卖茧子了，自家做丝！什么卖茧子，本来是洋鬼子行出来的！"

"我们有四百多斤茧子呢，你打算摆几部丝车呀！"

四大娘首先反对了。她这话是不错的。五百斤的茧子可不算少，自家做丝万万干不了。请帮手么？那又得花钱。阿四是和他老婆一条心。阿多抱怨老头子打错了主意，他说：

"早依了我的话，扣住自己的十五担叶，只看一张洋种，多么好！"

老通宝气得说不出话来。

终于一线希望忽又来了。同村的黄道士不知从哪里得的消息，说是无锡脚下的茧厂还是照常收茧。黄道士也是一样的种田人，并非吃十方的"道士"，向来和老通宝最说得来。于是老通宝去找那黄道士详细问过了以后，便又和儿子阿四商量把茧子弄到无锡脚下去卖。老通宝虎起了脸，像吵架似的嚷道：

"水路去有三十多九[17]呢！来回得六天！他妈的！简直是充军！可是你有别的办法么？

茧子当不得饭吃，蚕前的债又逼紧来!"

阿四也同意了。他们去借了一条赤膊船，买了几张芦席，赶那几天正是好晴，又带了阿多。他们这卖茧子的"远征军"就此出发。

五天以后，他们果然回来了；但不是空船，船里还有一筐茧子没有卖出。原来那三十多九水路远的茧厂挑剔得非常苛刻：洋种茧一担只值三十五元，土种茧一担二十元，薄茧不要。老通宝他们的茧子虽然是上好的货色，却也被茧厂里挑剩了那么一筐，不肯收买。老通宝他们实卖得一百十一块钱，除去路上盘川，就剩了整整的一百元，不够偿还买青叶所借的债! 老通宝路上气得生病了，两个儿子扶他到家。

打回来的八九十斤茧子，四大娘只好自家做丝了。她到六宝家借了丝车，又忙了五六天。家里米又吃完了。叫阿四拿那丝上镇里去卖，没有人要；上当铺当铺也不收。说了多少好话，总算把清明前当在那里的一石米换了出来。

就是这么着，因为春蚕熟，老通宝一村的人都增加了债! 老通宝家为的养了五张布子的蚕，又采了十多分的好茧子，就此白赔上十五担叶的桑地和三十块钱的债! 一个月光景的忍饥熬夜还不算!

一九三二年十一月一日

注释

[1] 塘路：指江浙一带沿着河流湖泊的道路。

[2] 这是老通宝所在那一带乡村里关于"蚕事"的一种歌谣式的成语。所谓"削口"，是指桑叶抽发如指；清明削口：谓清明时分桑叶已抽芽如指。看：方言，意同"饲"或"育"。全句谓清明到了，桑叶开绽则熟年可卜，故蚕妇拍手而喜。

[3] 团匾：编制竹器，盘状，圆桌面大小，育蚕用具。蚕簟：比团匾面积略小，底部为六角形网状，育蚕用具。

[4] 蚕台：三棱式可以折起来的木架子，中分七八格，每格可放一团匾。

[5] 缀头：方言，稻草扎的草把，蚕爬到上面做结茧。

[6] 窝种：蚕种转成绿色后贴肉偎在怀中，使蚕蚁快些孵出，称为"窝种"。

[7] 大蒜头涂上一些泥，放在蚕房的墙脚边：乡间迷信。收蚕前两三天，把大蒜头涂上泥置蚕房墙脚，看生出蒜叶多寡，预示蚕花的丰收与否。

[8] 老通宝乡间称初生的蚕蚁为"乌娘"；这也是方言。

[9] 老通宝乡里的习惯，"收蚕"，即收蚁，须得避过"谷雨"那一天，或上或下都可以，但不能正在"谷雨"那一天。

[10] 蚕花：是一种纸花，预先买下来的。这些迷信的仪式，各处小有不同。

[11] 出火：方言，是指"二眠"以后的"三眠"；因为"眠"时特别短，所以叫"出火"。

[12] 杠条：方言，指那些带叶的桑树枝条。

[13] 蚕在山棚上受了热，就往"缀头"上爬，所以有屑屑索索的声音。这是蚕要做茧的第一步手续。爬不上去的，不是健康的蚕，多半不能作茧。

[14] 据说蚕在作茧以前必撒一泡尿，而这尿是黄色的。

[15] 浪山头：在熄火后一日举行，那时蚕已成茧，把山棚四周的芦帘撤去。浪：亮出来的意思。望山头：来探望"山头"，有慰问祝颂的意思。"望山头"的礼物也有定规。

[16] 谢蚕花利市：乡间拜蚕神的风俗。即谢蚕神赐予的吉利。

[17] 三十多九：当地计算路程都以"九"为单位，"一九"就是九里，"三十多九"就是三十多个"九里"。

【作者作品】

茅盾（1896—1981），原名沈德鸿，字雁冰，浙江桐乡县人。著名作家、文化活动家和社会活动家。一九一六年在北京大学预科毕业，因家庭经济困难没有升学，进上海商务印书馆编译所工作。一九二〇年起任《小说月报》主编，并与郑振铎、叶圣陶等发起组织文学研究会。同年参加上海共产主义小组，一九二一年参加中国共产党。大革命失败后转入地下，开始文学创作活动，著有《蚀》三部曲（《幻灭》、《动摇》、《追求》），三十年代有著名作品长篇小说《子夜》，短篇小说《林家铺子》、《春蚕》等。《子夜》是现实主义的成功作品。抗日战争期间，在国民党统治区坚持抗日文化宣传工作，是革命文艺运动的领导人之一，著有长篇小说《霜叶红似二月花》、《腐蚀》等。

新中国成立后，茅盾是历届全国人民代表大会代表，长期担任文化部部长、全国文联副主席、中国作家协会主席，并当选为第五届全国政协副主席。新中国成立后，他的主要精力集中于文化事业的领导工作，并积极培养青年作家。茅盾以毕生精力从事革命文学事业，对中国现代文学作出了巨大贡献，在国内外享有崇高声望。

【阅读提示】

《春蚕》是茅盾短篇小说代表作之一。小说以一九三二年的江南农村为背景，通过蚕农老通宝一家由小康到破产、由自耕农下降为贫农的过程，展示了三十年代初期中国农村经济破产的图景，揭示了由于帝国主义侵略和国民党反动派的黑暗统治，中国劳动人民日益贫困，中国社会日益殖民地化。小说通过老通宝丰收成灾的故事，以精确的艺术概括，深刻地揭示了导致中国社会殖民地化的根源。

老通宝是二十世纪三十年代旧中国老一代农民的典型形象，他勤俭忠厚，又迷信、保守，以坚忍的意志，率领全家拼命地劳动，结果落了个丰收成灾、破产还债的悲惨结局。生活经验和现实的教训，使老通宝仇恨洋鬼子，并深信国民党反动当局也串通洋鬼子。但迷信、保守，"安分守己"的教条又给他带上精神的锁链。他的小儿子阿多，是当时逐渐觉醒的青年农民的形象，他没有老通宝思想上那样沉重的包袱，对现实的认识比他的父亲要清醒和深刻得多，知道苦难中的农民想以勤劳换得温饱只是梦想。作者在阿多这个形象上挖掘农村中的革命潜力，显示青年一代将走上新的发展道路。作者通过这些描写说明，广大农民唯一的出路是在政治上觉醒，反抗旧社会，在斗争中求取自身的解放。

作品具有丰富的生活内容，把自然景物的描写、社会生活环境的描写以及人物的思想情绪和感受，自然地交融在一起。精细的环境描写和生动的情节穿插，使作品具有浓厚的生活实感。对人物的塑造，作者运用一系列的典型细节，尤其擅长细致的心理刻画，以突显人物的性格特征。

【能力培养与训练】

1. 分析老通宝丰收成灾的深层原因。
2. 多多与同村中的其他农民有何不同之处？

《骆驼祥子》节选

老　舍

　　祥子在街上丧胆游魂的走，遇见了小马儿的祖父。老头子已不拉车，身上的衣裳比以前更薄更破，扛着根柳木棍子，前头挂着个大瓦壶，后面悬着个破元宝筐子，筐子里有些烧饼油鬼和一大块砖头。他还认识祥子。

　　说起话来，祥子才知道小马儿已死了半年多，老人把那辆破车卖掉，天天就弄壶茶和些烧饼果子在车口儿上卖。老人还是那么和气可爱，可是腰弯了许多，眼睛迎风流泪，老红着眼皮象刚哭完似的。

　　祥子喝了他一碗茶，把心中的委屈也对他略略说了几句。

　　"你想独自混好？"老人评断着祥子的话，"谁不是那么想呢？可是谁又混好了呢？当初，我的身子骨儿好，心眼好，一直混到如今了，我落到现在的样儿！身子好？铁打的人也逃不出去咱们这个天罗地网。心眼好？有什么用呢！善有善报，恶有恶报，并没有这么八宗事！我当年轻的时候，真叫作热心肠儿，拿别人的事当自己的做。有用没有？没有！我还救过人命呢，跳河的，上吊的，我都救过，有报应没有？没有！告诉你，我不定哪天就冻死，我算是明白了，干苦活儿的打算独自一个人混好，比登天还难。一个人能有什么儿？看见过蚂蚱吧？独自一个儿也蹦得怪远的，可是教个小孩子逮住，用线儿拴上，连飞也飞不起来。赶到成了群，打成阵，哼，一阵子就把整顷的庄稼吃净，谁也没法儿治它们！你说是不是？我的心眼倒好呢，连个小孙子都守不住。他病了，我没钱给他买好药，眼看着他死在我的怀里！甭说了，什么也甭说了！——茶来！谁喝碗热的？"

　　祥子真明白了：刘四，杨太太，孙侦探——并不能因为他的咒骂就得了恶报；他自己，也不能因为要强就得了好处。自己，专仗着自己，真象老人所说的，就是被小孩子用线拴上的蚂蚱，有翅膀又怎样呢？

　　他根本不想上曹宅去了。一上曹宅，他就得要强，要强有什么用呢？就这么大咧咧的瞎混吧：没饭吃呢，就把车拉出去；够吃一天的呢，就歇一天，明天再说明天的。这不但是个办法，而且是唯一的办法。攒钱，买车，都给别人预备着来抢，何苦呢？何不得乐且乐呢？

　　再说，设若找到了小福子，他也还应当去努力，不为自己，还不为她吗？既然找不到她，正象这老人死了孙子，为谁混呢？他把小福子的事也告诉了老人，他把老人当作了真的朋友。

　　"谁喝碗热的？"老人先吆喝了声，而后替祥子来想："大概据我这么猜呀，出不去两条道儿：不是教二强子卖给人家当小啊，就是押在了白房子。哼，多半是下了白房子！怎么说呢？小福子既是，象你刚才告诉我的，嫁过人，就不容易再有人要；人家买姨太太的要整货。那么，大概有八成，她是下了白房子。我快六十岁了，见过的事多了去啦：拉车的壮实小伙子要是有个一两天不到街口上来，你去找吧，不是拉上包月，准在白房子爬着呢；咱们拉车人的姑娘媳妇要是忽然不见了，总有七八成也是上那儿去了。咱们卖汗，咱们的女人卖肉，我明白，我知道！你去上那里找找看吧，不盼着她真在那里，不过，——茶来！谁喝碗热的？！"

　　祥子一气跑到西直门外。

　　一出了关厢，马上觉出空旷，树木削瘦的立在路旁，枝上连只鸟也没有。灰色的树木，灰色的土地，灰色的房屋，都静静的立在灰黄色的天下；从这一片灰色望过去，看见那荒寒的西山。铁道北，一片树林，林外几间矮屋，祥子算计着，这大概就是白房子了。看看树林，没有一点动静；再往北看，可以望到万牲园外的一些水地，高低不平的只剩下几棵残蒲败苇。小屋子外没有一个人，没动静。远近都这么安静，他怀疑这是否那个出名的白房子了。他大着胆往屋子那边走，屋门上都挂着草帘子，新挂上的，都黄黄的有些光泽。他听人讲究过，这里的妇人，在夏天，都赤着背，在屋外坐着，招呼着行人。那来照顾她们的，还老远的要唱着窑调，显出自己并不是外行。为什么现在这么安静呢？难道冬天此地都不作买卖了么？

他正在这么猜疑，靠边的那一间的草帘子动了一下，露出个女人头来。祥子吓了一跳，那个人头，猛一看，非常象虎妞的。他心里说："来找小福子，要是找到了虎妞，才真算见鬼！"

"进来吧，傻乖乖！"那个人头说了话，语音可不象虎妞的；嗓子哑着，很象他常在天桥听见的那个卖野药的老头子，哑而显着急切。

屋子里什么也没有，只有那个妇人和一铺小炕，炕上没有席，可是炕里烧着点火，臭气烘烘的非常的难闻。炕上放着条旧被子，被子边儿和炕上的砖一样，都油亮油亮的。妇人有四十来岁，蓬着头，还没洗脸。她下边穿着条夹裤，上面穿着件青布小棉袄，没系纽扣。祥子大低头才对付着走进去，一进门就被她搂住了。小棉袄本没扣着，胸前露出一对极长极大的奶来。

祥子坐在了炕沿上，因为立着便不能伸直了脖子。他心中很喜欢遇上了她，常听人说，白房子有个"白面口袋"，这必定是她。"白面口袋"这个外号来自她那两个大奶。祥子开门见山的问她看见个小福子没有，她不晓得。祥子把小福子的模样形容了一番，她想起来了：

"有，有这么个人！年纪不大，好露出几个白牙，对，我们都管她叫小嫩肉。"

"她在哪屋里呢？"祥子的眼忽然睁得带着杀气。

"她？早完了！""白面口袋"向外一指，"吊死在树林里了！"

"怎么？"

"小嫩肉到这儿以后，人缘很好。她可是有点受不了，身子挺单薄。有一天，掌灯的时候，我还记得真真的，因为我同着两三个娘们正在门口坐着呢。唉，就是这么个时候，来了个逛的，一直奔了她屋里去；她不爱同我们坐在门口，刚一来的时候还为这个挨过打，后来她有了名，大伙儿也就让她独自个儿在屋里，好在来逛她的决不去找别人。待了有一顿饭的工夫吧，客人走了，一直就奔了那个树林去。我们什么也没看出来，也没人到屋里去看她。赶到老叉杆跟她去收账的时候，才看见屋里躺着个男人，赤身露体，睡得才香呢。他原来是喝醉了。小嫩肉把客人的衣裳剥下来，自己穿上，逃了。她真有心眼。要不是天黑了，要命她也逃不出去。天黑，她又女扮男装，把大伙儿都给蒙了。马上老叉杆派人四处去找，哼，一进树林，她就在那儿挂着呢。摘下来，她已断了气，可是舌头并没吐出多少，脸上也不难看，到死的时候她还讨人喜欢呢！这么几个月了，树林里到晚上一点事儿也没有，她不出来唬吓人，多么仁义！……"

祥子没等她说完，就晃晃悠悠的走出来。走到一块坟地，四四方方的种着些松树，树当中有十几个坟头。阳光本来很微弱，松林中就更暗淡。他坐在地上，地上有些干草与松花。什么声音也没有，只有树上的几个山喜鹊扯着长声悲叫。这绝不会是小福子的坟，他知道，可是他的泪一串一串的往下落。什么也没有了，连小福子也入了土！他是要强的，小福子是要强的，他只剩下些没有作用的泪，她已作了吊死鬼！一领席，埋在乱死岗子，这就是努力一世的下场头！

回到车厂，他懊睡了两天。决不想上曹宅去了，连个信儿也不必送，曹先生救不了祥子的命。睡了两天，他把车拉出去，心中完全是块空白，不再想什么，不再希望什么，只为肚子才出来受罪，肚子饱了就去睡，还用想什么呢，还用希望什么呢？看着一条瘦得出了棱的狗在白薯挑子旁边等着吃点皮和须子，他明白了他自己就跟这条狗一样，一天的动作只为捡些白薯皮和须子吃。将就着活下去是一切，什么也无须乎想了。

　　人把自己从野兽中提拔出，可是到现在人还把自己的同类驱逐到野兽里去。祥子还在那文化之城，可是变成了走兽。一点也不是他自己的过错。他停止住思想，所以就是杀了人，他也不负什么责任。他不再有希望，就那么迷迷忽忽的往下坠，坠入那无底的深坑。他吃，他喝，他嫖，他赌，他懒，他狡猾，因为他没了心，他的心被人家摘了去。他只剩下那个高大的肉架子，等着溃烂，预备着到乱死岗子去。

　　冬天过去了，春天的阳光是自然给一切人的衣服，他把棉衣卷巴卷巴全卖了。他要吃口好的，喝口好的，不必存着冬衣，更根本不预备着再看见冬天；今天快活一天吧，明天就死！管什么冬天不冬天呢！不幸，到了冬天，自己还活着，那就再说吧。原先，他一思索，便想到一辈子的事；现在，他只顾眼前。经验告诉了他，明天只是今天的继续，明天承继着今天的委屈。卖了棉衣，他觉得非常的痛快，拿着现钱作什么不好呢，何必留着等那个一阵风便噎死人的冬天呢？

　　慢慢的，不但是衣服，什么他也想卖，凡是暂时不用的东西都马上出手。他喜欢看自己的东西变成钱，被自己花了；自己花用了，就落不到别人手中，这最保险。把东西卖掉，到用的时候再去买；假若没钱买呢，就干脆不用。脸不洗，牙不刷，原来都没大关系，不但省钱，而且省事。体面给谁看？穿着破衣，而把烙饼卷酱肉吃在肚中，这是真的！肚子里有好东西，就是死了也有些油水，不至于象个饿死的老鼠。

　　祥子，多么体面的祥子，他的车也不讲究了，什么新车旧车的，只要车份儿小就好。拉上买卖，稍微有点甜头，他就中途倒出去。坐车的不答应，他会瞪眼，打起架来，到警区去住两天才不算一回事！独自拉着车，他走得很慢，他心疼自己的汗。及至走上帮儿车，要是高兴的话，他还肯跑一气，专为把别人落在后边。在这种时候，他也很会掏坏，什么横切别的车，什么故意拐硬弯，什么别扭着后面的车，什么抽冷子操前面的车一把，他都会。原先他以为拉车是拉着条人命，一不小心便有摔死人的危险。现在，他故意的要坏；摔死谁也没大关系，人都该死！

　　他又恢复了他的静默寡言。一声不出的，他吃，他喝，他掏坏。言语是人类彼此交换意见与传达感情的，他没了意见，没了希望，说话干吗呢？除了讲价儿，他一天到晚老闭着口；口似乎专为吃饭喝茶与吸烟预备的。连喝醉了他都不出声，他会坐在僻静的地方去哭。几乎每次喝醉他必到小福子吊死的树林里去落泪；哭完，他就在白房子里住下。酒醒过来，钱净了手，身上中了病。他并不后悔；假若他也有后悔的时候，他是后悔当初他干吗那么要强，那么谨慎，那么老实。该后悔的全过去了，现在没有了可悔的事。

　　现在，怎能占点便宜，他就怎办。多吸人家一支烟卷，买东西使出个假铜子去，喝豆汁多吃几块咸菜，拉车少卖点力气而多争一两个铜子，都使他觉到满意。他占了便宜，别人就吃了亏，对，这是一种报复！慢慢的再把这个扩大一点，他也学会跟朋友们借钱，借了还是不想还；逼急了他可以撒无赖。初一上来，大家一点也不怀疑他，都知道他是好体面讲信用的人，所以他一张嘴，就把钱借到。他利用着这点人格的残余到处去借，借着如白捡，借到手便顺手儿花去。人家要债，他会作出极可怜的样子去央求宽限；这样还不成，他会去再借二毛钱，而还上一毛五的债，剩下五分先喝了酒再说。一来二去，他连一个铜子也借不出了，他开始去骗钱花。凡是以前他所混过的宅门，他都去拜访，主人也好，仆人也好，见面他会编一套谎，骗几个钱；没有钱，他央求赏给点破衣服，衣服到手马上也变了钱，钱马上变了烟酒。他低着头思索，想坏主意，想好一个主意就能进比拉一天车还多的钱；省了力气，而且进钱，他觉得非常的上算。他甚至于去找曹宅的高妈。远远的等着高妈出来买东西，看见她出来，他几乎是一步便赶过去，极动人的叫她一声"高大嫂"。

"哟！吓死我了！我当是谁呢？祥子啊！你怎么这么样了？"高妈把眼都睁得圆了，象看见一个怪物。

"甭提了！"祥子低下头去。

"你不是跟先生都说好了吗？怎么一去不回头了？我还和老程打听你呢，他说没看见你，你到底上哪儿啦？先生和太太都直不放心！"

"病了一大场，差点死了！你和先生说说，帮我一步，等我好利落了再来上工！"祥子把早已编好的话，简单的，动人的，说出。

"先生没在家，你进来见见太太好不好？"

"甭啦！我这个样儿！你给说说吧！"

高妈给他拿出两块钱来："太太给你的，嘱咐你快吃点药！"

"是了！谢谢太太！"祥子接过钱，心里盘算着上哪儿开发了它。高妈刚一转脸，他奔了天桥，足玩了一天。

慢慢的把宅门都串净，他又串了个第二回，这次可就已经不很灵验了。他看出来，这条路子不能靠长，得另想主意，得想比拉车容易挣钱的主意。在先前，他唯一的指望便是拉车；现在，他讨厌拉车。自然他一时不能完全和车断绝关系，可是只要有法子能暂时对付三餐，他便不肯去摸车把。他的身子懒，而耳朵很尖，有个消息，他就跑到前面去。什么公民团咧，什么请愿团咧，凡是有人出钱的事，他全干。三毛也好，两毛也好，他乐意去打一天旗子，随着人群乱走。他觉得这无论怎样也比拉车强，挣钱不多，可是不用卖力气呢。打着面小旗，他低着头，嘴里叼着烟卷，似笑非笑的随着大家走，一声也不出。到非喊叫几声不可的时候，他会张开大嘴，而完全没声，他爱惜自己的嗓子。对什么事他也不想用力，因为以前卖过力气而并没有分毫的好处。在这种打旗呐喊的时候，设若遇见点什么危险，他头一个先跑开，而且跑得很快。他的命可以毁在自己手里，再也不为任何人牺牲什么。为个人努力的也知道怎样毁灭个人，这是个人主义的两端。

【作者作品】

老舍（1899—1966），原名舒庆春，字舍予，北京人，满族。一九二四年夏至一九二九年在英国伦敦大学东方学院任教时开始文学创作。长篇小说《老张的哲学》是他的第一部作品，之后，陆续发表长篇小说《赵子曰》、《二马》、《猫城记》、《离婚》、《骆驼祥子》，中篇小说《月牙儿》、《我这一辈子》，短篇小说《微神》、《断魂枪》。一九四四年起开始创作近百万字的长篇抗战巨著《四世同堂》。新中国成立后，他的创作以话剧和戏剧剧本为主，著有《龙须沟》、《茶馆》、《全家福》、《神拳》等二十四个剧本和小说《正红旗下》。他因创作话剧《龙须沟》而荣获"人民艺术家"称号。

老舍是"京味小说"的源头，他的作品的"北京味"、幽默风，以及以北京话为基础的俗白、凝练、纯净的语言，在现代作家中独具一格。老舍的作品在中国现代小说艺术发展中有着十分突出的地位。

《骆驼祥子》是老舍于一九三六年创作的一部长篇小说，本文节选自《骆驼祥子》的第二十三章。

【阅读提示】

这部小说以二十世纪二十年代末期的北京市民生活为背景，以人力车夫祥子的坎坷悲惨生活遭遇为主要情节，深刻揭露了旧中国的黑暗，控诉了统治阶级对劳动人民的残酷剥削。本篇文章是小说的第二十三章，主要描写了祥子在自己喜欢的妓女小福子不堪忍受生活的痛苦上吊自杀后，理想开始破灭的心理过程，最终导致性格扭曲，堕落成没有灵魂的行尸走肉。

通过对本篇文章的分析，可以了解整部小说的写作特点和艺术特色。老舍语言"在俗白中追求讲究、精致的美"的特点。"俗白"就是通俗明白，一看就懂，易于接受。老舍小说语言的"俗"可以用京味来解释；"白"则以浅显平易口语来说明。但老舍没有一般地停留在"俗与白"，而是在俗白中追求"讲究、精致的美"。作者运用口头语言，而且是精粹的京味十足的口头语言，几个儿化音的连用、浅显易懂的比喻，让读者很容易体会到其中的意思，然而，字字都是血和泪。老舍说他追求的是明快、简洁、自然之美，他不求文字雅，而求其有力量、活泼、响亮。这样的例子在文中多处表现。

作者通过景物描写来反映人物心理，用景物在人物心里的反常变化来曲折地表现人物在行动状态下的心理活动，是老舍在描写语言上的一个创造。在这里祥子眼见、心想的问题，都是大的景物和动向，这是他做事、接触人、生活习性与追求单调的体现，是他一个破产农民而当人力车夫的文化教养的体现。

【能力培养与训练】

1. 找出本文中能体现老舍"俗白"语言特色的句子，并理解作者怎样在俗白中追求精致的美？

2. 分析祥子在本章中性格的转变，以及引起这种转变的原因。

《边城》节选

沈从文

十二

翠翠第二天在白塔下菜园地里，第二次被祖父询问到自己主张时，仍然心儿忡忡的跳着，把头低下不作理会，只顾用手去掐葱。祖父笑着，心想："还是等等看再说下去这一坪葱会全掐掉了。"同时似乎又觉得这其间有点古怪处，不好再说下去，便自己按捺到言语，用一个做作的笑话，把问题引到另外一件事情上去了。

天气渐渐的越来越热了。近六月时，天气热了些，老船夫把一个满是灰尘的黑陶缸子从屋角隅里搬出，自己还匀出闲工夫，拼了几方木板作成一个圆盖。又锯木头作成一个三脚架子，且削刮了个大竹筒，用葛藤系定，放在缸边作为舀茶的家具。自从这茶缸移到屋门溪边后，每早上翠翠就烧一大锅开水，倒进那缸子里去。有时缸里加些茶叶，有时却只放下一些用火烧焦的锅巴，乘那东西还燃着时便抛进缸里去。老船夫且照例准备了些发痧肚痛治疱疮疡子的草根木皮，把这些药搁在家中当眼处，一见过渡人神气不对，就忙匆匆的把药取来，善意的勒迫这过路人使用他的药方，且告人这许多救急丹方的来源（这些丹方自然全是他从城中军医同巫师学来的）。他终日裸着两只膀子，在方头船上站定，头上还常常是光光的，一头短短白发，在日光下如银子。翠翠依然是个快乐人，屋前屋后跑着唱着，不走动时就坐在门前高崖树荫下吹小竹管儿玩。爷爷仿佛把大老提婚的事早已忘掉，翠翠自然也早忘掉这件事情了。

可是那做媒的不久又来探口气了，依然是同从前一样，祖父把事情成否全推到翠翠身上去，打发了媒人上路。回头又同翠翠谈了一次，也依然不得结果。

老船夫猜不透这事情在这什么方面有个疙瘩，解除不去，夜里躺在床上便常常陷入一种沉思里去，隐隐约约体会到一件事情——翠翠爱二老不爱大老，想到了这里时，他笑了，为了害怕而勉强笑了。其实他有点忧愁，因为他忽然觉得翠翠一切全象那个母亲，而且隐隐约约便感觉到这母女二人共同的命运。一堆过去的事情蜂拥而来，不能再睡下去了，一个人便跑出门外，到那临溪高崖上去，望天上的星辰，听河边纺织娘以及一切虫类如雨的声音，许久许久还不睡觉。

这件事翠翠是毫不注意的，这小女孩子日里尽管玩着，工作着，也同时为一些很神秘的东西驰骋她那颗小小的心，但一到夜里，却甜甜的睡眠了。

不过一切皆得在一份时间中变化。这一家安静平凡的生活，也因了一堆接连而来的日子，在人事上把那安静空气完全打破了。

船总顺顺家中一方面，则天保大老的事已被二老知道了，傩送二老同时也让他哥哥知道了弟弟的心事。这一对难兄难弟原来同时爱上了那个撑渡船的外孙女。这事情在本地人说来并不希奇，边地俗话说："火是各处可烧的，水是各处可流的，日月是各处可照的，爱情是各处可到的。"有钱船总儿子，爱上一个弄渡船的穷人家女儿，不能成为希罕的新闻，有一点困难处，只是这两兄弟到了谁应取得这个女人作媳妇时，是不是也还得照茶峒人规矩，来一次流血的挣扎？

兄弟两人在这方面是不至于动刀的，但也不作兴有"情人奉让"如大都市懦怯男子爱与仇对面时作出的可笑行为。

那哥哥同弟弟在河上游一个造船的地方，看他家中那一只新船，在新船旁把一切心事全告给了弟弟，且附带说明，这点爱还是两年前植下根基的。弟弟微笑着，把话听下去。两人从造船处沿了河岸又走到王乡绅新碾坊去，那大哥就说：

"二老，你倒好，作了团总女婿，有座碾坊；我呢，若把事情弄好了，我应当接那个老的手来划渡船了。我欢喜这个事情，我还想把碧溪岨两个山头买过来，在界线上种大南竹，围着这一条小溪作为我的砦子！"

那二老仍然的听着，把手中拿的一把弯月形镰刀随意斫削路旁的草木，到了碾坊时，却站住了向他哥哥说：

"大老，你信不信这女子心上早已有了个人？"

"我不信。"

"大老，你信不信这碾坊将来归我？"

"我不信。"

两人于是进了碾坊。

二老说："你不必——大老，我再问你，假若我不想得这座碾坊，却打量要那只渡船，而且这念头也是两年前的事，你信不信呢？"

那大哥听来真着了一惊，望了一下坐在碾盘横轴上的傩送二老，知道二老不是开玩笑，于是站近了一点，伸手在二老肩上拍打了一下，且想把二老拉下来。他明白了这件事，他笑了。他说，"我相信的，你说的是真话！"

二老把眼睛望着他的哥哥，很诚实的说：

"大老，相信我，这是真事。我早就那么打算到了。家中不答应，那边若答应了，我当真预备去弄渡船的！——你告我，你呢？"

"爸爸已听了我的话，为我要城里的杨马兵做保山，向划渡船说亲去了！"大老说到这个求亲手续时，好象知道二老要笑他，又解释要保山去的用意，只是因为老的说车有车路，马有马路，我就走了车路。

"结果呢？"

"得不到什么结果。老的口上含李子，说不明白。"

"马路呢？"

"马路呢，那老的说若走马路，得在碧溪岨对溪高崖上唱三年六个月的歌。把翠翠心唱软，翠翠就归我了。"

"这并不是个坏主张！"

"是呀，一个结巴人话说不出还唱得出。可是这件事轮不到我了。我不是竹雀，不会唱歌。鬼知道那老的存心是要把孙女儿嫁个会唱歌的水车，还是预备规规矩矩嫁个人！"

"那你怎么样？"

"我想告那老的，要他说句实在话。只一句话。不成，我跟船下桃源去了；成呢，便是要我撑渡船，我也答应了他。"

"唱歌呢？"

"这是你的拿手好戏，你要去做竹雀你就去吧，我不会检马粪塞你嘴巴的。"

二老看到哥哥那种样子，便知道为这件事哥哥感到的是一种如何烦恼了。他明白他哥哥的性情，代表了茶峒人粗卤爽直一面，弄得好，掏出心子来给人也很慷慨作去，弄不好，亲舅舅也必一是一二是二。大老何尝不想在车路上失败时走马路；但他一听到二老的坦白陈述后，他就知道马路只二老有分，自己的事不能提了。因此他有点运气恼，有点愤慨，自然是无从掩饰的。

二老想出了个主意，就是两兄弟月夜里同到碧溪岨去唱歌，莫让人知道是弟兄两个，两人轮流唱下去，谁得到回答，谁便继续用那张唱歌胜利的嘴唇，服侍那划渡船的外孙女。大老不善于唱歌，轮到大老时也仍然由二老代替。两人运命运来决定自己的幸福，这么办可说是极公平了。提议时，那大老还以为他自己不会唱，也不想请二老替他作竹雀。但二老那种诗人性格，却使他很固持的要哥哥实行这个办法。二老说必需这样作，一切才公平一点。

大老把弟弟提议想想，作了一个苦笑。"×娘的，自己不是竹雀，还请老弟做竹雀！好，就是这样子，我们各人轮流唱，我也不要你帮忙，一切我自己来吧。树林子里的猫头鹰，声音不动听，要老运气时，也仍然是自己叫下去，不请人帮忙的！"两人把事情说妥当后，算算日子，今天十四，明天十五，后天十六，接连而来的三个日子，正是有大月亮天气。气候既到了中夏，半夜里不冷不热，穿了白家布汗褂，到那些月光照及的高崖上去，遵照当地的习惯，很诚实与坦白去为一个"初生之犊"的黄花女唱歌。露水降了，歌声涩了，到应当回家了时，就趁残月赶回家去。或过那些熟识的整夜工作不息的碾坊里去，躺到温暖的谷仓里小睡，等候天明。一切安排皆极其自然，结果是什么，两人虽不明白，但也看得极运气自然。两人便决定了从当夜运气始，来作这种为当地习惯所认可的竞争。

<h1 style="text-align:center">十三</h1>

黄昏来时翠翠坐在家中屋后白塔下，看天空为夕阳烘成桃花色的薄云。十四中寨逢场，城中生意人过中寨收买山货的很多，过渡人也特别多，祖父在渡船上忙个不息。天快夜了，别的雀子似乎都在休息了，只杜鹃叫个不息。石头泥土为白日晒了一整天，草木为白日晒了一整天，到这时节皆放散一种热气。空气中有泥土气味，有草木气味，且有甲虫类气味。翠翠看着天上的红云，听着渡口飘乡生意人的杂乱声音，心中有些儿薄薄的凄凉。

黄昏照样的温柔，美丽，平静。但一个人若体念到这个当前一切时，也就照样的在这黄昏中会有点儿薄薄的凄凉。于是，这日子成为痛苦的东西了。翠翠觉得好象缺少了什么。好象眼见到这个日子过去了，想在一件新的人事上攀住它，但不成。好象生活太平凡了，忍受不住。

"我要坐船下桃源县过洞庭湖，让爷爷满城打锣去叫我，点了灯笼火把去找我。"她便同祖父故意生气似的，很放肆的去想到这样一件事，她且想象她出走后，祖父用各种方法寻觅全无结果，到后如何无可奈何躺在渡船上。

人家喊，"过渡，过渡，老伯伯，你怎么的，不管事！""怎么的！翠翠走了，下桃源县了！""那你怎么办？""怎么办吗？拿把刀，放在包袱里，搭下水船去杀了她！"……

翠翠仿佛当真听着这种对话，吓怕起来了，一面锐声喊着她的祖父，一面从坎上跑向溪边渡口去。见到了祖父正把船拉在溪中心，船上人嗯嗯说着话，小小心子还依然跳跃不已。

"爷爷，爷爷，你把船拉回来呀！"

那老船夫不明白她的意思，还以为是翠翠要为他代劳了，就说：

"翠翠，等一等，我就回来！"

"你不拉回来了吗？"

"我就回来！"

翠翠坐在溪边，望着溪面为暮色所笼罩的一切，且望到那只渡船上一群过渡人，其中有个吸旱烟的打着火镰吸烟，且把烟杆在船边剥剥的敲着烟灰，就忽然哭起来了。

祖父把船拉回来时，见翠翠痴痴的坐在岸边，问她是什么事，翠翠不作声。祖父要她去烧火煮饭，想了一会儿，觉得自己哭得可笑，一个人便回到屋中去，坐在黑黝黝的灶边把火烧燃后，她又走到门外高崖上去，喊叫她的祖父，要他回家里来，在职务上毫不儿戏的老船夫，因为明白过渡人皆是赶回城中吃晚饭的人，来一个就渡一个，不便要人站在那岸边呆等，故不上岸来。只站在船头告翠翠，且让他做点事，把人渡完事后，就回家里来吃饭。

翠翠第二次请求祖父，祖父不理会，她坐在悬崖上，很觉得悲伤。

天夜了，有一匹大萤火虫尾上闪着蓝光，很迅速的从翠翠身旁飞过去，翠翠想，"看你飞得多远！"便把眼睛随着那萤火虫的明光追去。杜鹃又叫了。

"爷爷，为什么不上来？我要你！"

在船上的祖父听到这种带着娇有点儿埋怨的声音，一面粗声粗气的答道："翠翠，我就来，我就来！"一面心中却自言自语："翠翠，爷爷不在了，你将怎么样？"

老船夫回到家中时，见家中还黑黝黝的，只灶间有火光，见翠翠坐在灶边矮条凳上，用手蒙着眼睛。

走过去才晓得翠翠已哭了许久。祖父一个下半天来，皆弯着个腰在船上拉来拉去，歇歇时手也酸了，腰也酸了，照规矩，一到家里就会嗅到锅中所焖瓜菜的味道，且可见到翠翠安排晚饭在灯光下跑来跑去的影子。今天情形竟不同了一点。

祖父说："翠翠，我来慢了，你就哭，这还成吗？我死了呢？"

翠翠不作声。

祖父又说："不许哭，做一个大人，不管有什么事都不许哭。要硬扎一点，结实一点，才配活到这块土地上！"

翠翠把手从眼睛边移开，靠近了祖父身边去，"我不哭了。"

两人吃饭时，祖父为翠翠说到一些有趣味的故事。因此提到了死去了的翠翠的母亲。两人在豆油灯下把饭吃过后，老船夫因为工作疲倦，喝了半碗白酒，因此饭后兴致极好，又同翠翠到门外高崖上月光下去说故事。说了些那个可怜母亲的乖巧处，同时且说到那可怜母亲性格强硬处，使翠翠听来神往倾心。

翠翠抱膝坐在月光下，傍着祖父身边，问了许多关于那个可怜母亲的故事。间或吁一口气，似乎心中压上了些分量沉重的东西，想挪移得远一点，才吁着这种气，可是却无从把那东西挪开。

月光如银子，无处不可照及，山上篁竹在月光下皆成为黑色。身边草丛中虫声繁密如落雨。间或不知道从什么地方，忽然会有一只草莺"落落落落嘘！"啭着它的喉咙，不久之间，这小鸟儿又好象明白这是半夜，不应当那么吵闹，便仍然闭着那小小眼儿安睡了。

祖父夜来兴致很好，为翠翠把故事说下去，就提到了本城人二十年前唱歌的风气，如何驰名于川黔边地。翠翠的父亲，便是唱歌的第一手，能用各种比喻解释爱与憎的结子，这些事也说到了。翠翠母亲如何爱唱歌，且如何同父亲在未认识以前在白日里对歌，一个在半山上竹篁里砍竹子，一个在溪面渡船上拉船，这些事也说到了。

翠翠问："后来怎么样？"

祖父说："后来的事长得很，最重要的事情，就是这种歌唱出了你。"

【作者作品】

沈从文（1902—1988），原名沈岳焕，苗族，湖南凤凰县人。十四岁时，他投身行伍，浪迹湘川黔边境地区，一九二四年开始文学创作，抗战爆发后到西南联大任教，一九四六年回到北京大学任教，新中国成立后在中国历史博物馆和中国社会科学院历史研究所工作，主要从事中国古代服饰的研究，一九八八年病逝于北京。

沈从文一生共出版了《石子船》、《从文子集》等三十多种短集小说集和《边城》、《长河》等六部中长篇小说，沈从文是具有特殊意义的乡村世界的主要表现者和反思者，他认为"美在生命"，虽身处于虚伪、自私和冷漠的都市，却醉心于人性之美，他说："这世界或有在沙基或水面上建造崇楼杰阁的人，那可不是我，我只想造希腊小庙。选小地作基础，用坚硬石头堆砌它。精致、结实、对称，形体虽小而不纤巧，是我理想的建筑，这庙供奉的是'人性'。

沈从文的创作风格趋向浪漫主义，他要求小说的诗意效果，融写实、纪梦、象征于一体，语言格调古朴，句式简峭、主干凸出，单纯而又厚实，朴素而又传神，具有浓郁的地方色彩，凸现出乡村人性特有的风韵与神采。整个作品充满了对人生的隐忧和对生命的哲学思考，如他那实在而又顽强的生命，给人教益和启示。

沈从文创作的小说主要有两类，一类是以湘西生活为题材，一类是以都市生活为题材，前者通过描写湘西人原始、自然的生命形式，赞美人性美；后者通过都市生活的腐化堕落，揭示都市自然人性的丧失。其笔下的乡村世界是在与都市社会对立互参的总体格局中获得表现的，而都市题材下的上流社会"人性的扭曲"他是在"人与自然契合"的人生理想的烛照下获得显现，正是他这种独特的价值尺度和内涵的哲学思辨，构起了沈从文笔下的都市人生与乡村世界的桥梁，也正由于这种对以金钱为核心的"现代文学"的批判，以及对理想浪漫主义的追求，使得沈从文写出了《边城》这样的理想生命之歌。

本文选自沈从文小说《边城》第十二章和第十三章。

【阅读提示】

中篇小说《边城》是他的代表作，寄寓着沈从文"美"与"爱"的美学理想，是他表现人性美最突出的作品，通过湘西儿女翠翠恋人傩送的爱情悲剧，反映出湘西在"自然"、"人事"面前不能把握自己的命运，一代又一代重复着悲涂的人生，寄托了作者民族的和个人的隐痛。

【能力培养与训练】

1. 第一段中，翠翠为什么会感到"薄薄的凄凉"？

2. 第二段中，翠翠为何要"胡思乱想"？翠翠和祖父之间有着浓得化不开的亲情，无论是他们二人，还是读者，对此都不会怀疑。但是为什么翠翠会产生"惩罚"爷爷的念头？

3. 翠翠坐在溪边，为什么就"忽然哭起来了"？为什么无来由地多次地"哭"？

4. 外公给翠翠讲父母的往事，把握此时翠翠心理的微妙变化。

《红高粱》节选
莫 言

五

我奶奶刚满十六岁时，就由她的父亲做主，嫁给了高密东北乡有名的财主单廷秀的独生子单扁郎。单家开着烧酒锅，以廉价高粱为原料酿造优质白酒，方圆百里都有名。东北乡地势低洼，往往秋水泛滥，高粱高秆防涝。被广泛种植，年年丰产。单家利用廉价原料酿酒谋利，富甲一方。我奶奶能嫁给单扁郎，是我曾外祖父的荣耀。当时，多少人家都渴望着和单家攀亲，尽管风传着单扁郎早就染上了麻风病。单廷秀是个干干巴巴的小老头，脑后翘着一支枯干的小辫子。他家里金钱满柜，却穿得破衣烂袄，腰里常常扎一条草绳。奶奶嫁到单家，其实也是天意。那天，我奶奶在秋千架旁与一些尖足长辫的大闺女要笑游戏，那天是清明节，桃红柳绿、细雨霏霏，人面桃花，女儿解放。奶奶那天身高一米六零，体重六十公斤，上穿碎花洋布褂子，下穿绿色缎裤，脚脖子上扎着深红色的绸带子。由于下小雨，奶奶穿了一双用桐油浸泡过十几遍的绣花油鞋，一走克郎克郎地响。奶奶脑后垂着一根油光光的大辫子，脖子上挂着一个沉甸甸的银锁——我曾外祖父是个打造银器的小匠人。曾外祖母是个破落地主的女儿，知道小脚对于女人的重要意义。奶奶不到六岁就开始缠脚，日日加紧。一根裹脚布，长一丈余，曾外祖母用它，勒断了奶奶的脚骨，把八个脚趾，折断在脚底，真惨！我的母亲也是小脚，我每次看到她的脚，就心中难过，就恨不得高呼：打倒封建主义！人脚自由万岁！奶奶受尽苦难，终于裹就一双三寸金莲。十六岁那年，奶奶已经出落得丰满秀丽，走起路来双臂挥舞，身腰扭动，好似风中招飐的杨柳。单廷秀那天撅着粪筐子到我曾外祖父村里转圈，从众多的花朵中，一眼看中了我奶奶。三个月后，一乘花轿就把我奶奶抬走了。

奶奶坐在憋闷的花轿里，头晕眼眩。罩头的红布把她的双眼遮住，红布上散着一股强烈的霉馊味。她滑起手，掀起红布——曾外祖母曾千叮咛万嘱咐，不许她自己揭动罩头红布——一只沉甸甸的绞丝银镯子滑到小臂上，奶奶看着镯子上的蛇形花纹，心里纷乱如麻。温暖的薰风吹拂着狭窄的土路两侧翠绿的高粱。高粱地里传来鸽子咕咕咕咕的叫声。刚秀出来的银灰色的高粱穗子飞扬着清淡的花粉。迎着她的面的轿帘上，刺绣着龙凤图案，轿帘上的红布因轿子经年赁出，已经黯淡失色，正中间油渍了一大片。夏末秋初，轿外阳光茂盛，轿夫们轻捷的运动使轿子颤颤悠悠，拴轿杆的生牛皮吱吱扭扭地响，轿帘轻轻掀动，把一缕缕的光明和一缕缕比较清凉的风闪进轿里来。奶奶浑身流汗，心跳如鼓，听着轿夫们均匀的脚步声和粗重的喘息声，脑海里交替着出现卵石般的光滑寒冷和辣椒般的粗糙灼热。

自从奶奶被单廷秀看中后，不知有多少人向曾外祖父和曾外祖母道过喜。奶奶虽然也想过上马金下马银的好日子，但更盼着有一个识字解文、眉清目秀、知冷知热的好女婿。奶奶在闺中刺绣嫁衣，绣出了我未来的爸爸的一幅幅精美的图画。她曾经盼望着早日成婚，但从女伴的话语中隐隐约约听到单家公子是个麻风病患者，奶奶的心凉了，奶奶向她的父母诉说心中的忧虑。曾外祖父遮遮掩掩不回答，曾外祖母把奶奶的女伴们痛骂一顿，其意大概是说狐狸吃不到葡萄就说葡萄是酸的之类。曾外祖父后来又说单家公子饱读诗书，足不出户，白白净净，一表人才。奶奶恍恍惚惚，不知真假，心想着天下无有狠心的爹娘，也许女伴真是瞎说。奶奶又开始盼望早日完婚。奶奶丰腴的青春年华辐射着强烈的焦虑和淡淡的孤寂，她渴望着躺在一个伟岸的男子怀抱里缓解焦虑消除孤寂。婚期终于熬到了，奶奶被装进了这乘四人大轿，大喷叭小唢呐在轿前轿后吹得凄凄惨惨，奶奶止不住泪流面颊。轿子起行，忽悠悠似腾云驾雾。偷懒的吹鼓手在出村不远处就停止了吹奏，轿夫们的脚下也快起来。高粱的味道深入人心。高粱地里的奇鸟珍禽高鸣低啭。在一线一线阳光射进昏暗的轿内时，奶奶心中丈夫的形象也渐渐清晰起来。她的心像被针锥扎着，疼痛深刻有力。

"老天爷，保佑我吧！"奶奶心中的祷语使她的芳唇冲动。奶奶的唇上有一层纤弱的茸毛。奶奶鲜嫩茂盛，水分充足。她出口的细语被厚重的轿壁和轿帘吸收得干干净净。她一把撕下那块酸溜溜的罩头布，放在膝上。奶奶按着出嫁的传统，大热的天气，也穿着三表新的棉袄棉裤。花轿里破破烂烂，肮脏污浊。它像个棺材，不知装过了多少个必定成为死尸的新娘。轿壁上衬里的黄缎子脏得流油，五只苍蝇有三只在奶奶头上方嗡嗡地飞翔，有两只伏在轿帘上，用棒状的黑腿擦着明亮的眼睛。奶奶受闷不过，悄悄地伸出笋尖状的脚，把轿帘打开一条缝，偷偷地往外看。她看到轿夫们肥大的黑色衫绸裤里依稀可辨的、优美颀长的腿，和穿着双鼻梁麻鞋的肥大的脚。轿夫的脚踏起一股股噗噗作响的尘土。奶奶猜想着轿夫粗壮的上身，忍不住把脚尖上移，身体前倾。她看到了光滑的紫槐木轿杆和轿夫宽阔的肩膀。道路两边，板块般的高粱坚固凝滞，连成一体，拥拥挤挤，彼此打量，灰绿色的高粱穗子睡眼未开，这一穗与那一穗根本无法区别，高粱永无尽头，仿佛潺潺流动的河流。道路有时十分狭窄，沾满蚜虫分泌物的高粱叶子擦得轿子两侧沙沙地响。

轿夫身上散发出汗酸味，奶奶有点痴迷地呼吸着这男人的气味，她老人家心中肯定漾起一圈圈春情波澜。轿夫抬轿从街上走，迈的都是八字步，号称"踩街"，这一方面是为讨主家欢喜，多得些赏钱；另一方面，是为了显示一种优雅的职业风度。踩街时，步履不齐的不是好汉，手扶轿杆的不是好汉，够格的轿夫都是双手卡腰，步调一致，轿子颠动的节奏要和上吹鼓手们吹出的凄美音乐，让所有的人都能体会到任何幸福后面都隐藏着等量的痛苦。轿子走到平川旷野，轿夫们便撒了野，这一是为了赶路，二是要折腾一下新娘。有的新娘，被轿子颠得大声呕吐，脏物吐满锦衣绣鞋；轿夫们在新娘的呕吐声中，获得一种发泄的快乐。这些年轻力壮的男子，为别人抬去洞房里的牺牲，心里一定不是滋味，所以他们要折腾新娘。

那天抬着我奶奶的四个轿夫中，有一个成了我的爷爷——他就是余占鳌司令。那时候他二十郎当岁，是东北乡打棺抬轿这行当里的佼佼者——我爷爷辈的好汉们，都有高密东北乡人高粱般鲜明的性格，非我们这些孱弱的后辈能比——当时的规矩，轿夫们在路上开新娘子的玩笑，如同烧酒锅上的伙计们喝烧酒，是天经地义的事，天王老子的新娘他们也敢折腾。

高粱叶子把轿子磨得嚓嚓响，高粱深处，突然传来一阵悠扬的哭声，打破了道路上的单调。哭声与吹鼓手们吹出的曲调十分相似。奶奶想到乐曲，就想到那些凄凉的乐器一定在吹鼓手们手里提着。奶奶用脚撑着轿帘能看到一个轿夫被汗水溻湿的腰，奶奶更多地是看到自己穿着大红绣花鞋的脚，它尖尖瘦瘦，带着凄艳的表情，从外边投进来的光明罩住了它们，它们像两枚莲花瓣，它们更像两条小金鱼埋伏在澄澈的水底。两滴高粱米粒般晶莹微红的细小泪珠跳出奶奶的睫毛，流过面颊，流到嘴角。奶奶心里又悲又苦，往常描绘好的、与戏台上人物同等模样、峨冠博带、儒雅风流的丈夫形象在泪眼里先模糊后湮灭，奶奶恐怖地看到单家扁郎那张开花绽彩的麻风病人脸，奶奶透心地冰冷。奶奶想这一双乔乔金莲，这一张桃腮杏脸，千般的温存，万种的风流，难道真要由一个麻风病人去消受？如其那样，还不如一死了之。高粱地里悠长的哭声里，夹杂着疙疙瘩瘩的字眼：青天哟——蓝天哟——花花绿绿的天哟——棒槌哟亲哥哟你死了——可就塌了妹妹的天哟——。我不得不告诉您，我们高密东北乡女人哭丧跟唱歌一样优美，民国元年，曲阜县孔夫子家的"哭丧户"专程前来学习过哭腔。大喜的日子碰上女人哭亡夫，奶奶感到这是不祥之兆，已经沉重的心情更加沉重。这时，有一个轿夫开口说话："轿上的小娘子，跟哥哥们说几句话呀！远远的路程，闷得慌。"

奶奶赶紧拿起红布，蒙到头上，顶着轿帘的脚尖也悄悄收回，轿里又是一团漆黑。

"唱个曲儿给哥哥们听，哥哥抬着你哩！"

吹鼓手如梦方醒，在轿后猛地吹响了大喇叭，大喇叭说：

"嗯咚——嗯咚——"

"猛捅——猛捅——"轿前有人模仿着喇叭声说，前前后后响起一阵粗野的笑声。

奶奶身上汗水淋漓。临上轿前，曾外祖母反复叮咛过她，在路上，千万不要跟轿夫们磨牙斗嘴，轿夫，吹鼓手，都是下九流，奸刁古怪，什么样的坏事都干得出来。

轿夫们用力把轿子抖起来，奶奶的屁股坐不安稳，双手抓住座板。

"不吱声？颠！颠不出她的话就颠出她的尿！"

轿子已经像风浪中的小船了，奶奶死劲抓住座板，腹中翻腾着早晨吃下的两个鸡蛋，苍蝇在她耳畔嗡嗡地飞，她的喉咙紧张，蛋腥味冲到口腔，她咬住嘴唇。不能吐，不能吐！奶奶命令着自己，不能吐啊，凤莲，人家说吐在轿里是最大的不吉利，吐了轿一辈子没好运……

轿夫们的话更加粗野了，他们有的骂我曾外祖父是个见钱眼开的小人，有的说鲜花插到牛粪上，有的说单扁郎是个流白脓淌黄水的麻风病人，他们说站在单家院子外，就能闻到一股烂肉臭味，单家的院子里，飞舞着成群结队的绿头苍蝇……

"小娘子，你可不能让单扁郎沾身啊，沾了身你也烂啦！"

大喇叭小唢呐呜呜咽咽地吹着，那股蛋腥味更加强烈，奶奶牙齿紧咬嘴唇，咽喉里像有只拳头在打击，她忍不住了，一张嘴，一股奔突的脏物蹿出来，涂在了轿帘上，五只苍蝇像子弹一样射到呕吐物上。

"吐啦吐啦，颠呀！"轿夫们狂喊着，"颠呀，早晚颠得她开口说话。"

"大哥哥们……饶了我吧……"奶奶在呃嗝中，痛不欲生地说着，说完了，便放声大哭起来。奶奶觉得委屈，奶奶觉得前途险恶，终生难脱苦海。爹呀，娘呀，贪财的爹，狠心的娘，你们把我毁了。

奶奶放声大哭，高粱深深震动。轿夫们不再颠狂，推波助澜、兴风作浪的吹鼓手们也停嘴不吹。只剩下奶奶的呜咽，又和进了一支悲泣的小唢呐，唢呐的哭声比所有的女人哭泣都优美。奶奶在唢呐声中停住哭，像聆听天籁一般，听着这似乎从天国传来的音乐。奶奶粉面凋零，珠泪点点，从悲婉的曲调里，她听到了死的声音，嗅到了死的气息，看到了死神的高粱般深红的嘴唇和玉米般金黄的笑脸。

轿夫们沉默无言，步履沉重。轿里牺牲的哽咽和轿后唢呐的伴奏，使他们心中萍翻桨乱，雨打魂幡。走在高粱小径上的，已不像迎亲的队伍，倒像送葬的仪仗。在奶奶脚前的那个轿夫——我后来的爷爷余占鳌，他的心里，有一种不寻常的预感，像熊熊燃烧的火焰一样，把他未来的道路照亮了。奶奶的哭声，唤起他心底早就蕴藏着的怜爱之情。

轿夫们中途小憩，花轿落地。奶奶哭得昏昏沉沉，不觉地把一只小脚露到了轿外。轿夫们看着这玲珑的、美丽无比的小脚，一时都忘魂落魄。余占鳌走过来，弯腰，轻轻地，轻轻地握住奶奶那只小脚，像握着一只羽毛未丰的鸟雏，轻轻地送回轿内。奶奶在轿内，被这温柔感动，她非常想撩开轿帘，看看这个生着一只温暖的年轻大手的轿夫是什么样的人。

我想，千里姻缘一线穿，一生的情缘，都是天凑地合，是毫无挑剔的真理。余占鳌就是因为握了一下我奶奶的脚唤醒了他心中伟大的创造新生活的灵感，从此彻底改变了他的一生，也彻底改变了我奶奶的一生。

花轿又起行，喇叭吹出一个猿啼般的长音，便无声无息。起风了，东北风，天上云朵麇集，遮住了阳光，轿子里更加昏暗。奶奶听到风吹高粱，哗哗哗啦啦啦，一浪赶着一浪，响到远方。奶奶听到东北方向有隆隆雷声响起。轿夫们加快了步伐。轿子离单家还有多远，奶奶不知道，她如同一只被绑的羔羊，愈近死期，心里愈平静。奶奶胸口里，揣着一把锋利的剪刀，它可能是为单扁郎准备的，也可能是为自己准备的。

奶奶的花轿行走到蛤蟆坑被劫的事，在我的家族的传说中占有一个显要的位置。蛤蟆坑是大洼子里的大洼子，土壤尤其肥沃，水分尤其充足，高粱尤其茂密。奶奶的花轿行到这里，东北天空抖着一个血红的闪电，一道残缺的杏黄色阳光，从浓云中，嘶叫着射向道路。轿夫们气喘吁吁，热汗涔涔。走进蛤蟆坑，空气沉重，路边的高粱乌黑发亮，深不见底，路上的野草杂花几乎长死了路。有那么多的矢车菊，在杂草中高扬着细长的茎，开着紫、蓝、粉、白四色花。高粱深处，蛤蟆的叫声忧伤，蝈蝈的唧唧凄凉，狐狸的哀鸣悠怅。奶奶在轿里，突然感到一阵寒冷袭来，皮肤上凸起一层细小的鸡皮疙瘩。奶奶还没明白过来是怎么一回事，就听到轿前有人高叫一声："留下买路钱！"

奶奶心里咯噔一声，不知忧喜，老天，碰上吃饼的了！

高密东北乡土匪如毛，他们在高粱地里鱼儿般出没无常，结帮拉伙，拉驴绑票，坏事干尽，好事做绝。如果肚子饿了，就抓两个人，扣一个，放一个。让被放的人回村报信，送来多少张卷着鸡蛋大葱一把粗细的两榨多长的大饼。吃大饼时要用双手卡住往嘴里塞，故曰"抔饼"。

"留下买路钱！"那个吃抔饼的人大吼着。轿夫们停住，呆呆地看着劈腿横在路当中的劫路人。那人身体不高，脸上涂着黑墨，头戴一顶高粱篾片编成的斗笠，身披一件大蓑衣，蓑衣敞着，露出密扣黑衣和拦腰扎着的宽腰带。腰带里别着一件用红绸布包起的鼓鼓囊囊的东西。那人用一只手按着那布包。

奶奶在一转念间，感到什么事情也不可怕了，死都不怕，还怕什么？她掀起轿帘，看着那个吃抔饼的人。

那人又喊："留下买路钱！要不我就崩了你们！"他拍了拍腰里那件红布包裹着的家伙。

吹鼓手们从腰里摸出曾外祖父赏给他们的一串串铜钱，扔到那人脚前。轿夫放下轿子，也把新得的铜钱掏出，扔下。

那人把钱串子用脚踢拢成堆，眼睛死死地盯着坐在轿里的我奶奶。

"你们，都给我滚到轿子后边去，要不我就开枪啦！"他用手拍拍腰里别着的家伙大声喊叫。

轿夫们慢慢吞吞地走到轿后，余占鳌走在最后，他猛回转身，双目直逼吃抔饼的人。那人瞬间动容变色，手紧紧掯住腰里的红布包，尖叫着："不许回头，再回头我就毙了你。"

劫路人按着腰中家伙，脚不离地蹭到轿子前伸手捏捏奶奶的脚。奶奶粲然一笑，那人的手像烫了似的紧着缩回去。

"下轿，跟我走！"他说。

奶奶端坐不动，脸上的笑容凝固了一样。

"下轿！"

奶奶欠起身，大大方方地跨过轿杆，站在烂漫的矢车菊里。奶奶右眼看着吃抔饼的人，左眼看着轿夫和吹鼓手。

"往高粱地里走！"劫路人按着腰里用红布包着的家伙说。

奶奶舒适地站着，云中的闪电带着铜音嗡嗡抖动，奶奶脸上粲然的笑容被分裂成无数断断续续的碎片。

劫路人催逼着奶奶往高粱地里走，他的手始终按着腰里的家伙。奶奶用亢奋的眼睛，看着余占鳌。

余占鳌对着劫路人笔直地走过去，他薄薄的嘴唇绷成一条刚毅的直线，两个嘴角一个上翘，一个下垂。

"站住！"劫路人有气无力地喊着，"再走一步我就开枪！"他的手按在腰里用红布包裹着的家伙上。

余占鳌平静地对着吃抔饼的人走，他前进一步，吃抔饼者就缩一点。吃抔饼的人眼里跳出绿火花，一行行雪白的清明汗珠从他脸上惊惶地流出来。当余占鳌离他三步远时，他惭愧地叫了一声，转身就跑，余占鳌飞身上前，对准他的屁股，轻捷地踢了一脚。劫路人的身体贴着杂草梢头，蹭着矢车菊花朵，平行着飞出去，他的手脚在低空中像天真的婴孩一样抓挠着，最后落到高粱棵子里。

"爷们儿，饶命吧！小人家中有八十岁的老母，不得已才吃这碗饭。"劫路人在余占鳌手下熟练地叫着。余占鳌抓着他的后颈皮，把他提到轿子前，用力摔在路上，对准他吵嚷不休的嘴巴踢了一脚。劫路人一声惨叫，半截吐出口外，半截咽到肚里，血从他鼻子里流出来。

余占鳌弯腰，把劫路人腰里那个家伙拔出来，抖掉红布，露出一个弯弯曲曲的小树疙瘩，众人嗟叹不止。

那人跪在地上，连连磕头求饶。余占鳌说："劫路的都说家里有八十岁的老母。"他退到一边，看着轿夫和吹鼓手，像狗群里的领袖看着群狗。

轿夫吹鼓手们发声喊，一拥而上，围成一个圈圈，对准劫路人，花拳绣脚齐施展。起初还能听到劫路人尖厉的哭叫声，一会儿就听不见了。奶奶站在路边，听着七零八落的打击肉体沉闷声响，对着余占鳌顿眸一瞥，然后仰面看着天边的闪电，脸上凝固着的，仍然是那种粲然的，黄金一般高贵辉煌的笑容。

一个吹鼓手挥动起大喇叭，在劫路者的当头心里猛劈了一下，喇叭的圆刃劈进颅骨里去，费了好大劲才拔出。劫路人肚子里咕噜一声响，痉挛的身体舒展开来，软软地躺在地上。一线红白相间的液体，从那道深刻的裂缝里慢慢地挤出来。

"死了？"吹鼓手提着打瘪了的喇叭说。

"打死了，这东西，这么不经打！"

轿夫吹鼓手们俱神色惨淡，显得惶惶不安。

余占鳌看看死人，又看看活人，一语不发。他从高粱上撕下一把叶子，把轿子里奶奶呕吐出的脏物擦掉，又举起那块树疙瘩看看，把红布往树疙瘩上缠几下，用力摔出，飞行中树疙瘩抢先，红包布落后，像一只赤红的大蝶，落到绿高粱上。

余占鳌把奶奶扶上轿："上来雨了，快赶！"

奶奶撕下轿帘，塞到轿子角落里，她呼吸着自由的空气，看着余占鳌的宽肩细腰。他离着轿子那么近，奶奶只要一跷脚，就能踢到他青白色的结实头皮。

风利飕有力，高粱前推后拥，一波一波地动。路一侧的高粱把头伸到路当中，向着我奶奶弯腰致敬。轿夫们飞马流星，轿子出奇的平稳，像浪尖上飞快滑动的小船。蛙类们兴奋地鸣叫着，迎接着即将来临的盛夏的暴雨，低垂的天幕，阴沉地注视着银灰色的高粱脸庞，一道压一道的血红闪电在高粱头上裂开，雷声强大，震动耳膜，奶奶心中亢奋，无畏地注视着黑色的风掀起的绿色的浪潮，云声像推磨一样旋转着过来，风向变幻不定，高粱四面摇摆，田野凌乱不堪。最先一批凶狠的雨点打得高粱颤抖，打得野草毂觫，打得道上的细土凝聚成团后又立即迸裂，打得轿顶啪啪响，打在奶奶的绣花鞋上，打在余占鳌的头上，斜射到奶奶的脸上。

余占鳌他们像兔子一样疾跑，还是未能躲过这场午前的雷阵雨。雨打倒了无数的高粱，雨在田野里狂欢，蛤蟆躲在高粱根下，哈达哈达地抖着颔下雪白的皮肤，狐狸蹲在幽暗的洞里，看着从高粱上飞溅而下的细小水珠，道路很快就泥泞不堪，杂草伏地，矢车菊清醒地擎着湿漉漉的头。轿夫们肥大的黑裤子紧贴在肉上，人就变得苗条流畅。余占鳌的头皮被冲刷得光洁明媚，像奶奶眼中的一颗圆月。雨水把奶奶的衣服也打湿了，她本来可以挂上轿帘遮挡雨水，她没有挂，她不想挂。奶奶通过敞亮的轿门，看到了纷乱不安的宏大世界。

六

父亲分拨着高粱，向着西北方向，我们的村庄，飞快地钻。人脚獾沿着高粱垄沟笨拙地逃窜，父亲顾不上理它。父亲上了那条土路，没了高粱的羁绊，跑得像野兔一样快，沉重的勃朗宁手枪把他的红布腰带坠成一牙残月。手枪颠打着他的胯骨，在麻辣的痛楚中，父亲觉得自己成了举刀跃马的男子汉。村庄遥遥在望，村头那棵郁郁青青已逾百年的白果树，严肃地迎接着父亲。父亲把枪拔出，举在手里，边跑，边瞄着在天空中滑来滑去的优雅的鸟影。

街道上空无一人，不知谁家的一条瘸腿瞎眼的毛驴，拴在一堵灰泥剥落的土墙边上，毛驴垂头而立，一动不动。露天的石碾上，落着两只深蓝的乌鸦。村里的人，都集中在我家烧酒作坊前一个土场上。这场上曾经铺红叠丹，堆满了我家收购的红高粱。那时候奶奶常常手持白尾拂尘，姗姗移动着小脚，看着我家醉醺醺的伙计，用木斗收购高粱，奶奶的脸上染着灿烂的朝霞。场上的人都面向东南方。听着随时可能传来的枪响。一些和我父亲年龄相仿的顽童，虽然手脚发痒，但也不敢打闹。

父亲和去年用杀猪刀把罗汉大爷零割活剥了的孙五从两个方向跑到场内。孙五干了那事后，就精神错乱，手舞足蹈，眼睛笔直，腮上肉跳，胡言乱语，口吐白沫，扑地跪倒，喊着："大哥大哥大哥，太君让我干，我不敢不干……你死后升了天，骑白马，佩雕鞍，穿蟒袍，坠金鞭……"村里人见他这样，也就把恨他的心淡了。孙五疯了几个月，又添了新症候：他在一阵喊叫之后，突然口眼㖞斜，鼻涕口水淋淋漓漓，话也说不清了。村里人说这是上天报应。

父亲手提勃朗宁，气喘吁吁，一头皮高粱上的白粉红尘。孙五衣衫成缕，大肚子上布满皱纹，左腿棒硬，右腿软弱，蹦进场子，没人理他。人们都看我英气勃勃的父亲。

奶奶走到父亲面前。奶奶刚过三十岁，扎着盘头髻，刘海儿五绺，像稀疏的珠帘遮着光洁的额头。奶奶的眼睛里永远秋水汪汪，有人说是被高粱酒熏的。十五年风雨狂心魂激荡，我奶奶由黄花姑娘变成了风流少妇。

奶奶问："怎么啦？"

父亲呼呼喘着气，把勃朗宁手枪插进腰带。

"鬼子没来？"奶奶问。

父亲说："冷支队，狗娘养的，我们饶不了他！"

"怎么回事？"奶奶问。

父亲说："擀拤饼。"

"没听到打呀！"奶奶说。

父亲说："擀拤饼，多卷鸡蛋大葱。"

奶奶问："鬼子没有来？"

"余司令让擀拤饼，要你亲自送去！"

奶奶说："乡亲们，回去凑面擀拤饼吧。"

父亲转身要跑，被奶奶伸手拉住，奶奶说："豆官，告诉娘，冷支队是怎么回事？"

父亲挣开奶奶的手，气汹汹地说："冷支队没见影，余司令饶不了他们。"

父亲跑了。奶奶追着父亲瘦小的背影，叹了一口气。空阔的场上，孙五歪立着，僵着眼望着奶奶，他的手比划着，口水吐噜吐噜地在嘴上流。

奶奶不理孙五，向倚在墙边上的一个长脸姑娘走去。长脸姑娘对着奶奶咻咻地笑。奶奶走到她眼前时，她忽然蹲下身，双手紧紧地捂住裤腰，尖声哭起来。她的两只深潭般的眼睛里，跳出疯傻的火星。奶奶摸着她的脸说："玲子，好孩子，别怕。"

十七岁的玲子姑娘，当时是我们村第一号美女。余司令初挑大旗招兵买马，聚起了一支五十多人的队伍，队伍里有一个穿一身黑制服，穿一双白皮鞋，面色苍白，留着乌黑长发的瘦削青年。据说玲子爱上了这个青年。他操着一口漂亮的京腔，从来不笑，眉毛日日紧蹙，双眉之间有三条竖纹，人们都叫他任副官。玲子觉得任副官冷俏的外壳里，有一股逼人的灼热，烧燎得她坐立不安。那时候余司令的队伍每天上午都在我家收购高粱的空场上练习步伐。吹大喇叭的吹鼓手刘四山是余司令队伍里的号兵，大喇叭权充军号。每次训练前，刘四山就吹喇叭集合队伍。玲子一听到喇叭响，就从家里风快地跑出来，跑到土场边，趴到土墙上，等着看任副官。任副官是训练教官，他腰扎牛皮宽腰带，皮带上挂着一支勃朗宁手枪。

任副官挺胸凹腹，走到队伍前，喊一声立正，那两行人的脚跟就使劲碰在一起。

任副官说："立正时，要双腿绷直，肚子回收，胸脯挺出，眼睛睁圆，像豹子吃人一样。"

"看你这个簇样！"任副官踢了王文义一脚，说，"看你劈腿拉胯，好像骡马撒尿，揍你都揍不上个劲。"

玲子喜欢看任副官打人，喜欢听任副官骂人。任副官潇洒的神态令她如痴似醉。任副官没事时，常在我家的空场上背着手散步，玲子躲在墙后偷偷看他。

任副官问："你叫什么名字？"

"玲子。"

"你躲在墙后看什么？"

"看你哩。"

"你识字吗？"

"不识。"

"你想当兵吗？"

"不想。"

"噢，不想。"

玲子后来感到后悔，她对我父亲说，要是任副官再问她，她就说想当兵。但任副官没有再问。

玲子和我父亲他们趴在墙头上，看着任副官在空场上教唱革命歌曲。父亲身矮，脚下垫了三块土坯才能看到墙里的情景。玲子把秀挺的下巴支在土墙上，紧盯着沐着朝霞的任副官。任副官教着队伍唱：高粱红了，高粱红了，东洋鬼子来了，东洋鬼子来了。国破了，家亡了，同胞们快起来，拿起刀拿起枪，打鬼子保家乡……

队伍里的人拙嘴笨舌，总学不出正调。趴在墙外的孩子们，把这首歌儿学得滚瓜溜熟。我父亲生前，还牢牢记着这首歌的曲词。

玲子姑娘有一天大着胆子去找任副官，误入了军需股长的房子。军需股长是余司令的亲叔余大牙，四十多岁，嗜酒如命，贪财好色，那天他喝了个八成醉，玲子闯进去，正如飞蛾投火，正如羊入虎穴。

任副官命令几个队员，把糟蹋玲子姑娘的余大牙捆了起来。

那时，余司令落宿在我家，任副官去向他报告时，余司令正在我奶奶炕上睡觉。奶奶已梳洗停当，正准备烧几条柳叶鱼下酒，任副官怒冲冲闯进来，吓了奶奶一大跳。

任副官问奶奶："司令呢？"

"在炕上睡觉哩！"奶奶说。

"叫起来他。"

奶奶叫起余司令。

余司令睡眼惺忪地走出来，伸一个懒腰，打一个哈欠，说："有什么事？"

"司令，要是日本人奸淫我姐妹，当不当杀？"任副官问。

"杀！"余司令回答。

"司令，要是中国人奸淫自己姐妹，该不该杀？"

"杀！"

"好，司令，就等着你这句话。"任副官说，"余大牙奸污了民女曹玲子，我已经让弟兄们把他捆起来了。"

"有这种事？"余司令说。

"司令，什么时候执行枪决？"

余司令打了一个嗝，说："睡个女人，也算不了大事。"

"司令，王子犯法，一律同罪！"

"你说该治他个什么罪？"余司令阴沉沉地问。

"枪毙！"任副官毫不犹豫地说。

余司令哼了一声，焦躁地跺着脚，满脸怒气。后来，他脸上又漾出笑容，说："任副官，当众打他五十马鞭，给玲子家二十块大洋，怎么样？"

任副官刻薄地说："就因为他是你亲叔叔？"

"打他八十马鞭，罚他娶了玲子，老子也认个小婶婶！"

任副官解下腰带，连同勃朗宁手枪，摔到余司令怀里。任副官拱手一揖，道一声："司令，两便了！"便大踏步走出我家院子。

余司令提着枪，看着任副官的背影，咬牙切齿地说："滚你娘的，一个学生娃娃，也想管辖老子，老子吃了十年排饼，还没有人敢如此张狂。"

奶奶说："占鳌，不能让任副官走，千军易得，一将难求。"

"妇道人家懂得什么！"余司令心烦意乱地说。

"原以为你是条好汉，想不到也是个窝囊废！"奶奶说。

余司令拉开手枪，说："你是不是活够了？"

奶奶一把撕开胸衣，露出粉团一样的胸脯，说："开枪吧！"

父亲高叫一声娘，扑到了我奶奶胸前。

余占鳌看着我父亲的端正头颅，看着我奶奶的花容月貌，不知有多少往事涌上心头。他叹一口气，收起了枪，说："弄好你的衣裳！"便手提马鞭，走到院里，从拴马桩上解下他那匹精致的小黄马，不及备鞍，骑到了训练场。

队员们懒散地倚在墙上，见到余司令来了，便立正站好，没有一个人吭气。

余大牙被绑住双臂，拴在一棵树上。

余司令跳下马，走到余大牙面前，说："你真干啦？"

余大牙说："鳌子，给老子松绑，老子不在你这儿干啦！"

队员们瞪着大小不一的眼，看着余司令。

余司令说："叔，我要枪毙你。"

余大牙吼叫着："杂种，你敢毙你亲叔？想想叔叔待你的恩情，你爹死得早，是叔叔挣钱养活你娘俩，要是没有我，你小子早就喂了狗啦！"

余司令扬手一鞭，打在余大牙脸上，骂一声："混账！"接着便双膝跪地，说："叔，占鳌永远不忘你的养育之恩，你死之后，我给你披麻戴孝，逢年过节，我给你祭扫坟墓。"

余司令翻身跳上马背，在马腔上打了一鞭，向着任副官走去的方向，飞马追去，得得答答的马蹄声，把一个世界都震动了。

枪毙余大牙时，父亲在场观看。余大牙被哑巴和两个队员押到村西头，刑场选在一个积着一汪汪乌黑臭水，孳生着大量蚊虻蛆虫的半月形湾子边。湾崖上孤零零地站着一棵叶子焦黄的小柳树。湾子里扑扑通通地跳着蛤蟆，一堆乱头发渣子边上，躺着一只女人的破鞋。

两个队员把余大牙架到湾崖上，松开手，看着哑巴。哑巴从肩上抢下步枪，拉动枪栓，子弹清脆地上了膛。

余大牙转过身，面对着哑巴，笑了笑。父亲发现他的笑容慈祥善良，像一轮惨淡的夕阳。

"哑巴兄弟，给我松了绑，我不能带着绳子死！"

哑巴想了想，提枪上前，从腰里拔出刺刀，噌噌噌三五下，把细麻绳挑断。余大牙舒展着胳膊，回转身，大喊："打吧，哑兄弟，打准穴位，别让我受罪！"

父亲认为人在临死前的一瞬间，都会使人肃然起敬。余大牙毕竟是我们高密东北乡的种子，他犯了大罪，死有余辜，但临死前却表现出了应有的英雄气概，父亲被他感动得脚底生热，恨不得腾跳。

余大牙面向臭水湾子，望着在他脚下的水汪汪里，野生着一枝绿荷，一枝瘦小洁白的野荷花，又望着湾子对面光芒四射的高粱，吐口高唱："高粱红了，高粱红了，东洋鬼子来了，东洋鬼子来了，国破了，家亡了……"

哑巴的枪举起放下，放下举起。

两个队员说："哑巴，向司令说说情，饶了他吧！"

哑巴挂着枪，听着余大牙把那首歌子杂乱无章地唱。

余大牙回转身，怒目圆睁，大叫："开枪呀，兄弟！难道还要我自己崩了自己吗？"

哑巴托起枪，瞄了瞄余大牙瓦块般的额头，勾动了扳机。

父亲看到余大牙的额头像碎瓦片一样迸裂了，紧跟眼见的情景耳朵听到沉闷的枪声。哑巴在枪声中低下头，一缕雪白的硝烟，从枪筒里吐出来。余大牙的身体静止了两眨眼的工夫，就像一节木头，疾速地跌到湾子里。

哑巴拖枪便走，两个队员尾随着。

父亲和一群孩子们，胆战心惊地涌到湾子边，居高临下地看着仰面朝天躺在湾子里的余大牙。他的脸上只剩下一张完好无缺的嘴，脑盖飞了，脑浆糊满双耳，一只眼球被震到眶外，像粒大葡萄，挂在耳朵旁。他的身体落下时，把松软的淤泥砸得四溅，那株瘦弱的白荷花断了茎，牵着几缕白丝丝，摆在他的手边。父亲闻到了荷花的幽香。

后来，任副官搞来了一口黄缎子挂里、外刷了铜钱厚清油的柏木棺材，把余大牙盛装厚葬，坟墓建在湾子边那棵小柳树下。出殡那天，任副官黑衣挺括，毛发灿烂。他的左臂上缠了一块红绸子。余司令披麻戴孝，大声嚎哭。一出村头，他用力把一个新瓦盆摔在砖头上。

那天，奶奶给我父亲缠了一道白孝布——奶奶自己也是披麻戴孝，父亲手持一根新鲜的柳木棍子，跟在余司令和奶奶后边走。父亲亲眼见到瓦盆的碎片从砖头上迸起的情景，接着想起余大牙的脑壳也像瓦片一样迸裂的情景。父亲隐隐约约地预感到这两件极端相似的破碎之间有一种内在的必然性联系。这件事情与那件事情碰到一起，还会出现第三个情景。

父亲一个眼泪也没掉，冷眼观察着送葬的人。送葬队伍在柳树下围成一个圆圈站定时，那口沉重的棺木，由十六个精壮的小伙子，扯着八根一把粗的麻辫子的两头，轻轻地送下深深的墓穴。余司令抓起一把土，冷酷地打在锃亮的棺盖上，砰然一响，人心动摇。几个持锹的人，扎起大块的黑土，填到墓穴里，棺材愤怒地叫着，渐渐隐没在黑土之中。黑土上长，填平了墓穴，隆出了地面，凸成一个馒头状的大丘。余司令掏出枪来，对着柳树上面的天，连放三响。子弹鱼贯着穿过树冠，冲掉几片细眉般的黄叶，在空中旋转着飞。三颗亮晶晶的弹壳，弹到腐臭的湾子里，一个男孩子跳下湾子，噗噗哧哧地踩着绿色的淤泥，把弹壳捡走了。任副官掏出勃朗宁手枪，断断续续地放了三枪。勃朗宁子弹出膛，打着鸡鸣般的呼哨，冲向高粱上空。余司令与任副官各提着冒烟的手枪，四目对视。任副官点点头，说："是大英雄自风流！"然后就插枪进腰，大步往村里走去。

父亲发现余司令提着枪的手臂缓缓地举起来，枪口追踪着任副官的背影。送葬的人惊讶万分，但无人敢吱声。任副官全无知觉，昂首阔步，有条不紊，迎着齿轮般旋转的太阳，向着村子走。父亲看到手枪在余司令手里抖了一下。父亲几乎没有听到这一声枪响，它是那么微弱，那么遥远。父亲看到这粒子弹在低空悠闲地飞翔，贴着任副官乌黑的头发滑过去。任副官头也不回，保持着均匀协调的步子继续前行。父亲听到从任副官那儿，传来嘬唇吹出的口哨声，曲调十分熟悉，是"高粱红了，高粱红了！"我父亲热泪盈眶。任副官越走越远，身影愈高大。余司令又开了一枪。这一枪惊天动地，子弹的飞行与枪声的飞行同时被我父亲感知。子弹打在一棵高粱颈上，高粱落地。在高粱穗子落地的缓慢行程中，又一颗子弹把它打碎。父亲恍惚觉得，任副官弯腰从路边揪了一朵金黄色的苦菜花，放在鼻下久久地嗅着。

父亲对我说过，任副官八成是个共产党，除了共产党里，很难找这样的纯种好汉。只可惜任副官英雄命短，他在昂首阔步，走出了大英雄八面威风之后三个月，竟在擦洗那支勃朗宁手枪时，自己走火把自己打死。枪弹从右眼进去，从右耳出来，他的半边脸上沾满了钢蓝色的粉末，右耳流出了三五滴黑血，人们听到枪声扑进去，他已经歪倒在地死了。

余司令捡起任副官那支勃朗宁手枪，良久不语。

【作者作品】

莫言（1955— ），山东高密人。著有《红高粱家族》、《酒国》、《丰乳肥臀》、《檀香刑》、《生死疲劳》、《蛙》等长篇小说十一部，《透明的红萝卜》、《司令的女人》等中短篇小说一百余部，并著有剧作、散文多部；其中许多作品已被翻译成英、法、德、意、日、西、俄、韩、荷兰、瑞典、挪威、波兰、阿拉伯、越南等多种语言，在国内外文坛上具有广泛影响。莫言和他的作品获得过"联合文学奖"（中国台湾），"华语文学传媒大奖·年度杰出成就奖"，法国"Laure Bataillin（儒尔·巴泰庸）外国文学奖"，"法兰西文化艺术骑士勋章"，意大利"NONINO（诺尼诺）国际文学奖"，日本"福冈亚洲文化大奖"，中国香港浸会大学"世界华文长篇小说奖·红楼梦奖"，美国"纽曼华语文学奖"以及中国最高文学奖"茅盾文学奖"。在二〇一二年成为首位中国籍诺贝尔文学奖获得者。莫言的文学创作成绩感动了世界。

著名作家莫言最新长篇系列包括《红高粱家族》、《酒国》、《檀香刑》、《四十一炮》和《生死疲劳》五部，部部皆为经典。《红高粱家族》为其中的一部。在中国现代文学运动发展史上，《红高粱家族》（1987）出现具有审美转型的深刻意义。作者用"虚构叙事"取代"亲历在场"，用"酒色财气"颠覆"英雄崇拜"，用"灵魂救赎"挑战"旧梦新知"，并以强烈的艺术理性精神，宣告了革命英雄传奇神话的历史终结。

本文节选自莫言小说《红高粱》第五部分和第六部分。

瑞典文学院诺奖委员会主席瓦斯特伯格在二〇一二年诺贝尔文学奖颁奖典礼上致词全文如下。

尊敬的国王和皇后陛下，尊敬的诺贝尔奖得主们，女士们先生们：

莫言是个诗人，他扯下程式化的宣传画，使个人从茫茫无名大众中突出出来。他用嘲笑和讽刺的笔触，攻击历史和谬误以及贫乏和政治虚伪。他有技巧地揭露了人类最阴暗的一面，在不经意间给象征赋予了形象。

高密东北乡体现了中国的民间故事和历史。在这些民间故事中，驴与猪的吵闹淹没了人的声音，爱与邪恶被赋予了超自然的能量。

莫言有着无与伦比的想象力。他很好地描绘了自然；他基本知晓所有与饥饿相关的事情；中国二十世纪的疾苦从来都没有被如此直白地描写：英雄、情侣、虐待者、匪徒——.特别是坚强的、不屈不挠的母亲们。他向我们展示了一个没有真理、常识或者同情的世界，这个世界中的人鲁莽、无助且可笑。

中国历史上重复出现的同类相残的行为证明了这些苦难。对莫言来说，这代表着消费、无节制、废物、肉体上的享受以及无法描述的欲望，只有他才能超越禁忌试图描述。

莫言的故事有着神秘和寓意，让所有的价值观得到体现。莫言的人物充满活力，他们甚至用不道德的办法和手段实现他们生活的目标，打破命运和政治的牢笼。

《丰乳肥臀》是莫言最著名的小说，以女性视角描述了 1960 年的大跃进和大饥荒。他讥讽了革命伪科学，就是用兔子给羊受精，同时不理睬所有的怀疑者，将他们当成右翼。小说的结尾描述了九十年代的新资本主义，会忽悠的人靠卖化妆品富了起来，并想通过混种受精培育凤凰。

莫言生动地向我们展示了一个被人遗忘的农民世界，虽然无情但又充满了愉悦的无私。每一个瞬间都那么精彩。作者知晓手工艺、冶炼技术、建筑、挖沟开渠、放牧和游击队的技巧并且知道如何描述。他似乎用笔尖描述了整个人生。

他比拉伯雷、斯威夫特和马尔克斯之后的多数作家都要滑稽和犀利。他的语言辛辣。他对于中国过去一百年的描述中，没有跳舞的独角兽和少女。但是他描述的猪圈生活让我们觉得非常熟悉。意识形态和改革有来有去，但是人类的自我和贪婪却一直存在。所以莫言为所有的小人物打抱不平——从日本占领到毛泽东的错误到今天的疯狂生产。

在莫言的小说世界里，品德和残酷交战，对阅读者来说这是一种文学探险。曾有如此的文学浪潮席卷了中国和世界吗？莫言作品中的文学力度压过大多数当代作品。

【阅读提示】

2001 年"冯牧文学奖"授奖辞：

"莫言以近 20 年持续不断的旺盛的文学写作，在海内外赢得了广泛声誉。虽然，他曾一度在创新道路上过犹不及，但他依然是新时期以来中国最有代表性的作家之一。他创作于 80 年代中期的'红高粱'家族系列小说，对于新时期军旅文学的发展产生过深刻而积极的影响。《红高粱》以自由不羁的想象，汪洋恣肆的语言，奇异新颖的感觉，创造出了一个辉煌瑰丽的莫言小说世界。他用灵性激活历史，重写战争，张扬生命伟力，弘扬民族精神，直接影响了一批同他一样没有战争经历的青年军旅小说家写出了自己'心中的战争'，使当代战争小说面貌为之一新。"

在《红高粱》中设有两条平行的线索，"过去式"写爷爷和奶奶的爱情故事；"现在式"写爷爷背着父亲正在进行着的一场伏击战。这两条线时隔几十年，交叉进行，且均属于过去，与现在无关。但令人无不惊诧的是，莫言何以能把他尚未经历过的抗日战争写的那样波澜壮阔，有声有色；他何以具有如此丰富瑰丽的想象力；他的文字何能如此无拘无束舒卷自如；他怎么就能把那惊心动魄的场面写的饱满畅酣淋漓尽致震撼人心。显然，莫言在小说中的历史描述别具一格。

莫言曾被归为"寻根"一派，那么莫言在自己的故乡山东高密寻到了自己的根。对于莫言来说，高密东北乡是一个悖论，简单说来它无疑是地球上最美丽又最丑陋，最超脱又最世俗，最圣洁又最龌龊，最英雄好汉又最王八蛋，最能喝酒又最能爱的地方。在这片神秘的土地上，莫言竖立起了一个复杂的形象——"我"爷爷（我们甚至可以忘掉他的名字），他是一个劳动者，一个杀人犯通奸犯，一个土匪，而他又是个抗日英雄。如此这样一个形象，完全不同于"文革"文学当中平板的格式化的英雄形象，而集美丑善恶于一身，为当代读者提供了全新的阅读体验。作品中的奶奶也是极端反传统的，作为一个主宰自己命运的女性，奶奶反叛了传统的价值道德观念。当她被父母为换取一头骡子而许配给麻风病人单扁郎时，她勇敢地选择了与爷爷通奸，以此来进行反抗。而奶奶临死的独白正是对她一生最好的概括："天，你认为我有罪吗？你认为我跟一个麻风病人同枕交颈，生出一窝癞皮烂肉的魔鬼，使这个美丽的世界污秽不堪是对还是错？什么叫贞洁？什么叫正道？什么叫善良？什么是邪恶？你一直没有告诉我，我只有按照我自己的想法去办，我爱幸福，我爱力量，我爱美，我的身体是我的，我为自己做主，我不怕罪，不怕罚，我不怕进你十八层地狱．我该做的都做了，该干的都干了，我什么都不怕。"

可见，莫言的历史小说推翻了传统抗战小说创作中的二元对立模式，重构了历史，模糊了过去和历史，死亡和生存，以及善与恶，好与坏的界限。正因为如此，他的笔下才有如此丰满而复杂的人物形象。

不仅如此，《红高粱》里还在浓浓的乡愁里洋溢着对父辈们的深深的崇拜。

"一队队暗红色的人在高粱棵子里穿梭拉网，几十年如一日。他们杀人越货，精忠报国，他们演出过一幕幕英勇悲壮的舞剧，使我们这些活着的不肖子孙相形见绌，在进步的同时，我真切的感到种的退化。"

在莫言的心里，爷爷（父辈）充满了让人着迷的男性的力与美。爷爷是一个轿夫，但却胆敢为了奶奶，为了一段"奸情"去杀人；他本是个农民，却为反抗日寇而成为"余司令"。奶奶本是一女子，却也敢爱敢恨，深明大义，具有男子汉的气魄。就连当时年仅十多岁的父亲，也是一个敢拿起勃朗宁就射的小英雄。这就是神秘的高粱地生活过的人们，他们代表着一种健康的精神——而那片"高密辉煌"、"凄凉可人"、"爱情激荡"的红高粱，就是莫言要寻找的故乡，要寻找的精神家园。

【能力培养与训练】

1. 阅读全文，找找这个发生在高密东北乡高粱地的抗战故事的两条叙事线索。
2. 观看电影《红高粱》，写一篇影评。
3. 课后阅读莫言在诺贝尔文学奖颁奖典礼上向读者推荐的小说《生死疲劳》，谈谈体会。

梦里花落知多少

三毛

那一年的冬天，我们正要从丹娜丽芙岛搬家回到大加纳利岛自己的房子里去。

一年的工作已经结束，美丽无比的人造海滩引进了澄蓝平静的海水。

荷西与我坐在完工的堤边，看也看不厌的面对着那份成绩欣赏，景观工程的快乐是不同凡响的。我们自黄昏一直在海边坐到子夜，正是除夕，一朵朵怒放的烟火，在漆黑的天空里如梦如幻地亮灭在我们仰着的脸上。

滨海大道上挤满着快乐的人群。钟敲十二响的时候，荷西将我抱在手臂里，说："快许十二个愿望，心里重复着十二句同样的话，'但愿人长久，但愿人长久，但愿人长久，但愿人长久——'"送走了去年，新的一年来了。

荷西由堤防上先跳了下地，伸手接过跳落在他手臂中的我。我们十指交缠，面对面地凝望了一会儿，在烟火起落的五色光影下，微笑着说："新年快乐！"然后轻轻一吻。我突然有些泪湿，赖在他的怀里不肯举步。

新年总是使人惆怅，这一年又更是来得如真如幻。许了愿的下一句对夫妻来说并不太吉利，说完了才回过意来，竟是心慌。

"你许了什么愿。"我轻轻问他。

"不能说出来的，说了就不灵了。"

我勾住他的脖子不放手，荷西知我怕冷，将我卷进他的大夹克里去。我再看他，他的眸光炯炯如星，里面反映着我的脸。

"好啦！回去装行李，明天清早回家去！"

他轻拍了我一下背，我失声喊起来："但愿永远这样下去，不要有明天了！"

"当然要永远下去，可是我们得先回家，来，不要这个样子。"

一路上走回租来的公寓去，我们的手紧紧交握着，好像要将彼此的生命握进永恒。而我的心，却是悲伤的，在一个新年刚刚来临的第一个时辰里，因为幸福满溢，我怕得悲伤。不肯在租来的地方多留一分一秒，收拾了零杂东西，塞满了一车子。清晨六时的码头上，一辆小白车在等渡轮。新年没有旅行的人，可是我们急着要回到自己的房子里去。

关了一年的家，野草齐膝，灰尘满室，对着那片荒凉，竟是焦急心痛，顾不得新年不新年，两人马上动手清扫起来。

过了两个多月的家居生活，那日上午在院中给花洒水，送电报的朋友在木栅门外喊着："Echo，一封给荷西的电报呢！"

我匆匆跑过去，心里扑扑的乱跳起来，不要是马德里的家人出了什么事吧！电报总使人心慌意乱。

"乱撕什么嘛！先给签个字。"朋友在摩托车上说。我胡乱签了个名，一面回身喊车房内的荷西。

"你先不要怕嘛！给我看。"荷西一把抢了过去。

原来是新工作来了，要他火速去拉芭玛岛报到。只不过几小时的光景，我从机场一个人回来，荷西走了。离岛不算远，螺旋桨飞机过去也得四十五分钟，那儿正在建新机场，新港口。只因没有什么人去那荒寂之岛，大的渡轮也就不去那边了。虽然知道荷西能够照顾自己的衣食起居，看他每一度提着小箱子离家，仍然使我不舍而辛酸。

家里失了荷西便失了生命，再好也是枉然。过了一星期漫长的等待，那边电报来了。

"租不到房子，你先来，我们住旅馆。"

刚刚整理的家又给锁了起来，邻居们一再的对我建议："你住家里，荷西周末回来一天半，他那边住单身宿舍，不是经济些嘛！"我怎么能肯。匆忙去打听货船的航道，将杂物、一笼金丝雀和汽车托运过去，自己推着一只衣箱上机走了。

当飞机着陆在静静小小的荒凉机场时，又看见了沉沉的大火山，那两座黑里带火蓝的大山。

我的喉咙突然卡住了，心里一阵郁闷，说不出的闷，压倒了重聚的欢乐和期待。荷西一只手提着箱子，另一只手搭在我的肩上向机场外面走去。

"这个岛不对劲！"我闷闷地说。

"上次我们来玩的时候你不是很喜欢的吗？"

"不晓得，心里怪怪的，看见它，一阵想哭似的感觉。"我的手拉住他皮带上的绊扣不放。

"不要乱想，风景好的地方太多了，刚刚赶上看杏花呢！"他轻轻摸了一下我的头发又安慰似的亲了我一下。

只有两万人居住的小城里租不到房子。我们搬进了一房一厅连一小厨房的公寓旅馆。收入的一大半付给了这份固执相守。

安置好新家的第三日，家中已经开始请客了，婚后几年来，荷西第一回做了小组长，组里另外四个同事没有带家眷，有两个还依然单身。我们的家，伙食总比外边的好些，为着荷西爱朋友的真心，为着他热切期望将他温馨的家让朋友分享，我晓得，在他内心深处，亦是因为有了我而骄傲，这份感激当然是全心全意的在家事上回报了他。

岛上的日子岁月悠长，我们看不到外地的报纸。久而久之，世外的消息对我们已不很重要，只是守着海，守着家，守着彼此。每听见荷西下工回来时那急促的脚步声上楼，我的心便是欢喜。六年了，回家时的他，怎么仍是一样跑着来的，不能慢慢地走吗？六年一瞬，结婚好似是昨天的事情，而两人已共过了多少悲欢岁月。

小地方人情温暖，住上不久，便是深山里农家讨杯水喝，拿出来的必是自酿的葡萄酒，再送满怀的鲜花。我们也是记恩的人，马铃薯成熟的季节，星期天的田里，总有两人的身影弯腰帮忙收获。做热了，跳进蓄水池里游个泳，趴在荷西的肩上浮沉，大喊大叫，便是不肯松手。过去的日子，在别的岛上，我们有时发了神经病，也是争吵的。

有一回，两人讲好了静心念英文，夜间电视也约好不许开，对着一盏孤灯就在饭桌前钉住了。讲好只念一小时，念了二十分钟，被教的人偷看了一下手表，再念了十分钟，一个音节发了二十次还是不正确，荷西又偷看了一下手腕。知道自己人是不能教自己人的，看见他的动作，手中的原子笔啪一下丢了过去，他那边的拍纸簿哗一下摔了过来，还怒喊了一声："你这傻瓜女人！"

第一次被荷西骂重话，我呆了几分钟，也不知回骂，冲进浴室拿了剪刀便绞头发，边剪边哭，长发乱七八糟的掉了一地。荷西追进来，看见我发疯，竟也不上来抢，只是倚门冷笑："你也不必这种样子，我走好了。"说完车钥匙一拿，门砰一下关上离家出走去了。我冲到阳台上去看，凄厉的叫了一声他的名字，他哪里肯停下来，车子刷一下就不见了。

那一个长夜，是怎么熬下来的，自己都迷糊了。只念着离家的人身上没有钱，那么狂怒而去，又出不出车祸？

清晨五点多他轻轻地回来了，我趴在床上不说话，脸也哭肿了。离开父母家那么多年了，谁的委屈也能受下，只有荷西，他不能对我凶一句，在他面前，我是不设防的啊！

荷西用冰给我冰脸，又拉着我去看镜子，拿起剪刀来替我补救剪得狗啃似的短发。一刀一刀细心的给我勉强修修整齐，口中叹着："只不过气头上骂了你一句，居然绞头发，要是一日我死了呢——"他说出这样的话来令我大恸，反身抱住他大哭起来，两人缠了一身的碎发，就是不肯放手。

到了新的岛上，我的头发才长到齐肩，不能梳长辫子，两人却是再也不吵了。

依山背海而筑的小城是那么的安详，只两条街的市集便是一切了。

我们从不刻意结交朋友，几个月住下来，朋友雪球似的越滚越大，他们对我们真挚友爱，三教九流，全是真心。周末必然是给朋友们占去了，爬山，下海，田里帮忙，林中采野果，不然找个老学校，深夜睡袋里半缩着讲巫术和鬼故事，一群岛上的疯子，在这世外桃源的天涯地角躲着做神仙。有时候，我快乐得总以为是与荷西一同死了，掉到这个没有时空的地方来。

那时候，我的心脏又不好了，累多了胸口就压迫起来，绞痛起来。小小一袋菜场买回来的用品，竟然不能一口气提上四楼。不敢跟荷西讲，悄悄的跑去看医生，每看回来总是正常又正常。

荷西下班是下午四点，以后全是我们的时间，那一阵不出去疯玩了。黄昏的阳台上，对着大海，半杯红酒，几碟小菜，再加一盘象棋，静静的对弈到天上的星星由海中升起。

有一晚我们走路去看恐怖片，老旧的戏院里楼上楼下数来数去只有五个人，铁椅子漆成铝灰色，冰冷冷的，然后迷雾凄凄的山城里一群群鬼飘了出来捉过路的人。

深夜散场时海潮正涨，浪花拍打到街道上来。我们被电影和影院吓得彻骨，两人牵了手在一片水雾中飞奔回家，跑着跑着我格格地笑了，挣开了荷西，独自一人拼命地快跑，他鬼也似的在后面又喊又追。还没到家，心绞痛突然发了，冲了几步，抱住电线杆不敢动。荷西惊问我怎么了，我指指左边的胸口不能回答。那一回，是他背我上四楼的。背了回去，心不再痛了，两人握着手静静醒到天明。然后，缠我已经几年的噩梦又紧密的回来了，梦里总是在上车，上车要去什么令我害怕的地方，梦里是一个人，没有荷西。

多少个夜晚，冷汗透湿的从梦魇里逃出来，发觉手被荷西握着，他在身畔沉睡，我的泪便是满颊。我知道了，大概知道了那个生死的预告。以为先走的会是我，悄悄的去公证人处写下了遗嘱。时间不多了，虽然白日里仍是一样笑嘻嘻的洗他的衣服，这份预感是不是也传染了荷西。即使是岸上的机器坏了一个螺丝钉，只修两小时，荷西也不肯在工地等，不怕麻烦地脱掉潜水衣就往家里跑，家里的妻子不在，他便大街小巷的去找，一家一家店铺问过去："看见Echo没有？看见Echo没有？"找到了什么地方的我，双手环上来，也不避人地微笑、痴看着妻子，然后两人一路拉着手，提着菜篮往工地走去，走到已是又要下水的时候了。总觉得相聚的时日不长了，尤其是我，朋友们来的周末的活动，总拿身体不好挡了回去。

周五帐篷和睡袋悄悄装上车，海边无人的地方搭着临时的家，摸着黑去捉螃蟹，礁石的夹缝里两盏黄灯扣在头上，浪潮声里只听见两人一声声狂喊来去的只是彼此的名字。那种喊法，天地也给动摇了，我们尚是不知不觉。

每天早晨，买了菜蔬水果鲜花，总也舍不得回家，邻居的脚踏车是让我骑的，网篮里放着水彩似的一片颜色便往码头跑。骑进码头，第一个看见我的岸上工人总会笑着指方向："今天在那边，再往下骑——"车子还没骑完偌大的工地，那边岸上助手就拉信号，等我车一停，水里的人浮了起来，我跪在堤防边向他伸手，荷西早已跳了上来。大西洋的晴空下，就算分食一袋樱桃也是好的，靠着荷西，左边的衣袖总是湿的。不过几分钟吧，荷西的手指轻轻按一下我的嘴唇，笑一笑，又沉回海中去了。每见他下沉，我总是望得痴了过去。

岸上的助手有一次问我："你们结婚几年了？""再一个月就六年了。"我仍是在水边张望那个已经看不见了的人，心里慌慌的。

"好得这个样子，谁看了你们也是不懂！"我听了笑笑便上车了，眼睛越骑越湿，明明上一秒还在一起的，明明好好的做着夫妻，怎么一分手竟是魂牵梦萦起来。

家居的日子没有敢浪费，扣除了房租，日子也是紧了些。有时候中午才到码头，荷西跟几个朋友站着在等我去。"Echo，银行里还有多少钱？"荷西当着人便喊出来。"两万，怎么？"

"去拿来，有急用，拿一万二出来！"当着朋友面前，绝对不给荷西难堪。掉头便去提钱，他说的数目一个折扣也不少，匆匆交给尚是湿湿的他，他一转手递给了朋友。

回家去我一人闷了一场，有时次数多了，也是会委屈掉眼泪的。哪里知道那是荷西在人间放的利息，才不过多久，朋友们便倾泪回报在我的身上了呢？

结婚纪念的那一天，荷西没有按时回家，我担心了，车子给他开了去，我借了脚踏车要去找人，才下楼呢，他回来了，脸上竟是有些不自在。匆匆忙忙给他开饭——我们一日只吃一顿的正餐。坐下来向他举举杯，惊见桌上一个红绒盒子，打开一看，里面一只罗马字的老式女用手表。

"你先别生气问价钱，是加班来的外快——"他喊了起来。

我微微地笑了，没有气，痛惜他神经病，买个表还多下几小时的水。那么借朋友的钱又怎么不知去讨呢？结婚六年之后，终于有了一只手表。

"以后的一分一秒你都不能忘掉我，让它来替你数。"荷西走过来双手在我身后环住。又是这样不祥的句子，教人心惊。那一个晚上，荷西睡去了，海潮声里，我一直在回想少年时的他，十七岁时那个大树下痴情的男孩子，十三年后在我枕畔共着呼吸的亲人。我一时里发了疯，推醒了他，轻轻地喊名字，他醒不全，我跟他说："荷西，我爱你！"

"你说什么？"他全然的骇醒了，坐了起来。

"我说，我爱你！"黑暗中为什么又是有些呜咽。

"等你这句话等了那么多年，你终是说了！"

"今夜告诉你了，是爱你的，爱你胜于自己的生命，荷西——"那边不等我讲下去，孩子似的扑上来缠住我，六年的夫妻了，竟然为着这几句对话，在深夜里泪湿满颊。醒来荷西已经不见了，没有见到他吃早餐使我不安歉疚，匆匆忙忙跑去厨房看，洗净的牛奶杯里居然插着一朵清晨的鲜花。

我痴坐到快正午。这样的夜半私语，海枯石烂，为什么一日泛滥一日。是我们的缘数要到了吗？不会有的事情，只是自己太幸福了才生出的惧怕吧！照例去工地送点心，两人见了面竟是赧然。就连对看一眼都是不敢，只拿了水果核丢来丢去地闹着。

一日我见阳光正好，不等荷西回来，独自洗了四床被单。搬家从来不肯带洗衣机，去外面洗又多一层往返和花费，不如自己动手搓洗来得方便。天台上晾好了床单，还在放夹子的时候心又闷起来了，接着熟悉的绞痛又来。我丢下了水桶便往楼下走，进门觉着左手臂麻麻的感觉，知道是不太好了，快喝一口烈酒，躺在床上动也不敢动。

荷西没见我去送点心，中午穿着潜水衣便开车回来了。"没什么，洗被单累着了。"我恹恹地说。

"谁叫你不等我洗的——"他趴在我床边跪着。"没有病，何必急呢！医生不是查了又查了吗。来，坐过来……"他湿湿的就在我身边一靠，若有所思的样子。

"荷西——"我说，"要是我死了，你一定答应我再娶，温柔些的女孩子好，听见没有——"

"你神经！讲这些做什么——"

"不神经，先跟你讲清楚，你不再婚，我是灵魂永远都不能安息的。"

"你最近不正常，不跟你讲话。要是你死了，我一把火把家烧掉，然后上船去飘到老死——"

"放火也可以，只要你再娶——"

荷西瞪了我一眼，只见他快步走出去，头低低的，大门轻轻扣上了。

一直以为是我，一直预感的是自己，对着一分一秒都是恐惧，都是不舍，都是牵挂。而那个噩梦，一日密似一日的纠缠着上来。

平凡的夫妇如我们，想起生死，仍是一片茫茫，失去了另一个的日子，将是什么样的岁月？我不能先走，荷西失了我要痛疯掉的。一点也不明白，只是茫然的等待着。

有时候我在阳台上坐着跟荷西看渔船打鱼，夕阳晚照，凉风徐来，我摸摸他的颈子，竟会无端落泪。荷西不敢说什么，他只说这美丽的岛对我不合适，快快做完第一期工程，不再续约，我们回家去的好。只有我心里明白，我没有发疯，是将有大苦难来了。那一年，我们没有过完秋天。

荷西，我回来了，几个月前一袭黑衣离去，而今穿着彩衣回来，你看了欢喜吗？向你告别的时候，阳光正烈，寂寂的墓园里，只有蝉鸣的声音。

我坐在地上，在你永眠的身边，双手环住我们的十字架。我的手指，一遍又一遍轻轻划过你的名字——荷西·马利安·葛罗。我一次又一次的爱抚着你，就似每一次轻轻摸着你的头发一般的依恋和温柔。我在心里对你说——荷西，我爱你，我爱你，我爱你——这一句让你等了十三年的话，让我用残生的岁月悄悄的只讲给你一个人听吧！我亲吻着你的名字，一次，一次，又一次，虽然口中一直叫着"荷西安息！荷西安息！"可是我的双臂，不肯放下你。我又对你说："荷西，你乖乖地睡，我去一趟中国就回来陪你，不要悲伤，你只是睡了！"

结婚以前，在塞哥维亚的雪地里，已经换过了心，你带去的那颗是我的，我身上的，是你。埋下去的，是你，也是我。走了的，是我们。

我拿出缝好的小白布口袋来，黑丝带里，系进了一握你坟上的黄土。跟我走吧，我爱的人！跟着我是否才叫真正安息呢？

我替你再度整理了一下满瓶的鲜花，血也似的深红的玫瑰。留给你，过几日也是枯残，而我，要回中国去了。荷西，这是怎么回事，一瞬间花落人亡，荷西，为什么不告诉我，这不是真的，一切只是一场噩梦。

离去的时刻到了，我几度想放开你，又几次紧紧抱住你的名字不能放手。黄土下的你寂寞，而我，也是孤伶伶，为什么不能也躺在你的身边。

父母在山下巴巴的等待着我。荷西，我现在不能做什么，只有你晓得，你妻子的心，是埋在什么地方。

苍天，你不说话，对我，天地间最大的奥秘是荷西，而你，不说什么的收了回去，只让我泪眼仰望晴空。

我最后一次亲吻了你，荷西，给我勇气，放掉你大步走开吧！我背朝着你狂奔而去，跑了一大段路，忍不住停下来回首，我再度向你跑回去，扑倒在你的身上痛哭。

我爱的人，不忍留下你一个人在黑暗里，在那个地方，又到了哪儿去握住你的手安睡？

我趴在地上哭着开始挖土，让我再将十指挖出鲜血，将你挖出来，再抱你一次，抱到我们一起烂成白骨吧！那时候，我被哭泣着上来的父母带走了。我不敢挣扎，只是全身发抖，泪如血涌。最后回首的那一眼，阳光下的十字架亮着新漆。你，没有一句告别的话留给我。那个十字架，是你背，也是我背，不到再相见的日子，我知道，我们不会肯放下。

荷西，我永生的丈夫，我守着自己的诺言千山万水的回来了，不要为我悲伤，你看我，不是穿着你生前最爱看的那件锦绣彩衣来见你了吗？

下机后去镇上买鲜花，店里的人惊见是远去中国而又回来的我，握住我的双手说不出一句话来，我们相视微笑，眼里都浮上了泪。我抱着满怀的鲜花走过小城的石板路，街上的车子停了，里面不识的人，只对我淡淡地说："上车来吧！送你去看荷西。"下了车，我对人点头道谢，看见了去年你停灵的小屋，心便狂跳起来。在那个房间里，四支白烛，我握住你冰凉苍白的双手，静静度过了我们最后的一夜，今生今世最后一个相聚相依的夜晚。

我鼓起勇气走上了那条通向墓园的煤渣路，一步一步的经过排排安睡的人。我上石阶，又上石阶，向左转，远远看见了你躺着的那片地，我的步子零乱，我的呼吸急促，我忍不住向你狂奔而去。荷西，我回来了——我奔散了手中的花束，我只是疯了似的向你跑去。冲到你的墓前，惊见墓木已拱，十字架旧得有若朽木，你的名字，也淡得看不出是谁了。

我丢了花，扑上去亲吻你，万箭穿心的痛穿透了身体。是我远走了，你的坟地才如此荒芜，荷西，我对不起你。我不是坐下来哭你的，先给你插好了花，注满清水在瓶子里，然后就要下山去给你买油漆。

来，让我再抱你一次，就算你已成白骨，仍是春闺梦里相思又相思的亲人啊！我走路奔着下小城，进了五金店就要淡棕色的亮光漆和小刷子，还去文具店买了黑色的粗芯签字笔。

路上有我相熟的朋友，我跟他们匆匆拥抱了一下，心神溃散，无法说什么别后的情形。银行的行长好心要伴我再上墓园，我谢了他，只肯他的车送到门口。

这段时光只是我们的，谁也不能在一旁，荷西，不要急，今天，明天，后天，便是在你的身畔坐到天黑，坐到我也一同睡去。

我再度走进墓园，那边传来了丁字镐的声音，那个守墓地的在挖什么人的坟？我一步一步走进去，马诺罗看见是我，惊唤了一声，放下工具向我跑来。

"马诺罗，我回来了！"我向他伸出手去，他双手接住我，只是又用袖子去擦汗。

"天热呢！"他木讷地说。

"是，春天已经尽了。"我说。

这时，我看见一个坟已被挖开，另外一个工人在用铁条撬开棺材，远远的角落里，站着一个黑衣的女人。"你们在捡骨？"我问。马诺罗点点头，向那边的女人望了一眼。我慢慢的向她走去，她也迎了上来。

"五年了？"我轻轻问她，她也轻轻的点点头。"要装去哪里？"

"马德里。"

那边一阵木头迸裂的声音，传来了喊声："太太，过来看一下签字，我们才好装小箱！"那个中年妇人的脸上一阵抽动。我紧握了她一下双手，她却不能举步。

"不看行不行？只签字。"我忍不住代她喊了回去。"不行的，不看怎么交代，怎么向市政府去缴签字——"那边又喊了过来。

"我代你去看？"我抱住她，在她颊上亲了一下。她点点头，手绢捂上了眼睛。我走向已经打开的棺木，那个躺着的人，看上去不是白骨，连衣服都灰灰的附在身上。马诺罗和另外一个掘坟人将那人的大腿一拉，身上的东西灰尘似的飞散了，一天一地的飞灰，白骨，这才露了出来。我仍是骇了一跳，不觉转过头去。

"看到了？"那边问着。

"我代看了，等会儿这位太太签字。"

阳光太烈，我奔过去将那不断抽动着双肩的孤单女人扶到大树下去靠着。

我被看见的情景骇得麻了过去，只是一直发冷发抖。"一个人来的？"我问她，她点头。我抓住她的手，"待会，装好了小箱，你回旅馆去睡一下。"她又点头，低低的说了一声谢谢！离开了那个女人，我的步伐摇摇晃晃，只怕自己要昏倒下去。

刚刚的那一幕不能一时里便忘掉，我扶着一棵树，在短墙上靠了下来，不能恢复那场惊骇，心中如灰如死。我慢慢的摸到水龙头那边的水槽，浸湿了双臂，再将凉水泼到自己的脸上去。荷西的坟就在那边，竟然举步艰难。

知道你的灵魂不在那黄土下面，可是五年后，荷西，叫我怎么面对刚才看见的景象在你的身上重演？

我静坐了很久很久，一滴泪也流不出来。

再次给自己的脸拼命去浸冷水，这才拿了油漆罐子向坟地走过去。阳光下，没有再对荷西说，签字笔一次次填过刻着的木槽缝里——荷西·马利安·葛罗。安息。你的妻子纪念你。将那几句话涂得全新，等它们干透了，再用小刷子开始上亮光漆。

在那个炎热的午后，花叶里，一个着彩衣的女人，一遍又一遍的漆着十字架，漆着四周的木珊。没有泪，她只是在做一个妻子的事情——照顾丈夫。

不要去想五年后的情景，在我的心里，荷西，你永远是活着的，一遍又一遍的跑着在回家，跑回家来看望你的妻。我靠在树下等油漆干透，然后再要涂一次，再等它干，再涂一次，涂出一个新的十字架，我们再一起掮它吧！我渴了，倦了，也困了。荷西，那么让我靠在你身边。再没有眼泪，再没有恸哭，我只是要靠着你，一如过去的年年月月。我慢慢地睡了过去，双手挂在你的脖子上。远方有什么人在轻轻的唱歌——

记得当时年纪小

你爱谈天

我爱笑

有一回并肩坐在桃树下

风在林梢鸟儿在叫

我们不知怎样睡着了

【作者作品】

三毛（1943—1991），原名陈平，祖籍浙江定海，出生在重庆。一九四九年随父母移居台湾。自幼爱好文学，阅读了大量的古今文学作品。一九六三年进入台湾文化学院成为哲学系的旁听生。后去西班牙，相继在西班牙、德国和美国等国游学。一九八二年回台定居，任文化大学中文系副教授。一九九一年在台北荣民总医院辞世。三毛的文学创作开始于六十年代，一九七四年以"三毛"的笔名发表其浪迹天涯的系列作品，陆续出版文集《撒哈拉的故事》、《稻草人手记》、《哭泣的骆驼》、《温柔的夜》、《背影》、《梦里花落知多少》、《万水千山走遍》等。在作品中她发掘人生的情趣，把自己的情感和诸种体验通过笔墨具体生动地传达出来，以浓郁的异国情调和强烈的浪漫色彩在读者中引起了巨大的反响。

本文选自《梦里花落知多少》，中国友谊出版公司，一九八四年出版。

【阅读提示】

一九七九年是三毛人生和创作道路上的一次重大转折点。这一年荷西在拉巴马岛潜海时不幸遇难，这给三毛以沉重的打击。《梦里花落知多少》作品集中不少篇章都流露出作者深深的悲伤和哀痛。

本文是《梦里花落知多少》文集中的同名代表作。文中三毛以哀怨、凄清的笔调抒写出了内心的隐痛和悲哀，表达了对荷西的真挚爱情和深切怀念。文中回忆了与荷西一起度过的最后的人生岁月，点点滴滴，难以忘怀，充分表达了痛失爱侣的悲痛心情。文章读来情真意切，动人肺腑，催人泪下。那种撕肝裂肺的凄苦，使读者深切体会到生离死别的滋味。

荷西的猝然去世，迫使三毛对爱情、友情、亲情乃至整个人生进行了重新的思考，在之后的文章中她写出了自己的感悟："我的生命在爱我的人心中是那么的重要"，因此"我要做一只不死鸟"、"勇敢地活下去"。

【能力培养与训练】

1. 说说《梦里花落知多少》这篇文章中作者所要表达的思想感情。
2. 分析文中"我"的形象。
3. 谈谈对三毛小说问题的认识。

《几度夕阳红》节选

琼瑶

何慕天跨进了沙坪坝镇口上那家小茶馆，在靠窗的角落里，他在老位子上坐了下来。茶馆的小伙计不待吩咐，就依照何慕天的习惯，送上一壶白干，一盘卤菜和一碟花生。何慕天靠进椅子里，慢慢的斟上一杯酒，寥落的啜着。窗子外面，可以看见青石板的小路，路边是平伸出去的绿色草坪，一直延展到嘉陵江畔。江边的路并不平整，曲折凹凸，沿着河岸，疏疏落落的有些白杨，也有些柳树。柳条长长的飘着，在初秋的晚风中摇曳。

晚霞正在天边燃烧，一层又一层的红云重重堆积，落日圆而大，迅速地从半空向地平线坠落。何慕天用手支着下巴，静静地凝视着窗外的景致，凝视着那晚霞由鲜红变为绛紫，凝视着那落日一分一厘的被地平线所吞噬，直至完全隐没。天色暗淡下来了，苍茫的暮色缓慢而从容的在草地上、柳条间散布开来。何慕天重新斟满了杯子，略微烦躁地啜了一口，下意识地看看腕表：差一刻六点！今天她迟了，为什么？或者，她取消了今天的定时散步？仰靠在椅子里，他阖了阖眼睛，酒使他心头热烘烘的，血管里奔流的血液似乎比往日更加迅速。"我是怎么回事？中了邪吗？"他喃喃的，无声的自问了一句，睁开眼睛，又情不自禁的对窗外的小路望去，空空的石板上，盛着逐渐加浓的暮色，除此之外，别无所有。

一声叹息，他干了杯子，再斟一杯。期待的情绪使他烦躁不安，每一个毛孔里似乎都有小虫子在钻动，令人无法平静。酒，徒然地让情绪更加紧张和不耐，心头的火仿佛燃烧得更厉害了。"我是怎么回事？"再自问了一句，蹙起眉头，他又干了一杯酒。抬起眼睛来，他不经心的对窗外一扫，忽然间，所有的神经细胞都振作了。

梦竹正缓缓地沿着石板小路走过去，她穿着件白色小碎花的洋装，戴着顶宽边的大草帽，步履袅娜轻盈，从容不迫地，不慌不忙地走着。距离茶馆不远的地方，她似乎略微停顿了一下，接着，就把那顶大草帽解了下来，拿在手上，乌黑的发辫垂在胸前，末梢扎着水红色的绸结。"一只小粉蝶儿"，这是大家给她取的外号。是的，这是只小粉蝶儿，有那份翩跹的姿态，更有那份雅致和妩媚。何慕天的酒杯停在唇边，眼睛朦胧的盯着窗外那移动着的小巧人影。那摆动的裙幅，那忽而放在身前，忽而放在身后的大草帽，那时常摔动的辫梢，那款娜的举止，这一切加起来，衬着暮霭和垂杨，是一幅动人的图画。他呆呆地凝视着，用全心灵去捕捉这份神奇的、令人迷惑的美。

梦竹向嘉陵江边走去，站在一棵垂杨之下，立定了，仰首看了看正由绛紫、深红、转为黑暗的云朵，一只手拉住柳条，她四面望望，似乎在以她那易于感受的心境，领略着大自然间的美，领略着日与夜交会时那神秘的一瞬。把辫子拂向脑后，她不经意的回眸了小茶馆一眼。当然，她不会发现躲在那茶馆里凝视着她的何慕天。掉回头，她的注意力被嘉陵江吸引过去了，可能水面有什么东西让她感到了兴趣，她伫立良久，就向前走去，岸边有石级可以下到水边。每天早晨，这石级上是妇人们洗衣聚集之所，捣衣之声杂着笑语，老远都可听到。现在，水边一定是空无一人的，但她沿着石级走了下去，那高高的河堤遮住了她，他看不见她了。

他轻吐了口气，才发现一直停在嘴边的酒杯，下意识的啜了一口，他放下杯子，抬起眼睛，正好看到梦竹那黑色的头，一步步的从河堤后升了上来。用手托住下巴，他定定的凝视着，虽然隔着那么远的距离，他仍可看出她手中握着一朵新采撷的小蓝花。她步上石级，倚在柳树上，十分闲暇而又十分悠然自在地，把那朵花送到鼻端去轻嗅。他无法看清她的面目，但他脑中已勾划出她的神态：那舒朗的两道眉毛，那含着笑意的大眼睛，和若有所思的神情……接着，她的腰肢微微一旋，裙子摆了摆，大草帽系于脑后，又开始沿着石板小路向前走去。她几乎已经走到他的视线之外了，可是，她突然站定，回头张望，于是，何慕天看到有一个小脚的老妇人，正急急的向梦竹赶去，走到梦竹身边，那老妇人站住了，不知对梦竹说了些什么，梦竹顿时跺跺脚，一扭头又要继续她的散步。老妇人伸手抓住了她，似乎在劝说，又劝又拉，大概想把她拉回镇里。梦竹好像是生气了，她连连地摇头，要摆脱老妇人的拉扯，两人在路上磨菇了好半天。然后，梦竹毅然的一摔头，狠狠的跺了一下脚，跟着老妇人向镇里走去。她们从小茶馆的窗前擦过，何慕天抓住了梦竹和老妇人间几句对白的声浪：

"奶妈！你不会说我不在家呀？"

"好小姐，你妈的那份脾气你又不是不知道，她叫我找你回去，我有什么办法？高家的又坐在堂屋里等……"

"你说找不到不就行了？"

"好小姐，你妈那个脾气我受不了呀……"

何慕天目送她们的影子消失在暮色昏茫的小街道里，靠进椅子中，他没来由的长叹了一声，然后坐正身子，握起酒杯，一伸脖子把整杯都灌了下去。掏出一张钞票，压在酒壶下面，他站起身来，摔了摔袖子，向茶馆门外走去。

暮色已经布满了空旷的原野。远山隐约，杨柳堆烟。夜暮在不知不觉中缓缓来临。何慕天带着三分酒意，沿着石板小路，向梦竹站过的那棵柳树下走去。走了几步，他看到石板路上躺着一样东西，拾了起来，是梦竹的那朵蓝色的小花。他审视着这朵花，蓝色的花瓣向外铺开，微微卷曲，如同木耳边一般。浅黄色的花心伸了出来，在晚风中楚楚可怜的颤动。他站住，靠在柳树上，和梦竹做过的一般，把花朵送到鼻子前面，没有嗅它，而是轻轻的在唇际摩擦。

夜来了，何慕天回到宿舍里，打开柜子，把那朵蓝色的小花放进一个精致的、雕刻着小天使的木匣子里。在那木匣中，有他逐日收集的一些东西：一条缎带，一朵枯萎的菊花，半枝折断的杨柳，一条白底子碎花的麻纱小手帕，还有一张纸，上面是一阕涂得乱七八糟的词，他还记得梦竹靠在杨柳上，拿着铅笔，涂涂抹抹地写这阕词的神情。词的题目是"杨花"，内容隐约可辨，大致是：

"春漠漠，香云吹断红文幕，红文幕，一帘残梦，任他飘泊！轻狂不奈东风恶，蜂黄蝶粉同零落，同零落，满池萍水，夕阳楼阁！"

他不知道为什么她写完了，却不要了，随手那么一扔，让它被风卷去。他锁好了匣子，和衣躺在床上，却看到枕头边放着一封信，一看信封寄自昆明，和那熟悉的笔迹，他就没有心情拆阅了。躺在床上，闭上眼睛，他脑子里是成千成万张相同的脸，黑白分明的大眼睛，和那两条摆动的发辫。

"我是怎么回事？"他自问，摔摔头。"近来，我是真的疯了！"

瞪视着桌上的桐油灯，他一动也不动的躺着，接着，就猛地坐起来，拆开了那封信，下决心似的抽出信笺，看了下去，信写得十分简单：

"慕天：

暑假一别，将近三个月了，你总共写了一封信，该信连标点在内，是二十七个字。想必你忙于作诗填词了，是不是？

'家'是你厌倦的，我知道。'我'也是你厌倦的，我也知道。未来的那条小生命，大概也是你厌倦的。如今，家只是你的经济供应站，是吗？不过，记住，我是你家三媒六聘娶过去的，你喜欢也罢，不喜欢也罢，我总之是你的妻子，别以为你在重庆的所行所为我看不见，我想你了解我的个性的，你还是安份一点好。另汇上本月份你所需之款项。即祝

健康

蕴文"

看完了信，一种强烈的愤恨和反感抓住了他，还是那种口吻！还是那副态度！他眼前立即浮起蕴文那向上挑起的浓眉，和圆睁着的大眼睛："我要这样，就是这样！"

"去你的吧！"他把信撕碎了，往字纸篓里扔去。蕴文，婚前的她又是副什么样子？专横、跋扈、而美丽。大眼睛一瞪，浓眉一掀，别有种巾帼英雄的味儿。可是，自己为什么从来无法"爱"上她？大家说她是美人，追求她的人那么多，可是自己就无法"爱"上她！两家联婚之

议一起，他还记得在她家客厅里，她大胆而专制地逼视着他，强逼他回答她的问题：

"你爱不爱我？你说！马上说！"

"不知道！"他平心回答。

"什么叫不知道？"她的大眼睛圆睁睁地盯着他，有股恶狠狠的味道，乌黑而卷曲的睫毛翘得像两排黑色的羽毛扇。虽凶狠，却美丽，美得使人迷惑。她的身子倚着他，脸贴近他，火剪烫过的头发拂着他的下颚，那股脂粉的香味冲进他的鼻子，使他不止迷惑，而且晕眩。

"你说！你知不知道？你知不知道？"

"不知道！"他固执地说，但她的野性和美丽确实使他感到刺激和心动。

"还不知道？"她挑起眉毛凝视他，然后眯起眼睛，点点头说："我会让你知道！"

她会让他"知道"？没有，她没有让他"知道"，她只让他"迷糊"。相当长的一段时间内，她缠住他，不给他喘息的时间，也不给他思索的时间。她的浓眉大眼整日整夜浮在他面前，她执拗而带着命令的声调每分每秒响在他的耳边，她的大裙子，她的艳丽和服装，她惯用的香水气味，她喜欢跳的舞曲，她的这个，她的那个，把他层层包裹，紧紧卷住。她是世家之女，他是世家之子，她的姐夫是他的好友，一切顺理成章，他们在昆明结了婚，那是一九三三年的春天。他永不能忘记婚礼上她那对盛满了胜利之色的眼睛，和洞房中她的"逼供"：

"你现在知道了吗？"

"知道什么？"他装傻。

"你爱不爱我？"

"不爱你怎么会娶你？"

"那么，你说你爱我，你说你生命里只会有我一个，你说你将终身臣服于我，不再对任何别的女人看一眼。"

"何必要说？我已经娶了你，你当然是我生命中最重要的！"

"不行！你一定要说！我要亲耳听你说！"

"何必呢？这没有意义。"

"谁说没有意义？"她的大眼睛逼视着他，充满了固执和坚定。"你要说！你一定要说！我非听你说不可！"

"没道理的事！"他皱起眉头。

"没道理的事吗？"她的头俯近了他，美丽的脸庞贴在他的眼前，那对大而黑的眸子直射入他的眼底："你不说吗？你不肯说吗？你不爱我吗？"

"好的，我爱。"他屈服了。

"你生命里只有我一个？"

"我生命里只有你一个。"

"你永不爱别人？"

"当然。"

"你将为我做一切的事？"

"一切？"他问。

"嗯，一切。"

"别傻了！"他抱起她，抛在床上。

"不，你要说！"她固执的。

"说什么？"

"你将为我做一切的事！"

他望着她，她躺在床上，瞪着大眼睛，任性，坚决，而美丽。像一只漂亮的、带着几分原始的野性的雌豹！那脸庞上有着热情的火焰，周身都放着青春的热力，是一团燃烧着的火，那眼睛里也有着火，可以烧熔一切的东西。

他再度屈服了。

"我将为你做一切的事！"他闷闷地说。

她一下子卷到他面前，拥住了他，她的胳膊缠着他的脖子，她的嘴唇堵住了他的，那火似的身子紧贴着他，她的长睫毛抬了起来，他望着她，看到的是一个征服者的眼睛，里面盛着的不是属于女性的柔情，而是属于胜利的骄傲。

这就是他的妻子，一个征服者！在她面前，他从不觉得自己是一个丈夫，他必须习惯于她的命令语气，她的骄傲神态，和她那带着点虐待性的感情。一次，她坐在梳妆台前梳头发，梳子不小心落到地下，她从镜子里望着他，静静的用她那习惯性的命令态度说：

"慕天！给我捡起来！"

他一愣，他不喜欢她脸上的那份傲慢，和眼睛里那近乎揶揄的神情。摇了摇头，他说：

"你只要弯弯腰就捡起来了！"

"我不！我要你拿！"

"为什么？"

"你说过你将为我做一切事情！"

"这是不合理的，我是你的丈夫，不是听差的！"

"如果你爱我，你就给我捡起来！"

"我不捡！"他干脆的说，望着镜子里面她那张已经浮起愠怒之色的脸："这与感情无关，而是自尊心的问题，你为什么希望你的丈夫没有丝毫丈夫气概？"

"什么叫丈夫气概？"她反问，"一个好丈夫会为他的妻子做一切的事！"

"这并不必须由我来做，在你，也只是举手之劳！"

"我不！我就是要你做！"

"我也不！我没道理要像个奴才般由你吩咐！"

"如果你爱我，你就可以没有自尊！"她叫。

"我不能没有自尊！"他也叫。

他们两人在镜子中对视，然后，她一下子车转身来，面对着他，眼睛里冒着火，眉毛竖着，像只被激怒的野兽，对他狠狠地嚷："那么，你是骗我了，那么，你根本就不爱我！"

"这与爱情无关……"

"有关！"她大叫。

"随你怎么讲，你不能希望我做你的奴才！你根本不正常，你变态！"何慕天也叫着。

她咬住嘴唇，瞪视着他，好半天，两人就僵持的站在那儿，彼此都虎视眈眈的望着对方。然后，她扬了扬头，眯了眯眼睛，黑眼珠从两排羽扇状的睫毛下注视他，从齿缝中逼出一句："你到底捡不捡？"

"不捡！"

"捡不捡?"

"不捡!"

"捡不捡?"

"不捡!"

她抬起睫毛,望着他,突然地笑了。她用手勾住他的脖子,微笑的眼睛生动而温柔地盯着他。她摇摇头,一声叹息,轻轻地说:

"为什么你这么强?慕天?你知道我多爱你?爱你这份硬脾气,爱你这份男儿气概!"她吻他,丰满而潮湿的嘴唇充满了诱惑。长睫毛下藏着那朦胧的黑眸子,美得像雾,热得像火。"我爱你,慕天,我渴望你爱我!全心全意的渴望!"

他不由自主的反应她的热情,她的美使他迷惑。

"我爱你,"他喃喃地说,回吻着她。"我真爱你。"

"那么,又何在乎捡一捡梳子?如果一个小举动能表现你的爱情的话,你又为什么要吝啬弯一弯腰而宁可让我难过?"她轻声地问,嘴唇擦过他的面颊,在他的耳际蠕动。

"假若你一定要我做,"他弯腰拾起梳子,"这又算什么?如果你一定认为这样才能表现爱情。"他把梳子递给她:"喏,给你!"她伸手接梳子,但是,一瞬间,他在她扬起的睫毛下看到了她那胜利和狡黠的眼光,她的嘴边挂上了笑,征服者的笑。仿佛在嘲讽的说:"怎么样?你还是捡了!"他怔住,心中突然涌上一阵被欺骗和捉弄的感觉,与这感觉同时而来的,是强烈的愤怒和受侮的情绪。他浑身的肌肉都僵硬了,怒气使他四肢发冷。夺过那把梳子,他用力的从敞开的窗口扔了出去。然后,他推开她,摔摔袖子,带着满腔发泄不尽的怨气,冲出家门,在附近的小吃馆中,喝得酩酊大醉。

"梳子事件"只是一个开始,从此天下永不太平,类似梳子的事件一天要发生许许多多次。"妻子",这就是"妻子"吗?一个专横的暴君也不过如此……

"我要这样,就是这样!"

他用手抹抹脸,桐油灯的火焰在颤动,宿舍里,好些同学在喧哗地谈话,但他什么都没有听到。"我想你了解我的个性,你还是安份一点好!"怎样的口气!怎样的"家书"?特宝一天到晚摇头晃脑念:"烽火连三月,家书抵万金!"如果都是这样的"家书",恐怕还是少收到一点好!

"喂,慕天!"有人喊。

他没有听到,仍然陷在自己的思潮中。

"喂喂,你怎么?老僧入定吗?"一只手压在他的肩膀上,他惊醒了,是胖子吴。"干什么?"他无精打采地问。

"募捐。"胖子吴嘻笑着伸开了手掌:"南北社的聚会,明天轮到我做东了,小罗他们选择了艺专附近的黄桷树茶馆。怎样?有吗?"

他掏空了自己的口袋。

"拿去吧,我家里又寄钱来了。"

"好,我总共欠你多少了?"胖子吴问,"有朝一日,我胖子吴有了钱,连利息还你。"

何慕天笑笑,没说话。胖子吴收了钱,愉快地向门口走去,走了一半,又折回来说:

"喂,听说小粉蝶儿已经订过婚了,是重庆一个很有钱的人家,不知道姓什么的。你看,咱们特宝追了半天,不是白追了吗?人家是蝴蝶,有翅膀的,哪儿那么容易就追得上呢？还是我聪明，认定了小飞燕，追到底！"说着，他挥挥手，自顾自的走了，当然，他忘记了飞燕的翅膀比蝴蝶更大。

这儿，何慕天愣住了，呆呆地望着灯火，他茫然地陷入沉思之中，小粉蝶儿？订过婚了？那沉静的眼睛，温柔的微笑，发辫、草帽、蓝色的花……他咬紧嘴唇，牙齿陷进肉里，痛楚使他一震，捧捧头，他昏乱地自问：

"我是怎么回事？"接着，他又凄苦地笑了，用手枕着头，往床上一倒，闭上眼睛，喃喃地说："好了，你有你的她，她有她的他，认命吧！"

翻了一个身，他把脸埋进枕头里，咬着牙，无声地念：

"人生自是有情痴，此事不关风与月！"

【作者作品】

琼瑶（1938—　　），原名陈喆。湖南衡阳人。一九四九年随父陈致平由大陆到台湾。一九四七年在上海《大公报》儿童版发表了第一篇小说《可怜的小青》。一九六三年出版了第一部短篇小说集《窗外》，从此跃登台湾文坛。她创作颇丰，作品已有数十部之多。代表作有《几度夕阳红》、《燃烧吧火鸟》、《女朋友》、《月朦胧鸟朦胧》、《还珠格格》等。许多作品都是再版十几甚至几十版，而且往往都被改编成电影或电视剧，在台湾和海外拥有大量读者，尤其受到广大青年的欢迎。

本文节选自琼瑶长篇小说《几度夕阳红》第十五章，皇冠出版社出版。

"有中国人的地方，就有琼瑶。"从台湾到大陆，从东南亚华侨到纽约唐人街，凡是有中国人的地方，就一定有一群人，曾经或者仍然在读着琼瑶，沉溺于"窗外月朦胧鸟朦胧烟雨也蒙蒙的一帘幽梦"中。琼瑶的言情小说，编织着动人的爱情故事，其中充满了浪漫的情怀，那淡淡的伤感、缕缕的哀愁，赢得了无数人的青睐。琼瑶是台湾最畅销、最多产的言情小说家，从一九六三年出版第一本小说《窗外》至今已三十五年，在这期间她共创作了五十二本小说，十七本小说改编成电视剧，其中三十七本小说改编成电影。

【阅读提示】

琼瑶长篇小说《几度夕阳红》用细腻的语言描绘了一个男性对两位女性的不同感觉：对梦竹的欣赏与爱慕，对蕴文的腻烦与厌恶，向人们展示了两个不同性格的女性。与琼瑶的所有的爱情小说一样，作者对自己钟爱的男女主人公的描绘依然是带有浓厚的理想化的色彩，对其外貌、气质、性格和感情都作了美化处理。梦竹如花似玉、冰清玉洁、楚楚动人，有优雅脱俗的气质、青春浪漫的气息，何慕天英俊儒雅、善解人意、细腻体贴，这些都是作者对人性善良与美好的渴望，对他们的美好爱情的叙写也是作者对美好爱情的期待。

琼瑶小说语言流畅清丽，富有诗意，作品从书名到人名乃至情节刻画都充满了诗情画意。作者善于把古典诗词融进小说创作中。本文即如此，"几度夕阳红"奠定了整部作品的情感基调，同时也诗化了某种意境，烘托了人物形象。同时本文还体现琼瑶对于古典小说和传统戏表现手法的借用，如巧设悬念、暗结扣子，卖卖关子，使小说情节跌宕起伏、环环相扣、引人入胜。

![能力培养与训练图标] **【能力培养与训练】**

1. 我们应该怎样理解何慕天对梦竹的感情？
2. 分析比较文章中两个女主人公的性格特点。
3. 请欣赏几本琼瑶的小说或电影，然后谈谈她的小说情节结构的特点。

《射雕英雄传》 节选

金庸

　　原来成吉思汗于灭了西夏后得病，近来病势日重，自知不起，召拖雷急速班师回去相见。旨意最后说：日来甚是思念郭靖，拖雷在南若知他下落，务须邀他北上与大汗诀别；他所犯重罪，尽皆赦免。郭靖听到此处，伸匕首划开篷帐，钻身进去，叫道："拖雷安答[1]，我和你同去。"拖雷吃了一惊，见是郭靖，不胜之喜，两人这才相抱。那使者认得郭靖，上前磕头，道："金刀驸马，大汗有旨，务必请你赴金帐相见。"

　　郭靖听得"金刀驸马"四字，心头一凛，生怕黄蓉多心，忙从帐篷裂缝中跃了出去，拉住黄蓉的手，道："蓉儿，我和你同去同归。"黄蓉沉吟不答。郭靖道："你信不信我？"黄蓉嫣然一笑，道："你若再想做甚么驸马驸牛，我也大义灭亲，一刀把你宰了。"当晚拖雷下令退军，次晨大军启行。郭靖与黄蓉找回红马双雕，随军北上。拖雷只怕不及见到父亲，令副帅统兵回师，自与靖、蓉二人快马奔驰，未及一月，已来到西夏成吉思汗的金帐。拖雷遥遥望见金帐前的九旄大纛[2]耸立无恙，知道父亲安好，欢呼大叫，催马驰至帐前。

　　郭靖勒住马头，想起成吉思汗抚养之恩、知遇之隆、杀母之仇、屠戮之惨，一时爱恨交迸，低头不语。忽听得号角吹起，两排箭筒卫士在金帐前列成两行。成吉思汗身披黑貂，扶着拖雷的右肩，从帐中大踏步而出。他脚步虽然豪迈如昔，只是落地微颤，身子随着抖动。郭靖抢上前去，拜伏在地。

　　成吉思汗热泪盈眶，颤声道："起来，起来！我天天在想着你们。"郭靖站起身来，只见大汗满脸都是皱纹，两颊深陷，看来在世之日已然无多，不禁仇恨之心稍减。成吉思汗另一手扶住郭靖左肩，瞧瞧拖雷，又瞧瞧郭靖，叹了一口长气，遥望大漠远处，呆呆出神。郭靖与拖雷不知他心中所思何事，都不敢作声。

　　过了良久，成吉思汗叹道："当初我与札木合安答结义起事，哪知到头来我却非杀他不可。我做了天下的大汗，他死在我的手里。再过几天那又怎样呢？我还不是与他一般的同归黄土？谁成谁败，到头来又有什么差别？"拍拍二人的肩头，说道："你们须得始终和好，千万别自相残杀。札木合安答是一死完事，我每当想起结义之情，却常常终夜难以合眼。"拖雷与郭靖想起在襄阳城下险些拼个你死我活，都是暗叫惭愧。

　　成吉思汗站了这一阵，但觉全身乏力，正要回帐，忽见一小队人马飞驰而至。当先一人白袍金带，穿的是金国服色。成吉思汗见到是敌人，精神为之一振。

　　那人在远处下马，急步过来，遥遥拜伏在地，不敢走近。亲卫报道："金国使者求见大汗。"成吉思汗怒道："金国不肯归降，派人来见我作甚？"

　　那使者伏在地下说道："下邦自知冒犯大汗天威，罪该万死，特献上祖传明珠千颗，以求大汗息怒赦罪。这千颗明珠是下邦镇国之宝，恳请大汗赐纳。"使者禀罢，从背上解下包袂，取出一只玉盘，再从锦囊中倒出无数明珠，跪在地下，双手托起玉盘。

成吉思汗斜眼微睨，只见玉盘中成千颗明珠，都有小指头般大小，绕着一颗大母珠滴溜溜的滚动。这些珠儿单就一颗已是希世之珍，何况千颗？更何况除了一颗母珠特大之外，其余的珠儿都是差不多大小。但见珍珠光彩柔和晶莹，相辉交映，玉盘上竟似笼罩着一层淡淡的虹晕。若在平日，成吉思汗自是喜欢，但这时他眉头皱了几下，向亲卫道："收下了。"亲卫接过玉盘。那使者见大汗收纳礼物，欢喜无限，说道："大汗许和，下邦自国君而下，同感恩德。"成吉思汗怒道："谁说许和，回头就发兵讨伐金狗。左右，拿下了！"亲卫一拥而上，将那使者擒住。

成吉思汗叹道："纵有明珠千颗，亦难让我多活一日！"从亲卫手里接过玉盘，猛力一掷，连盘带珠远远摔了出去，玉盘撞在石上，登时碎裂。众人尽皆愕然。

那些珍珠后来蒙古将士拾起了不少，但仍有无数遗在长草之间，直到数百年后，草原上的牧人尚偶有拾到。

成吉思汗意兴索然，回入金帐。黄昏时分，他命郭靖单独陪同，在草原上闲逛。两人纵马而行，驰出十余里，猛听得头顶雕唳[3]数声，抬起头来，只见那对白雕在半空中盘旋翱翔。成吉思汗取下铁胎画弓，扣上长箭，对着雌雕射去。郭靖惊叫："大汗，别射！"成吉思汗虽然衰迈，出手仍是极快，听到郭靖叫声，长箭早已射出。

郭靖暗暗叫苦，他素知成吉思汗膂力[4]过人，箭无虚发，这一箭上去，爱雕必致毙命，岂知那雌雕侧过身子，左翼一扫，竟将长箭扑落。雄雕大怒，一声长唳，向成吉思汗头顶扑击下来。郭靖喝道："畜生，作死么？"扬鞭向雄雕打去。雄雕见主人出手，回翼凌空，急鸣数声，与雌雕双双飞远。

成吉思汗神色黯然，将弓箭抛在地下，说道："数十年来，今日第一次射雕不中，想来确是死期到了。"郭靖待要劝慰，却不知说甚么好。成吉思汗突然双腿一夹，纵马向北急驰。郭靖怕他有失，催马赶上，小红马行走如风，一瞬眼间已追在前头。成吉思汗勒马四顾，忽道："靖儿，我所建大国，历代莫可与比。自国土中心达于诸方极边之地，东南西北皆有一年行程。你说古今英雄，有谁及得上我？"郭靖沉吟片刻，说道："大汗武功之盛，古来无人能及。只是大汗一人威风赫赫，天下却不知积了多少白骨，流了多少孤儿寡妇之泪。"成吉思汗双眉竖起，举起马鞭就要往郭靖头顶劈将下去，但见他凛然不惧的望着自己，马鞭扬在半空却不落下，喝道："你说甚么？"郭靖心想："自今而后，与大汗未必有再见之日，纵然惹他恼怒，心中言语终须说个明白。"当下昂然说道："大汗，你养我教我，逼死我母，这些私人恩怨，此刻也不必说了。我只想问你一句：人死之后，葬在地下，占得多少土地？"成吉思汗一怔，马鞭打个圈儿，道："那也不过这般大小。"郭靖道："是啊，那你杀这么多人，流这么多血，占了这么多国土，到头来又有何用？"成吉思汗默然不语。

郭靖又道："自来英雄而为当世钦仰、后人追慕，必是为民造福、爱护百姓之人。以我之见，杀得人多却未必算是英雄。"成吉思汗道："难道我一生就没做过甚么好事？"郭靖道："好事自然是有，而且也很大，只是你南征西伐，积尸如山，那功罪是非，可就难说得很了。"他生性戆直，心中想到甚么就说甚么。

成吉思汗一生自负，此际被他这么一顿数说，竟然难以辩驳，回首前尘，勒马回顾，不禁茫然若失，过了半晌，哇的一声，一大口鲜血喷在地下。

郭靖吓了一跳，才知自己把话说重了，忙伸手扶住，说道："大汗，你回去歇歇。我言语多有冒犯，请你恕罪。"成吉思汗淡淡一笑，一张脸全成蜡黄，叹道："我左右之人，没一个如你这般大胆，敢跟我说几句真心话。"随即眉毛一扬，脸现傲色，朗声道："我一生纵横天下，灭国无数，依你说竟算不得英雄？嘿，真是孩子话！"在马臀上猛抽一鞭，急驰而回。

当晚成吉思汗崩于金帐之中，临死之际，口里喃喃念着："英雄，英雄……"想是心中一直琢磨着郭靖的那番言语。

郭靖与黄蓉向大汗遗体行过礼后，辞别拖雷，即日南归。两人一路上但见骷髅白骨散处长草之间，不禁感慨不已，心想两人鸳盟虽谐，可称无憾，但世人苦难方深，不知何日方得太平。正是：

兵火有余烬，贫村才数家。

无人争晓渡，残月下寒沙！

注释

［1］安答：蒙语，兄弟。

［2］旄大纛（dào）：古代军队用九条牦牛尾装饰旗杆头的大旗。

［3］唳：鹤、雕等的鸣叫。

［4］膂（lǚ）力：体力。

【作者作品】

金庸（1924— ），原名查良镛，浙江海宁人。香港知名的新闻工作者和社会活动家，近代中国文学的重要作者之一。他开创了武侠小说写作的新的一页。代表作品有《射雕英雄传》、《笑傲江湖》、《鹿鼎记》等。

金庸小说中的侠客形象主要可以分为四类：民间侠、儒侠、道侠和自由型侠客。民间侠的典型代表是萧峰，他具有历史上一般侠客的讲义气、重然诺、扶危济困等优良品格，更重要的是他具有古往今来的侠客中最为潇洒不羁、纵横无束而又豪爽纯真的性格和深厚的怜悯情怀。儒侠的典型代表是郭靖，他的身世经历以及性格思想都符合孔孟的论述，他的具有远大理想而又积极行动的大侠品格有着巨大的楷模的力量。道侠的典型代表是张三丰，他清虚自守、圆融无碍、慈善为怀而又不是遗世独立，他的清明澄澈的智慧和静穆高大的人格赢得了人们的恒久景慕。令狐冲是自由型侠客的代表，其特征是以蔑视陈规陋俗的道家思想为底蕴，而又熔铸了五四精神的某些特点，他不顾武林中的正邪观念、门派观念和一切陈规陋俗，处处以生命的真情来对待世事人生，因此才能笑傲江湖、笑傲江山乃至笑傲人生。人们对令狐冲的喜爱，充分说明了人们对真情与自由的渴望，对世俗纷争的厌弃及对文化理想的向往。

【阅读提示】

《射雕英雄传》是金庸武侠小说的扛鼎之作。它以南宋中叶为历史背景，展现了宋、元、金三方逐鹿中原，争夺江山的广阔画卷，记述了武林各路高手云集江湖，争夺武功秘籍《九阴真经》，企图称霸武林的故事，塑造了一代英雄大侠——郭靖的形象。本文节选自这部长篇小说的第四十回《华山论剑》。叙述了成吉思汗病危之际召见自己的儿子和义子郭靖诀别的故事，通过人物对话和动作、心理的描写，刻画出郭靖和成吉思汗不同的个性、内心世界和理想追求。其中也传达出作者对大侠、对英雄的理解和阐释——"侠之大者，为国为民。"这也是金庸在武侠小说中数次表达的武侠精神之所在。

【能力培养与训练】

1. 分析文中的成吉思汗和郭靖两个人物的性格特征。
2. 谈谈对金庸武侠小说里面"大侠"的认识。

【延伸阅读】

古龙《绝代双骄》节选，见本书课件。

《雪国》节选

〔日本〕川端康成

穿过县界长长的隧道，便是雪国。夜空下一片白茫茫。火车在信号所前停了下来。

一位姑娘从对面座位上站起身子，把岛村座位前的玻璃窗打开。一股冷空气卷袭进来。姑娘将身子探出窗外，仿佛向远方呼唤似地喊道：

"站长先生，站长先生！"

一个把围巾缠到鼻子上、帽耳奔拉在耳朵边的男子，手拎提灯，踏着雪缓步走了过来。

岛村心想：已经这么冷了吗？他向窗外望去，只见铁路人员当作临时宿舍的木板房，星星点点地散落在山脚下，给人一种冷寂的感觉。那边的白雪，早已被黑暗吞噬了。

"站长先生，是我。您好啊！"

"哟，这不是叶子姑娘吗！回家呀？又是大冷天了。"

"听说我弟弟到这里来工作，我要谢谢您的照顾。"

"在这种地方，早晚会寂寞得难受的。年纪轻轻，怪可怜的！"

"他还是个孩子，请站长先生常指点他，拜托您了。"

"行啊。他干得很带劲，往后会忙起来的。去年也下了大雪，常常闹雪崩，火车一抛锚，村里人就忙着给旅客送水送饭。"

"站长先生好像穿得很多，我弟弟来信说，他还没穿西服背心呢。"

"我都穿四件啦！小伙子们遇上大冷天就一个劲儿地喝酒，现在一个个都得了感冒，东歪西倒地躺在那儿啦。"站长向宿舍那边晃了晃手上的提灯。

"我弟弟也喝酒了吗？"

"这倒没有。"

"站长先生这就回家了？"

"我受了伤，每天都去看医生。"

"啊，这可太糟糕了。"

和服上罩着外套的站长，在大冷天里，仿佛想赶快结束闲谈似地转过身来说："好吧，路上请多保重。"

"站长先生，我弟弟还没出来吗？"叶子用目光在雪地上搜索，"请您多多照顾我弟弟，拜托啦。"

她的话声优美而又近乎悲戚。那嘹亮的声音久久地在雪夜里回荡。

火车开动了，她还没把上身从窗口缩回来。一直等火车追上走在铁路边上的站长，她又喊道：

"站长先生，请您告诉我弟弟，叫他下次休假时回家一趟！"

"行啊！"站长大声答应。

叶子关上车窗，用双手捂住冻红了的脸颊。

这是县界的山，山下备有三辆扫雪车，供下雪天使用。隧道南北，架设了电力控制的雪崩报警线。部署了五千名扫雪工和两千名消防队的青年队员。

这个叶子姑娘的弟弟，从今冬起就在这个将要被大雪覆盖的铁路信号所工作。岛村知道这一情况以后，对她越发感兴趣了。

但是，这里说的"姑娘"，只是岛村这么认为罢了。她身边那个男人究竟是她的什么人，岛村自然不晓得。两人的举动很像夫妻，男的显然有病。陪伴病人，无形中就容易忽略男女间的界限，侍候得越殷勤，看起来就越像夫妻。一个女人像慈母般地照顾比自己岁数大的男子，老远看去，免不了会被人看作是夫妻。

岛村是把她一个人单独来看的，凭她那种举止就推断她可能是个姑娘。也许是因为他用过分好奇的目光盯住这个姑娘，所以增添了自己不少的感伤。

已经是三个钟头以前的事了。岛村感到百无聊赖，发呆地凝望着不停活动的左手的食指。因为只有这个手指，才能使他清楚地感到就要去会见的那个女人。奇怪的是，越是急于想把她清楚地回忆起来，印象就越模糊。在这扑朔迷离的记忆中，也只有这手指所留下的几许感触，把他带到远方的女人身边。他想着想着，不由地把手指送到鼻子边闻了闻。当他无意识地用这个手指在窗玻璃上划道时，不知怎的，上面竟清晰地映出一只女人的眼睛。他大吃一惊，几乎喊出声来。大概是他的心飞向了远方的缘故。他定神看时，什么也没有。映在玻璃窗上的，是对座那个女人的形象。外面昏暗下来，车厢里的灯亮了。这样，窗玻璃就成了一面镜子。然而，由于放了暖气，玻璃上蒙了一层水蒸气，在他用手指揩亮玻璃之前，那面镜子其实并不存在。

玻璃上只映出姑娘一只眼睛，她反而显得更加美了。

岛村把脸贴近车窗，装出一副带着旅愁观赏黄昏景色的模样，用手掌揩了揩窗玻璃。

姑娘上身微倾，全神贯注地俯视着躺在面前的男人。她那小心翼翼的动作，一眨也不眨的严肃目光，都表现出她的真挚感情。男人头靠窗边躺着，把弯着的腿搁在姑娘身边。这是三等车厢。他们的座位不是在岛村的正对面，而是在斜对面。所以在窗玻璃上只映出侧身躺着的那个男人的半边脸。

姑娘正好坐在斜对面，岛村本是可以直接看到她的，可是他们刚上车时，她那种迷人的美，使他感到吃惊，不由得垂下了目光。就在这一瞬间，岛村看见那个男人蜡黄的手紧紧攥住姑娘的手，也就不好意思再向对面望去了。

镜中的男人，只有望着姑娘胸脯的时候，脸上才显得安详而平静。瘦弱的身体，尽管很衰弱，却带着一种安乐的和谐气氛。男人把围巾枕在头下，绕过鼻子，严严实实地盖住了嘴巴，然后再往上包住脸颊。这像是一种保护脸部的方法。但围巾有时会松落下来，有时又会盖住鼻子。就在男人眼睛要动而未动的瞬间，姑娘就用温柔的动作，把围巾重新围好。两人天真地重复着同样的动作，使岛村看着都有些焦灼。另外，裹着男人双脚的外套下摆，不时松开奔拉下来。姑娘也马上发现了这一点，给他重新裹好。这一切都显得非常自然。那种姿态几乎使人认为他俩就这样忘记了所谓距离，走向了漫无边际的远方。正因为这样，岛村看见这种悲愁，没有觉得辛酸，就像是在梦中看见了幻影一样。大概这些都是在虚幻的镜中幻化出来的缘故。

黄昏的景色在镜后移动着。也就是说，镜面映现的虚像与镜后的实物好像电影里的叠影一样在晃动。出场人物和背景没有任何联系。而且人物是一种透明的幻像，景物则是在夜霭中的朦胧暗流，两者消融在一起，描绘出一个超脱人世的象征的世界。特别是当山野里的灯火映照在姑娘的脸上时，那种无法形容的美，使岛村的心都几乎为之颤动。

在遥远的山巅上空，还淡淡地残留着晚霞的余晖。透过车窗玻璃看见的景物轮廓，退到远方，却没有消逝，但已经黯然失色了。尽管火车继续往前奔驰，在他看来，山野那平凡的姿态越是显得更加平凡了。由于什么东西都不十分惹他注目，他内心反而好像隐隐地存在着一股巨大的感情激流。这自然是由于镜中浮现出姑娘的脸的缘故。只有身影映在窗玻璃上的部分，遮住了窗外的暮景，然而，景色却在姑娘的轮廓周围不断地移动，使人觉得姑娘的脸也像是透明的。是不是真的透明呢？这是一种错觉。因为从姑娘面影后面不停地掠过的暮景，仿佛是从她脸的前面流过。定睛一看，却又扑朔迷离。车厢里也不太明亮。窗玻璃上的映像不像真的镜子那样清晰了。反光没有了。这使岛村看入了神，他渐渐地忘却了镜子的存在，只觉得姑娘好像漂浮在流逝的暮景之中。

这当儿，姑娘的脸上闪现着灯光。镜中映像的清晰度并没有减弱窗外的灯火。灯火也没有把映像抹去。灯火就这样从她的脸上闪过，但并没有把她的脸照亮。这是一束从远方投来的寒光，模模糊糊地照亮了她眼睛的周围。她的眼睛同灯火重叠的那一瞬间，就像在夕阳的余晖里飞舞的妖艳而美丽的夜光虫。

叶子自然没留意别人这样观察她。她的心全用在病人身上，就是把脸转向岛村那边，她也不会看见自己映在窗玻璃上的身影，更不会去注意那个眺望着窗外的男人。

岛村长时间地偷看叶子，却没有想到这样做会对她有什么不礼貌，他大概是被镜中暮景那种虚幻的力量吸引住了。也许岛村在看到她呼唤站长时表现出有点过分严肃，从那时候起就对她产生了一种不寻常的兴趣。

火车通过信号所时，窗外已经黑沉沉的了。在窗玻璃上流动的景色一消失，镜子也就完全失去了吸引力，尽管叶子那张美丽的脸依然映在窗上，而且表情还是那么温柔，但岛村在她身上却发现她对别人似乎特别冷漠，他也就不想去揩拭那面变得模糊不清的镜子了。

约莫过了半小时，没想到叶子他们也和岛村在同一个车站下了车，这使他觉得好像还会发生什么同自己有关的事似的，所以他把头转了过去。从站台上迎面扑来一阵寒气，他立即对自己在火车上那种非礼行为感到羞愧，就头也不回地从火车头前面走了过去。

男人�住叶子的肩膀，正要越过路轨的时候，站务员从对面扬手加以制止。

转眼间从黑暗中出现一列长长的货车，挡住了他俩的身影。

前来招徕顾客的客栈掌柜，穿上一身严严实实的冬装，包住两只耳朵，登着长统胶靴，活像火场上的消防队员。一个女子站在候车室窗旁，眺望着路轨那边，她披着蓝色斗篷，蒙上了头巾。

由于车上带下来的暖气尚未完全从岛村身上消散，岛村还没有感受到外面的真正寒冷。他是第一次遇上这雪国的冬天，一上来就被当地人的打扮吓住了。

"真冷得要穿这身衣服吗？"

"嗯，已经完全是过冬的装束了。雪后放晴的头一晚特别冷。今天晚上可能降到零下哩。"

"已经到零下了么？"

岛村望着屋檐前招人喜欢的冰柱，同客栈掌柜一起上了汽车。在雪天夜色的笼罩下，家家户户低矮的屋顶显得越发低矮，仿佛整个村子都静悄悄地沉浸在无底的深渊之中。

"难怪啰，手无论触到什么东西，都觉得特别的冷啊。"

"去年最冷是零下二十多度哩。"

"雪呢？"

"雪嘛，平时七八尺厚，下大了恐怕有一丈二三尺吧。"

"大雪还在后头罗？"

"是啊，是在后头呢。这场雪是前几天下的，只有尺把厚，已经融化得差不多了。"

"能融化掉吗？"

"说不定什么时候还会再来一场大的呢。"

已经是十二月上旬了。

岛村感冒总不见好，这会儿让冷空气从不通气的鼻孔一下子冲到了脑门心，清鼻涕簌簌地流个不停，好像把脏东西都给冲了出来。

"老师傅家的姑娘还在吗？"

"嗯，还在，还在。在车站上您没看见？披着深蓝色斗篷的就是。"

"就是她？……回头可以请她来吗？"

"今天晚上？"

"是今天晚上。"

"说是老师傅的少爷坐末班车回来，她接车去了。"

在暮景镜中看到叶子照拂的那个病人，原来就是岛村来会晤的这个女子的师傅的儿子。

一了解到这点，岛村感到仿佛有什么东西掠过自己的心头。但他对这种奇妙的因缘，并不觉得怎么奇怪，倒是对自己不觉得奇怪而感到奇怪。

岛村不知怎地，内心深处仿佛感到：凭着指头的感触而记住的女人，与眼睛里灯火闪映的女人，她们之间会有什么联系，可能会发生什么事情。这大概是还没有从暮景的镜中清醒过来的缘故吧。他无端地喃喃自语：那些暮景的流逝，难道就是时光流逝的象征吗？

【作者作品】

川端康成（1899—1972），日本著名的小说家，生于大阪市一个医生的家庭。一九七二年川端康成口含煤气管自杀身亡。他的一生创作生涯近五十年，作品达一百三十余部。早期的作品有《伊豆的舞女》、《雪国》、《花的圆舞曲》和《母亲的初恋》等，后期作品有《千鹤》、《古都》、《睡美人》、《一只胳膊》等。他于一九五三年被选为日本艺术院会员，一九六一年获得日本政府颁发的文化勋章，一九五七年、一九六〇年先后获得西德、法国政府授予的"歌德"金牌、艺术文化勋章。一九六八年他以《雪国》、《千鹤》、《古都》三部作品获诺贝尔文学奖。

本文选自叶渭渠译《川端康成小说选》，人民文学出版社，一九八五年版。

关于《雪国》不同的看法如下。

一是以叶渭渠为代表。叶渭渠认为，川端康成通过驹子果敢地追求纯粹的爱和做人的权利的描写，展现了她的内在美。驹子对岛村的爱，可以说是她对生活朴素的憧憬，她的悲切的爱正是没有爱的生活的病态反映。川端康成充分理解了《源氏物语》的"物衰"精神，并将其作为自己的文学基础以使表现更加深化，他在《雪国》中继承和发扬了日本文学的"余情美"的传统，强调内心美。

二是以李芒为代表。李芒的观点认为《雪国》中男女主人公是青楼游客与妓女较为亲密的一种关系，川端康成继承的是古典日本小说中的男性本位的道德观以及男女关系上的一夫多妻制，其艺术形式是对于这种道德观念与制度的表现形式。川端康成小说中有许多封建思想的残渣，是必须批判的。岛村与驹子的感情是不严肃的。驹子虽然不能说没有爱情，作者刻意表现她外在的肉体美和雪国背景的美，把无为之辈游乐的温泉旅馆作为神圣的场所来描写，实际上好像在肯定依靠卖身来生活的制度。

【阅读提示】

《雪国》描述的是坐食祖业的游闲者岛村三到雪国的经历。第一次岛村来到雪国，认识了三弦师傅的女弟子驹子。驹子因穷困沦为艺妓，还要养活生病的"未婚夫"行男。她不爱行男，也不甘心做低人一等的艺妓。她单纯而又执著，对生活充满了信心和热情，无论学三弦、记日记，还是对待爱情，她都是一丝不苟的。驹子一往情深地爱上了游客岛村，岛村却感到她所做的一切都是徒劳无益的。第二次岛村在来雪国的路上遇到了美丽的姑娘叶子，叶子"近乎悲哀的美"使他为之销魂。但叶子一心扑在生命垂危的行男身上，沉浸在幻境般的爱情世界里。行男死后，岛村第三次来到雪国，他一方面对驹子虚与周旋，另一方面倾心于美丽的叶子。正当他准备离开驹子，与叶子同道回东京时，叶子却突然坠身火场，安详地死去。

驹子是下层妇女的典型。她出身贫贱，早年被卖到东京当陪酒女，被赎出后不得不委身于一个年龄比她大得多的男人。虽历经坎坷，但仍保持着纯洁的生活信念。她不爱行男，但为了给行男赚钱看病，不惜牺牲自己去当艺妓。她明知岛村有妻子，却希望从他身上得到真正的爱情。驹子对生活并没有太多的奢望，只希望过普通女子的生活，她对岛村的爱，是一种对生存的渴望。然而由于她艺妓的特殊身份，注定她的爱情是悲剧的。作者对她不幸的命运给予了深切的同情。

岛村是个空虚、颓废的知识分子，他放荡不羁，对生活和爱情缺乏应有的热情。在他看来，所有对人生、事业、爱情、艺术和美的种种追求，都不过是"徒劳"，甚至"生存本身也是一种徒劳"，没有任何实际的意义。他一方面欢愉于驹子给他肉体的享受，另一方面又倾心于叶子近乎虚幻的美。终于一场大火，使一切化为乌有，留在他心里的只有"说不出的苦痛和悲哀"。

《雪国》起笔于一九三五年，是运用意识流小说的创作方法写成的一部作品，川端康成融合了日本古典文学的传统和弗洛伊德的精神分析学，幻想和现实交织，使下意识层次的心理活动得到充分的揭示。另外，作者善于把四季的自然景物和人物的感情旋律揉在一起，使作品文笔流畅、对话简洁、洗练，富有诗情画意。诸如，列车行驶在皑皑雪原，夜幕开始降落，然而尚未将雪原全部覆盖起来，大地还留着一片模糊的白色。坐在火车上前往雪国去会驹子的岛村，正从车窗欣赏这蕴涵着一种神秘感的黄昏美景，忽然一张同这衬景非常调和的影影绰绰的面孔和一双明亮而不十分清晰的眸子引起他无上的美感，他仿佛被一种无法形容的魅力征服了。再如驹子陪岛村一夜温存之后，清晨时对镜梳妆，红颜黑发，受到窗外白雪的烘托。岛村欣赏着，未免感到心旷神怡，精神恍惚。

川端康成对于作品的文学语言，要求极为严格。他的文章虽然颇为接近口头语言，但读来丝毫没有啰唆之感。用语简明，描写准确，这又同他对于自己所描写的对象观察细致，熟谙于心，有着重要的关系。

【能力培养与训练】

1. 《雪国》中的驹子是个什么样的女性？
2. 岛村和驹子之间是否存在真正的爱情？

《安娜·卡列尼娜》 节选
〔俄国〕列夫·托尔斯泰

二十九

……

就在门房说这话的时候，安娜听到一个小孩打呵欠的声音；单从这呵欠声，她就知道这是她儿子，而且仿佛已经看到他在眼前了。

"让我进去；你走吧！"她说，从那扇高高的门走进去。在门的右边摆着一张床，小孩坐在床上，他的睡衣没有扣上，把他的小身体向后弯着，他伸着懒腰，还在打呵欠。在他的嘴唇闭上的那一瞬间，嘴角上露出一种幸福的、睡意矇眬的微笑，带着那微笑，他又慢慢地舒畅地躺下去了。

"谢廖沙！"她轻轻呼唤着，没有声息地走到他身边去。

在她和他分别的期间，在最近她对他感到汹涌的爱的时候，她总把他想像成四岁时的小孩，那是一个她最爱他的年龄。现在他甚至和她离开他的时候都不同了；他和四岁的小孩更不相同了，他长得更大了，也更消瘦了。这是怎么回事？他的脸多么瘦！他的头发多么短啊！多长的胳臂啊！自从她离开他以后，他变得多么厉害啊！但是这仍然是他，他的头的姿势，他的嘴唇，他的柔软的脖颈和宽阔的肩膀。

"谢廖沙！"她凑在小孩耳边又唤着。

他又用臂肘支起身子，把他那乱发蓬松的头从这边转到那边，好像在寻找什么一样，他张开了眼睛。默默地询问般地，他对动也不动地站在他面前的母亲望了几秒钟，随即突然浮上幸福的微笑，又闭上他的睡意惺忪的眼睛，躺下去，没有往后仰，却倒在她的怀抱里。

"谢廖沙！我的乖孩子！"她说，艰难地呼吸着，用手臂抱住他那丰满的小身体。

"妈妈！"他说，在她的怀抱里扭动着，这样使他身体的各个部分都接触到她的手。

还是闭着眼睛，半睡半醒地微笑着，他把他的胖胖的小手从床头伸向她的肩膀，依偎着她，用只有儿童才有的那种可爱的睡意的温暖和香气围绕着她，开始把他的脸在她的脖颈和肩膀上摩擦。

"我知道！"他说，张开眼睛了。"今天是我的生日。我知道你会来。我马上就起来。"

这么说着，他又睡着了。

安娜贪婪地望着他；她看到她不在的时候，他是怎样地长大了，变化了。他那从毛毯下面伸出的、现在这么长的、裸露的两腿，他的消瘦的脸颊，他后脑上的剪短了的鬈发——她常在那上面吻他的——这一切，她好像认得，又好像不认得。她抚摸着这一切，说不出一句话来；眼泪使她窒息了。

"你为什么哭，妈妈？"他说，完全醒来了。"妈妈，你为什么哭？"他用含泪的声音叫着。

"我不哭；我是欢喜得哭呢。我这么久没有看见你。我不，我不，"她说，咽下眼泪，把脸转过去。"哦，现在你该起来穿衣服了，"她沉默了一会，恢复过来之后补充说；于是，没有放开他的手，她在他床边放着他衣服的椅子上坐下。

"我不在你怎么穿衣服的？怎么……"她极力想开始简单而又愉快地谈着，但是她做不到，于是她又扭过脸去。

"我不用冷水洗澡了，爸爸吩咐不准这样。你没有看见瓦西里·卢基奇吗？他马上会进来的。啊，你坐在我的衣服上啦！"说着，谢廖沙大笑起来。

她望着他，微笑了。

"妈妈，最最亲爱的！"他叫着，又扑到她身上，紧紧抱住她。好像直到现在，看见了她的微笑，他这才完全明白是怎么回事了。"我不要你戴这个。"他说，取下她的帽子。看见脱下了帽子的她，好像是新看见她一样，他又吻起她来。

"可是你怎样想我的呢？你没有想我死了吧？"

"我从来不相信。"

"你没有相信过，我的亲爱的？"

"我知道，我知道！"他重复他喜爱的一句话，于是抓住她正在抚摸他头发的手，他把她的手心贴到嘴唇上，吻它。

三十

……

谢廖沙两眼闪光，满脸带笑，一只手抓着他母亲，另一只手抓着保姆，用他那胖胖的赤着的小脚在绒毯上践踏着。他喜爱的保姆对他母亲所表示的亲热使他欢喜透了。

"妈妈！她常来看我，她来的时候……"他开始说，但是他停住了，注意到保姆正在低声对他母亲说什么，他母亲脸上显出惊惶和一种同她那么不相称的近似羞愧的神色。

她走到他面前去。

"我的亲爱的！"她说。

她不能够说再会，但是她面孔上的表情说了这话，而他也明白了。"亲爱的，亲爱的库迪克！"她唤着在他小时候她叫他的名字。"你不会忘记我吧？你……"但是她说不下去了。

以后她想起了多少要对他说的话啊！但是现在她却不知道怎样说好，而且什么话都说不出来。但是谢廖沙明白了她要对他说的一切。他明白她不幸，而且爱他。他甚至明白了保姆低声说的话。他听见了"照例在九点钟"这句话，他明白这是说他父亲，他父亲和母亲是不能够见面的。这个他了解，但是有一件事他却不能了解——为什么她脸上会有一种惊惶和羞愧的神色呢？……她没有过错，但是她害怕他，为了什么事羞愧。他真想问一个可以解除他的疑惑的问题，但是他又不敢；他看出来她很痛苦，他为她难过。他默默地紧偎着她，低声说：

"不要走。他还不会来呢。"

母亲推开他，看他想过他所说的话没有；在他的惊惶的脸上，她看出来他不但是说他父亲，而且好像在问她他对父亲该怎样看法。

"谢廖沙，我的亲爱的！"她说，"爱他；他比我好，比我仁慈，我对不起他。你大了的时候就会明白的。"

"再也没有比你好的人了！……"他含着泪绝望地叫着，于是，抓住她肩膀，他用全力把她紧紧抱住，他的手臂紧张得发抖了。

"我的亲爱的，我的小宝贝！"安娜说，她像他一样无力地孩子般地哭泣起来。

周扬、谢素台译

【作者作品】

列夫·尼古拉耶维奇·托尔斯泰（1828—1910），一八二八年出生于图拉省克拉皮文县的亚斯那亚·波利亚纳的贵族家庭。是俄国批判现实主义文学最伟大的代表，世界文学史上最伟大的作家之一。他的主要作品有自传体三部曲《童年》、《少年》、《青年》，中篇小说《一个地主的早晨》、《哥萨克》、《魔鬼》等，长篇小说《战争与和平》、《安娜·卡列尼娜》、《复活》，剧本有《黑暗的势力》、《教育的果实》。六十年代至七十年代创作的长篇巨著《战争与和平》和《安娜·卡列尼娜》，使他赢得了崇高的世界声誉。八十年代末创作的《复活》是作者一生创作和思想探索的总结。托尔斯泰晚年力求过简朴的平民生活，一九一○年十月从家中出走，十一月病逝于一个小站，享年八十二岁。

【阅读提示】

《安娜·卡列尼娜》是俄国著名作家托尔斯泰最主要的代表作之一。

小说在广阔的社会背景中展现了安娜形象的悲剧命运，以及造成这一悲剧的原因。安娜在年轻的时候就由姑妈做主嫁给了比她大得多的卡列宁，卡列宁被贵族上流社会视作"有事业心"的出类拔萃的人物，实际上却是沙俄时代一架典型的官僚机器。他道貌岸然、冷酷虚伪，缺乏真正的人的感情。渥伦斯基的热烈追求，唤醒了安娜沉睡的爱情，她毅然离家与所爱的人一起生活。当时整个俄国的上流社会，极端伪善，荒淫无耻，可是却不容许安娜触犯他们的所谓道德规范。安娜没能得到她所追求的幸福，在愤懑和绝望中结束了自己的生命。

安娜是俄罗斯文学史上最光彩动人的女性形象之一。她美丽善良，真诚坦率，充满着生命的活力。安娜的性格是矛盾、复杂的，她在热烈追求时又常常自我谴责，她在大胆反抗时又时时妥协，她个性坚强但又恐惧多疑。她的思想和行为不时受到封建道德和宗教感情的内在制约，她无法真正脱离她所出身的贵族社会，这使她的抗争从一开始就带上了悲剧色彩。

小说的布局独特，是由两条主要的平行线索和一条联结性次要线索结构而成的，充分展示了当时俄国社会的全貌。对大自然的出色描写也是小说的一大特色。小说中的自然描写既是人物活动的背景，更是影响人物感情和思想的重要因素，小说中的景与情有机地融合在一起，从而使人物的形象更加丰满、鲜明。

安娜自身性格的矛盾是造成她悲剧的重要原因。她一边带着个性解放的强烈愿望勇敢地冲破精神的罗网，热切地渴望爱情，大胆地去追求爱情幸福，为了爱情幸福她不惜舍弃一切，以死相拼，一边又摆不脱世俗观念和社会道德准则的束缚，从理智上抗拒自己的感情追求，给自己的行为判罪，使自己承受着罪恶感的重负。

安娜与渥伦斯基爱情的最根本的原因是：他们缔结了与贵族社会道德观念相对立的爱

情，而他们的思想意识并未脱离贵族意识的桎梏，因此双方都不可能义无反顾地对这样的爱情保持永久的热情，当他们感到这个爱情与构成他们生活基础的一切发生尖锐冲突，并且把他们逼到与他们生存的社会相对立的处境时，原来那崇高的爱情便在他们心里发生了变化。

【能力培养与训练】

1. 安娜不幸命运的根源在哪里？

2. 安娜为了追求自己的幸福和爱情全然不顾周围世俗的看法，体现了她什么样的性格？你赞成她的做法吗？安娜有别的路可以走吗？

《飘》节选
〔美国〕玛格丽特·米切尔

嬷嬷的那顶旧遮阳帽尽管褪色了但还干净，挂在后院走廊的钉子上，现在思嘉戴了它，一面恍若隔世地回想起瑞德从巴黎给她带来的那顶饰着弯弯翠羽的帽子来。她拿起一只用橡树皮编制的篮子，从后面楼梯上走下来，每走一步脑子就跟着震荡一次，她觉得从头盖骨到脊椎都好像要碎裂了似的。

到河边去的那条路是红色的，滚烫的，两旁的棉花地都荒废了。路上没有一棵可以遮荫的树，阳光直射下来，穿透了嬷嬷那顶遮阳帽，仿佛它不是又厚又带有印花布衬里，而是薄纱做的一般。同时尘土飞扬，纷纷钻入她的鼻孔和喉咙里，她觉得只要一说话，干燥的粘膜就会破裂。深深的车辙把大路割得遍体鳞伤，那是骡马拖着重炮碾过之处，两旁都有车辆轧成的红色沟渠。棉苗被碾得支离破碎，因为骑兵步兵都被炮兵挤出这狭窄的通道，跑到了棉田里，他们一路践踏着一丛丛翠绿的棉树，把它们踩入泥土，给彻底毁了。在路上或田里，到处可以看到带扣，马嚼子和马鞍的碎皮件，还有踏遍的水壶、弹药箱的轮子、纽扣、军帽、破袜子和血污的破布，以及行军时丢下的种种七零八碎的东西。

她走过香柏林和一道矮矮的砖墙，那是家族墓地的标志，但她尽量设法不去想她三个弟弟的小小坟旁边新添的那座坟墓。啊，爱伦——她蹒跚地走下一个光秃的山坡，经过斯莱特里家住宅遗址上的一堆灰烬和半截残存的烟囱，恨不得整个家族都跟这房子同归于尽了。要不是为了斯莱特里家的人——要不是为了那个淫猥的埃米（她跟他们的监工养了个私生子），爱伦是不会死的！

一颗尖石子扎破了她脚上的血泡，她痛得叫了一声。她在这里干什么呢？思嘉·奥哈拉，全县闻名的美人，塔拉农庄的宠儿，干吗会在这崎岖的山道上几乎光着脚行走呢？她这双娇小的脚生来是要跳舞，而不是瘸着走路的；她这双小巧的便鞋也是从光亮的绸裙底下勇敢地窥探男人，而不是用来收容小石子和尘土的。她生来应当受到纵容和服侍，可如今却弄得憔悴不堪，衣衫褴褛，饿着肚子到邻居园子里去寻找吃的了。

这小山脚下是一条小河，那些枝叶交错悬垂到河上的树木多么荫凉安静啊！她在低低的河岸上坐下来，脱掉破鞋烂袜，把一双发烫的脚浸在清凉的河水里。要是能整天坐在这儿，避开塔拉农场里那些可怜巴巴的眼睛，周围只有瑟瑟的树叶声和汩汩的流水声，那才好呢。但是她不得不重新穿上鞋袜，沿着长满青苔和树荫浓密的河岸一直走下去。北方佬把桥烧毁了，可是她知道再过几百码到河床狭窄的地方有座独木桥。她小心翼翼地走了过去，然后费力地爬上山坡，从这里到"十二橡树"村只有大约半英里了。

十二棵大橡树高耸在那里，从印第安时代以来一直是这样，不过现在树叶被火熏黑了一些，枝柯有的烧毁有的烤焦了。在它围着的那个圈子里，就是约翰·威尔克斯家住宅的遗址。这幢曾经显赫一时的大厦高踞在小山顶上，白柱长廊，庄严宏伟，可现在已沦为一片废墟。那个原来是酒窖的深坑，那些烧黑了的粗石墙基和两个巨大的烟囱，便是这幢大厦所在的唯一标志。有根圆柱还烧剩一半，横倒在草皮上，把茉莉花丛压碎了。

思嘉在那半截圆柱上坐下来；面对这景象她十分伤心，实在看不下去了。这荒凉深深地触动了她，因为她以前从没有过这样的体验。这里，在她脚下的尘土中，就是威尔克斯家族引以自豪的家业啊！这就是那个亲切而彬彬有礼的家庭的下场，这个家庭曾经随时欢迎她，而且她还在天真的美梦里渴望过要当它的女主人呢。她在这里跳过舞，吃过饭，调过情，还怀着嫉恨心理看媚兰怎样迎着艾希礼微笑。也是在这里，在荫凉的树阴下，当她说愿意跟查尔斯·汉密尔顿结婚时，他曾多么狂热地紧紧捏着她的手心啊！

"啊，艾希礼，"她心想，"我真不忍心让你回来看这光景啊！我倒希望你是死了！"艾希礼是在这里跟他的新娘结婚的，可是他的儿子和儿子的儿子永远也不会带着新娘到这个家来了。在这个她曾经那样热爱地盼望来管理的地方，再也不会有人成亲和生儿育女了。这所住宅已经死亡，对于思嘉来说，而且好像所有威尔克斯家的人也全都在灰烬中死了。

"我现在经受不住，我现在不去想它。以后再想吧。"她大声说着，回过头去不管它了。为了寻找那个园子，她在废墟中蹒跚行走，经过威尔克斯家姑娘们曾经细心照料过而现在已塌倒了的玫瑰花坛，横过后院，穿过熏腊室、库房和鸡圈。

鸡圈周围的篱笆已经毁坏了，一行行原来整整齐齐的常绿植物也像塔拉农场的一样遭到了厄运。柔润的土地上满是深陷的车辙和马蹄印，青菜完全被踩倒在泥里。这里已没有一点点可以留给她的东西了。

她又经过后院回来，朝住宅区那排粉刷过的棚屋走去，一路喊着"喂！喂!"，但是毫无反应，连一声狗吠也没有。显然，威尔克斯家的黑人都跑掉了，或者跟北方佬走了。她知道每个黑人都有自己的一片菜园子，因此走到住宅区时她希望看到那些小小的菜地没有遭灾，给留了下来。

她没有白找，终于发现了萝卜和卷心菜，后者由于缺水已经蔫了，但还没有倒伏；还有棉豆和青豆，虽然发黄，但还是可以吃的。不过她这时已十分疲倦，这些东西引不起她太大的兴趣了。她坐在土垅上，用颤抖的手掘着，慢慢装满了篮子。今天晚上塔拉农场会有一顿美餐了，尽管没有腌猪肉熬青菜。也许迪尔西用来点灯的那种腊肉油可以当作调味品用一点。她必须记住要告诉迪尔西，叫她以后点松枝照明，好将油脂省下来炒菜吃。

在一间棚屋后面的台阶旁，她发现了短短的一畦红萝卜，这时她突然觉得饿了。她正馋着想吃一个香甜可口的红萝卜呢。几乎没来得及用裙裾把泥土抹掉，半个萝卜就被一口咬下吞到肚里去了。这个萝卜又老又粗，而且辣得她眼泪都流出来了。她咬下的那一块刚刚落肚，本来饿坏了的空胃就产生反感，她当即伏在柔润的泥土上艰难地呕吐起来。

棚屋里隐隐飘出一股黑人所特有的气味，这使思嘉越发感到恶心，她无力反抗，只得继续干呕着，直闹得头晕眼花，觉得周围的棚屋和树木都在飞快地旋转。

过了好一阵，她虚弱地趴在地上，觉得泥土又柔软又舒适，像个羽绒枕头似的，这时她的思想在懒懒地到处飘游。她，思嘉·奥哈拉，躺在一间黑人棚屋的后面，在一片废墟当中，因过度疲乏虚弱而无法动弹，也没有一个人知道。即使有人知道也不会管她的，因为每个人都有自己的许多麻烦，不能为她操心了。可是这一切都发生在她思嘉·奥哈拉身上，她本来是什么也不做，连伸手从地板上拾起一只袜子或系系鞋带之类的小事也不做的呀。她那些小小的令人头疼的毛病和坏脾气，便是在娇惯纵容和一味迎合的环境中养成的。

太虚弱了，她直挺挺地躺在那里，无法击退那些记忆和烦恼，只好任凭它们纷纷袭来，包围着她，像兀鹰等待着一个人咽气似的。她再也没有力气这样说："我以后再去想爸、妈、艾希礼和这片废墟——是的，等我经受得住再去想吧。"她现在还经受不住，可是她却正在想他们，无论愿意与否，她却正在想他们。这些思想在她头上盘旋并猝然扑将下来，把它们的尖嘴利爪戳进她的心里。她静静地躺着，也不知躺了多久，脸贴着尘土，太阳火辣辣地直射在身上，她回想着已经一去不复返的那种生活方式，展望着未来黑暗可怕的远景。

她终于站起来，又看见了"十二橡树"村一片焦黑的废墟，她的头高高地扬着，但她脸上那种显示青春美丽和内在温柔的东西已荡然无存。过去的总归是过去了。死了的总归是死了。往日悠闲奢侈的生活已经一去不返。于是，当思嘉把沉甸甸的篮子挎在臂弯里时，她已经定下心来要过自己的生活了。

既然没有回头路好走，她就一直向前走去。

在未来50年里，整个南方会到处有那种带讽刺眼光的女人在向后看，回顾逝去的年代和已逝去的人，勾起徒然令人伤心的记忆，并且以拥有这些记忆为极大骄傲来忍受眼前的贫困。可是思嘉却不是这样，她永远也不会向后看。

她凝视着那些烧黑了的基石，并且最后一次地看见"十二橡树"村仍像过去那样屹立在她眼前，富丽堂皇，充分象征着一个族系和一种生活方式。然后她走上回塔拉去的大道，一路上那只沉重的篮子把她的臂弯都快吊断了。

她肚里空空，饿得不行了，这时她大声说："凭上帝作证，凭上帝作证，北方佬是征服不了我的。我要闯过这一难关，以后就不会再挨饿了。不，我家里的人谁也不会挨饿了。即使我被迫去偷，去杀人——凭上帝作证，我也决不会再挨饿了。"

戴侃、李野光译

【作者作品】

玛格丽特·米切尔（1900—1949），美国女作家，出生于美国南部佐治亚州的亚特兰大市。米切尔曾就读于马萨诸塞州的史密斯学院。其后，她曾为地方报纸《亚特兰大报》撰稿。一九二五年与约翰·马尔什结婚，婚后辞去报职，潜心写作。米切尔从一九二六年开始着力创作《飘》，十年之后，作品问世，一出版就引起了强烈的反响。一九三七年《飘》获美国普利策文学奖，一九三九年改编成电影《乱世佳人》。《飘》已被译成多种文字，传遍全球。一九四九年玛格丽特·米切尔因车祸去世。玛格丽特·米切尔一生只完成了一部作品，却凭此作品名扬天下并在文坛占有一席之地，这在文学史上是绝无仅有的。

选文出自《飘》第二十五章。人民文学出版社，二〇〇三年出版。

【阅读提示】

《飘》以南北战争时期南方动乱的社会现实为背景，以"乱世佳人"郝思嘉为主线，描写了几对青年的爱情纠葛，表现了美国南北战争的阴影之下南方贵族的悲惨命运和作者对南方贵族阶层的深切同情。自问世以来，这部作品已成为享誉世界的爱情小说。根据小说改编而成的电影《乱世佳人》也成为电影史上的经典名片。

小说的主人公思嘉在美国南北战争前是不关心政治，只关心个人魅力的富家小姐，面对战争的硝烟和庄园的衰落，为了振兴家业，她把爱情和婚姻作为交易，三次婚姻没有一次出于真心，后来她才终于明白她一直念念不忘的艾希礼是一个懦弱无能的人，不值得她去爱，倒是自称与她同类的白瑞德才是她真正的依靠和归属。本书在描绘人物生活与爱情的同时，也勾勒出南北双方在政治、经济、文化各个层面的异同，具有浓厚的史诗风格。

米切尔以她女性的细腻精确地把握住了青年女子在追求爱情过程中的复杂心理活动，成功塑造了郝思嘉这一复杂的人物形象。女主人公郝思嘉年轻貌美，个性丰富，性格倔强叛逆，以顽强和勇气面对社会灾难和家庭不幸，不会被任何苦难所压服，对生活永不绝望，不屈不挠，面对困境她没有放弃，而是用尽各种手段，独立开创生活之路，努力适应新的生活环境。让人始终都会觉得她很真实，这就是这部小说的最大的成就。

小说的构思极富浪漫情调，人物形象细腻生动，故事情节波澜起伏，语言流畅生动，加上个性化的对白和细致入微的心理活动使整部作品极具魅力，征服了全世界的读者，从而确立了《飘》在美国小说史上的重要地位。

【能力培养与训练】

1. 完整地阅读小说《飘》，体会"明天又是另外一天了"的含义。
2. 分析节选中女主人公郝思嘉的性格特征，谈谈你对郝思嘉的看法。
3. 观看电影《乱世佳人》，写一篇影评。

《追忆似水年华》节选
〔法国〕马塞尔·普鲁斯特

贡布雷，从十里开外远远望去（当我们在复活节前的最后一个星期乘火车来到这里，从铁路那头望去），所见只有教堂一座。这教堂概括了市镇的风貌，代表了市镇，并向远方的人们宣告，这里有座市镇，它在为市镇说话。然而，当你走近贡布雷，市镇看上去就像一位身披深色大氅的牧羊女迎风站立在田野中间，市镇上鳞次栉比的房屋，等于是挤挤攘攘贴在牧羊女大氅周围、拱起灰溜溜背脊的羊群。中世纪遗留下来的城墙，有些地方已经倾圮，但当年完美的弧形残迹犹存，一截截围住了城区的房舍，同古画中的城池一样。就居家而论，贡布雷不免有些凄凉，街面上的房屋都取材于当地出产的青石，门前有台阶，房上是尖尖的山墙，给门前投下一片阴影，弄得街上相当昏暗，以至太阳刚下山，家家户户的"大厅"就得拉帘掌灯。好些街道是以圣人的姓氏命名的（其中不少同贡布雷早年的几位领主的历史有关）：圣伊莱尔街，圣雅克街——我姨妈的房子就在那条街上，铁栅外是圣伊尔德迦尔特街，花园的旁门开出去是圣灵街；贡布雷的这些街道在我的记忆的角落里依然存在，而且蒙上了五光十色，同我今天心目中的人间的色调大不相同，所以我实际上觉得它们色色俱全，还有那座高踞于市镇中心广场的教堂，我觉得比幻灯机的投影更虚幻，有时候我甚至认为，倘若有幸能再穿过圣伊莱尔街，到鸟儿街古风盎然的"鸟儿客栈"去租间客房，那简直比同戈洛结识、同热纳维耶夫·德·布拉邦特交谈更神妙虚幻，像是同隔世的天外来往一样。从"鸟儿客栈"的地下室的气窗里飘散出来的厨房的气味，至今我还时有所闻，依然是那样热乎乎的，一阵一阵地飘到我的鼻前。

那时我们住在我外祖父的表妹——我的姨祖母的家里，她是莱奥妮姨妈的母亲。自从奥克达夫姨夫去世之后，莱奥妮姨妈从此不肯离开贡布雷，不肯离开贡布雷的那幢房屋，不肯离开她的房间，她的床。她不肯"下来"了，总那么躺着，那么凄凄切切，有气无力，病病恹恹，老想不开。她那个套间的窗外是圣雅克街，这条街到头是"大草坪"（同市中心三条街交叉的街心绿化地带"小草坪"遥遥相对）。街面灰溜溜的，单调划一，几乎家家门口都有砂岩砌成的三级高台阶，整条街像是由哥特石刻匠人在原块石头上凿出来的一道深沟，本来打算在上面刻耶稣降生的马槽或者耶稣受难的坟场的，我的姨妈实际上只占用两间相通的房间，她每天下午呆在其中的一间，好让佣人给另一间通风。那是乡绅家常见的那种房间。世界上有些地方，大气中或海面上游动着亿万种肉眼看不到的原生动物，它们在闪光、在散发出芳香。那两间房内也一样，也有千百种气味令人心醉，那是从品德、智慧和习惯中散发出来的芳香，氤氲中悬凝着一个人内心深处隐而不露、丰富至极的全部精神生活；当然，也还有例如从附近田野里传来的那些自然气息和时令色彩，但是它们一到这里便失去了野趣，变得人情味十足，而且凝滞闭塞，跟用当年从果园里摘下之后便藏进柜子的水果制成的果汁冻那样香甜而透明；它们固然也随季节的更迭而变换，毕竟具有了柜藏的风味和家用的格局，新鲜面包的温馨消融了白色冰霜的凛洌，就像村里报时的大钟，悠闲而准时，散淡而有序，既漫不经心又高瞻远瞩。洁净的床单，清新的晨意，虔诚的气氛，和谐地融合在一片宁静之中，不过这种宁静，只给人增添愁绪罢了，倒为并非身临其境、仅是匆匆过客的人提供了汲取无尽诗意的宝库。这里的空气如此幽闭，好似一朵纤细娇美的花，沉寂中饱含营养，而且香甜诱人，使我一踏进门槛便油然而起馋涎欲滴的感觉，尤其是在复活节那个星期的开头几天，那时早晨还寒意料峭，当时我刚来贡布雷不久。我去姨妈那边请安，她们先让我在外间稍候。乍暖还寒时节的阳光，扑到炉火前来取暖，两砖之间的柴禾已经蹿起耀眼的火苗，给整间屋子抹上一股油烟的气味，弄得象农舍大火炉前的一面火墙，又象宫堡华屋的壁炉上的大炉罩。呆在那样暖和的地方，但愿外面雨雪交加、洪水横溢才好，这样也可给深居的舒适更增添冬蛰的诗情。我在供桌和交椅之间走动着。那些交椅蒙着毡绒面子，靠背上方总安着方括弧形的头靠，熊熊的炉火，象发酵的面团，散发出令人垂涎的芳香，空气也随之布满气泡；清晨湿润而明媚的朝气早已催发出这一层层的芳香，而且把它们一片片翻动，把它们烤黄，给它们打上绉褶，使它们松软膨胀，从而做成一大块虽无形迹却香甜可感的乡村糕点，简直象一大张"脆皮夹心饼"。这里的壁橱、柜子，还有画着枝叶图案的壁纸，发出比点心更香脆、更细腻、更有名、更干燥的异香，我回到房里，总不免怀着难以启齿的艳羡，沉溺在花布床罩中间那股甜腻腻的、乏味的、难以消受的、烂水果一般的气味之中。

我听到姨妈在里面房内低声地自言自语。她说起话来总是轻声细语，因为她认为自己头脑里有什么东西已经破碎，在里面飘浮着，她若大声说话，那东西就会移动，但是她又忍不住长久的沉默，即使身边没有人在场她也得自言自语，因为她相信这对肺部有益，能防止血液停滞，对于她常犯的胸闷气憋也有缓解的功效。她整天有气无力地苟延残喘，每一点小小的感觉都看得非同小可，她使这些感觉具有活动不定的机能，所以更难以憋在心里。由于没有知己可以对之倾诉，她只好自言自语，于是滔滔不绝的独白成为她唯一的活动方式。不幸，想什么就说什么的习惯一旦形成，她也就顾不得隔墙有耳了，所以我常听她自言自语说："我准是没有记错，又是一夜没睡。"（因为她的大言不惭莫过于自称日夜不睡，我们全家上下言谈中也都始终尊重她的这种说法，不露半点马脚。例如，早晨弗朗索瓦丝不是去"叫醒她"，而是到她的"屋里去"；当我的姨妈想在白天打个瞌睡，我们就说她要"思考思考"，或者说她想"闭目养神"；她一旦自己说漏嘴，忘乎所以地说"什么什么把我惊醒了"或者"我梦见什么什么"之类，话一出口她自己先就羞红了脸，接着便很快恢复常态。）我在外间稍候片刻之后，进去向她请安；弗朗索瓦丝正给她沏茶。倘若我的姨妈那时感到心绪不宁，她就吩咐以药代茶。遇到这种情况，总由我负责从药袋里把一定量的椴花茶倒进一只小碟，然后倾入开水。干燥的花梗变得弯弯曲曲，梗梗相勾地组成荒诞不经的图案，其中绽出一朵朵苍白的小花，像是由哪位画家按照最完美的装饰意图有心点缀上去的。失去了本色或者改变了原貌的叶片变成了一堆七零八落的碎片，有的像飞虫透明的翅翼，有的像一枚标签的白色的反面，有的像一瓣玫瑰，跟鸟儿叼来筑巢的材料一样，聚集到一起，编织成片。无数琐碎的细枝末节，倘若马虎应付，本来都可能忽略掉的，只是药剂师不惮麻烦才作了这样精细的炮制，但这些细枝末节却给我喜出望外的愉快，等于在一本书中惊喜地发现某位熟人的大名，我从这些细枝末节中认出它们原本是地地道道的椴花叶梗，与我在车站大街的椴树枝上所见略同；外表有所不同，恰恰是因为它们不是赝品，而是地道的真货，只是它们已经老化。每一种新的品格都只是老品格的变态，所以我在一团团小小的灰色泡沫中辨认出枝头初绽的绿芽；尤其是那片圆月形的嫣红宜人的反光，把细梗丛中的小花一朵朵衬得好似挂在枝头的金色的玫瑰，等于投射在墙面上的一丝微光，让人约摸看出哪个部位曾经有过一幅壁画；这反光也成为一种标记，标明椴树上哪个部位曾经"彩色斑斓"，哪个部位本来就没有色泽，同时它还向我证明，这些花瓣在点缀药袋以前曾经为春日的黄昏散布过醉人的芳香。这嫣红的烛光仍留有它们昔日的颜色，只是已经半明半灭，在残烛上昏昏摇曳，好比花儿欲谢，时近黄昏。片刻之后，姨妈可以在她品尝残花枯叶香味的那杯热茶中，泡一块"小玛德莱娜"，待点心泡软以后，就送我尝一口。

李恒基、徐继曾译

【作者作品】

马塞尔·普鲁斯特（1871—1922），法国二十世纪伟大的小说家，意识流小说大师。他出生于巴黎一个富有的家庭，九岁时患上了严重的哮喘病，疾病的折磨使他特别敏感。中学时开始写诗，后入巴黎大学和政治科学学校钻研修辞和哲学，接触到柏格森直觉主义的潜意识理论，同时出入上流社会的交际场合，与文艺界交往密切。大约从三十五岁起，普鲁斯特由于哮喘病发作，终年生活在一间门窗紧闭的房间中。在这种自我禁锢的生活中，普鲁斯特写成了一部非常特殊的文学作品，这就是《追忆似水年华》。这部小说使普鲁斯特成为意识流小说的先驱。他的代表作就是长篇巨著《追忆似水年华》。其他作品还有长篇小说《让·桑德伊》、短篇小说集《欢乐与时日》、文学评论集《驳圣伯夫》等。

意识流小说作为现代小说的一种主要形式，具有很强的创新性：在创作模式上，它主要以隐喻式的话语表现个体的人的全部意识领域，以及隐藏在种种个体意识之后的原始意象；它的叙述视角可以是单一的或多重的，多重叙述视角可以互相转换，其叙述方式主要有两种，即内心独白和自由间接手法；在结构上，它模仿诗歌结构的空间化和整一性，音乐结构的循环性和对位法，尤其是音乐的表情性，使小说表达出语言本身所无法言传的情感和意义。

本文选自《追忆似水年华》第一部的第一卷，译林出版社，二〇〇一年出版。

【阅读提示】

法国文学贡献给二十世纪世界文坛的最有力量的作品大概非《追忆似水年华》莫属了，这部被誉为二十世纪最重要的文学作品之一的长篇巨著，以其出色的对心灵追索的描写和卓越的意识流技巧而风靡世界，并奠定了它在当代世界文学中的地位。

多卷集长篇巨著《追忆似水年华》是法国作家马塞尔·普鲁斯特的代表作，全书共七部，十五卷，从一九〇五年开始创作，至作者逝世前全部完成。《追忆似水年华》是一部与传统小说不同的长篇小说。全书以叙述者"我"为主体，将其所见所闻所思所感融合一体，既有对社会生活、人情世态的真实描写，又是一份作者自我追求、自我认识的内心经历的记录。除叙事以外，还包含有大量的感想和议论。整部作品没有中心人物，没有完整的故事，没有波澜起伏、贯穿始终的情节线索。它大体以叙述者的生活经历和内心活动为轴心，穿插描写了大量的人物事件，犹如一棵枝丫交错的大树，可以说是在一部主要小说上派生着许多独立成篇的其他小说，也可以说是一部交织着好几个主题曲的巨大交响乐。

小说中的叙述者"我"是一个家境富裕而又体弱多病的青年，从小对书画有特殊的爱好，曾经尝试过文学创作，没有成功。他经常出入巴黎的上层社会，频繁往来于各茶会、舞会、招待会及其他时髦的社交场合，并钟情于犹太富商的女儿吉尔伯特，但不久就失恋了。此外，他还到过家乡贡柏莱小住，到过海滨胜地巴培克疗养。他结识了另一位少女阿尔伯蒂，发现阿尔伯蒂患同性恋，便决心娶她为妻，以纠正她的变态心理。他把阿尔伯蒂禁闭在自己家中，阿尔伯蒂却设法逃跑，于是，他多方打听她，寻找她，后来得知阿尔伯蒂骑马摔死。在悲痛中他认识到自己的禀赋是写作，他所经历的悲欢苦乐正是文学创作的材料，只有文学创作才能把昔日失去的东西找回来。

在小说中，叙述者"我"的生活经历并不占全书的主要篇幅。作者通过故事套故事，故事与故事交叉重叠的方法，描写了众多的人物事件，展示了一幅十九世纪与二十世纪之交法国上流社会的生活图景。这里有姿色迷人、谈吐高雅而又无聊庸俗的盖尔芒夫人，有道德堕落、行为仇恶的变性人查琉斯男爵，有纵情声色的浪荡公子斯万，等等。此外，小说还描写了一些与上流社会有关联的作家、艺术家，他们大都生前落魄失意，而作品却永世长存。小说还描写了一些下层的劳动者。《追忆似水年华》这部长篇巨著通过上千个人物的活动，冷静、真实、细致地再现了法国上流社会的生活习俗，人情世态。因此有些西方评论家把它与巴尔扎克的《人间喜剧》相提并论，称之为"风流喜剧"。

《追忆似水年华》是一部有独特风格的长篇小说，它不仅再现了客观世界，同时也展现了叙述者的主观世界，记录了叙述者对客观世界的内心感受。作者感兴趣的不是叙述故事，交代情节和刻画人物形象，而是抒发自己对某一问题的感想和分析。例如，叙述者参加了盖尔芒公爵家的一次晚宴，这使他长期以来对贵族的种种幻想顿时破灭，他意识到过去对他有魅力的只是名称，而不是真实的世界。整部作品对外部世界的描述同叙述者对它的感受、思考、分析浑然一体，又互相引发，互相充实，从而形成了物从我出，物中有我，物我合一的艺术境界。

《追忆似水年华》这部长篇，除了第一部中关于斯万的恋爱故事采用第三人称描写手法外，其余都是通过第一人称叙述出来的，叙述者"我"的回忆是贯穿全书的重要艺术表现方式。小说开卷，"我"从床上醒来，在梦幻般的状态中千思百想集于心头。这时，由于一杯茶和一块点心的触发，使"我"回忆起小时候在姑妈莱奥妮家生活的情景。这不仅引出了叙述者的家庭身世和个人经历，还引出了盖尔芒和斯万两大家族，引出了形形色色的人物事件，整部小说的内容就是通过叙述者的回忆向纵深发掘，逐步推进，最后完整地呈现出来。

《追忆似水年华》像一支如痴的梦幻行板，款款地滋润着读者的心灵，给人以丰富的美感享受。普鲁斯特在《追忆似水年华》中对于时间的概念与众不同。他把今昔两个时间概念融合起来，形成特殊的回忆方式。他认为人的真正的生命是回忆中的生活，通过回忆，普鲁斯特在小说中描述了大量人物和事件，展示了十九世纪末至二十世纪初法国上流社会的生活图景。通过"回忆"这一独特角度，普鲁斯特在创作上作了许多崭新的尝试，在普鲁斯特的小说中找不到典型人物，在人物描写上技巧特别，这使得他笔下的人物形象变得空前复杂。

《追忆似水年华》不同于传统小说，它虽然有一个中心人物"我"，但没有贯彻始终的中心情节，可以说只有回忆，没有情节，中间还经常插入各种感想、议论、倒叙，令人回味无穷。小说表现的是作者意识的流动，尤其是潜意识的活动，遵循的是心理时间。这是普鲁斯特对于法国小说的创新，是为了表现他对生命的特殊感受而采用的新手法。

小说的语言风格独特，精致而优雅，惯于使用长句，有些句子长达十几行甚至几十行，结构繁复，容量巨大，在很大程度上表现了人物复杂和矛盾的心理状态。《追忆似水年华》对后世影响巨大，现代派文学家都受其启发和影响。天才的文学家、艺术家，他们的杰作虽然不可能完全不受时代局限，但经得起时间考验，《追忆似水年华》就是这样的作品。

【能力培养与训练】

1. 通过学习本文，谈谈你对意识流文学流派的认识。
2. 普鲁斯特的小说创作体现了意识流文学的哪些特征？
3. 意识流小说与传统小说的主要区别有哪些？

巨翅老人

〔哥伦比亚〕加西亚·马尔克斯

大雨连续下了三天，贝拉约夫妇在房子里打死了许许多多的螃蟹。刚出生的婴儿整夜都在发烧，大家认为这是死蟹带来的瘟疫，因此贝拉约不得不穿过水汪汪的庭院，把它们扔到海里去。星期二以来，空气变得格外凄凉。苍天和大海连成一个灰茫茫的混合体，海滩的细纱在三月的夜晚曾像火星一样闪闪发光，而今却变成一片杂有臭贝壳的烂泥塘。连中午时的光线都那么黯淡，使得贝拉约扔完螃蟹回来时，费了好大力气才看清有个东西在院子深处蠕动，并发出阵阵呻吟。贝拉约一直走到很近的地方，方才看清那是一位十分年迈的老人，他的嘴巴朝下俯卧在烂泥里，尽管死命地挣扎，依然不能站起，因为有张巨大的翅膀妨碍着他的活动。

贝拉约被这噩梦般的景象吓坏了，急忙跑去叫妻子埃丽森达，这时她正在给发烧的孩子头上放湿毛巾。他拉着妻子走到庭院深处。他们望着那个倒卧在地上的人，惊愕得说不出话来。老人穿戴得像个乞丐，在剃光的脑袋上仅留有一束灰发，嘴巴里剩下稀稀落落的几颗牙齿，他这幅老态龙钟浑身湿透的模样使他毫无气派可言。那对兀鹰似的巨大翅膀十分肮脏，已经脱掉一半羽毛，这时一动不动地搁浅在污水里。夫妇二人看的那样仔细，那样专注，以至于很快从惊愕中镇定下来，甚至觉得那老人并不陌生，于是便同他说起话来。对方用一种难懂的方言但却是一种航海人的好嗓音回答他们。这样他们便不再注意他的翅膀是如何的别扭，而是得出十分精辟的结论：即认为他是一位遭到台风袭击的外轮上的孤独的遇难者。尽管如此，他们还是请来一位通晓人间生死大事的女邻居看一看。她只消一眼，便纠正了他俩的错误结论。她说："这是一位天使，肯定是为孩子来的，但是这个可怜的人实在太衰老了，雷雨把他打落在地上了。"

第二天，大家都知道了在贝拉约家抓住了一个活生生的天使。与那位聪明的女邻居的看法相反，他们都认为当代的天使都是一些在一次天堂叛乱中逃亡出来的幸存者，不必用棒子去打杀他。贝拉约手持警棍整个下午从厨房里监视着他。临睡觉前他把老人从烂泥中拖出来，同母鸡一起围在铁丝鸡笼里。午夜时分，雨停了，贝拉约与埃丽森达却仍然在消灭螃蟹。过了一会儿，孩子烧退醒了过来！想吃东西了。夫妇俩慷慨起来，决定给这位关在笼子里的天使放上三天用的淡水和食物，等涨潮的时候再把他赶走。天刚拂晓，夫妻二人来到院子里，他们看见所有的邻居都在鸡笼子前面围观，毫无虔诚地戏耍着那位天使，从铁丝网的小孔向他投些吃的东西，似乎那并不是什么神的使者，而是头马戏团的动物。贡萨加神父也被这奇异的消息惊动了，在七点钟以前赶到现场，这时又来了一批好奇的人，但是他们没有黎明时来的那些人那样轻浮，他们对这个俘虏的前途作着各种各样的推测。那些头脑简单的人认为他可能被任命为世界的首脑，另一些头脑较为复杂的人，设想他可能被提升为五星上将，去赢得一切战争。还有一些富于幻想的人则建议把他留做种子，好在地球上培养一批长翅膀的人和管理世界的智者。在当牧师前曾是一个坚强的樵夫的贡萨加神父来到铁丝网前，首先重温了一遍教义，然后让人们为他打开门，他想凑近看一看那个可怜的汉子，后者在惊慌的鸡群中倒很像一只可怜的老母鸡。他躺在一个角落里，伸展着翅膀晒太阳，四周满是清晨来的那些人投进来的果皮和吃剩的早点。当贡萨加神父走进鸡笼用拉丁语向他问候时，这位全然不懂人间无礼言行的老者几乎连他那老态龙钟的眼睛也不抬一下，嘴里只是用他的方言咕哝了点什么。神父见他不懂上帝的语言，又不会问候上帝的使者，便产生了第一个疑点。后来他发现从近处看他完全是个人：他身上有一种难闻的气味，翅膀的背面满是寄生的藻类和被台风伤害的巨大羽毛，他那可悲的模样同天使的崇高的尊严毫无共同之处。于是他离开鸡笼，通过一次简短的布道，告诫那些好奇的人们过于天真是很危险的。他还提醒人们：魔鬼一向善用纵情欢乐的诡计迷惑不谨慎的人。他的理由是：既然翅膀并非区别鹞鹰和飞机的本质因素，就更不能成为识别天使的标准。尽管如此，他还是答应写一封信给他的主教，让主教再写一封信给罗马教皇陛下，这样，最后的判决将来自最高法庭。

神父的谨慎在这些麻木的心灵里毫无反响。俘获天使的消息不胫而走，几小时之后，贝拉约的院子简直成了一个喧嚣的市场，以至于不得不派来上了刺刀的军队来驱散都快把房子挤倒的人群。埃丽森达弯着腰清扫这小市场的垃圾，突然她想出一个好主意，堵住院门，向每个观看天使的人收取门票五分。

有些好奇的人来自很远的地方。还来了一个流动杂耍班；一位杂技演员表演空中飞人，他在人群上空来回飞过，但是没有人理会他，因为他的翅膀不是像天使的那样，是像星球蝙蝠的翅膀。地球上最不幸的病人来这里求医：一个从儿时开始累计自己心跳的妇女，其数字已达到不够使用的程度！一个终夜无法睡眠的葡萄牙人受到了星星噪音的折磨；一个梦游病者总是夜里起来毁掉他自己醒时做好的东西；此外还有其他一些病情较轻的人。在这场震撼地球的动乱中，贝拉约和埃丽森达尽管疲倦，却感到幸福，因为在不到一个星期的时间里，他们屋子里装满了银钱，而等着进门的游客长队却一直伸展到天际处。

这位天使是唯一没有从这个事件中捞到好处的人，在这个临时栖身的巢穴里，他把全部时间用来寻找可以安身的地方，因为放在铁丝网旁边的油灯和蜡烛仿佛地狱里的毒焰一样折磨着他。开始时他们想让他吃樟脑球，根据那位聪明的女邻居的说法，这是天使们的特殊食品。但是他连看也不看一下，就像他根本不吃那些信徒们给他带来的食品一样。不知道他是由于年老呢，还是别的什么原因，最后总算吃了一点茄子泥。他唯一超人的美德好像是耐心。特别是在最初那段时间里，当母鸡在啄食繁殖在他翅膀上的小寄生虫时；当残废人拔下他的羽毛去触摸他的残废处时，当缺乏同情心的人向他投掷石头想让他站起来，以便看看他的全身的时候，他都显得很有耐心。唯一使他不安的一次是有人用在牛身上烙印记的铁铲去烫他，他呆了那么长的时间动也不动一下，人们都以为他死了，可他却突然醒过来，用一种费解的语言表示愤怒。他眼里噙着泪水，扇动了两下翅膀，那翅膀带起的一阵旋风把鸡笼里的粪便和尘土卷了起来，这恐怖的大风简直不像是这个世界上的。尽管如此，很多人还是认为他的反抗不是由于愤怒，而是由于痛苦所致。从那以后，人们不再去打扰他了，因为大部分人懂得他的耐性不像一位塞拉芬派天使（据天主教中的传说，天使共分四等，塞拉芬派天使为第三等。）在隐退时的耐性，而像是在大动乱即将来临前的一小段短暂的宁静。

贡萨加神父向轻率的人们讲明家畜的灵感方式，同时对这个俘获物的自然属性提出断然的见解。但是罗马的信件早就失去紧急这一概念。时间都浪费在证实罪犯是否有肚脐眼呀，他的方言是否与阿拉米奥人的语言有点关系呀，他是不是能在一个别针尖上触摸很多次呀，等等上边。如果不是上帝的意旨结束了这位神父的痛苦的话，这些慎重的信件往返的时间可能会长达几个世纪之久。

这几天，在杂耍班的许多引人入胜的节目中，最吸引人的是一个由于不听父母的话而变成蜘蛛的女孩的流动展览。看这个女孩不仅门票钱比看天使的门票钱少，而且还允许向她提出各色各样有关她的痛苦处境的问题，可以翻来覆去地查看她，这样谁也不会怀疑这一可怕情景的真实性。女孩长若一个蜘蛛体形（蛛化人类），身长有一头羊那么大，长着一颗悲哀的少女头。但是最令人痛心的不是她的外貌，而是她所讲述的不幸遭遇。她还几乎未成年时，偷偷背着父母去跳舞，未经允许跳了整整一夜，回家路过森林时，一个闷雷把天空划成两半，从那裂缝里出来的硫黄闪电，把她变成了蜘蛛。她唯一的食物是那些善良人向她嘴里投的碎肉球。这样的场面，是那么富有人情味和可怕的惩戒意义，无意中使得那个对人类几乎看都不愿看一眼的受人歧视的天使相形见绌。此外，为数很少的与天使有关的奇迹则反映出一种精神上的混乱，例如什么不能恢复视力的盲人又长出三颗新的牙齿呀，不能走路的瘫痪病人几乎中彩呀，还有什么在麻风病人的伤口上长出向日葵来等等。

那些消遣娱乐胜于慰藉心灵的奇迹，因此早已大大降低了天使的声誉，而蜘蛛女孩的出现则使天使完全名声扫地了。这样一来，贡萨加神父也彻底治好了他的失眠症，贝拉约的院子又恢复了三天阴雨连绵、螃蟹满地时的孤寂。

这家的主人毫无怨言，他们用这些收入盖了一处有阳台和花园的两层楼住宅。为了防止螃蟹在冬季爬进屋子还修了高高的围墙。窗子上也安上了铁条免得再进来天使。贝拉约另外在市镇附近建了一个养兔场，他永远地辞掉了他那倒霉的警官职务。埃丽森达买了光亮的高跟皮鞋和很多色泽鲜艳的丝绸衣服，这种衣服都是令人羡慕的贵妇们在星期天时才穿的。只有那个鸡笼没有引起注意。有时他们也用水冲刷一下，在里面洒上些药水，这倒并不是为了优待那位天使，而是为了防止那个像幽灵一样在这个家里到处游荡的瘟疫。一开始，当孩子学会走路时，他们注意叫他不要太接近那个鸡笼。但是后来他们就忘记了害怕。逐渐也习惯了这种瘟疫，孩子还没到换牙时就已钻进鸡笼去玩了，鸡笼的铁丝网一块一块烂掉了。天使同这个孩子也同对其他人一样，有时也恼怒，但是他常常是像一只普通驯顺的狗一样忍耐孩子的恶作剧，这样一来倒使埃丽森达有更多的时间去干家务活了。不久天使和孩子同时出了水痘。来给孩子看病的医生顺便也给这位天使看了一下，发现他的心脏有那么多杂音，以至于使医生不相信他还像是活着。更使这位医生震惊的是他的翅膀，竟然在这完全是人的机体上长得那么自然。他不理解为什么其他人不也长这么一对。

当孩子开始上学时，这所房子早已变旧，那个鸡笼也被风雨的侵蚀毁坏了。不再受约束的天使像一只垂死的动物一样到处爬动。他毁坏了已播了种的菜地。他们常常用扫把刚把他从一间屋子里赶出来，可转眼间，又在厨房里遇到他。见他同时出现在那么多的地方，他们竟以为他会分身法。埃丽森达经常生气地大叫自己是这个充满天使的地狱里的一个最倒霉的人。最后一年冬天，天使不知为什么突然苍老了，几乎连动都不能动，他那混浊不清的老眼，竟然昏花到经常撞树干的地步。他的翅膀光秃秃的，几乎连毛管都没有剩下。贝拉约用一床被子把他裹起来，仁慈地把他带到棚屋里去睡。直到这时贝拉约夫妇才发现老人睡在暖屋里过夜时整宿地发出呻吟声，毫无挪威老人的天趣可言。

他们很少放心不下，可这次他们放心不下了，他们以为天使快死了，连聪明的女邻居也不能告诉他们对死了的天使都该做些什么。

尽管如此，这位天使不但活过了这可恶的冬天，而且随着天气变暖，身体又恢复了过来。他在院子最僻静的角落里一动不动地呆了一些天。到十二月时，他的眼睛重新又明亮起来，翅膀上也长出粗大丰满的羽毛。这羽毛好像不是为了飞，倒像是临死前的回光返照。有时当没有人理会他时，他在满天繁星的夜晚还会唱起航海人的歌子。

一天上午，埃丽森达正在切洋葱块准备午饭；一阵风从阳台窗子外刮进屋来，她以为是海风，若无其事地朝外边探视一下，这时她惊奇地看到天使正在试着起飞。他的两只翅膀显得不大灵活，他的指甲好像一把铁犁，把地里的蔬菜打坏不少。阳光下，他那对不停地扇动的大翅膀几乎把棚屋拉翻。但是他终于飞起来了。埃丽森达眼看着他用他兀鹰的翅膀扇动着，飞过最后一排房子的上空。她放心地舒了一口气，为了她自己，也是为了他。洋葱切完了，她还在望着他，直到消失不见为止。这时他已不再是她生活中的障碍物，而是水天相交处的虚点。

韩水军　译

【作者作品】

加夫列尔·加西亚·马尔克斯，出生于一九二七年，是哥伦比亚作家、记者和社会活动家；是拉丁美洲魔幻现实主义文学的代表人物。代表作品有《没有人写信给上校》、《大妈妈的葬礼》、《蓝宝石般的眼睛》、《恶时辰》、《百年孤独》、《苦妓追忆录》等。

加西亚·马尔克斯是公认的魔幻现实主义小说的集大成者。他早年受哥伦比亚先锋派创始人爱德华多·萨拉梅亚·博尔达的熏陶，同时深受卡夫卡、乔依斯、福克纳等西方现代派作家的影响，在创作中又采用了如《一千零一夜》等阿拉伯神话故事和印第安民间传说的技巧，兼容并蓄，逐渐形成了自己的特色。他善于把现实的场面、情节和虚构的幻想情境纯熟地融合起来，"以新闻报道般的逼真"叙述拉美神奇的现实。在他的虚构世界中，任何事都是可能的，每件事都是真实的。魔幻现实主义是二十世纪五十年代前后在拉丁美洲兴盛起来的一种文学流派。它不是文学集团的产物，而是文学创作中的一种共同倾向，主要表现在小说领域，限于拉美地区。这一流派的作家，执意于把现实投放到虚幻的环境和气氛中，给以客观、详尽的描绘，使现实披上一层光怪陆离的魔幻的外衣，既在作品中坚持反映社会现实生活的原则，又在创作方法上运用欧美现代派的手法，插入许多神奇、怪诞的幻景，使整个画面呈现出似真非真、似假非假、虚虚实实、真假难辨的风格。这种把现实与幻景融为一体的创作方法，拉丁美洲的评论家称它为"魔幻现实主义"。

他的短篇小说《巨翅老人》秉承了其一贯的风格。小说创作于一九六八年，后收入小说集《纯真的埃伦蒂拉与残忍的祖母》，据说是在构思《百年孤独》的过程中产生的。故事发生在一个不知名的小镇，一个落难的年老天使被暴雨冲进贝拉约夫妇家的院子里。在这里天使成了贝拉约夫妇招徕看客的摇钱树和居民们亵玩、戏弄、议论的对象，后来居民对天使失去了好奇和兴趣，孤独衰老的天使却在平静中渐渐恢复了生机，振翅而去。

【阅读提示】

加西亚·马尔克斯曾说"孤独是一个永恒的主题"，《巨翅老人》要表达的核心内涵仍然是孤独。首先震撼人心的是孤独的天使形象。小说中的这个天使，却是一个衣不蔽体、牙齿稀疏脱落、光秃秃的翅膀生着寄生虫、衰老虚弱的老年人，没有什么异能和气派，甚至也没给小镇带来任何福祸，他的形象与乞丐的唯一区别就是背后那一对巨大的翅膀。这个委靡落魄的天使和人们潜意识中天使的美丽形象实在是大相径庭，这是一个有意塑造的彻底孤独的弱者形象。

他从出现到消失都是通过小镇居民的眼睛来呈现的，然而人们不懂他的语言，连最初那一点点要与他沟通的愿望也消失殆尽，只是对他的身份、他的来意、他所吃的食物、他今后的"前途"、他可能具有的异能进行各种自得其乐的猜测和推断。甚至在他不堪折磨而怨怒抗议时，人们还在津津乐道他反抗的原因。这是人与人之间多么深刻和冷漠的隔阂。天使就孤寂地蜷缩在小镇居民们无聊、冷漠的视线下，居民们越是议论纷纷和喧闹不止，他就越孤独和落寞。

如果再进一步阐释，会发现这个不知名的小镇同样处在一种孤独的状态。在小镇人们观看、谈论、赏玩天使的同时，另一双眼睛也在平静地注视着整个小镇。在更高的叙述视点上，叙述人不动声色地描述着这个看似热闹非凡、不断有新奇乐趣的小镇精神上的空虚和孤独。在他们的自私、愚昧、麻木，缺乏沟通和信任的背后，是空虚、琐碎和贫病的生活。为生计奔波的夫妻、从儿时开始累计自己心跳的妇女、认为星星也会发出噪音的失眠者、总是毁掉自己白天做好的东西的梦游者……冷漠地折磨羸弱的天使的人同时也是不幸的弱者，只能从更不堪的弱者身上获取一点点心理补偿，表面的熙熙攘攘和喧哗骚动掩盖不了他们心灵的孤独与隔膜。

而从时间上讲，这种孤独的状态又似乎是无始无终、延绵不止的。从贝拉约夫妇的孩子刚出生，到孩子上了学，再到天使飞走的"最后一年"，小说的时间是跳跃和模糊不定的。天使经历了"落难—遭劫—飞升"的过程最终离去，而小镇的居民在一场闹剧般的热闹之后也恢复了平静。模糊的时间概念使得小镇仿佛停留在一种循环往复的生活中，天使只是一个小小的插曲，小镇上的居民并没有实质性的改变，他们依旧不懂得人道，不懂得关爱，不懂得团结。语调平静的叙述人就这样高高在上地注视着他们，他给读者的感觉同样是冷漠的；他俯视这个没有美好情感的人间地狱，任由小镇的居民陷在无知与寡情里周而复始，自生自灭。

小说运用的双重叙述技巧——众生看天使和叙述人看众生——给人一种饱满的张力感，双重冷漠的叙事下面，涌动的是作家深沉的悲天悯人的情怀。作者同情的不仅仅是这个完全出自幻想的天使，更是这个无名小镇上生活的人们。通过众生看天使、叙述人看众生这个双重视角，作者表达了对拉美这片土地上贫病愚弱的人民的深切同情。从这个角度来说，巨翅老人又只是一个道具、一个引子。通过这个幻想的形象人们看到的是一种深刻的真实，以及加西亚·马尔克斯对这片孤独而神奇的土地痛彻肺腑的爱。

【能力培养与训练】

1. 莫言在诺贝尔文学奖颁奖典礼上的演讲中说过，他的小说创作吸收了加西亚·马尔克斯的魔幻现实主义的营养。什么是魔幻现实主义？

2. 小说中的天使形象象征了饱受蹂躏的拉丁美洲民族文化，在改革开放和发展的今天，西方和现代的文明对中国传统的文化形成了强势冲击，民族文化的传承和滋长是一个迫在眉睫的严重问题，人们该如何看待现代文化和传统文化之间的关系？

实训三　演讲中态势语的应用

演讲不仅需要言词声音，同时还需要辅助以动作表情。这种通过面部表情、体态、手势进行思想情感交流和信息传播的手段，便称之为态势语言，亦称体态语、无声语言。无声语言是一个系统，它由表情语言、体态语言、手势语言几个部分组成，各个部分协调合作，相互配合，具有很强的技巧性。

一、表情语言

演讲者的表情主要在面部，它受着两种因素的制约：一是对听众的态度，二是所讲的内容。对听众而言，表情的基调应是微笑，它是招人喜欢的秘诀；就内容而言，表情应丰富多彩，喜怒哀乐都可出现。在整个面部表情中，最鲜明、最突出、最能反映深层心理的是眼睛的神态，即眼神。"眼睛是心灵的窗户。"人的喜怒哀乐、爱憎好恶能从眼神中表现出来，甚至能表达出用言语难以表达的极其微妙的思想感情。演讲者要学会用眼睛说话，把自己真实的感情流露在眼睛里，随时运用眼睛与听众交流感情。

（一）眼神运用法

运用眼神的方法主要有以下五种。

（1）前视法。即视线平直向前流动的方法。它要求表演者的视线平直向前流动、统摄全场。一般来说，视线的落点应放在全场中间部位，听众的脸上。在此基础上适当地变换视线，照顾到全场听众，并用弧形的视线在全场流转，不可忘掉任何一个角落的听众。这样，可使每个听众都感到表演者在关注自己，从而引起听众的注意。同时也有利于演讲者保持端正良好的姿态，随时注意会场的气氛和听众的情绪。

（2）环视法。即用眼睛环视听众的方法。它要求表演者的视线，从会场的左右前后迅速来回扫动，不断地观察全场，与全体听众保持眼光接触，增强双方的情感交流，将前视法与环视法结合起来，既可观察到听众的心理变化，还可检验表演效果，控制全场的情绪。

（3）专注法。即把视线集中到某一点或某一方面的方法。它要求表演者的视线有重点地观察个别听众或会场的某一个角落，并与之进行目光接触，同听众个别交流感情。这种方法既可启发、引导听众，也可以批评、制止不守纪律的听众。

（4）斜视法。即把眼珠向左或向右移动的方法。它既可表现对左右观众的关注，同时配合面部表情，又可表现喜欢或鄙夷的情感。

（5）虚视法。即似看非看的方法。它既可表现对左右观众的关注，又可减轻表演者的心理压力，还可表示思考，把听众带入想象的境界。

演讲者学会了"用眼神助说话"，就很容易撩拨人的心弦。演讲者最忌的是从始至终用一种眼神，这样会给人呆滞、麻木的感觉。当然眼睛也不能无目的地乱转、仰视房顶、偷看评委或死盯讲稿。

（二）眼神对听众的心理情绪的影响

听众接触到什么样的眼光，就会有什么样的反应。例如，听众接触到兴奋、热情的目光，就会感到格外高兴；接触到和蔼关切的目光，就会产生亲切感。如果目光呈反复游移状，听众注意力会分散；目光呈呆滞状，听众会感到索然无味；目光呈黯淡状，听众就会情绪低落；眼光根本不与听众接触，听众就会感到对他不注意、不关心、不尊重。

（三）眼神交流技巧

（1）一上台就抬头张望，环视四周，扫视全场，或点视、凝视某物或某人。

（2）在表演的过程中，要用眼神的变化来表达自己内在的丰富感情。比如，讲到高兴处，就睁开眼，让它散发出兴奋的光芒；讲到哀伤处，可让眼皮下垂，或呆滞一会儿，使这种感情显露出来；讲到愤怒时，可瞪大眼睛，固定眼珠，让眼睛射出逼人的光芒；讲到愉快处，可松开眉眼，让眼神充满令人喜悦的光彩。

（3）整个表演过程中，一般情况下是目光平视，根据内容需要，眼睛的视线或近或远，或轮转环视，或用询问的眼光与某一个听众交流、或用亲切友好的目光寻求听众的支持。

二、体态语言

一名演讲者，要表现稳定优美、舒坦自然的姿态，就必须学会"体态语言"。体态是指表演者的身体姿态和身体动作。它也是一种塑造表演者形象、辅助口语传情达意的无声语言。表演者的体态，主要由表演者的头、身躯和脚三部分组成。

（一）头部语

头为仪容的主体，它的位置应当平正闲适，而不要偏侧倾斜，头部动作不宜过多，应该和身躯手势相应。头部语表情达意的方法一般有：点头表示赞同，摇头表示否定，低头表示谦逊或忧虑，昂头表示勇敢或高傲，后仰表示软弱或失望，倾斜表示得意或愉悦，左右微摇表示怀疑或不忍，前突表示惊讶或逗趣，微倾表示观察或思考，直立表示庄严或坚强。

（二）身姿语

身姿语是通过身体的姿态的变化来进行表达的一种无声语言，它包括站姿语、坐姿语、步姿语等。

1. 站姿语

站姿语是人们演讲中常见的一种体态语。它是通过站立的姿态进行表达的一种无声语言。

站姿的禁忌包括：两脚并拢、昂首挺胸，很有精神，却显呆板，不能给人自然美；两脚叉开，不能给人谦虚的感觉；呈"稍息"姿态，一只脚还不停地抖动，给人不严肃、不稳重的印象；摆弄衣角、纽扣、低头不面向听众，给人胆怯之感；耸肩或不停地晃动身体，扭腰，将手插入兜内，给人懒散的感觉。

标准的站姿是全身挺直，挺胸收腹，精神饱满，两肩平齐，腿要绷直。

注意：男士和女士的站姿语是有区别的。男士的脚呈"稍息"姿态，两脚之间距离不能太小也不能太大；女士的脚呈"丁字步"，前面的脚放在后面的脚的三分之一处，两只脚之间的夹角是 45 度，站立时，重心应放在前面那只脚上。男士和女士的手都可以合拢来放。左手在下，右手在上。男士双手放后，女士双手放前。女士的手应放在腹部，不能太上也不能太下。男士和女士的手也可分开来放，男士左手放后，右手放于胸前；女士左手垂放，右手放于胸前。男士和女士的双手都可垂放。

2. 坐姿语

坐姿语是人们演讲中常见的一种体态语。坐姿有严肃性坐姿和随意性坐姿。不同的环境，人们用不同的坐姿。在一些严肃的场合采用严肃性坐姿；在一些非严肃的、随和的场合可采用随意性坐姿。

不管是严肃性坐姿，还是随意性坐姿，都应符合坐姿的一般要求。包括：入座时，应当轻而稳，不要给人毛手毛脚不稳重的印象；坐的姿态要端庄、大方、自然；无论什么坐具，都不要坐得太满；上身要挺直，不要左右摇晃，腿的姿势配合要得当，一般不能跷起二郎腿；演讲时，上身要些许前倾，表示对对方的尊重和自己的专心；上身需要后仰时，幅度不能太大，否则会给人困扰、无聊、想休息的印象。

3. 步姿语

步姿语是通过步态的变化来传递信息的一种无声语言。步频较快、步履轻松，表示"春风得意"；走路时拖着步子、步伐小或时快时慢，则表示自卑、紧张。步姿语的一般要求是：自然、轻盈、敏捷、矫健。自然而不别扭、轻盈而不鲁莽、敏捷而不笨拙、矫健而不自卑。

一般情况下，当人们登上主席台做演讲时，要用"庄重礼仪"型，即行走时，上身挺直，步伐矫健，双膝弯曲度小，步子幅度速度要适中。如果演讲大受欢迎，步伐也可采用"稳重自得"型，即行走时步履稳健，昂首阔步，步伐较缓，幅度较大。总之，不管是"庄重礼仪"型步伐，还是"稳重自得"型步伐，都要注意手的摆动，即手臂要伸直放松，手指自然弯曲，摆动时，要以肩关节为轴，用上臂带动前臂向前，脚跟要先着地，依靠后腿将身体重心送到前脚掌，使身体前移。

三、手势语言

手势语言是演讲者运用手掌、手指、拳和手臂的动作变化来表达思想感情的一种态势语言。

手势是指从肩部到指尖的各种活动，包括手臂、肘、腕、掌、指的各种协调动作。手势所表达的意义，是由手势活动的范围、方向等方面来决定的。

1. 手势活动的范围

手势活动的范围大体分为三个区间：肩部以上为上区手势，表示积极向上或激昂，如讲到激动时，演讲者常常双手向上举甚至挥动拳头；肩部到腹部间为中区手势，表示客观冷静，如叙述一件事、分析一个理，演讲者的手势常常在胸前出现；腹部以下为下区手势，表示鄙夷、厌恶、决裂，如当讲到"我们需与一切没落的、腐朽的思想决裂！"时演讲者会做出一个往下劈的手势。

2. **手势活动的方向**

一般说来，向内、向上的手势，意味着肯定、赞同、号召、鼓励、希望、充满信心，是积极的手势；向外、向下的手势，意味着否定、拒绝、制止、终止、摒弃、冷漠，是消极的手势。例如，同样是搓手，朝上搓，可能是摩拳擦掌、急不可待；向下搓，则可能是局促不安、不好意思。同样是举起两个手掌，掌心向内，往内缩，表示向我靠拢、注意我；掌心向下、往外推，则意味着拒绝、回避。

戏剧精品选读

【阅读导入】

戏剧的形成，最早可以追溯至秦汉时代。但形成过程相当漫长，到了宋元之际才成型。成熟的戏曲要从元杂剧算起，经历明、清的不断发展成熟而进入现代，历八百多年繁盛不败，如今有三百六十多个剧种。中国古典戏曲在其漫长的发展过程中，曾先后出现了宋元南戏、元代杂剧、明清传奇、清代地方戏及近现代戏曲等几种基本形式。宋元南戏大约产生在北宋末年和南宋初年，浙江的温州以及福建的泉州、福州一带，是戏曲的成型之地。元代杂剧也叫北曲杂剧，元杂剧最早产生于金朝末年河北真定、山西平阳一带，盛行于元代。元杂剧是中国戏曲的第一个黄金时代，它达到了很高的文学水准，以至单从诗体而言，古人早就将唐诗、宋词、元曲并称。明清传奇是由宋元南戏发展而成的戏曲形式。它产生于元末，在明初流传，到了明嘉靖年间兴盛，至万历而极盛，并延至明末清初，作品之多号称"词山曲海"。清代地方戏是古典戏曲的第三个阶段。它和近现代戏曲有着共同的艺术形式。清康熙末叶，各地的地方戏蓬勃兴起，被称为"花部"，进入乾隆年代开始与称为"雅部"的昆剧争胜。至乾隆末叶，"花部"压倒"雅部"，占据了舞台统治地位，直至道光末叶。这一百五十多年就是清代地方戏的时代。1840—1919 年以后的戏曲称近代戏曲，内容包括同治、光绪年间形成的京剧以及二十世纪初出现的一段戏曲改良运动。"五四"新文化运动中，传统戏曲受到激烈的批判，此后戏曲便进入现代戏曲时代。京剧的形成是清代地方戏发达的结果，而京剧成为全国性的代表剧种后一点也没有压抑地方戏的发展。从清代地方戏到京剧，是中国戏曲极度繁盛的时代。话剧是戏剧中的一种艺术形式。它是十九世纪末二十世纪初从西方移植到中国的外来戏剧样式，为与传统舞台剧、戏曲相区别，被称为话剧。话剧具有舞台性、直观性、综合性和对话性的特点。

为了让大家深入体会戏剧文学的特点，本教材选取了古今中外一些成熟的戏剧剧本，皆为名家名篇，包括元杂剧剧本、话剧剧本、电影剧本、小品剧本等，供大家欣赏。

【能力目标】

- 了解中国戏剧文学艺术的发展概况。
- 对戏剧的分类有一个清晰的了解，掌握话剧和电影剧本的特点。

●学会正确欣赏戏剧。

《窦娥冤》节选

关汉卿

第三折

[外扮监斩官上，云]

下官监斩官是也。今日处决犯人，着做公的把住巷口，休放往来人闲走。

[净扮公人，鼓三通，锣三下科。刽子磨旗、提刀，押正旦带枷上。刽子云]

行动些，行动些，监斩官去法场上多时了。

[正旦唱]

【正宫·端正好】没来由犯王法，不提防遭刑宪，叫声屈动地惊天。顷刻间游魂先赴森罗殿，怎不将天地也生埋怨。

【滚绣球】有日月朝暮悬，有鬼神掌着生死权。天地也！只合把清浊分辨，可怎生糊突了盗跖、颜渊！为善的受贫穷更命短，造恶的享富贵又寿延。天地也！做得个怕硬欺软，却元来也这般顺水推船！地也，你不分好歹何为地！天也，你错勘贤愚枉做天！哎，只落得两泪涟涟。

[刽子云]

快行动些，误了时辰也。

[正旦唱]

【倘秀才】则被这枷纽的我左侧右偏，人拥的我前合后偃。我窦娥向哥哥行有句言。

[刽子云]

你有甚么话说？

[正旦唱]

前街里去心怀恨，后街里去死无冤，休推辞路远。

[刽子云]

你如今到法场上面，有甚么亲眷要见的，可教他过来，见你一面也好。

[正旦唱]

【叨叨令】可怜我孤身只影无亲眷，则落的吞声忍气空嗟怨。

[刽子云]

难道你爷娘家也没的？

[正旦云]

止有个爹爹，十三年前上朝取应去了，至今杳无音信。

[唱]

早已是十年多不睹爹爹面。

[刽子云]

你适才要我往后街里去，是什么主意？

[正旦唱]

怕则怕前街里被我婆婆见。

［刽子云］

你的性命也顾不得，怕他见怎的？

［正旦云］

俺婆婆若见我披枷带锁赴法场餐刀去呵。

［唱］

枉将他气杀也么哥，枉将他气杀也么哥。告哥哥，临危好与人行方便。

［卜儿哭上科，云］

天哪，兀的不是我媳妇儿！

［刽子云］

婆子靠后。

［正旦云］

既是俺婆婆来了，叫他来，待我嘱咐他几句话咱。

［刽子云］

那婆子近前来，你媳妇要嘱付你话哩。

［卜儿云］

孩儿，痛杀我也！

［正旦云］

婆婆，那张驴儿把毒药放在羊肚儿汤里，实指望药死了你，要霸占我为妻。不想婆婆让与他老子吃，倒把他老子药死了。我怕连累婆婆，屈招了药死公公，今日赴法场典刑。婆婆，此后遇着冬时年节，月一十五，有溢不了的浆水饭，溢半碗儿与我吃；烧不了的纸钱，与窦娥烧一陌儿，则是看你死的孩儿面上。

［唱］

【快活三】念窦娥葫芦提当罪愆，念窦娥身首不完全，念窦娥从前已往干家缘，婆婆也，你只看窦娥少爷无娘面。

【鲍老儿】念窦娥服侍婆婆这几年，遇时节将碗凉浆奠；你去那受刑法尸骸上烈些纸钱，只当把你亡化的孩儿荐。

［卜儿哭科，云］

孩儿放心，这个老身都记得。天哪，兀的不痛杀我也！

［正旦唱］

婆婆也，再也不要啼啼哭哭，烦烦恼恼，怨气冲天。这都是我做窦娥的没时没运，不明不暗，负屈衔冤。

［刽子做喝科，云］

兀那婆子靠后，时辰到了也。

［正旦跪科］

［刽子开枷科］

［正旦云］

窦娥告监斩大人，有一事肯依窦娥，便死而无怨。

［监斩官云］

你有什么事，你说。

[正旦云]

要一领净席，等我窦娥站立，又要丈二白练，挂在旗枪上，若是我窦娥委实冤枉，刀过处头落，一腔热血休半点儿沾在地下，都飞在白练上者。

[监斩官云]

这个就依你，打甚么不紧。

[刽子做取席科，站科，又取白练挂旗上科]

[正旦唱]

【耍孩儿】不是我窦娥罚下这等无头愿，委实的冤情不浅；若没些儿灵圣与世人传，也不见得湛湛青天。我不要半星热血红尘洒，都只在八尺旗枪素练悬。等他四下里皆瞧见，这就是咱苌弘化碧，望帝啼鹃。

[刽子云]

你还有甚的说话，此时不对监斩大人说，几时说哪？

[正旦再跪科，云]

大人，如今是三伏天道，若窦娥委实冤枉，身死之后，天降三尺瑞雪，遮掩了窦娥尸首。

[监斩官云]

这等三伏天道，你便有冲天的怨气，也召不得一片雪来，可不胡说！

[正旦唱]

【二煞】你道是暑气暄，不是那下雪天；岂不闻飞霜六月因邹衍？若果有一腔怨气喷如火，定要感得六出冰花滚似锦，免着我尸骸现；要什么素车白马，断送出古陌荒阡？

[正旦再跪科，云]

大人，我窦娥死的委实冤枉，从今以后，着这楚州亢旱三年。

[监斩官云]

打嘴！那有这等说话！

[正旦唱]

【一煞】你道是天公不可期，人心不可怜，不知皇天也肯从人愿。做甚么三年不见甘霖降，也只为东海曾经孝妇冤。如今轮到你山阳县。这都是官吏每无心正法，使百姓有口难言。

[刽子做磨旗科，云]

怎么这一会儿天色阴了也？

[内做风科，刽子云]

好冷风也！

[正旦唱]

【煞尾】浮云为我阴，悲风为我旋，三桩儿誓愿明题遍。

[做哭科，云]

婆婆也，直等待雪飞六月，亢旱三年呵，

[唱]

那其间才把你个屈死的冤魂这窦娥显。

[刽子做开刀，正旦倒科。监斩官惊云]

呀，真个下雪了，有这等异事！

[刽子云]

我也道平日杀人，满地都是鲜血，这个窦娥的血，都飞在那丈二白练上，并无半点落地，委实奇怪。

[监斩官云]

这死罪必有冤枉。早两桩儿应验了，不知亢旱三年的说话准也不准，且看后来如何。左右，也不必等待雪晴，便与我抬他尸首，还了那蔡婆婆去罢。

[众应科，抬尸下]

【作者作品】

关汉卿（约1210—1300），号已斋（一作一斋）、已斋叟，汉族，元代杂剧代表作家，是中国古代戏曲创作的代表人物。他与元代的马致远、郑光祖、白朴并称为"元曲四大家"，关汉卿位于"元曲四大家"之首。关汉卿的元代杂剧的创作在中国戏剧史上占有重要的地位，被后人称为"元杂剧的鼻祖"；另外，关汉卿在世界文学艺术史上也享有较高的赞誉，被称为"东方的莎士比亚"。关汉卿的作品主要有《窦娥冤》、《救风尘》、《望江亭》、《单刀会》等。其中，《窦娥冤》被称为中国十大古典悲剧之一，同时也是元杂剧四大悲剧之一。

《窦娥冤》全称《感天动地窦娥冤》，是元朝关汉卿的杂剧代表作，悲剧剧情取材自《列女传》中的"东海孝妇"的民间故事。《窦娥冤》是中国传统的戏剧悲剧剧目之一，是一出具有较高文化价值、广泛群众基础的名剧，约八十六个剧种上演过此剧。

《窦娥冤》写窦娥被无赖诬陷，又被官府错判斩刑的冤屈故事。全剧四折一楔子。此剧现存版本有明脉望馆藏《古今名家杂剧》本、《元曲选》、《酹江集》本、《元杂剧二种》本、《元人杂剧全集》本。

《窦娥冤》剧情简介：楚州贫困的读书人窦天章因为欠蔡婆婆高利贷，无钱归还，将小女端云给蔡家当童养媳。蔡婆婆给窦天章盘缠赴京赶考并把瑞云改名为窦娥。窦娥与丈夫生活不久后，丈夫暴病去世，窦娥与婆婆二人守寡在家。一日，蔡婆婆向赛卢医讨债时，险被无钱归还的赛卢医杀害，巧被路过的张驴儿与其父撞破此事。张驴儿借口救命之恩，在蔡婆婆家住，贪图窦娥美貌，要求与其父一同入赘蔡家。窦娥守节不肯，张驴儿就下毒计，从赛卢医处买得砒霜，下到窦娥为蔡婆婆做的羊肚汤中，欲要毒死蔡婆婆，胁迫窦娥改嫁。正巧蔡婆婆作呕，吃不下，反毒死了自家老子。张驴儿要挟不成，诬告窦娥。贪官欲屈打成招，窦娥不招。而后要挟要打蔡婆婆，窦娥只好招认。处死前，窦娥许下三桩誓愿——血溅白绫、六月飘雪、大旱三年，以证明其冤屈。窦娥死后，她发的毒誓都应验。窦天章科举得中，三年后任廉访使至楚州，见窦娥鬼魂出现，于是重审此案，为窦娥平反昭雪。舞台上常演的有《斩娥》一折。

【阅读提示】

元杂剧是用北曲（北方的曲调）演唱的一种戏曲形式，金末元初产生于中国北方，是在金院本基础上以及诸宫调的影响下发展起来的。作为一种新型的完整的戏剧形式，元杂剧有其自身的特点和严格的体制，形成了歌唱、说白、舞蹈等有机结合的戏曲艺术形式，并且产生了韵文和散文结合的、结构完整的文学剧本。

[端正好]、[滚绣球] 等唱词具有非常高的艺术感染力，是因为它用精辟而非常概括的语言表达了长期以来人们对社会不平等的强烈愤慨；表达了普通老百姓要求维持社会公平，

惩恶扬善的愿望。在句式上，几乎全用口语，既贴近老百姓的语言，又自然流畅，气势充沛，具有很强的艺术感染力。因此，千百年来盛传不衰。

在去刑场的途中，窦娥向刽子手提出一个小小的请求，要求从后街走，原因是怕婆婆看见伤心难过。这个细节虽小，却充分反映了窦娥的善良、孝顺，更是对造成冤案的贪官桃杌的强烈讽刺，像这样一个在临死都记挂着婆婆的孝顺媳妇，怎么可能犯下药死公公的大罪呢？而贪官桃杌却是非不明，连这样一个简单的案子都审不明白，糊里糊涂就用酷刑把善良的百姓判成死罪，如此草菅人命的狗官在后文中竟然得到升迁，可见社会是多么黑暗无道。

刑场哭别一场戏，是表现窦娥的性格不可缺少的一部分内容，也是本剧悲剧因素组成的不可缺少的一部分。这段哭诉，哀哀怨怨，与前面的愤怒控诉形成鲜明的对比，是窦娥性格的另一方面的体现，也是窦娥在现实中的真实生活和真实性格的写照。

关汉卿从"东海孝妇"的传说中得到启示，由之生发开来，采用浪漫主义的手法，概括丰富的现实社会内容，大胆而精巧地构思出三桩誓愿。这三桩誓愿由小到大，由弱到强，一步步递升，创造出浓厚的悲剧气氛。

窦娥是无辜的，是冤大屈深的，她不甘心屈从于现实的压迫，她坚信自己的死定会"感天动地"，在人间以奇迹的方式显示出来。窦娥希望通过第三桩誓愿，直接惩戒残暴昏聩的官府，也希望有一天自己的冤屈能够像"东海孝妇"一样，得到昭雪。三桩誓愿，从时间的延续上，一桩比一桩更久长；从空间范围上，一桩比一桩更扩大。三桩誓愿依次递进的过程，也是窦娥反抗精神依次上升的过程，是她斗争的矛头更加明确的过程。行刑尚未开始，第二桩誓愿就已显示出预兆，更说明了窦娥的冤屈感天动地，社会的黑暗已引起上天的震怒。三桩誓愿的实现是窦娥反抗的最终结果，也是悲剧高潮的结束。窦娥死去了，但给人间留下了一个勤劳善良、坚强不屈、富于反抗精神的感人形象，也给人间留下了一曲对黑暗社会以死抗争的回肠荡气的悲壮歌曲。

在这出杂剧里面，人们能看出元代社会状况：流氓恶霸横行，官吏贪赃枉法，下层知识分子穷困潦倒，被压迫的妇女们得不到生命、安全、财产的保障，人民的愤怒和怨恨成为时代的情绪。

作品贯穿始终的想象和夸张的艺术手法的大胆使用，把现实主义和浪漫主义有机结合。

关汉卿运用丰富的想象和大胆的夸张，设计了三桩誓愿的超现实情节，运用了浪漫主义手法，显示正义抗争的强大力量，寄托了作者鲜明的爱憎，反映了人民伸张正义、惩治邪恶的愿望，也反衬出社会的黑暗。这是本折也是全剧刻画主人公形象最着力的一笔，是作品艺术性的集中体现，使悲剧气氛更浓烈，人物形象更突出，故事情节更生动，主题思想更深刻，既洋溢着浓郁的生活气息，又充满奇异的浪漫色彩，具有震撼人心的艺术力量，反映了元代黑暗的社会现实。

【能力培养与训练】

1. 阅读《窦娥冤》剧目全文，总结元杂剧的特点。

2. 说出悲剧和戏剧的主要区别。

3. 课后写一篇《窦娥冤》的阅读欣赏。

惊梦·游园（节选）

汤显祖

【绕池游】（旦上[1]）梦回莺啭[2]，乱煞年光遍[3]。人立小庭深院。（贴上[4]）炷尽沉烟[5]，抛残绣线[6]，恁今春关情似去年[7]？

【乌夜啼】（旦）晓来望断梅关[8]，宿妆残[9]。（贴）你侧着宜春髻子恰凭阑[10]。（旦）剪不断，理还乱[11]，闷无端。（贴）已分付催花莺燕借春看。（旦）春香，可曾叫人扫除花径？（贴）分付了。（旦）取镜台衣服来。（贴取镜台衣服上）"云髻罢梳还对镜，罗衣欲换更添香[12]。"镜台衣服在此。

【步步娇】（旦）袅晴丝吹来闲庭院[13]，摇漾春如线[14]。停半晌[15]、整花钿。没揣菱花[16]，偷人半面[17]，迤逗的彩云偏[18]。（行介[19]）步香闺怎便把全身现！（贴）今日穿插的好[20]。

【醉扶归】（旦）你道翠生生出落的裙衫儿茜[21]，艳晶晶花簪八宝填[22]，可知我常一生儿爱好是天然[23]。恰三春好处无人见[24]。不提防沉鱼落雁鸟惊喧[25]，则怕的羞花闭月花愁颤[26]。（贴）早茶时了，请行。（行介）你看："画廊金粉半零星，池馆苍苔一片青。踏草怕泥新绣袜[27]，惜花疼煞小金铃[28]。"（旦）不到园林，怎知春色如许[29]！

【皂罗袍】原来姹紫嫣红开遍[30]，似这般都付与断井颓垣[31]。良辰美景奈何天，赏心乐事谁家院[32]！恁般景致，我老爷和奶奶再不提起[33]。（合）朝飞暮卷[34]，云霞翠轩[35]；雨丝风片，烟波画船[36]——锦屏人忒看的这韶光贱[37]！（贴）是花都放了，那牡丹还早。

【好姐姐】（旦）遍青山啼红了杜鹃[38]，荼蘼外烟丝醉软[39]。春香啊，牡丹虽好，他春归怎占的先[40]！（贴）成对儿莺燕啊。（合）闲凝眄[41]，生生燕语明如剪[42]，呖呖莺歌溜的圆[43]。（旦）去罢。（贴）这园子委是观之不足也[44]。（旦）提他怎的！（行介）

【隔尾】观之不足由他缱[45]，便赏遍了十二亭台是枉然[46]。到不如兴尽回家闲过遣。（作到介）（贴）"开我西阁门，展我东阁床[47]。瓶插映山紫[48]，炉添沉水香[49]。"小姐，你歇息片时，俺瞧老夫人去也。（下）……

注释

[1] 旦：传统戏曲角色行当，扮演女性人物。在传奇中扮演女主角的演员称"旦"，这里指扮演杜丽娘的演员。上：上场。

[2] 啭（zhuàn）：形容鸟声婉转。

[3] 乱煞年光遍：撩乱人的春光到处弥漫着。年光：春光。

[4] 贴：即贴旦，扮演剧中次要的女角。这里指扮演丫头春香的演员。

[5] 炷（zhù）：燃烧。沉烟：沉香燃烧的烟。沉香，一种珍贵的香料。

[6] 抛残绣线：丢下了绣剩的丝线。此句表现青春少女春思慵懒的情态。

[7] 恁（nèn）："怎么"的省文，即为什么。关情：牵动人的情怀。似：胜过，超过。

[8] 望断梅关：呆呆地看着梅关方向。梅关：即江西与广东交界的大庾岭，宋时设有梅关，位置在剧中故事发生地点南安府（今江西大余县）的南面。

[9] 宿妆残：隔夜的妆粉还残留着。这是说杜丽娘早起懒于梳洗。

[10] 侧着宜春髻子：即侧着头。宜春髻子：相传立春那天，妇女剪彩绸为燕子形，上贴"宜春"二字，戴在头上。

[11] 剪不断，理还乱：原为李煜词《乌夜啼》中的句子。这里是比喻杜丽娘无法摆脱由于长期禁锢

而产生的苦闷。

[12]"云髻"两句：引自薛逢《宫词》，见《全唐诗》548卷。云髻：形容妇女的发髻卷曲如云。更添香：指再熏些香料。

[13] 袅：摇曳不定的样子。晴丝：即游丝，在春天晴朗的日子飘荡在空中的游丝。

[14] 摇漾：飘摆荡漾。

[15] 半晌：片刻。

[16] 没揣：不料、蓦然。菱花：镜子。古时镜子用铜制成，背面多雕菱花图案，故有此称。

[17] 偷人半面：偷偷地照见自己的半面脸孔。

[18] 迤（tuō）逗：牵引，引惹。彩云：妇女发髻的美称。

[19] 介：戏曲术语，南戏、传奇剧本里关于动作、表情、演出效果等的舞台指示。与元杂剧剧本中的"科"相同。

[20] 穿插：穿戴。穿：指衣服。插：指装饰品。

[21] 翠生生：形容色彩艳丽、鲜明。出落的：显得。茜：红色。

[22] 艳晶晶：光彩夺目的样子。花簪八宝填：嵌饰着各种珍宝的簪子。填：嵌饰。

[23] 爱好：爱美。天然：天然本性。

[24] 三春好处：美丽的春光。喻美丽的青春和容貌。

[25] 不提防：不防备，没料到。沉鱼落雁：小说戏曲中用来形容女子的异常美丽，可使鱼儿惊得避入水中，大雁吃惊地落到地上。

[26] 羞花闭月：形容女子的异常美丽，使花儿感到羞惭，使月亮躲藏起来。

[27] 泥：沾泥。这里作动词用。

[28]"惜花"句：据《开元天宝遗事》记载：唐天宝时，宁王惜花，怕被鸟鹊啄坏，便在花园扯上红绳，系上小金铃，一有鸟便拉响金铃驱赶。因为拉的多了，小金铃都感到疼了。

[29] 如许：如此。

[30] 姹紫嫣红：指各色娇艳绚丽的鲜花。

[31] 断井颓垣：废坏的井，倒塌的墙。形容庭院破败。

[32]"良辰"两句：写杜丽娘看到盛开的鲜花和破败的花园，产生无限的怅惘之情。原出自谢灵运《拟魏太子邺中集诗序》："天上良辰、美景、赏心、乐事，四者难并。"谁家：哪一家。

[33] 老爷：指父亲。奶奶：指母亲。

[34] 朝飞暮卷：借唐王勃《滕王阁序》"画栋朝飞南浦云，珠帘暮卷西山雨"诗意，形容亭台楼阁的高旷壮丽。

[35] 云霞翠轩：云彩和霞光辉映着华丽的亭台楼阁。

[36] 烟波画船：在烟雾迷蒙的水面上摇荡着彩画装饰的船。

[37] 锦屏人：被隔绝在画屏里的人，这里指幽居深闺、不能领略自然美景的人。忒：太。韶光：美好的时光，即春光。

[38] 啼红了杜鹃：开遍了红色的杜鹃花。

[39] 荼蘼（tú mí）：花名，属蔷薇科，晚春时开放。这里指荼蘼架。烟丝：游丝。醉软：娇柔无力的样子。

[40]"牡丹"两句：意思是牡丹虽美，但它开在春尽之时，怎能占得春季百花之先呢？这里暗寓杜丽娘对美好青春被耽误的伤感和幽怨的情绪。

[41] 凝眄（miǎn）：这里是注视的意思。

[42] 生生燕语明如剪：形容乳燕的叫声像剪刀声一样明快。

[43] 呖呖：莺的叫声。溜的圆：形容鸟叫声圆润婉转。

[44] 委是观之不足：实在是看不够。

[45] 缱（qiǎn）：留恋不舍。

[46] 十二：虚指，犹言所有。

[47] "开我"两句：改用《木兰辞》"开我东阁门，坐我西阁床"句。

[48] 映山紫：映山红的一种。

[49] 沉水香：沉香的别称。

【作者作品】

汤显祖（1550—1616），字义仍，号若士、海若，晚年号茧翁，自署清远道人，江西临川（今江西抚州）人。他是明代戏剧家的杰出代表，也是中国古代戏曲的伟大作家之一。明万历十一年（1583年）进士，历任南京太常寺博士、礼部主事，因上书批评时政，被贬为广东徐闻典史，后改任浙江遂昌知县。万历二十六年（1598年）弃官归家，从事戏曲创作。著有《紫钗记》、《牡丹亭》（又名《还魂记》）、《南柯记》、《邯郸记》四种，合称"临川四梦"。《牡丹亭》是其代表作，蜚声剧坛，脍炙人口，影响深远。

《牡丹亭》是汤显祖的代表作，全剧五十五出，写的是太守的女儿杜丽娘为追求爱情因梦而死，因梦而生，终于同书生柳梦梅结为夫妻的故事，充满浪漫色彩。汤显祖曾说："一生四梦，得意处惟在牡丹。"作品通过杜丽娘和柳梦梅生死离合的爱情故事，热情歌颂了反对封建礼教，追求爱情自由和个性解放的强烈精神。

【阅读提示】

本文节选自第十出《惊梦》。这一出包括"游园"和"惊梦"两部分，写杜丽娘在春香的鼓动下，违背父母和塾师的教训，到花园里游玩。面对良辰美景，引起她伤春寂寞之感。倦睡中，梦见与理想的情人相会。这里只选"游园"部分。

"惊梦"中"游园"部分由女主角杜丽娘的六支唱曲组成。前三支表现杜丽娘游园前的心绪，后三支则写游园中的种种思想活动。整出戏通过描绘杜丽娘在游园过程中"迎春—爱春—惜春—伤春"的感情变化，表现了她青春的觉醒，对封建礼教的不满和对幸福自由的向往，由此揭示出封建礼教对生命的束缚和摧残。"游园"这一部分，成为杜丽娘从名门闺秀走上叛逆封建礼教道路的起点，对全剧情节发展具有重要意义。

这一部分不仅是全剧情节发展的重要关节，更是全剧最精彩的片段。作者把写景、抒情和刻画人物心理活动非常巧妙地结合起来，表现出情与理的冲突，显示了女主人公觉醒的过程；采用多层次的细腻描写，刻画了杜丽娘美好的精神世界，使人物形象十分鲜明生动；创造迷人的戏剧场面，将明媚的春天同人物孤寂的处境相映照，使剧本带有浓烈的抒情性，产生强烈的艺术效果；语言典雅清丽，准确生动，华美工巧，充满诗情画意，具有高度的艺术表现力。

【能力培养与训练】

1. 找昆曲《牡丹亭》的视频资料听听看看，熟悉剧情和昆曲唱腔。

2. 《游园》表现出杜丽娘怎样的感情变化？

3. 分析【皂罗袍】的语言特点。

长亭送别（节选）

王实甫

（夫人、长老上，开[1]）今日送张生赴京，就十里长亭，安排下筵席。我和长老先行，不见张生、小姐来到。（旦、末、红同上，旦云）今日送张生上朝取应去。早是离人伤感，况值那暮秋天气，好烦恼人也呵！悲欢聚散一杯酒，南北东西万里程。（旦唱）

【正宫】【端正好】碧云天，黄花地，西风紧，北雁南飞。晓来谁染霜林醉？总是离人泪。

【滚绣球】恨相见得迟，怨归去得疾。柳丝长玉骢难系[2]，恨不得倩疏林挂住斜晖。马儿迍迍的行[3]，车儿快快随，却告了相思回避[4]，破题儿又早别离[5]。听得道一声"去也"，松了金钏；遥望见十里长亭，减了玉肌。此恨谁知！

（红云）姐姐今日不打扮？（旦云）红娘呵，你那里知道我的心哩！（旦唱）

【叨叨令】见安排着车儿、马儿，不由人熬熬煎煎的气；有甚么心情花儿、靥儿[6]，打扮得娇娇滴滴的媚；准备着被儿、枕儿，则索昏昏沉沉的睡；从今后衫儿、袖儿，揾湿做重重叠叠的泪。兀的不闷杀人也么哥，兀的不闷杀人也么哥。久已后书儿、信儿，索与我凄凄惶惶的寄[7]。

（做到了科，见夫人科）（夫人云）张生和长老坐，小姐这壁坐，红娘将酒来。张生，你向前来，是自家亲眷，不要回避。俺今日将莺莺与你，到京师休辱没了俺孩儿，挣揣一个状元回来者[8]。（末云）小生托夫人余荫，凭着胸中之才，觑官如拾芥耳[9]。（洁云）夫人主张不差，张生不是落后的人。（把酒了，坐）（旦长吁了）（旦唱）

【脱布衫】下西风黄叶纷飞，染寒烟衰草萋迷[10]。酒席上斜签着坐地[11]，蹙愁眉死临侵地[12]。

【小梁州】我见他阁泪汪汪不敢垂，恐怕人知。猛然见了把头低，长吁气，推整素罗衣。

【幺篇】虽然久后成佳配，奈时间怎不悲啼[13]。意似痴，心如醉，昨宵今日，清减了小腰围。

（夫人云）小姐把盏者！（红递酒了，旦把盏了）（旦唱）

【上小楼】合欢未已，离愁相继。想着俺前暮私情，昨夜成亲，今日别离。我谂知，这几日相思滋味，却原来比别离情更增十倍。

【幺篇】年少呵轻远别，情薄呵易弃掷。全不想腿儿相压，脸儿相偎，手儿相携。你与俺崔相国做女婿，妻荣夫贵[14]，但得一个并头莲，强如状元及第。

（红云）姐姐，不曾吃早饭，饮一口儿汤水。（旦云）红娘，甚么汤水咽得下。（唱）

【满庭芳】供食太急，须臾对面，顷刻别离。若不是酒席间子母每当回避[15]，有心待与他举案齐眉。

【幺】虽然是斯守得一时半刻，也合着俺夫妻共桌而食。眼底空留意，寻思起就里，险化做望夫石[16]。

（夫人云）红娘把酒者。（红把酒科了）（旦唱）

【快活三】将来的酒共食，尝着似土和泥；假若便是土和泥，也有些土气息、泥滋味。

【朝天子】暖溶溶玉醅，白泠泠似水，多半是相思泪。眼面前茶饭怕不待要吃[17]，恨塞满愁肠胃。蜗角虚名[18]，蝇头微利[19]，拆鸳鸯在两下里。一个这壁，一个那壁，一递一声长吁气[20]。

（夫人云）辆起车儿[21]，俺先回去，小姐随后和红娘来。（下）（末辞洁科）（洁云）此一行别无话说，贫僧准备买登科录，看做亲的茶饭，少不了贫僧的。先生在意，鞍马上保重者。"从今经忏无心礼，专听春雷第一声。"（下）（旦唱）

【四边静】霎时间杯盘狼藉，车儿投东，马儿向西。两意徘徊，落日山横翠。知他今宵宿在那里？在梦也难寻觅。

（旦云）张生，此一行，得官不得官，疾早便回来。（末云）小姐心儿里艰难。小生这一去，白夺一个状元，正是"青霄有路终须到，金榜无名誓不归"。

（旦云）君行别无所赠，口占一绝，为君送行："弃掷今何在，当时且自亲。还将旧来意，怜取眼前人。"（末云）小姐之意差矣，张珙更敢怜谁？谨赓一绝，以剖寸心："人生长远别，孰与最关亲？不遇知音者，谁怜长叹人？"（旦唱）

【耍孩儿】淋漓襟袖啼红泪[22]，比司马青衫更湿[23]。伯劳东去燕西飞[24]，未登程先问归期。虽然眼底人千里，且尽生前酒一杯。未饮心先醉，眼中流血，心内成灰。

【五煞】到京师服水土，趁程途，节饮食，顺时自保揣身体[25]。荒村雨露宜眠早，野店风霜要起迟！鞍马秋风里，最难调护，最要扶持。

【四煞】这忧愁诉与谁？相思只自知，老天不管人憔悴。泪添九曲黄河溢[26]，恨压三峰华岳低[27]。到晚来闷把西楼倚，见了些夕阳古道，衰草长堤。

【三煞】笑吟吟一处来，哭啼啼独自归。归家若到罗帏里，昨日个绣衾香暖留春住，今夜个翠被生寒有梦知。留恋你别无意，见据鞍上马，阁不住泪眼愁眉。

（末云）有甚言语嘱咐小生咱？（旦唱）

【二煞】你休忧"文齐福不齐"，我则怕你"停妻再娶妻"[28]。休要"一春鱼雁无消息"！我这里"青鸾有信频须寄"，你却休"金榜无名誓不归"。此一节君须记：若见了那异乡花草，再休似此处栖迟？

（末云）再谁似小姐？小生又生此念[29]。仆僮赶早行一程儿，早寻个宿处。（末念）泪随流水急，愁逐野云飞。（下）（旦唱）

【一煞】青山隔送行，疏林不做美，淡烟暮霭相遮蔽[30]。夕阳古道无人语，禾黍[31]秋风听马嘶。我为甚么懒上车儿内，来时甚急，去后何迟！

（红云）夫人去好一会，姐姐，咱家去！（旦唱）

【收尾】四围山色中，一鞭残照里。遍[32]人间烦恼填胸臆，量这些大小车儿[33]如何载得起？

（旦、红下）

注释

[1] 开：元杂剧术语，即开始说话的意思。

[2] 玉骢：马的代称，原指青白色的马。玉骢难系：无法留住要远行的人。

[3] 迤迤（tún）：行动迟缓的样子。

[4] 却：通"恰"。

[5] 破题儿：开头。唐宋文人称诗赋起首几句为破题。明清小说中常有"破题儿第一遭"，有头一次的含义。

[6] 靥（yè）儿：原指嘴边的酒窝，此处指妇女在脸上涂脂抹粉。

[7] 索：须。

[8] 挣揣：夺取。

[9] 拾芥：喻轻而易举，言功名富贵唾手可得。芥：小草。

[10] 萋迷：草茂盛貌。衰草萋迷：谓枯草遍地。

[11] 酒席上斜签着坐地：指张珙。签：插。

[12] 死：此处疑作程度副词，言极憔悴也。临侵：指憔悴无力。死临侵地：可与《赵礼让肥》第二折中"黑临侵的肌体瘦"相参。

[13] 奈：无奈。

[14] 妻荣夫贵：此句当与上文"你与俺崔相国做女婿"连读。俗云：夫荣妻贵。莺莺既系相国家小姐，已具身份，那么张生无须上京博取功名，亦可凭相国家女婿的身份取得富贵。这里有埋怨之意。

[15] "若不是"句：指老夫人在场，不得与张生亲近。

[16] 险：差一点。

[17] 怕不待要：难道不要。

[18] 蜗角虚名：《庄子·则阳》："有国于蜗之左角者，曰蛮氏；国于蜗之右角者，曰触氏争地而战，伏尸百万。"此处"蜗角"作细微解；蜗角虚名：微不足道的名誉。

[19] 蝇头微利：汉班固《难庄篇》云，"世人竞争利，如蝇之追逐肉汁，所沾无多。"此处亦讥孜孜微利之失。

[20] 一递一声：指莺莺与张生两人不断地吁叹。递：接连不断。

[21] 辆起车儿：套上车子。

[22] 红泪：《拾遗记》："薛灵芸选入宫时，别父母，以玉唾壶承泪，壶即红色。"后来指女子非常悲伤时流的眼泪。

[23] "比司马青衫更湿"句：言别离之凄苦。白居易《琵琶行》："江州司马青衫湿。"

[24] 伯劳：鸣禽名，略大于雀，胸腹部茶色，尾及翼黑褐色。

[25] 保揣：保重。揣：量度。

[26] 九曲黄河：古之黄河，自孟津而北，分为九道。

[27] 三峰华岳：谓华山莲花峰、毛女峰、松桧峰。

[28] 停妻再娶妻：重婚。封建社会有停妻再娶条例，士人金榜题名后尤多再婚权贵之行，故莺莺出此语。

[29] "再谁似小姐"两句：凌濛初曰："徐文长评本，张生此语之后，即上马而去。莺莺徘徊目送，不忍遽归，乃有'青山隔送行'等语，情景较合。"此处照改。

[30] 暮霭：黄昏时候天空中的云气。

[31] 禾黍：泛指在地里长的庄稼。

[32] 遍：所有，整个。

[33] 这些大小车儿：这么点大的小车儿。

【作者作品】

王实甫，名德信，字实甫，生卒年代不详，大都（今北京）人。元代前期杰出的杂剧作家之一。其主要创作活动约在元成宗元贞年间。根据贾仲明《凌波仙》的介绍，王实甫在当时就享有盛名，尝混迹青楼歌厮，与演员歌妓往来。其所作杂剧十四种，现仅存有《西厢记》、《丽春堂》、《破窑记》三种及《芙蓉亭》、《贩茶船》各一折。其代表作是《西厢记》。

《西厢记》是元代爱情剧中的杰作。故事虽本元稹《莺莺传》，实际上却是从董解元《西厢记诸宫调》脱胎而来。剧情写书生张珙与相国小姐崔莺莺在普救寺一见钟情，却因礼教的阻隔无从亲近。恰值叛将孙飞虎率兵围寺，欲强迫索取莺莺；张生在老夫人亲口许婚后，依靠友人白马将军杜确的帮助，解除了危难。不料老夫人却食言赖婚，致使张生相思成病。在红娘的帮助下，莺莺经历了艰苦的思想斗争，终于冲破了礼教的约束，与张生自由结合。可是顽固的老夫人却以门第为由，强迫张生上京应试，而张生卒中状元，实现了与莺莺团聚的夙愿。作品在批判封建礼教与婚姻制度的同时，通过对莺莺与张生等反抗封建礼教的典型形象的塑造，讴歌了青年人追求个性解放与婚姻自由的战斗精神，从而把崔、张二人的爱情故事提到了一个新的高度。

【阅读提示】

本文是《西厢记》的第四本第三折，一般称作"长亭送别"。在崔、张的婚事定下来后，老夫人又提出张生必须进京应试，中得状元方能成亲的条件。这一折写崔、张的分别，作者将这折戏安排在一个凄凉的暮秋天气里，这一特定环境的气氛很易勾起愁人的离情别绪。本折通过莺莺所唱的曲词，刻画莺莺与张生离别时的痛苦与怨恨之情，全折情意缠绵，辞句华美，为古代批评家所称道。

【能力培养与训练】

1. 品读本文的节选内容，体会其语言特点。
2. 写一篇阅读欣赏，分析崔、张二人的形象特点和性格特征。
3. 有条件的情况下，尽可能阅读《西厢记》全文。掌握中国古代文学创作里面对两性自由爱情追求的曲折过程和大团圆的结尾的程式化模式。

《屈原》节选

郭沫若

第一幕

清晨的橘园，暮春，尚有若干残橘，剩在枝头。园后为篱栅，有门在正中偏右，园外一片田畴。左前别有园门一道通内室。园中右侧有凉亭一，离园地可高数段。亭中有琴桌石凳之类。亭之阶段，正向左，阶上各陈兰草一盆。阶下置一竹帚。园中除橘树外，可任意配置其它竹木。

婵娟年可十六，抱琴由左首出场，置于亭中琴桌上，略加整饬，即由原径退下。

屈原年四十左右，着白色便衣，巾帻，亦由左首出场。左手执帛书一卷，在橘林中略作逍遥，时复攀弄残橘，闻其香韵。最后于不经意之间摘其一枚置于右手掌上把玩。徐徐步上亭阶，坐在阶之最上段。一时闻橘香韵，一时复举首四望。有间置橘于阶上，展开帛书，乃用古体篆字所写之《橘颂》[1]。字系红色。用朱写成。

屈原：（徐徐地放声朗诵。读时两手须一舒一卷）

辉煌的橘树呵，枝叶纷披。

生长在这南方，独立不移。

绿的叶，白的花，尖锐的刺。

多么可爱呵，圆满的果子！

由青而黄，色彩多么美丽！

内容洁白，芬芳无可比拟。

植根深固，不怕冰雪雾霏。

赋性坚贞，类似仁人志士。[2]

（读至此中辍，置书膝上，复取橘置掌中把玩，闭目玩味。终复张目，若有意若无意将橘劈为两半，但无食意，仅只把玩而已。）

此时宋玉抱一小黄犬由外园门入，年二十左右，着短衣，头上挽两卷鬓。见屈原，即奔至其前。

宋玉：（立阶下）先生，你出来了。

屈原：啊，我正在找你。你到什么地方去来？

宋玉：我把园子打扫了之后，便抱着阿金[3]到外边去跑了一趟回来。

屈原：那很好，你们年青人有起早的习惯，更能够时时把筋骨勤劳一下，是很好的事。（徐徐将两半橘子合而为一，一手握橘，一手执书，起立）我为你写了一首诗啦，我们到亭子上去坐坐吧。

（步入亭中，就琴桌而坐，随手将橘置于桌上。）

宋玉随上，立于左侧。

屈原：你把阿金放下，念念我这首新诗。（将书卷授宋玉。）

宋玉将黄犬放下，任其自由动作。屈原开始抚琴。

宋玉：（展开书卷前半，默念一次，举首）先生，你是在赞美橘子啦。

屈原：是的，前半是那样，后半可就不同了，你再读下去看。

宋玉：（继续展读，发出声来）

呵，年青的人，你与众不同。

你志趣坚定，竟与橘树同风。

你心胸开阔，气度那么从容！

你不随波逐流，也不故步自封。

你谨慎存心，决不胡思乱想。

你至诚一片，期与日月同光。

我愿和你永做个忘年的朋友。

不挠不屈，为真理斗到尽头！

你年纪虽小，可以为世楷模。

足比古代的伯夷[4]，永垂万古！[5]

（读罢有些惶恐，复十分喜悦）先生，你这真是为我写的吗？

屈原：是，是为你写的。（以下在对话中，仍不断抚琴，时断时续）

宋玉：我怎么当得起呢？

屈原：我希望你当得起。（以右手指园中橘树）你看那些橘子树吧，那真是多好的教训呀！它们一点也不骄矜，一点也不怯懦，一点也不懈怠，而且一点也不迁就。（稍停）是的，它们喜欢太阳，它们不怕霜雪。它们那碧绿的叶子，就跟翡翠一样，太阳光愈强愈使它们高兴，霜雪愈猛烈，它们也丝毫不现些儿愁容。时候到了便开花，那花是多么的香，多么的洁白呀。时候到了便结实，它们的果实是多么的圆满，多么的富于色彩的变换呀。由青而黄，由黄而红，而它们的内部——你看却是这样的有条理，又纯粹而又清白呀。（随手将劈开了的橘子分示其内部）它们开了花，结了实，任随你什么人都可以欣赏，香味又是怎样的适口而甜蜜呀。有人欣赏，它们并不叫苦，没有人欣赏，它们也不埋怨，完全是一片的大公无私。但你要说它们是——万事随人意，丝毫也没有一点骨鲠之气的吗？那你是错了。它们不是那样的。你先看它们的周身，那周身不都是有刺的吗？（又向橘树指示）它们是不容许你任意侵犯的。它们生长在这南方，也就爱这南方，你要迁移它们，不是很容易的事。这是一种多么独立难犯的精神！你看这是不是一种很好的榜样呢？

宋玉：是。经先生这一说，我可感受了极深刻的教训。先生的意思是说：树木都能够这样，难道我们人就不能够吗？（思索一会）人是能够的。

屈原：是，你是了解了我的意思，你是一位聪明的孩子。你年纪青青就晓得好学，也还专心，不怕就有好些糊涂的人要引诱你去跟着他们胡混，你也不大随波逐流，这是使我很高兴的事。（稍停）所以我希望你要能够象这橘子树一样，独立不倚，凛冽难犯。要虚心，不要作无益的贪求。要坚持，不要同乎流俗。要把你的志向拿定，而且要抱着一个光明磊落、大公无私的心怀。那你便不会有什么过失，而成为顶天立地的男子了。（再停）你能够这样，我愿意永远和你做一个忘年的朋友。你能够这样，不怕你年纪还轻，你也尽可以做一般人的师长了。（略停）不过也不要过分的矜持，总要耿直而通情理。但遇到大节临头的时候，你却要丝毫也不苟且，不迁就。你要学那位古时候的贤人，饿死在首阳山上的伯夷，就饿死也不要失节。我这些话你是明白的吧？

宋玉：是，我很明白。我的志向就是一心一意要学先生，先生的学问文章我要学，先生的为人处世我也要学；不过先生的风度太高，我总是学不象呢。

屈原：你不要把我做先生的看得太高，也不要把你做学生的看得太低，这是很要紧的。我自己其实是很平凡的一个人，不过我想任何人生来怕都是一样的平凡吧？要想不平凡，那就要靠自己努力。（稍停）我们应该把自己的模范悬得高一些；最好是把历史上成功了的人作为自己的模范，尽力去追赶他，或者甚至存心去超过他。那样不断地努力，一定会有成就。北方有一位学者颜渊，是孔仲尼的得意门生，我最近听到他的一句话，我觉得很有意思。他说"舜何？人也。余何？人也。有为者亦若是。"[6]这真是很好的一个教条。我们谁都知道大舜皇帝是了不起的人，但他是什么呢？不是人吗？我们自己又是什么呢？不也是人吗？他能够做到那样了不起的地步，我们难道就做不到吗？做得到的，做得到的，凡事都在人为。雨水都还可以把石头滴穿，绳子都还可以把木头锯断呢！总要靠自己努力，靠自己不断地努力才行。

婵娟抱水瓶入场，至亭下，抱水一尊，捧至琴台前献于屈原，俟屈原呷毕，复拾尊荷瓶而下。

宋玉：先生的话我是要牢牢记着的。不过我时常感觉到，要学习古人，苦于不知道从什么地方下手。古人已经和我们隔得太远，他的声音笑貌已经不能够恢复转来，我们要学他，应该从什么地方学起呢？我时常在先生的身边，先生的声音笑貌我天天都在接近，但我存心学先生，学先生，却丝毫也学不象呢。

屈原：（微笑）你要学我的声音笑貌做什么？专学人的声音笑貌，岂不是个猴子？（起立在亭中徘徊）学习古人是要学习古人的精神，是要学习那种不断努力的精神。始终要鞭策着自己，总要存心成为一个好人。（稍停）我们每一个人生来都是一样平凡的，而且在我们的身上还随带着很多不好的东西。譬如我们每一个人都爱争强斗狠，但是又爱贪懒好闲，在这儿便种下了堕落的种子。争强斗狠也并不就坏，认真说这倒是学好的动机。因为你要想比别人强，或者比最强的人更强，那你就应该拼命地努力，实际上做到比别人家更强的地步。要你的本领真正比人强，你才能够强得过别人，这是毫无问题的。

宋玉：是，真是不成问题的。

屈原：但是问题却在这儿出现了。能强过别人是很高兴的事，但努力却又是吃苦的事，因此便想来取巧，不是自己假充一个强者，虚张声势，便是更进一步去陷害别人，陷害比自己更强的人。这就是虚伪，这就是罪恶，这就是堕落！（声音一度提高之后，再放低下来）人的贪懒好闲的这种根性，便是自己随身带来的堕落的陷阱！我们先要尽量地把这种根性除掉，天天拔除它，时时拔除它，毫不容情地拔除它。能够这样，你的学问自然会进步，你的本领自然会强起来，你的四肢筋骨也自然会健康了。你说，你苦于无从下手，其实下手的地方就在你自己的身上。（稍停）当然我们也应该向别人学习，向我们身外的一切学习。我们生来是一无所有，不仅身子是赤条条，心子也是赤条条，随身带来的一点好东西，就是——能够学习。我们能够学习，就靠着能够学习，使我们身心两方逐渐地充实了起来。可以学习的东西，四处都是。譬如我们刚才讲到的那些橘子树，（向树林指示）不是我们很好的老师吗？又譬如立在我面前的你，我也是时常把你当成老师的……

宋玉：（有些惶恐）先生，你这样说，我怎么受得起？

屈原：不，我不是在同你客气。凡是你们年青一辈的人都是我的老师。人在年青的时候，好胜的心强，贪懒的心还没有固定，因此年青人总是天真活泼，慷慨有为，没有多大的私心。这正是我所想学习的。（复就座于亭栏上）就拿做诗来讲吧，我们年纪大了，阅历一多了，诗便老了。在谋章布局上，在造句遣辞上，是堂皇了起来；但在着想的新鲜、纯粹、素朴上，便把少年时分的情趣失掉了。这是使我时时感觉着发慌的事。在这一点上，仿佛年纪愈老便愈见糟糕。（稍停）所以我尽力地在想向你们年青的人学，尽力地在想向那纯真、素朴的老百姓们学，我要尽力保持着我年青时代的新鲜、纯粹、素朴。这些话，我对你说过不仅一次，你应该记得的吧？

宋玉：是，我是时常记着的。

屈原：所以有许多人说我的诗太俗，太放肆了，失掉了"雅颂"[7]的正声，我是一点也不介意的。我在尽量地学老百姓，学小孩子，当然会俗。我在尽量地打破那种"雅颂"之音，当然会放肆。那种"雅颂"之音，古古板板的，让老百姓和小孩子们听来，就好象在听天书。那不是真正把人性都失掉干净了吗？不过话又得说回来，我自己究竟比你们出世得早一些，我的年青时代是受过"典谟训诰"[8]、"雅颂"之音的熏陶，因此我的文章一时也不容易摆脱那种格调。这就跟奴隶们头上的烙印一样，虽然奴隶籍解除了，而烙印始终除不掉。到了你们这一代就不同了，你们根本就没有受过烙印，所以你们的诗，彻内彻外，都是自己在作主人。这些地方是使我羡慕你们这一代的。

宋玉：这正是先生的不断努力、不断学习的精神，我今天实在领受了最可宝贵的教训。先生这首《橘颂》是可以给我的吧？

屈原：当然是给你的。我为你写的诗，怎么会不给你？

宋玉：（拱手）我实在多谢先生，从今以后我每天清早起来便要朗诵它一遍。

屈原：倒也不必那样拘泥。就诗论诗的话，实在也并不怎么好，不过你存心学做好人好了，做到象伯夷那样啦。

宋玉：多谢先生的指示。但我总想学先生，象伯夷那样的人我觉得又象古板了一点。殷纣王本来是极残忍的暴君，为什么周武王[9]不好去征伐他呢？诛锄了一个暴君，为什么一定要去饿死呢？这点我有些不大了解。

屈原：讲起真正的史事上来的话，这里倒是有问题的。我们到园子里去走走，一面走，一面和你细谈吧。（步下亭阶。）

宋玉随后。

屈原：照真正的史事来讲，殷纣王并不是怎样坏的人。特别是我们楚国人，本来是应该感谢他的。我们楚国，在前本是殷朝的同盟[10]。殷纣王和他的父亲帝乙，他们父子两代费了很大的力量来平定了这南方的东南夷[11]，周人便趁着机会强大了起来，终竟乘虚而入，把殷朝灭了。我们的祖先和宋人、徐人[12]在那时都受着压迫，才逐渐从北方迁移到南方来。北方有个地方叫着楚丘[13]，你应该是知道的吧，那就是我们祖先所在的地方了。假使没有殷纣王的平定东南夷，我们恐怕还找不到地方来安身，我们的祖先怕已经都化为周人的奴隶了。周朝的人把殷朝灭了自然要把殷纣王说得很坏，造了些莫须有的罪恶来加在他身上，其实他并不是那么坏。伯夷要反对周武王，也就是证明了。

宋玉：啊，先生这样的说法，我真是闻所未闻，真是太新鲜，太有意义了。

屈原：这些古事，本来用不着多管，不过象伯夷那种气节，实在是值得我们敬仰、学习的。他本来是可以做孤竹国的国君的人，但他把那种安富尊荣的地位抛弃了。因为他明白，在我们人生中还有比做国君更尊贵的东西。假使你根本不象一个人，做了国君又有什么荣耀？是，在周朝的人把殷朝灭了的时候，伯夷也尽可以不必死，敷敷衍衍地过活下去，别人也不会说什么话。假使他迁就一下，周朝的人也许还会拿些高官厚禄给他。但他知道，那种的高官厚禄、那种的苟且偷生，是比死还要可怕。所以他宁愿饿死，不愿失节。这实在是值得我们学习的。你懂得我的意思么？

宋玉：我此刻弄明白了。尤其是史事的背景弄明白了，更加觉得伯夷这个人值得尊敬。

屈原：在这战乱的年代，一个人的气节很要紧。太平时代的人容易做，在和平里生，在和平里死，没有什么波澜，没有什么曲折。但在大波大澜的时代，要做成一个人实在不是容易的事。重要的原因也就是每一个人都是贪生怕死。在应该生的时候，只是糊里糊涂地生。到了应该死的时候，又不能够慷慷慨慨地死。一个人就这样被糟蹋了。（稍停）我们目前所处的时代也正是大波大澜的时代，所以我特别把伯夷提了出来，希望你，也希望我自己，拿来做榜样。我们生要生得光明，死要死得磊落。你懂得我的话么？

宋玉：我懂得了，先生。

屈原：好的，我的话也说得太多。今天的天气实在太好，我们再到外面的田野里去走一会儿吧。

宋玉：我愿意追随先生。（抱琴在左胁下。）

二人徐徐向外园门走去。

婵娟匆匆入场。

婵娟：（趋前，呼屈原）先生，先生，刚才上官大夫靳尚来过，他留了几句话要我告诉你，便各自走了。

屈原：他留了什么话？

婵娟：他说：张仪要到魏国去了。国王听信了先生的话，不接受张仪的建议，不愿和齐国绝交。因此，张仪觉得没有面目再回秦国，他要回到他的故乡魏国去了。上官大夫他顺便来通知你。

屈原：（带喜色）好的，这的确是很好的消息。（回顾宋玉）宋玉，我有件事情要你赶快去办。

宋玉：是，先生，请你吩咐。

屈原：我的书案上有一篇文稿，是国王昨天要我写的致齐国国王敦睦邦交的国书，我希望你去赶快把它誊写一遍。张仪既已决心离开，说不定国王很快就要派人把国书送到齐国去。

宋玉：是，我抄好了，再送来请先生看。（向婵娟）这琴请你抱着。

（把琴授与婵娟，由左门下场。）

婵娟：（迟疑地）先生，刚才上官大夫走的时候，他还告诉了我一句话。

屈原：他告诉你什么？

婵娟：他说：南后曾经对他说过，准备调我进宫去服侍她。

屈原：南后也曾对我说过，但她说得不太认真，所以我还不曾告诉你啦。婵娟，如果南后真的要调你进宫去，你是不是愿意？

婵娟：（果断地）不，先生，婵娟不愿意。婵娟不能离开先生。

屈原：你不喜欢南后吗？她是那样聪明、美貌，而又有才干的人。

婵娟：不，我不喜欢她。我相信，她也不喜欢我。

屈原：不喜欢你？怎么要调你进宫去呢？

婵娟：那可不知道是什么打算了。我每一次看见她，都有点害怕。她那一双眼睛就跟蛇的眼睛一样，凶煞煞地、冰冷冷地死盯着你，你就禁不住要打寒噤。先生，我在你面前，我自己感觉着，我安详得就象一只鸽子。但我一到了南后面前，我就会可怜得象老鹰脚爪下的一只小麻雀了。先生，我希望你不要让我去受罪。

屈原：（含笑）你形容得很好。是的，南后是有权威的人。你如果不愿进宫，等她认真提到的时候，我替你婉谢好了。

（步至亭前踯躅，复不经意地走上亭阶，顺手将适才放置在栏杆上的两半橘子拿起，在手中把玩，合之分之者数次，但无食意。）

此时婵娟亦步上凉亭，把琴放在琴桌上，又静静地步下凉亭。

公子子兰由右侧后园门入场。子兰年十六七，左脚微跛。

婵娟：先生，公子子兰来了。

屈原回身，子兰趋至亭前，敬立阶下行拱手礼。

子兰：先生，早安！

屈原：（略略答礼）早安，你们可以到亭子上来坐坐。

婵娟导子兰入亭。

屈原：你们随意坐坐，不必拘礼。

二人因屈原未坐，亦不敢就座。

屈原：我这里有一个橘子，是刚从树上摘下来的，我送给你们。

二人接受。

子兰：多谢你。先生，你近来好吗？

屈原：很好，我近来很愉快的。好几天不见你来了，是在家里用功吗？

子兰：我没有，先生。因为这几天我有点儿伤风咳嗽，妈妈要我休息一下。我今天来，是妈妈要我来请先生的。（微微咳了几声。）

屈原：南后在叫我吗？有什么事，你可知道？

子兰：不，我也不十分知道。不过我想，恐怕是为的张仪要走的事情吧。爸爸在今天中午要替他饯行呢……我妈妈为了张仪要走，很有点着急。昨天下午张仪同上官大夫一道突然来向我爸爸辞行。他说：秦国的国王尊敬爸爸，不满意齐国的不友好的态度，所以愿意奉献商於[14]之地六百里，请求楚国也和齐国绝交。爸爸既然听信三闾大夫[15]的话，不愿和齐国绝交，他没有面目再回到秦国去了。他要回到他的故乡魏国。又说他们魏国的美人很多，一个个就跟神仙一样，他准备找一位很好看的人来献给我爸爸啦。

屈原：嗯，张仪说过那样的话吗？

子兰：是啦，所以弄得我妈妈很着急。她昨天夜里还叫上官大夫靳尚送了一千五百个大钱去做路费呢。

屈原：一千五百个大钱？

子兰：是啦，一千是送给张仪，五百是送给他的随从。

屈原：张仪收了吗？

子兰：详细的情形我不知道，我想是收了的，那样多的钱啦！

屈原：哼，这样说来，那些鬼家伙是在作怪啦！

子兰：我也感觉着是有点蹊跷。大约就是因为这样，所以妈妈要请先生去帮忙的吧。

屈原：好的，你等我去把衣服换好来同你去。你就留在这儿。（向婵娟）婵娟，你也陪着公子在这儿，不过我希望你们不要折损花木。

子兰：先生，你请放心。我是最爱惜花木的人。

屈原：那很好，我回头就可以转来的。（徐徐步下亭阶，向左侧园门下。）

二人在亭口鹄立。

子兰：（见屈原去后，立即放肆起来，以手携婵娟手，向亭内引去）婵娟，我们坐着谈谈心吧。

婵娟：（缩回其手）你不要这样拉我，我自己晓得坐。

子兰：好的。我是怕你站累了呢。（自行就亭阶口上坐下，面侧向前左。）

婵娟：（坐于亭阶上）公子，你也请吃橘子。（取出一瓣来嚼食。）

子兰：不，这橘子我不想吃。先生把这橘子一个人给我们一半，我觉得很有意思。我是半边，你是半边，合拢来，不就是整个儿的吗？

婵娟：你总爱说这些没有意思的话。

子兰：你说没有意思，满有意思呢。婵娟，我倒要问你：先生这几天说过我什么坏话没有？

婵娟：先生没有说过你什么坏话，不过也没有说过你什么好话。

子兰：当然喽，先生哪里会说我的好话！他喜欢的就是那位专会在人面前讨好，比你还要媚态的宋玉小哥儿啦！一定又是怎样的纯真喽，勤勉喽，规矩喽。先生所喜欢的就是那种女性十足的漂亮小哥儿啦。

婵娟：你一转身就要说朋友的坏话！

子兰：婵娟，我伤到了你心上的人，是不是？

婵娟：（微微生怒）谁个是我心上的人！你瞎说！

子兰：我才不瞎说呢，你怕我不明白！那女性十足的漂亮小哥儿，就是你心上的人！

婵娟：哼，我才不喜欢他呢。

子兰：（起立）你不喜欢他！喜欢谁？

婵娟：我喜欢我喜欢的人。

子兰：（俯身以颜面就之）喜欢我吧，是不是？

婵娟：我喜欢你，喜欢你受罪。（以手推之。）

子兰：（欲拥抱之）我就让你受罪！

婵娟一闪身跑下台阶，子兰扑空倒地，几跌至阶下。

婵娟：（捧腹憨笑）呵哈哈哈……跛脚公子，真是受罪！真是受罪！

子兰：（起来，生怒地）你这黄毛丫头！你怕我不能惩治你！（曳着微跛的脚急骤下阶，于阶下复失足倒地。）

婵娟：（已作势欲逃，见子兰倒地，复大笑）呵哈哈哈……跛脚公子，你再来吧！你再来吧！有胆量？

子兰：（慢慢爬起来，坐在最低一段的阶段上，揉着右膝，表示无再追逐之意）唉，我的脚不方便，反正我也调皮不过你。

婵娟：（微露怜悯意，但也不想近身）恭喜你，恭喜你啦。右脚又跌着了吗？两只脚都跛起来，岂不就扯平了吗？（又笑。）

子兰：（可怜地）你这刻薄鬼！我的脚不方便，你不晓得同情，偏要幸灾乐祸，加倍的嘲笑。你晓得不？你们女人们爱笑，是不祥的事啦。从前周幽王宠褒姒，在烽火台上戏弄诸侯，褒姒一笑而失天下[16]。齐顷公的母亲，萧同叔子笑了晋大夫郤克，萧同叔子一笑而使齐国遭兵灾[17]。你笑我嘛，我看你是得不到好死的！

婵娟：（庄重了起来）是你自己不好啦。

子兰：好的，好的，就算我不好吧。我是受了惩罚了。我现在连站都站不起来了。（作欲起立而不能之势）婵娟，好姑娘，好姐姐，请你来扶我一下好不？

婵娟：（踌躇）我来扶你。你可不要再胡闹了。

子兰：我不再胡闹了，我央求你啦。先生不要出来了？

婵娟：（稍存警戒意，步至子兰身边）好的，我就扶你起来吧。

（扶之起立。）

子兰：（脚方立定，复反身拥抱婵娟而欲亲其吻）你这次总逃不掉了！好家伙！

婵娟：（挣扎）你这骗子！你这跛脚骗子！（用力将子兰推开，反身向橘林中逃避。）

子兰追婵娟，二人在橘林中穿插追逐。

屈原由左门出场。

屈原：你们在干什么？

子兰：（故意做出可怜相）先生，婵娟欺侮我。她把我摔翻了，还骂我"跛脚骗子"。

婵娟：不，是他先欺侮我的。

屈原：（向婵娟，和婉地）婵娟，我看还是你的不是。他有残疾，行动不大方便，你应该照拂他，为什么反而欺侮他？（停一忽）一个人要有反抗性，但也要有同情心。尤其是你们年青一代的人，不能以欺侮弱者来显示自己的英勇。这是我经常告诉你们的话。

婵娟：（表示自歉）先生，我错了。我要永远记着你的指示，不再忘记。

屈原：（牵动子兰）好，子兰，我同你去见南后。

屈原与子兰向右首走去。

——幕下

注释

[1]《橘颂》：《楚辞·九章》中的篇名，系屈原早期作品。

[2] 以上诗句为《橘颂》前章之今译。原文是："后皇嘉树，橘徕服兮。受命不迁，生南国兮。深固难徙，更壹志兮。绿叶素荣，纷其可喜兮。曾枝剡棘，圆果抟兮。青黄杂糅，文章烂兮。精色内白，类可任兮。纷缊宜脩，姱而不丑兮。"

[3] 阿金：一条幼犬名。

[4] 伯夷：殷末孤竹国（今河北卢龙一带）国君之子。孤竹君死，其弟叔齐让位于伯夷，伯夷不受，出走。周武王灭商后，他避居首阳山（在今山西永济县境），不食周粟而死。

[5] 本行以上诗句为《橘颂》后章之今译。原文是："嗟尔幼志，有以异兮。独立不迁，岂不可喜！深固难徙，廓其无求兮。苏世独立，横而不流兮。闭心自慎，终不失过兮。秉德无私，参天地兮。愿岁并谢，与长友兮。淑离不淫，梗其有理兮。年岁虽少，可师长兮。行比伯夷，置以为像兮。"

[6] 语见《孟子·滕文公（上）》。《沫若文集》此处标点作："舜？何人也。余？何人也。有为者亦若是。"现据作者《屈原》手稿及《沸羹集·正标点》一文标点。

[7] "雅颂"：指《诗经》中的二雅（《小雅》、《大雅》）、三颂（《周颂》、《鲁颂》、《商颂》），多为王室贵族作品。

[8] 前人认为《尚书》分六体：记述帝王言行者曰"典"，记述君臣谋议国事者曰"谟"，记述训导言词者曰"训"，发布施政文告者曰"诰"，记述告诫将士言词者曰"誓"，颁布帝王诏书、任命词者曰"命"。后遂以"典谟训诰"指称《尚书》。

[9] 周武王：姓姬，名发，文王姬昌之子。他联合西南、西北各族东伐殷纣，灭商，建立周王朝。

[10] 楚先人彭祖氏殷时曾为侯伯，故称。

[11] 东南夷：指当时分布在今淮河中、下游的徐夷、舒夷、淮夷、泗夷等部族。

[12] 宋、徐皆古国名。宋都商丘，在今河南商丘县南；徐故城在今安徽泗县北。

[13] 楚丘：春秋时楚之先人昆吾氏封于卫，楚丘即为卫都，在今河南滑县东。

[14] 商於：古地名，在今河南淅川县一带。

[15] 三闾大夫：战国时楚国官名，掌管昭、屈、景三姓王族。这里指屈原。

[16] 周幽王（？—前771）：姓姬，名宫湦，西周最后一个国君。褒姒：褒国人，姓姒，周幽王宠妃。关于"褒姒一笑而失天下"事，见《史记·周本纪》。

[17] 齐顷公，名无野，齐惠公之子，前598—前581年在位。其母为萧君同（一作"桐"）叔之女，故称萧同叔子。顷公六年（前593年），晋大夫郤克使齐，郤克跛脚，拜会齐顷公时，顷公母萧同叔子于帷后观笑。郤克怒，誓曰："所不此极，无能涉河！"后四年，郤克果率晋军伐齐复仇。

【作者作品】

郭沫若一生著作丰富，有诗集《女神》、《长春集》、《星空》、《潮汐集》、《骆驼集》、《东风集》、《百花齐放》、《新华颂》、《迎春曲》；历史剧本《屈原》、《虎符》、《棠棣之花》、《孔雀胆》、《南冠草》、《卓文君》、《王昭君》、《蔡文姬》、《武则天》、《聂莹》；回忆录《洪波曲》；评论集《雄鸡集》；专著《中国古代社会研究》、《甲骨文研究》、《卜辞研究》、《殷商青铜器金文研究》、《十批判书》、《奴隶制时代》、《文史论集》、《郭沫若文集》（38卷）等。

　　《屈原》全剧分为"橘颂"、"受诬"、"招魂"、"被囚"、"雷电颂"五幕。屈原被囚禁在东皇太乙庙。他手足带着刑具，颈上系着长链，散发披肩，独身徘徊。这时，狂风咆哮，电闪雷鸣。面对这黑暗的世界，他想到祖国就要沦亡，听着风吼、雷鸣，看着闪电劈空，他感到了大自然的伟大力量，他激愤的心情发展到极点，他的心像火一样燃烧起来，铸成了这大气磅礴，动人心魄的独白——《雷电颂》。它是屈原斗争精神的最集中、最突出的表现。《雷电颂》是全剧高潮中最强力的一个音符。

　　《雷电颂》是作者描写屈原在自尊的灵魂遭受最深凌辱、生命危在旦夕之际叩问天地表达自身理想的宣言书。"独白"以诗意化的语言赋予自然雷电以神力，让雷电化作手中的倚天长剑，去劈开黑暗，去焚毁这黑暗中的一切。《雷电颂》淋漓尽致，不可遏止地抒发了屈原热爱祖国、坚持正义、渴望光明、反对黑暗的理想与要求。《雷电颂》是正气歌，它以史为题材，以剧为形式，以诗为灵魂，"把时代的愤怒复活在屈原的时代里"，表现了抗战时期人民的抗战要求和同仇敌忾的民族精神。

　　《屈原》创作于一九四二年。太平洋战争爆发后，日本加紧了对中国的侵略，集中主力对抗日根据地进行大规模"扫荡"。蒋介石则加紧反共，大搞分裂，在一九四一年一月制造了震惊中外的"皖南事变"。同时，在国统区大肆捕杀共产党人和抗日进步人士。整个国统区是令人窒息的白色恐怖。面对黑暗如漆的现实，全中国进步的人们都感受着愤怒。郭沫若便以历史剧为投枪，借古喻今，创作了历史剧《屈原》，有意识地"把时代的愤怒复活在屈原时代里"。并说："我是有意借屈原的时代来象征我们的时代。"

【阅读提示】

　　《屈原》的矛盾冲突和主题：《屈原》的矛盾冲突，集中表现为以屈原为代表的联齐抗秦为爱国政治路线与以南后靳尚为代表的降秦卖国的反动路线之间的尖锐矛盾和斗争。这是全剧的思想冲突和冲突的性质。以此为基础形成了迫害和反迫害的斗争，构成了贯穿全剧的动作线。《屈原》的主题：剧作展开这场光明与黑暗，正义与邪恶的拼死决战，突现了古代爱国诗人、政治家屈原的高贵品质，使全剧充满了崇高的悲剧精神与磅礴的正气。它愤怒地揭露和鞭笞了卖国求荣、昏庸无道、陷害忠良的魑魅魍魉，喊出了"我们只有雷霆，只有闪电，只有风暴"，"把一切沉睡在黑暗怀里的东西，毁灭，毁灭，毁灭呀！"的时代最强音。

　　《屈原》剧中屈原形象的性格特点及其意义：屈原是战国时代伟大的诗人和政治家，崇高的爱国主义思想和忘我的斗争精神是他的性格特点。他热爱祖国和人民，衷心地希望楚国能强盛起来，实现统一中国的大业。意义：屈原的形象，是伟大的爱国主义形象。他是人民的理想，是光明和正义的化身，是中华民族的灵魂。他的高尚的政治情操和理想，不屈不挠的斗争意志，壮怀激烈的气节和风骨，融注着我们民族伟大而悠久的历史精神，显示了民族的无穷力量，也展示了作者强烈的爱憎和战斗的革命风格。

　　《屈原》剧中婵娟的形象：婵娟是屈原的侍女，是一个纯洁可爱、天真稚气的少女。她谦恭好学，深明大义。她热爱屈原，景仰屈原的品德，遵照屈原的教导做人，"生得光明，死得磊落"，具有不畏权贵的骨气和敢于斗争的精神。婵娟是作者虚构的理想人物。作者创造她是把她当作"诗的魂"、"光明的使者"、"道义美的象征"来写的。她是"屈原辞赋的象征"。她的威武不能屈、富贵不能淫的品质和雷电般的斗争精神，以及爱国情怀，像屈原一样。她的思想品德，是屈原精神的继承，屈原精神的活化。剧的结尾，象征着婵娟的精神

在火的洗礼中获得永生。

《屈原》剧中人物塑造的特点：《屈原》剧中人物塑造的特点，是《屈原》浪漫主义诗剧的特点之一。作为历史剧的人物塑造，主要写人物的精神品格，用郭沫若的话来说，就是"失事求似"。作者不拘泥人物的历史真实，舍弃了人物琐细的生活细节，把人物理想化。不着意追求人物的多面性、复杂性，而是放大人物性格的某一侧面，使其十分强烈地突现出来。塑造屈原的形象时，大胆地强调了他刚正不阿、疾恶如仇、勇于和黑暗势力斗争的历史精神。赋予了他雷电的性格。婵娟的形象是屈原形象的补充和烘托，是高度理想化的形象。在把要歌颂的理想人物推向高峰的同时，作者也把他要贬斥的反面人物贬入深渊。南后郑袖的形象几乎集古往今来一切此类坏女人的大成，像毒蛇一般凶残恶毒。可见，《屈原》的人物描写都具有一种极端的强烈的色彩，作者为突现人物的主要精神特征，敢于大刀阔斧砍削一切枝蔓，不像现实主义注意细节的真实。

《屈原》情节结构的特点：《屈原》情节结构的特点，是《屈原》浪漫主义诗剧的特点之二。此剧故事情节单纯，结构安排集中。作者撇开屈原一生多种复杂经历，抓住以南后为首的投降派对屈原的迫害和屈原反迫害斗争的事件，集中在一天的时间内，完成了对屈原一生的高风亮节的品质刻画，悬念多、起伏大、集中强烈。在一定的时间内，情节简单，可以给作者留出更多的"间隙"刻画人物、展示人物内心，抒发感情。这是诗剧在情节处理上的特点。

《屈原》戏剧语言的特点：《屈原》戏剧语言的特点，是《屈原》浪漫主义诗剧的特点之三。根据诗剧的要求，《屈原》的语言有诗的意境、诗的节奏和诗的韵味。剧中不时穿插抒情诗与民歌，以渲染气氛、烘托人物。剧本引进了屈原的不少诗歌，如《橘颂》、《九歌》等，并以《橘颂》贯穿全剧。《雷电颂》是一篇优秀的散文诗，气势磅礴，更是诗的精华所在。剧中的抒情语言，注意到与舞台环境的结合。在橘园中歌颂橘树；在东皇太乙庙呼唤风雨雷电，斥骂土偶木梗，使全剧形成一种情景交融的诗的氛围和意境。剧中大多语言是诗化了的口语，是有节奏的散文。《屈原》是接近诗剧的剧作。

【能力培养与训练】

1. 本文节选自《屈原》的第一幕，分析剧中出场的人物形象塑造特点和时代背景特点。
2. 分析该剧的情节特点和语言特点。

《日出》节选

曹 禺

（潘月亭由中门进。）

潘月亭：石清！你回来了。

李石清：（恭谨地）早来了。我听说您正跟报馆的人谈天，所以没敢叫人请您去。

潘月亭：李太太有事吗？

李石清：没有事，没有事。（对李太太）你还是进去打牌去吧。

（李太太由左门下。）

李石清：报馆有什么特别关于时局的消息吗？

潘月亭：你不用管，叫你买的公债都买好了吗？

李石清：买了，一共二百万，本月份。

潘月亭：成交是怎么个行市？

李石清：七七五。

潘月亭：买了之后，情形怎么样？

李石清：我怕不大好。外面有谣言，市面很紧，行市只往下落，有公债的都抛出，可是您反而——

潘月亭：我反而买进。

李石清：您自然是看涨。

潘月亭：我买进，难道我会看落？

李石清：（表示殷勤）经理，平常做存货没什么大危险，再没办法，我们收现，买回来就得了。可现在情形特别，行市一个劲儿往下跌。要是平定一点，行市还有翻回来的那一天，那您就大赚了。不过这可是由不得我们的事。

潘月亭：（拿吕宋烟）你怎么知道谣言一定可靠？

李石清：（卑屈地笑）是，是，您说这是空气？这是空户们要买进，故意造出来的空气？

潘月亭：空气不空气？我想我干公债这么些年，总可以知道一点真消息。

李石清：（讨好地）不过金八的消息最灵通，我听说他老人家一点也没有买，并且——

潘月亭：（不愉快）石清先生，一个人顶好自己管自己的事，在行里，叫你做的你做，不叫你做的就少多事，少问。这是行里做事的规矩。

李石清：（被这样顶撞，自然不悦，但极力压制着自己）是，经理，我不过是说说，跟您提个醒。

潘月亭：银行里面的事情，不是说说讲讲的事，并且我用不着你提醒。

李石清：是，经理。

潘月亭：你到金八爷那儿去了吗？

李石清：去过了。我跟他提过这回盖大丰大楼的事情。他说银行现在怎么会有钱盖房子？后来他又讲市面太坏，地价落，他说这楼既然刚盖，最好立刻停工。

潘月亭：你没有说这房子已经订了合同，定款已经付了吗？

李石清：我自然说了，我说包给一个外国公司，钱决不能退，所以金八爷在银行的存款一时实在周转不过来，请缓一两天提。

潘月亭：他怎么样？

李石清：他想了想，他说"再看吧"，看神气仿佛还免不了有变故。

潘月亭：这个流氓！一点交情也不讲！

李石清：（偷看他）哦，他还问我现在银行所有的房地产是不是已经都抵押出去了？

潘月亭：怎么，他会问你这些事情？

李石清：是，我也奇怪呢，可是我也没怎么说。

潘月亭：你对他说什么？

李石清：我说银行的房地产并没有抵押出去。（停一下。又偷看潘的脸，胆子大起来）固然我知道银行的产业早已全部押给人了。

潘月亭：（愣住）你——谁跟你说押给人了？

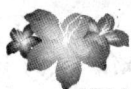

李石清：（抬起头）经理，您不是在前几个月把最后的一片房产由长兴里到黄仁里都给押出去了吗？

潘月亭：笑话，这是谁说的？

李石清：经理，您不是全部都押给友华公司了吗？

潘月亭：哦，哦，（走了两步）哦，石清，你从哪儿得来这个消息？（坐下）怎么，这件事会有人知道吗？

李石清：（明白已抓住了潘月亭的短处）您放心放心，没有人知道。就是我自己看见您签字的合同。

潘月亭：你在哪儿看见这个合同？

李石清：在您的抽屉里。

潘月亭：你怎么敢——

李石清：不瞒您说，（狞笑）因为我在行里觉得很奇怪，经理忽而又是盖大楼，又是买公债的，我就有一天趁您见客的那一会工夫，开了您的抽屉看看。（笑）可是，我知道我这一举是有点多事。

潘月亭：（呆了半天）石清，不不——这不算什么。不算多事。（不安地笑着）互相监督也是好的。你请坐，你请坐，我们可以谈谈。

李石清：经理。您何必这么客气？

潘月亭：不，你坐坐，不要再拘束了。（坐下）你既然知道了这件事，你自然明白这件事的秘密性，这是决不可泄漏出去，弄得银行本身有些不便当。

李石清：是，我知道最近银行大宗提款的不算少。

潘月亭：好了，我们是一个船上的人啦。我们应该互相帮助，团结起来。这些日子关于银行的谣言很多，他们都疑惑行里准备金是不够的。

李石清：（故意再顶一句）的的确确行里不但准备金不足，而且有点周转不灵。金八爷这次提款不就是个例子吗？

潘月亭：（不安地）可是，石清——

李石清：（抢一句）可是，经理，自从您宣布银行赚了钱，把银行又要盖大丰大楼的计划宣布出去，大家提款的又平稳了些。

潘月亭：你很聪明，你明白我的用意。所以现在的大楼必须盖。哪一天盖齐不管他，这一期的建筑费拿得出去，那就是银行准备金充足，是巩固的。

李石清：然而不赚钱，行里的人是知道的。

潘月亭：所以抵押房产，同金八提款这两个消息千万不要叫人知道。这个时候，随便一个消息可以造成风波，你要小心。

李石清：我自然会小心，伺候经理我一向谨慎，这件事我不会做错的。

潘月亭：我现在正想旁的方法。这一次公债只要买得顺当，目前我们就可以平平安安地度过去。这关度过去，你这点功劳我要充分酬报的。

李石清：我总是为经理服务的。呃，呃，最近我听说襄理张先生要调到旁的地方去？

潘月亭：（沉吟）是，襄理，——是啊，只要你不嫌地位小，那件事我总可以帮忙。

李石清：谢谢，谢谢，经理，您放心，我总是尽我的全力为您做事。

潘月亭：好，好。——哦，那张裁员单子你带来了吗？

戏剧精品选读

李石清：带来了。

潘月亭：人裁了之后，大概可以省出多少钱？

李石清：一个月只省出五百块钱左右。

潘月亭：省一点是一点。上次修理房子的工钱，你扣下了吗？

李石清：扣下了，二百块钱，就在身上。

潘月亭：怎么会这么多？

李石清：多并不算多，扣到每个小工也不过才一毛钱。

潘月亭：好的，再谈吧。（向左门走了两步，忽然回过头来）哦，我想起来了，你见着金八，提到昨天晚上那个小东西的事了吗？

李石清：我说了，我说陈小姐很喜欢那孩子，请他讲讲面子给我们。

潘月亭：他怎么样？

李石清：他摇摇头，说根本不知道有这么一件事。

潘月亭：这个混蛋，他装不知道，简直一点交情也不讲。……好，让他去吧，反正不过是个乡下孩子。

李石清：是，经理。

（潘下。）

×　　　×　　　×　　　×

（李石清推中门进。李石清忽然气派不同了，挺着胸脯走进来，马褂换了坎肩，前额的头发也贼亮贼亮地梳成好几绺，眼神固然依旧那样东张西望地提防着，却来得气势汹汹，见着人客气里含着敌视，他不像以前那样对白露低声下气，他有些故为傲慢……）

（胡四整整自己的衣服，又向那穿衣镜回回头，理两下鬓角，正预备进右门。右门开了，由里走出潘月亭和李石清。）

李石清：（对潘）里面人太多，还是在这儿谈方便些。

潘月亭：好，也好。

胡四：（很熟稔地）石清，你怎么现在还在这儿？还不回家去？

李石清：嗯，嗯。

胡四：潘经理。

潘月亭：胡四，你快进去吧。八奶奶还等着你说戏呢！

胡四：是，我就去。石清，你过来，我跟你先说一句话。

李石清：什么？

胡四：（笑嘻嘻地）我昨儿个在马路上又瞧见你的媳妇了，（低声对着他的耳朵）你的媳妇长得真不错。

李石清：（一向与胡四这样惯了的，现在无法和他正言厉色，只好半气半恼，似笑非笑地）唏！唏！岂有此理！岂有此理。

胡四：没有什么说的，石清，回头见。

（胡四很伶俐地由右门下。）

李石清：（坐下很得意地）自然有。

潘月亭：你说是什么？

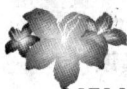

李石清：月——（仿佛不大顺口）经理知道了市面上怎么回事吗？

潘月亭：（故意地）不大清楚，你说说看。

李石清：（低声密语）我这是从一个极秘密的地方打听出来的。我们这一次买的公债算买对了，您放心吧！金八这次真是向里收，谣言说他故意造空气，他好向外甩，完全是神经过敏，假的。这一次我们算拿准了，我刚才一算，我们现在一共是四百五十万，这一"倒腾"说不定有三十万的赚头。

潘月亭：（唯唯否否地）是……是……是。（但是没有等李石清说完，他忽然插嘴）哦，我听福升说你太太——

李石清：（不屑于听这些琐碎的事）那我知道，我知道。——我跟您说，我们说不定有三十万的赚头。这还是说行市就照这样涨。要是一两天这个看涨的消息越看越真，空户们再忍痛补进，跟着一抢，凑个热闹，我跟您说，不出十天，再多赚个十万二十万，随随便便地就是一说。

潘月亭：（阻止他）是你的太太催你回去吗？

李石清：不要管她，先不管她。我提议，月亭，这次行里这点公债现在我们是绝对不卖了。我告诉你，这个行市还要大涨特涨，不会涨到这一点就完事。并且（非常兴奋地）我现在劝你，月亭，我们最好明天看情形再买进，明天的行市还可以买，还是吃不了亏。

潘月亭：石清，你知道你的儿子病了吗？

李石清：不要紧，不要紧。——（更紧张）我看我们还是买。对！我们就这么决定了。月亭，这是千载一时的好机会。这一次买成功了，我主张，以后行里再也不冒这样的险。说什么我们也不必拆这个烂污，以后留点信用吧。不过，这一次我们破釜沉舟干一次，明天，一大清早。我们看看行市，还是买进。

潘月亭：不过——

李石清：我们再加上五十万，凑上一个整数。我想这决不会有错的。我计算着我们应该先把行里的信用整顿一下，第一，行里的存款要——

潘月亭：石清！石清！你知道你的儿子病得很重吗？

李石清：为什么你老提这些不高兴的话？

潘月亭：因为我看你太高兴了。

李石清：怎么，为什么不高兴呢？这次事我帮您做得不算不漂亮。我为什么不高兴呢？

潘月亭：哦，我忘了你这两天做了襄理了。

李石清：经理，您这句话是什么意思？

潘月亭：也没有什么意思。你知道我现在手下这点公债已经是钱了吗？

李石清：自然。

潘月亭：你知道就这么一点赚头已经足足能还金八的款吗？

李石清：我计算着还有富余。

潘月亭：哦，那好极了。有这点富裕再加我潘四这点活动劲儿，你想想我还怕不怕人跟我捣乱？

李石清：我不大明白经理的话。

潘月亭：譬如有人说不定要宣传我银行的准备金不够？

李石清：哦？

潘月亭：或者说我把银行房产都抵押出去。

李石清：哦……

潘月亭：再不然，说我的银行这一年简直没有赚钱，眼看着要关门。

李石清：（谄笑）不过，经理，何必提这个？这不——

潘月亭：我自己自然不愿意提这个。不过说不定有人偏要提，提这个，你说这怎么办？

李石清：这话不太远了点吗？

潘月亭：（冷冷地看着他）话倒是不十分远。也不过是六七天的工夫，我仿佛听见有人跟我当面说过。

李石清：经理，您这是何苦呢？圣人说过："小不忍则乱大谋。"一个做大事的人多忍总比不忍强。

潘月亭：（睃他一眼）我想我这两天很忍了一会儿。不过，我要跟你说一句实在话，我很讨厌一个自作聪明的人在我的面前多插嘴，我也不大愿意叫旁人看我好欺负，天生的狗食，以为我心甘情愿地叫人要挟。但是我最厌恶行里的同仁背后骂我是个老混蛋，瞎了眼，昏了头，叫一个不学无术地三等货来做我的襄理。

李石清：（极力压制自己）我希望经理说话无妨客气一点，字眼上可以略微斟酌斟酌再用。

潘月亭：我很斟酌，很留神，我这一句一句都是不可再斟酌的客气话。

李石清：（狞笑）好了，这些名词字眼都可说无关紧要，头等货，三等货，都是这么一说，差别倒是很有限。不过，经理，我们都是多半在外做事的人，我想，大事小事，人最低应该讲点信用。

潘月亭：（看李）信用？（大笑）你要谈信用？信用我不是不讲，可是要看谁？我想我活了这么大年纪，我该明白跟哪一类人才可以讲信用，跟哪一类人就根本用不着讲信用的。

李石清：那么，经理仿佛是不预备跟我讲信用了。

潘月亭：（尖酸地）这句话真不像你这么聪明的人说的。

李石清：经理自然是比我们聪明的。

潘月亭：那倒也不见得。不过我也许明白一个很要紧的小道理，就是对那种太自作聪明的坏蛋，我有时可以绝对不讲信用的。（忽然）你知道你的太太跟你打电话了吗？

李石清（眩惑地）我知道，我知道。

潘月亭：你的少爷病得快要死了，李太太催你快回家。

李石清（瞪眼望着潘，低声）我是要回家的。

潘月亭：那好极了。我听说你还有汽车在门口等着你。（刻薄地）坐汽车回家是很快的，回家之后，你无妨在家里多多练习自己的聪明，你这样精明强干的人不会没有事的。有了事，我看你还可以常常开开人家的抽屉，譬如说看看人家的房产是不是已经抵押出去了，调查调查人家的存款究竟有多少……不过我可以顺便声明一下，省得你替我再多操心，我那抽屉里的文件现在都存在保险库去了。

李石清：（愤怒叫他说不出一个字）嗯！

潘月亭：（由身上取出一个信封）李先生，这是你的薪水清单。我跟你算一算。襄理的薪水一月一共是二百七十元。你做了三天，会计告诉我你已经预支了二百五十元，不过我想我们还是客气点好，我支给你一个月的全薪。现在剩下的二十块钱，请你收下，不过你今天坐的汽车账行里是不能再替你付的。

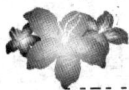

李石清：可是，潘经理——（忽然他不再多说了，狠狠地盯了潘一眼，伸出手）好，你拿来吧。（接下钱）

潘月亭：（走了两步，回过头）好，我走了，你以后没事可以常到这儿来玩玩，以后你爱称呼我什么就称呼我什么，就像方才，你叫我月亭，也可以；称兄道弟，跟我"你呀我呀"地说话也可以；现在我们是平等了！再见。

（潘由右门下。）

李石清（一个人愣了半天，才由鼻里嗤出一两声冷笑）好！好！（拿起钞票，紧紧地握着，恨恨地低声）二十块！（更低声）二十块钱。（咬牙切齿）我要宰了你呀！（电话铃响一下，他不理）我为着你这点公债，我连家都忘了，孩子的病我都没有理，我花费自己的薪水来做排场，打听消息。现在你成了功赚了钱，忽然地，不要我了。（狞笑）不要我了。你把我当成贼看，你骂了我，当面骂了我，侮辱我，瞧不起我！（刺着他的痛处，高声）啊，你瞧不起我！（打着自己的胸）你瞧不起我李石清，你这一招简直把我当做混蛋给耍了。哦，（电话铃又响了响。嘲弄自己，尖锐地笑起来）你真会挖苦我呀！哦，我是"自作聪明"！我是"不学无术"！哦，我原是个"坏蛋"！哼，叫我坏蛋你都是抬高了我，我原来是个"三等货"，（怪笑，电话铃又响了一阵）可是你以为我就这样跟你了啦？你以为我怕你，——哼，（眼睛闪出愤恨地火）今天我要宰了你，宰了你们这帮东西，我一个也不饶，一个也不饶你们的。

【作者作品】

曹禺（1910—1996），原名万家宝，祖籍湖北潜江县，出生于天津一个封建官僚家庭。中国现当代著名剧作家。代表作有《雷雨》、《日出》、《北京人》和《原野》等。

本文选自《曹禺文集》，中国戏剧出版社，一九八八年出版。

【阅读提示】

四幕话剧《日出》以都市生活为背景，反映了二十世纪三十年代初期的中国社会的面貌。它以交际花陈白露的活动为线索，以她的客厅和三等妓院宝和下处为活动场所，把社会各阶层的人物联系起来，深刻揭露了上流社会的腐朽糜烂和尔虞我诈，描绘了下层人民的悲惨生活和痛苦挣扎，尖锐地抨击了"损不足以奉有余"的不合理的社会制度。

这里节选的是李石清和潘月亭在第二幕和第四幕中明争暗斗的两场戏。李石清是大丰银行的职员，他是一个在金钱社会里不顾一切拼命向上爬的典型。他使尽心机，不择手段，窃看了经理潘月亭绝对机密的文件后，以保密为条件，升任了襄理。但他毕竟斗不过老奸巨猾的潘月亭，一旦有了转机，倒过手来，潘月亭便把李石清像"三等货"一样轻而易举地赶出了银行。

这两场戏的台词十分精彩，人们仿佛听到了他们唇枪舌剑的叮当之声，感受到那种针锋相对、睚眦必报的火药味，体会出那种尔虞我诈背后的心理愉悦。欣赏这两场戏，就要仔细品味二人的对话，领会其间蕴涵的深刻含义以及所反映的人物性格特征。此外这两场戏中还巧妙地运用了对比手法以增强其表达效果，如李石清说出偷看实情的前后，二人说话态度、语气的对比；李石清升任襄理前后的对比；潘月亭得知公绩有利于自己前后的对比；等等，都深画出二人狡猾奸诈、唯利是图的嘴脸。

1. 潘月亭在决定开除李石清时，为什么三次说到李石清的儿子病了？细心揣摩潘月亭此时的心理。

2. 读《日出》全剧，分析李石清这个典型人物的性格特征。

《茶馆》节选

老舍

第二幕

时间：与前幕相隔十余年，现在是袁世凯死后，帝国主义指使中国军阀进行割据，时时发动内战的时候。初夏，上午。

地点：同前幕。

人物：王淑芬　报童　康顺子　李三　常四爷　康大力　王利发　松二爷　老林　难民数人　宋恩子　老陈　巡警　吴祥子　崔久峰　押大令的兵七人　公寓住客二三人　军官　唐铁嘴　刘麻子　大兵三五人

幕启——

北京城内的大茶馆已先后相继关了门。"裕泰"是硕果仅存的一家了，可是为避免被淘汰，它已改变了样子与作风。现在，它的前部仍然卖茶，后部却改成了公寓。前部只卖茶和瓜子什么的："烂肉面"等等已成为历史名词。厨房挪到后面去，专包公寓住客的伙食。茶座也大加改良：一律是小桌与藤椅，桌上铺着浅绿桌布。墙上的"醉八仙"大画，连财神龛，均已撤去，代以时装美人——外国公司的广告画。"莫谈国事"的纸条可是保存了下来，而且字写的更大。王利发真像个"圣之时者也"，不但没使"裕泰"灭亡，而且使它有了新的发展。

因为修理门面，茶馆停了几天营业，预备明天开张。王淑芬正和李三忙着布置，把桌椅移了又移，摆了又摆，以期尽善尽美。

王淑芬梳时兴的圆髻，而李三却还带着小辫儿。

二三学生由后面来，与他们打招呼，出去。

王淑芬：（看李三的辫子碍事）三爷，咱们的茶馆改了良，你的小辫儿也该剪了吧？

李三：改良！改良！越改越凉，冰凉！

王淑芬：也不能那么说！三爷你看，听说西直门的德泰，北新桥的广泰，鼓楼前的天泰，这些大茶馆全先后脚儿关了门！只有咱们裕泰还开着，为什么？不是因为栓子的爸爸懂得改良吗？

李三：哼！皇上没啦，总算大改良吧？可是改来改去，袁世凯还是要作皇上。袁世凯死后，天下大乱，今儿个打炮，明儿个关城，改良？哼！我还留着我的小辫儿，万一把皇上改回来呢！

王淑芬：别顽固啦，三爷！人家给咱们改了民国，咱们还能不随着走吗？你看，咱们这么一收拾，不比以前干净，好看？专招待文明人，不更体面？可是，你要还带着小辫儿，看着多么不顺眼哪！

李三：太太，您觉得不顺眼，我还不顺心呢！

王淑芬：哟，你不顺心？怎么？

李三：你还不明白？前面茶馆，后面公寓，全仗着掌柜的跟我两个人，无论怎么说，也忙不过来呀！

王淑芬：前面的事归他，后面的事不是还有我帮助你吗？

李三：就算有你帮助，打扫二十来间屋子，侍候二十多人的伙食，还要沏茶灌水，买东西送信，问问你自己，受得了受不了！

王淑芬：三爷，你说的对！可是呀，这兵荒马乱的年月，能有个事儿作也就得念佛！咱们都得忍着点！

李三：我干不了！天天睡四五个钟头的觉，谁也不是铁打的！

王淑芬：唉！三爷，这年月谁也舒服不了！你等着，大栓子暑假就高小毕业，二栓子也快长起来，他们一有用处，咱们可就清闲点啦。从老王掌柜在世的时候，你就帮助我们，老朋友，老伙计啦！

王利发老气横秋地从后面进来。

李三：老伙计？二十多年了，他们可给我长过工钱？什么都改良，为什么工钱不跟着改良呢？

王利发：哟！你这是什么话呀？咱们的买卖要是越作越好，我能不给你长工钱吗？得了，明天咱们开张，取个吉利，先别吵嘴，就这么办吧！All right？（原注："All right"在这里是"好吧"的意思。）

李三：就这么办啦？不改我的良，我干不下去啦！

后面叫：李三！李三！

王利发：崔先生叫，你快去！咱们的事，有工夫再细研究！

李三：哼！

王淑芬：我说，昨天就关了城门，今儿个还说不定关不关，三爷，这里的事交给掌柜的，你去买点菜吧！别的不说，咸菜总得买下点呀！

后面又叫：李三！李三！

李三：对，后边叫，前边催，把我劈成两半儿好不好！（忿忿地往后走）

王利发：栓子的妈，他岁数大了点，你可得……

王淑芬：他抱怨了大半天了！可是抱怨的对！当着他，我不便直说；对你，我可得说实话：咱们得添人！

王利发：添人得给工钱，咱们赚得出来吗？我要是会干别的，可是还开茶馆，我是孙子！

远处隐隐有炮声。

王利发：听听，又他妈的开炮了！你闹，闹！明天开得了张才怪！这是怎么说的！

王淑芬：明白人别说糊涂话，开炮是我闹的？

王利发：别再瞎扯，干活儿去！嘿！

王淑芬：早晚不是累死，就得叫炮轰死，我看透了！（慢慢地往后边走）

王利发：（温和了些）栓子的妈，甭害怕，开过多少回炮，一回也没打死咱们，北京城是宝地！

王淑芬：心哪，老跳到嗓子眼里，宝地！我给三爷拿菜钱去。（下）

一群男女难民在门外央告。

难民：掌柜的，行行好，可怜可怜吧！

王利发：走吧，我这儿不打发，还没开张！

难民：可怜可怜吧！我们都是逃难的！

王利发：别耽误工夫！我自己还顾不了自己呢！

巡警上。

巡警：走！滚！快着！

难民散去。

王利发：怎么样啊？六爷！又打得紧吗？

巡警：紧！紧得厉害！仗打得不紧，怎能够有这么多难民呢！上面交派下来，你出八十斤大饼，十二点交齐！城里的兵带着干粮，才能出去打仗啊！

王利发：您圣明，我这儿现在光包后面的伙食，不再卖饭，也还没开张，别说八十斤大饼，一斤也交不出啊！

巡警：你有你的理由，我有我的命令，你瞧着办吧！（要走）

王利发：您等等！我这儿千真万确还没开张，这您知道！开张以后，还得多麻烦您呢！得啦，您买包茶叶喝吧！（递钞票）您多给美言几句，我感恩不尽！

巡警：（接票子）我给你说说看，行不行可不保准！

三五个大兵，军装破烂，都背着枪，闯进门口。

巡警：老总们，我这儿正查户口呢，这儿还没开张！

大兵：屌！

巡警：王掌柜，孝敬老总们点茶钱，请他们到别处喝去吧！

王利发：老总们，实在对不起，还没开张，要不然，诸位住在这儿，一定欢迎！（递钞票给巡警）

巡警：（转递给兵们）得啦，老总们多原谅，他实在没法招待诸位！

大兵：屌！谁要钞票？要现大洋！

王利发：老总们，让我哪儿找现洋去呢？

大兵：屌！揍他个小舅子！

巡警：快！再添点！

王利发：（掏）老总们，我要是还有一块，请把房子烧了！（递钞票）

大兵：屌！（接钱下，顺手拿走两块新桌布）

巡警：得，我给你挡住了一场大祸！他们不走呀，你就全完，连一个茶碗也剩不下！

王利发：我永远忘不了您这点好处！

巡警：可是为这点功劳，你不得另有份意思吗？

王利发：对！您圣明，我糊涂！可是，您搜吧，真一个铜子儿也没有啦！（掀起褂子，让他搜）您搜！您搜！

巡警：我干不过你！明天见，明天还不定是风是雨呢！（下）

王利发：您慢走！（看巡警走去，跺脚）他妈的！打仗，打仗！今天打，明天打，老

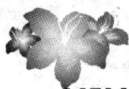

打，打他妈的什么呢？

唐铁嘴进来，还是那么瘦，那么脏，可是穿着绸子夹袍。

唐铁嘴：王掌柜！我来给你道喜！

王利发：（还生着气）哟！唐先生？我可不再白送茶喝！（打量，有了笑容）你混的不错呀！穿上绸子啦！

唐铁嘴：比从前好了一点！我感谢这个年月！

王利发：这个年月还值得感谢！听着有点不搭调！

唐铁嘴：年头越乱，我的生意越好。这年月，谁活着谁死都碰运气，怎能不多算算命、相相面呢？你说对不对？

王利发：Yes，（原注："Yes"即"对"的意思。）也有这么一说！

唐铁嘴：听说后面改了公寓，租给我一间屋子，好不好？

王利发：唐先生，你那点嗜好，在我这儿恐怕……

唐铁嘴：我已经不吃大烟了！

王利发：真的？你可真要发财了！

唐铁嘴：我改抽"白面儿"啦。（指墙上的香烟广告）你看，哈德门烟是又长又松，（掏出烟来表演）一顿就空出一大块，正好放"白面儿"。大英帝国的烟，日本的"白面儿"，两个强国侍候着我一个人，这点福气还小吗？

王利发：福气不小！不小！可是，我这儿已经住满了人，什么时候有了空房，我准给你留着！

唐铁嘴：你呀，看不起我，怕我给不了房租！

王利发：没有的事！都是久在街面上混的人，谁能看不起谁呢？这是知心话吧？

唐铁嘴：你的嘴呀比我的还花哨！

王利发：我可不光耍嘴皮子，我的心放得正！这十多年了，你白喝过我多少碗茶？你自己算算！你现在混的不错，你想着还我茶钱没有？

唐铁嘴：赶明儿我一总还给你，那一总才几个钱呢！（搭讪着往外走）

街上卖报的喊叫："长辛店大战的新闻，买报瞧，瞧长辛店大战的新闻！"报童向内探头。

报童：掌柜的，长辛店大战的新闻，来一张瞧瞧？

王利发：有不打仗的新闻没有？

报童：也许有，您自己找！

王利发：走！不瞧！

报童：掌柜的，你不瞧也照样打仗！（对唐铁嘴）先生，您照顾照顾？

唐铁嘴：我不像他，（指王利发）我最关心国事！（拿了一张报，没给钱即走）

报童追唐铁嘴下。

王利发：（自言自语）长辛店！长辛店！离这里不远啦！（喊）三爷，三爷！你倒是抓早儿买点菜去呀，待一会儿准关城门，就什么也买不到啦！嘿！（听后面没人应声，含怒往后跑）

常四爷提着一串腌萝卜，两只鸡，走进来。

常四爷：王掌柜！

王利发：谁？哟，四爷！您干什么哪？

常四爷：我卖菜呢！自食其力，不含糊！今儿个城外头乱乱哄哄，买不到菜；东抓西抓，抓到这么两只鸡，几斤老腌萝卜。听说你明天开张，也许用的着，特意给你送来了！

王利发：我谢谢您！我这儿正没有辙呢！

常四爷：（四下里看）好啊！好啊！收拾得好啊！大茶馆全关了，就是你有心路，能随机应变地改良！

王利发：别夸奖我啦！我尽力而为，可就怕天下老这么乱七八糟！

常四爷：像我这样的人算是坐不起这样的茶馆喽！

松二爷走进来，穿的很寒酸，可是还提着鸟笼。

松二爷：王掌柜！听说明天开张，我来道喜！（看见常四爷）哎哟！四爷，可想死我喽！

常四爷：二哥！你好哇？

王利发：都坐下吧！

松二爷：王掌柜，你好？太太好？少爷好？生意好？

王利发：（一劲儿说）好！托福！（提起鸡与咸菜）四爷，多少钱？

常四爷：瞧着给，该给多少给多少！

王利发：对！我给你们弄壶茶来！（提物到后面去）

松二爷：四爷，你，你怎么样啊？

常四爷：卖青菜哪！铁杆庄稼没有啦，还不卖膀子力气吗？二爷，您怎么样啊？

松二爷：怎么样？我想大哭一场！看见我这身衣裳没有？我还像个人吗？

常四爷：二哥，您能写能算，难道找不到点事儿作？

松二爷：嗻，谁愿意瞪着眼挨饿呢！可是，谁要咱们旗人呢！想起来呀，大清国不一定好啊，可是到了民国，我挨了饿！

王利发：（端着一壶茶回来。给常四爷钱）不知道您花了多少，我就给这么点吧！

常四爷：（接钱，没看，揣在怀里）没关系！

王利发：二爷，（指鸟笼）还是黄鸟吧？哨的怎样？

松二爷：嗻，还是黄鸟！我饿着，也不能叫鸟儿饿着！（有了点精神）你看看，看看，（打开罩子）多么体面！一看见它呀，我就舍不得死啦！

王利发：松二爷，不准说死！有那么一天，您还会走一步好运！

常四爷：二哥，走！找个地方喝两盅儿去！一醉解千愁！王掌柜，我可就不让你啦，没有那么多的钱！

王利发：我也分不开身，就不陪了！

常四爷、松二爷正往外走，宋恩子和吴祥子进来。他们俩仍穿灰色大衫，但袖口瘦了，而且罩上青布马褂。

松二爷：（看清楚是他们，不由地上前请安）原来是你们二位爷！

王利发似乎受了松二爷的感染，也请安，弄得二人愣住了。

宋恩子：这是怎么啦？民国好几年了，怎么还请安？你们不会鞠躬吗？

松二爷：我看见您二位的灰大褂呀，就想起了前清的事儿！不能不请安！

王利发：我也那样！我觉得请安比鞠躬更过瘾！

吴祥子：哈哈哈哈！松二爷，你们的铁杆庄稼不行了，我们的灰色大褂反倒成了铁杆庄稼，哈哈哈！（看见常四爷）这不是常四爷吗？

常四爷：是呀，您的眼力不错！戊戌年我就在这儿说了句"大清国要完"，叫您二位给

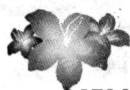

抓了走，坐了一年多的牢！

宋恩子：您的记性可也不错！混的还好吧？

常四爷：托福！从牢里出来，不久就赶上庚子年；扶清灭洋，我当了义和团，跟洋人打了几仗！闹来闹去，大清国到底是亡了，该亡！我是旗人，可是我得说公道话！现在，每天起五更弄一挑子青菜，绕到十点来钟就卖光。凭力气挣饭吃，我的身上更有劲了！什么时候洋人敢再动兵，我姓常的还准备跟他们打打呢！我是旗人，旗人也是中国人哪！您二位怎么样？

吴祥子：瞎混呗！有皇上的时候，我们给皇上效力，有袁大总统的时候，我们给袁大总统效力；现而今，宋恩子，该怎么说啦？

宋恩子：谁给饭吃，咱们给谁效力！

常四爷：要是洋人给饭吃呢？

松二爷：四爷，咱们走吧！

吴祥子：告诉你，常四爷，要我们效力的都仗着洋人撑腰！没有洋枪洋炮，怎能够打起仗来呢？

松二爷：您说的对！嗻！四爷，走吧！

常四爷：再见吧，二位，盼着你们快快升官发财！（同松二爷下）

宋恩子：这小子！

王利发：（倒茶）常四爷老是那么又倔又硬，别计较他！（让茶）二位喝碗吧，刚沏好的。

宋恩子：后面住着的都是什么人？

王利发：多半是大学生，还有几位熟人。我有登记簿子，随时报告给"巡警阁子"。我拿来，二位看看？

吴祥子：我们不看簿子，看人！

王利发：您甭看，准保都是靠得住的人！

宋恩子：你为什么爱租学生们呢？学生不是什么老实家伙呀！

王利发：这年月，作官的今天上任，明天撤职，作买卖的今天开市，明天关门，都不可靠！只有学生有钱，能够按月交房租，没钱的就上不了大学啊！您看，是这么一笔帐不是？

宋恩子：都叫你咂摸透了！你想的对！现在，连我们也欠饷啊！

吴祥子：是呀，所以非天天拿人不可，好得点津贴！

宋恩子：就仗着有错拿，没错放的，拿住人就有津贴！走吧，到后边看看去！

王利发：二位，二位！您放心，准保没错儿！

宋恩子：不看，拿不到人，谁给我们津贴呢？

吴祥子：王掌柜不愿意咱们看，王掌柜必会给咱们想办法！咱们得给王掌柜留个面子！对吧？王掌柜！

王利发：我……

宋恩子：我出个不很高明的主意：干脆来个包月，每月一号，按阳历算，你把那点……

吴祥子：那点意思！

宋恩子：对，那点意思送到，你省事，我们也省事！

王利发：那点意思得多少呢？

吴祥子：多年的交情，你看着办！你聪明，还能把那点意思闹成不好意思吗？

李三：（提着菜筐由后面出来）喝，二位爷！（请安）今儿个又得关城门吧！（没等回

答，往外走）

二三学生匆匆地回来。

学生：三爷，先别出去，街上抓夫呢！（往后面走去）

李三：（还往外走）抓去也好，在哪儿也是当苦力！

刘麻子丢了魂似的跑来，和李三碰了个满怀。

李三：怎么回事呀？吓掉了魂儿啦！

刘麻子：（喘着）别，别，别出去！我差点叫他们抓了去！

王利发：三爷，等一等吧！

李三：午饭怎么开呢？

王利发：跟大家说一声，中午咸菜饭，没别的办法！晚上吃那两只鸡！

李三：好吧！（往回走）

刘麻子：我的妈呀，吓死我啦！

宋恩子：你活着，也不过多买卖几个大姑娘！

刘麻子：有人卖，有人买，我不过在中间帮帮忙，能怪我吗？（把桌上的三个茶杯的茶先后喝净）

吴祥子：我可是告诉你，我们哥儿们从前清起就专办革命党，不大爱管贩卖人口，拐带妇女什么的臭事。可是你要叫我们碰见，我们也不再睁一眼闭一眼！还有，像你这样的人，弄进去，准锁在尿桶上！

刘麻子：二位爷，别那么说呀！我不是也快挨饿了吗？您看，以前，我走八旗老爷们、宫里太监们的门子。这么一革命啊，可苦了我啦！现在，人家总长次长，团长师长，要娶姨太太讲究要唱落子的坤角，戏班里的女名角，一花就三千五千现大洋！我干瞧着，摸不着门！我那点芝麻粒大的生意算得了什么呢？

宋恩子：你呀，非锁在尿桶上，不会说好的！

刘麻子：得啦，今天我孝敬不了二位，改天我必有一份儿人心！

吴祥子：你今天就有买卖，要不然，兵荒马乱的，你不会出来！

刘麻子：没有！没有！

宋恩子：你嘴里半句实话也没有！不对我们说真话，没有你的好处！王掌柜，我们出去绕绕；下月一号，按阳历算，别忘了！

王利发：我忘了姓什么，也忘不了您二位这回事！

吴祥子：一言为定啦！（同宋恩子下）

王利发：刘爷，茶喝够了吧？该出去活动活动！

刘麻子：你忙你的，我在这儿等两个朋友。

王利发：咱们可把话说开了，从今以后，你不能再在这儿作你的生意，这儿现在改了良，文明了！

康顺子提着个小包，带着康大力，往里边探头。

康大力：是这里吗？

康顺子：地方对呀，怎么改了样儿？（进来，细看，看见了刘麻子）大力，进来，是这儿！

康大力：找对啦？妈！

康顺子：没错儿！有他在这儿，不会错！

王利发：您找谁？

康顺子：（不语，直奔刘麻子去）刘麻子，你还认识我吗？（要打，但是伸不出手去，一劲地颤抖）你，你，你个……（要骂，也感到困难）

刘麻子：你这个娘儿们，无缘无故地跟我捣什么乱呢？

康顺子：（挣扎）无缘无故？你，你看看我是谁？一个男子汉，干什么吃不了饭，偏干伤天害理的事！呸！呸！

王利发：这位大嫂，有话好好说！

康顺子：你是掌柜的？你忘了吗？十几年前，有个娶媳妇的太监？

王利发：您，您就是庞太监的那个……

康顺子：都是他（指刘麻子）作的好事，我今天跟他算算帐！（又要打，仍未成功）

刘麻子：（躲）你敢，你敢！我好男不跟女斗！（随说随往后退）我，我找人来帮我说说理！（撒腿往后面跑）

王利发：（对康顺子）大嫂，你坐下，有话慢慢说！庞太监呢？

王利发：（坐下喘气）死啦。叫他的侄子们给饿死的。一改民国呀，他还有钱，可没了势力，所以侄子们敢欺负他。他一死，他的侄子们把我们轰出来了，连一床被子都没给我们！

王利发：这，这是……？

康顺子：我的儿子！

王利发：您的……？

康顺子：也是买来的，给太监当儿子。

康大力：妈！你爸爸当初就在这儿卖了你的？

康顺子：对了，乖！就是这儿，一进这儿的门，我就晕过去了，我永远忘不了这个地方！

康大力：我可不记得我爸爸在哪里卖了我的！

康顺子：那时候，你不是才一岁吗？妈妈把你养大了的，你跟妈妈一条心，对不对？乖！

康大力：那个老东西，掐你，拧你，咬你，还用烟签子扎我！他们人多，咱们打不过他们！要不是你，妈，我准叫他们给打死了！

康顺子：对！他们人多，咱们又太老实！你看，看见刘麻子，我想咬他几口，可是，可是，连一个嘴巴也没打上，我伸不出手去！

康大力：妈，等我长大了，我帮助你打！我不知道亲妈妈是谁，你就是我的亲妈妈！

康顺子：好！好！咱们永远在一块儿，我去挣钱，你去念书！（稍愣了一会儿）掌柜的，当初我在这儿叫人买了去，咱们总算有缘，你能不能帮帮忙，给我找点事作？我饿死不要紧，可不能饿死这个无依无靠的好孩子！

王淑芬出来，立在后边听着。

王利发：你会干什么呢？

康顺子：洗洗涮涮、缝缝补补、作家常饭，都会！我是乡下人，我能吃苦，只要不再作太监的老婆，什么苦处都是甜的！

王利发：要多少钱呢？

康顺子：有三顿饭吃，有个地方睡觉，够大力上学的，就行！

王利发：好吧，我慢慢给你打听着！你看，十多年前那回事，我到今天还没忘，想起来

238

心里就不痛快!

康顺子:可是,现在我们母子上哪儿去呢?

王利发:回乡下找你的老父亲去!

康顺子:他?他是死是活,我不知道。就是活着,我也不能去找他!他对不起女儿,女儿也不必再叫他爸爸!

王利发:马上就找事,可不大容易!

王淑芬:(过来)她能洗能作,又不多要钱,我留下她了!

王利发:你?

王淑芬:难道我不是内掌柜的?难道我跟李三爷就该累死?

康顺子:掌柜的,试试我!看我不行,您说话,我走!

王淑芬:大嫂,跟我来!

康顺子:当初我是在这儿卖出去的,现在就拿这儿当作娘家吧!大力,来吧!

康大力:掌柜的,你要不打我呀,我会帮助妈妈干活儿!(同王淑芬、康顺子下)

王利发:好家伙,一添就是两张嘴!太监取消了,可把太监的家眷交到这里来了!

李三:(掩护着刘麻子出来)快走吧!(回去)

王利发:就走吧,还等着真挨两个脆的吗?

刘麻子:我不是说过了吗,等两个朋友?

王利发:你呀,叫我说什么才好呢!

刘麻子:有什么法子呢!隔行如隔山,你老得开茶馆,我老得干我这一行!到什么时候,我也得干我这一行!

老林和老陈满面笑容地走进来。

刘麻子:(二人都比他年轻,他却称呼他们哥哥)林大哥,陈二哥!(看王利发不满意,赶紧说)王掌柜,这儿现在没有人,我借个光,下不为例!

王利发:她(指后边)可是还在这儿呢!

刘麻子:不要紧,她不会打人!就是真打,他们二位也会帮助我!

王利发:你呀!哼!(到后边去)

刘麻子:坐下吧,谈谈!

老林:你说吧!老二!

老陈:你说吧!哥!

刘麻子:谁说不一样啊!

老陈:你说吧,你是大哥!

老林:那个,你看,我们俩是把兄弟!

老陈:对!把兄弟,两个人穿一条裤子的交情!

老林:他有几块现大洋!

刘麻子:现大洋?

老陈:林大哥也有几块现大洋!

刘麻子:一共多少块呢?说个数目!

老林:那,还不能告诉你咧!

老陈:事儿能办才说咧!

刘麻子：有现大洋，没有办不了的事！

老林、老陈：真的？

刘麻子：说假话是孙子！

老林：那么，你说吧，老二！

老陈：还是你说，哥！

老林：你看，我们是两个人吧？

刘麻子：嗯！

老陈：两个人穿一条裤子的交情吧？

刘麻子：嗯！

老林：没人耻笑我们的交情吧？

刘麻子：交情嘛，没人耻笑！

老陈：也没人耻笑三个人的交情吧？

刘麻子：三个人？都是谁？

老林：还有个娘儿们！

刘麻子：嗯！嗯！嗯！我明白了！可是不好办，我没办过！你看，平常都说小两口儿，哪有小三口儿的呢！

老林：不好办？

刘麻子：太不好办啦！

老林：（问老陈）你看呢？

老陈：还能白拉倒吗？

老林：不能拉倒！当了十几年兵，连半个媳妇都娶不上！他妈的！

刘麻子：不能拉倒，咱们再想想！你们到底一共有多少块现大洋？

王利发和崔久峰由后面慢慢走来。刘麻子等停止谈话。

王利发：崔先生，昨天秦二爷派人来请您，您怎么不去呢？您这么有学问，上知天文，下知地理，又作过国会议员，可是住在我这里，天天念经；干吗不出去作点事呢？你这样的好人，应当出去作官！有您这样的清官，我们小民才能过太平日子！

崔久峰：惭愧！惭愧！作过国会议员，那真是造孽呀！革命有什么用呢，不过自误误人而已！唉！现在我只能修持，忏悔！

王利发：您看秦二爷，他又办工厂，又忙着开银号！

崔久峰：办了工厂、银号又怎么样呢？他说实业救国，他救了谁？救了他自己，他越来越有钱了！可是他那点事业，哼，外国人伸出一个小指头，就把他推倒在地，再也起不来！

王利发：您别这么说呀！难道咱们就一点盼望也没有了吗？

崔久峰：难说！很难说！你看，今天王大帅打李大帅，明天赵大帅又打王大帅。是谁叫他们打的？

王利发：谁？哪个混蛋？

崔久峰：洋人！

王利发：洋人？我不能明白！

崔久峰：慢慢地你就明白了。有那么一天，你我都得作亡国奴！我干过革命，我的话不是随便说的！

王利发：那么，您就不想想主意，卖卖力气，别叫大家作亡国奴？

崔久峰：我年轻的时候，以天下为己任，的确那么想过！现在，我可看透了，中国非亡不可！

王利发：那也得死马当活马治呀！

崔久峰：死马当活马治？那是妄想！死马不能再活，活马可早晚得死！好啦，我到弘济寺去，秦二爷再派人来找我，你就说，我只会念经，不会干别的！（下）

宋恩子、吴祥子又回来了。

王利发：二位！有什么消息没有？

宋恩子、吴祥子不语，坐在靠近门口的地方，看着刘麻子等。

刘麻子不知如何是好，低下头去。

老陈、老林也不知如何是好，相视无言。

静默了有一分钟。

老陈：哥，走吧？

老林：走！

宋恩子：等等！（立起来，挡住路）

老陈：怎么啦？

吴祥子：（也立起）你说怎么啦？

四人呆呆相视一会儿。

宋恩子：乖乖地跟我们走！

老林：上哪儿？

吴祥子：逃兵，是吧？有些块现大洋，想在北京藏起来，是吧？有钱就藏起来，没钱就当土匪，是吧？

老陈：你管得着吗？我一个人揍你这样的八个。（要打）

宋恩子：你？可惜你把枪卖了，是吧？没有枪的干不过有枪的，是吧？（拍了拍身上的枪）我一个人揍你这样的八个！

老林：都是兄弟，何必呢？都是兄弟！

吴祥子：对啦！坐下谈谈吧！你们是要命呢？还是要现大洋？

老陈：我们那点钱来的不容易！谁发饷，我们给谁打仗，我们打过多少次仗啊！

宋恩子：逃兵的罪过，你们可也不是不知道！

老林：咱们讲讲吧，谁叫咱们是兄弟呢！

吴祥子：这象句自己人的话！谈谈吧！

王利发：（在门口）诸位，大令过来了！

老陈、老林：啊！（惊慌失措，要往里边跑）

宋恩子：别动！君子一言，把现大洋分给我们一半，保你们俩没事！咱们是自己人！

老陈、老林：就那么办！自己人！

"大令"进来：二捧刀——刀缠红布——背枪者前导，手捧令箭的在中，四持黑红棍者在后。军官在最后押队。

吴祥子：（和宋恩子、老林、老陈一齐立正，从帽中取出证章，叫军官看）报告官长，我们正在这儿盘查一个逃兵。

军官：就是他吗？（指刘麻子）

吴祥子：（指刘麻子）就是他！

军官：绑！

刘麻子：（喊）老爷！我不是！不是！

军官：绑！（同下）

吴祥子：（对宋恩子）到后面抓两个学生！

宋恩子：走！（同往后疾走）

——幕落

【作者作品】

老舍生平及作品在前面已介绍过，这里从略。

三幕话剧《茶馆》是老舍一九五六年至一九五七年间的作品。它是作家一生中最优秀的戏剧创作，正像曹禺先生所说，它是"中国戏剧史上空前的范例"。

《茶馆》要把旧中国的社会变迁演给观众看。可是，老舍对政治不大熟悉，这限制了他直接写社会政治变迁的能力。于是，作家避生就熟，用他了如指掌的社会文化变迁，来折射社会政治变迁的幽微。人们都清楚，一个时代的文化和政治，都从属于社会的上层建筑，二者之间，具有内在的联系，社会的政治性质总会或明或暗地作用于它的文化，而形形色色的文化世相，也常常能把暗含着的种种政治信息，传递给人们。所以，通过写一个时代的文化现象来反映这个时代的政治面貌，就成了艺术作品反映社会可行的途径。《茶馆》恰恰体现了老舍选择了这一创作途径所获取的艺术优势。

【阅读提示】

老舍先生曾说："我的写法多少有点新的尝试，没完全叫老套子捆住。"老舍先生相对于传统戏剧写法不同的新尝试在《茶馆》的第二幕中主要表现在结构、情节与戏剧冲突的设计上。这一幕采用卷轴画式的平面结构（也叫人像展览式结构）。这一幕出场的人物有三十多个，有台词的近二十人。这些人物没有特别突出的主次之分，人物不断登场，又不断下场。茶馆中每个人物的台词也都不多，他们在茶馆一闪而过，口中说着自己的事情。剧中人物的活动，都是截取他们在茶馆中的一个横断面。无数的画面组织起来，构成了一幅卷轴画，随着剧情而逐步展开。

本剧淡化贯穿始终的情节设置，没有统一的情节，人物虽多，但关系并不复杂。每个人的故事都是单一的，人物之间的联系也基本上是单线的，小范围之内的。

《茶馆》的新尝试还在于它所采用的特殊的戏剧冲突方式。剧中虽然集中了三教九流的人物，但他们之间并不存在直接的、具体的、针锋相对的冲突，人物与茶馆的兴衰也没有直接关系。剧中的人物仿佛是在某种外力的作用下，按照自己的轨迹必然地运行。正直、善良的人无法摆脱厄运的袭击，那些异常活跃的社会渣滓，各自遵循着自己的道德准则行事。作者也没有过于追究他们个人品质上的某种邪恶之处。

本剧的语言也非常有特点。戏剧中每一句台词都是人物的语言，表达人物的思想，显示人物的性格。老舍善于根据人物的身份和性格，选取符合他们心理的个性化语言。作者把对黑暗社会的讽刺、批判与强烈的爱国热情和对劳动人民的同情联系起来，在微笑中蕴藏着严肃和悲哀，形成了自己特有的幽默风格。

王利发是裕泰茶馆的掌柜，也是贯穿全剧的人物。他从父亲手里继承了裕泰茶馆，也继承了他的处世哲学，即多说好话，多作揖。他胆小、自私，又精明、干练、善于应酬，对不同的人采取不同的态度。在黑暗的旧中国，尽管王利发善于应酬，善于经营，不断改良，却无法抵御各种反动势力的欺压。他对此也抱有强烈的不满，但表达得十分含蓄。就是这样一个精于处世的小商人，最终仍然没能逃脱破产的命运。王利发的悲剧，是旧中国广大市民生活命运的真实写照。其他人物也具有鲜明的个性特点。

【能力培养与训练】

1. 谈谈《茶馆》这一幕话剧中人物的特色。
2. 与《雷雨》作比较，看看老舍和曹禺在话剧创作上的异同。
3. 为什么说《茶馆》是中国话剧史上的经典。

电影《集结号》剧本（节选）

刘 恒

外景 城镇边缘 日（字幕：一九四八初冬 华东腹地）

浓雾弥漫。在坍塌的掩体后面，一个 S 形的铁皮大喇叭从沙包的缝隙中伸了出来，劝降者从容地干咳了几声。

谷子地（画外音）：蒋军 168 师的弟兄们，中原野战军独二师 139 团 3 营 9 连连长谷子地，代表全连问候各位！你们已经给围死了，腻腻歪歪打下去谁都落不了好儿！我们给各位备了两样儿好吃的，一样是子弹，一样是饺子……想打，我们奉陪到底！觉着打够了，把枪举起来换双筷子，9 连陪弟兄们一块儿坐下来吃饺子！

雾气中鸦雀无声，沙包后面，谷子地（30 来岁）紧贴着地皮，他负了轻伤，歪戴的帽子底下缠着一圈肮脏的绷带，表情中有一种不可思议的镇静和专注，透出了过人的经验和精明。指导员（30 多岁）透过掩体的缝隙焦躁不安地盯着前方。他的半张脸挂着干枯的血迹，不知道是他自己的还是别人的，目光中含着决绝的狂热。在他们的身后趴着密密麻麻的战士。谷子地从焦大棚（30 岁）手中接过水壶，对着壶嘴儿灌了几口，准备接着喊话。

指导员（嗓音沙哑）：老谷，别跟狗日的废话了，领人上吧！

谷子地：再等等……已经搁在锅里了，揭锅盖着什么急呀。

焦大棚（担忧）：连长，听着不对劲……人是不是早跑了？

指导员（看看手表）：营里让我们连首先发起突击，不能再等了！

谷子地：焦大棚！

焦大棚：有！

外景 街口 日

雾里浮现出焦大棚等三个士兵的身影，他们端着枪，贴着墙根缓慢前行，警觉地四处张望。

一支阻击步枪的枪口在一个较高的隐蔽处探出来，随着焦大棚等人的身影移动，锁定了一个战士的胸部。枪响，战士的胸前腾起一团血雾，猝然倒地。焦大棚等人本能地迅速隐蔽，又一声枪响，另一个战士被击中头部。

在焦大棚身后担任掩护的阻击手姜茂财迅速捕捉到敌阻击手的位置。正当对方再次瞄准焦大棚的时候，姜茂财果断还击，子弹擦着敌阻击手步枪的准星射中他的眼眶。敌人的尸体从屋顶上轰然落地。

外景 城镇边缘 日
宁静被打破，谷子地的连队轻重火力连续报复性射击，但敌方并没有还击。
谷子地（大声地）：停止射击！
阵前一片寂静。谷子地仍旧耐心地观察，指导员按捺不住了。
指导员：一排进去！
指导员领着几十个战士离开隐蔽处，成散兵队形快速向焦大棚所在位置靠拢。
谷子地（有些被动地下令）：三排掩护，二排跟上！（又向前面喊）别扎堆儿，注意隐蔽！
百十号人在薄雾中向敌人阵地逼近。

内景 一幢房屋内 日
光线很暗，四五顶钢盔在窗口下轻轻晃动，几只污迹斑斑的手分别握紧了引爆器的手柄，几根引线零乱的伸向瓦砾的深处。一双隐在钢盔下的眼睛，透过窗台盯着街口，在他的视线里，进攻者的散兵线越来越近，越来越密集。指挥者的一只手逆着窗口的亮光缓慢地抬了起来。寂静的街道脚步轰鸣。那只手猛然向下一劈，引爆器被相继启动。

外景 街口 日
几个战士的身体伴随着泥土和瓦砾腾空而起，爆炸此起彼伏，士兵们被炸得血肉横飞，残脚断臂在毁坏的建筑物中崩溅碰撞。爆炸的气浪冲散了浓雾，混乱的散兵线暴露在敌人的火力下，弹雨中士兵们纷纷中弹，四处传来惊恐的喊叫和呻吟。
卧倒！隐蔽！
妈的，我们进雷区了！
绷带！给我拿绷带！
娘呀，我要死了！我的腿没了！
焦排长！二班长死了，先救活的！
机枪手火力压制！
他的枪和手都炸飞了！
连长！救救我！
爆破手快他妈炸个墙洞，我们需要掩体！
……
一堵山墙被炸塌，士兵们纷纷扑过去躲避。
谷子地把一个受伤的士兵拖到墙垛后面，抓住躲在旁边的一个战士。
谷子地：包扎！（又喊）一排长！
焦大棚：有！
谷子地：把脑瓜顶上的火力点敲掉！
战士们四散寻找掩体，有的被敌人火力封锁在原地，只能趴在阵亡战友的尸体后面举枪还击。

焦大棚（一边观察一边喊）：姜茂财，把水塔上的鸟给我揍下来！

阻击手姜茂财跨到爆破手吕宽沟的脖子上，让对方把自己驮起来，以墙头做依托，用阻击步枪瞄准水搭上的敌人。

姜茂财：宽沟！往右边靠靠……再靠靠。

吕宽沟：再靠靠我就掉坑里了。（炸弹坑）

姜茂财：别动了！别动！

姜茂财瞄准了躲在水塔上居高临下扫射的敌人，他的表情看上去很冷静，嘴里叨唠着。

姜茂财：飞！

扣动扳机，敌人毙命，尸体从水塔上飞下来。

姜茂财：飞！

又一个尸体从水塔上跌落。

吕宽沟：挪挪吧，不挪你也飞了！

姜茂财（拍了一下对方的脑袋）：换地儿！

两人刚挪开，墙头就被密集的子弹击中。

吕宽沟驮着姜茂财顺着墙根一溜儿小跑。

姜茂财（用枪托子拍对方的胳膊）：那边！让我上房！

谷子地拦住了两个人，把他们拽到墙根吩咐着什么，两人频频点头。后续上来的三排冒着枪林弹雨救死扶伤。

谷子地：三排副，死的撂下，先把喘气儿的抢下来！

这时，城镇的其他方向传来了激烈的枪炮声和呐喊声。

指导员（画外音）：谷连长！

谷子地发现指导员在对面的巷口朝他焦躁地挥舞手臂。

指导员：把火力集中过来，马上组织突击队强攻！

谷子地：伤亡太大，拱不动了……让兄弟们喘口气儿吧。

指导员：二营的人从北边攻进去了，我们不能再等了！

谷子地掏出怀表看了看，表情冷静。

谷子地：……那就更得等等了。

指导员（怒目圆睁）：你说什么！

谷子地：我跟你打赌，二营一钻进去，对面撑不了一会儿就得怂……老孙，别他妈往前抢了，吃剩饭就吃剩饭吧。

指导员（火了）：我不同意！

谷子地极力控制自己的情绪。

指导员：你不能这么干！

谷子地（不卑不亢）：我是连长我负责。

指导员：上级的命令是抢占东货场，不是让我们像乌龟一样趴在这个鬼地方！

谷子地：多趴一会儿碍不了事，总比稀里糊涂让地雷炸光了强。

指导员：老谷，你这是畏战行为！你负不了这个责！

谷子地（高声）：那你想怎么着？

指导员一愣。

谷子地：你看看屁股后头还有几个人？你掰着手指头数数！

谷子地的眼睛始终盯着街道纵深斜对面的房顶。姜茂财和吕宽沟正在走过一根摇摇欲坠的房梁，试图跨越起伏错落的屋脊，向敌人的侧后迂回。

指导员：你到底上不上？你不上我上！

谷子地（情绪失控）：你上管蛋用！你要馋得慌想吃枪子儿，没人拦着你！

指导员：谷子地！你不敢上你就自己缩着，我不能让你拖累九连！

谷子地：九连不怕死的有的是！逮能轮不上你！

两个人彼此咆哮，脖子上青筋直蹦，吼声几乎压住了枪声。一串子弹从对面打过来，打碎了砖墙的一角，谷子地呸呸地吐着溅到嘴里的砖屑。

指导员的胸脯剧烈起伏，咬紧了牙关。

指导员：爆破组！爆破组到前边来！

谷子地（淡然）：人早就派出去了。

外景 街垒 日

在沙世搭建的掩体后面，一个凶悍的尉官指挥着十几个顽强抵抗的士兵。他们大部分人都有伤，狼狈不堪，但是已经打疯了。众人把死尸和倒塌的沙包挪开，将一门护板被打瘪的平射炮推向射击孔。装填手抱起炮弹，单膝跪地，做好了准备。双方的枪声断断续续，始终没有中断。镜头从掩体外侧拍摄射击孔。机枪纤细的枪口喷射子弹，停止射击之后枪身缩回去，巨大的黑洞洞的炮口悄悄地伸出来。炮弹上膛，咣一声关闭膛口。尉官眯着一只眼调整瞄准器。瞄准镜里的十字交叉线横向捕捉目标，犹犹豫豫地摇向街口的建筑物，谷子地和指导员交错着从街口的隐蔽处探出身来射击，瞄准镜在他们两人之间来回移动。

外景 街口 日

谷子地：你说你着哪门子急？你就不能等等！你看看让地雷给炸的……

指导员顺着谷子地的视线看过去，死者中的一位看不清面孔，下巴高高地翘在铁皮的边缘，瓦楞槽里汪满了血。另一个是黝黑的娃娃脸，像睡着了一样侧枕在血湟之中。指导员默默地吞咽着唾沫，目光湿润。剑拔弩张的气氛缓和多了。

指导员：老谷，打完这一仗，咱俩得好好谈谈。

谷子地：我不跟你谈。我给你包饺子吃。

指导员（苦笑）：你拿我当俘虏？

谷子地：你们南方人不吃羊肉大葱，真是没福气……说！你喜欢什么馅儿？

指导员换子弹夹，降低了隐蔽的警觉，枪体大幅晃动。

外景 街垒 日

瞄准镜举棋不定地从谷子地的隐蔽处挪开，摇向了有枪械晃动的街角并最终锁定了它。咣一声巨响。炮弹出膛，一股热流在瞄准镜中撞碎了街角的砖墙，在后面的废墟中爆炸。碎砖瓦砾和指导员的身体高高地飞了起来，一大团烟尘笼罩了街口。

外景 街口 日

谷子地在烟雾中乱摸乱撞，对身边纷飞的子弹无动于衷。

谷子地：老孙！老孙！指导员！

谷子地大喊大叫，险些被横七竖八的房梁弹倒。指导员窝在碎砖堆里，身子几乎被削成两截儿，胸部以下浸泡在黏稠的血浆和破碎的身体组织之中，眼睛却还大大地睁着。谷子地半蹲半跪，抱住对方的肩膀，想处理烂泥一般的伤口，伸手一碰立即放弃了。

谷子地：老孙！你说什么……（耳朵贴上去）你想说什么？

指导员痛苦地摇头，绝望地张大了嘴巴，却吐不出一个字了。

谷子地（高声）：明白！你的意思我明白……给你包茴香馅儿的饺子！咱们吃茴香馅儿的……

谷子地朝对方频频点头，一只手机械地胡撸对方的肩膀。

外景 房顶 日

两个袭击者借着屋脊的掩护接近了敌人的街垒。姜茂财手持步枪，警觉地走在后面。吕宽沟夹紧炸药包，弓起的身姿颇为怪异。下方传来守军的说话声和金属的碰撞声，俩人蹲下身子，屏住了呼吸。

尉官（画外音）：炮弹！兔崽子！给我上炮弹！

两个人彼此看了一眼，准备破釜沉舟，气氛比刚才更紧张了。敌人的身影晃来晃去。姜茂财努努嘴，吕宽沟拉燃了导火索，运足了气把炸药包用力朝下边一甩。

外景 街垒 日

冒着烟的炸药包大鸟一般从天而降，险些砸倒一个士兵。众人四处逃散。尉官愣了片刻，从容地拎起炸药包想把它甩出去，尚未脱手就被姜茂财射出的子弹击中了。炸药包在濒死者怀里喷着绚烂的火花。

外景 房顶 日

轰然巨响。沙袋和人体在烟尘中升腾并破碎，笼罩了袭击者和周围的一切。炮车的一只辘轳风车一般飞起来，远远地抛落到废墟深处去了。

外景 街口 日

枪声和杀声大作。残存的连队跨过一具具死尸，从谷子地身后冲过去，扑向了对面那团巨大的烟雾。焦大棚跑过来，喘的跟风箱一样，吃惊地看着地上深红的一滩东西。

焦大棚：连长！给你急救包！

沉默。

焦大棚：你让老子不放心……我先领人上去啦！

焦大棚觉出对方的神色不正常，又突然发现指导员已经死去，便快快地跑开了。

谷子地跑在血泊中，抱着指导员的肩膀发呆，生者和死者的呼吸一块儿凝固了。

外景 东货场 日

隆隆的部队行进的声音。胜利者和失败者沿着铁路线两侧共同撤离战场。垂头丧气的俘虏队伍旁边是情绪亢奋的攻城部队，一个个挎着背着扛着各种战利品，几乎每个人都要被压垮了。六匹马拉的火炮炮车哗哗驶过，一连跑过去四辆，护板上的青天白日徽格外刺眼。九连的几十个人靠着倒塌的掩体，偎着残破的炮身，一个个衣不遮体疲惫不堪，麻木的眼神儿透出一股酸溜溜的味道。吕宽沟和姜茂财满身满脸都是黑色的污，像一对儿门神似的坐在沙

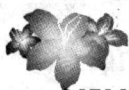

包上发呆。机枪手罗广田抱着一枚亮晶晶的炮弹，用袖子使劲儿擦拭。焦大棚在人堆儿里转着圈点人数，用铅笔头在本子上记录。谷子地靠着废弃的火车车皮，从上衣口袋里掏出半截香烟，摸来摸去找不着火柴。焦大棚凑过来。

焦大棚：……加上带伤的，只要没让担架抬走就算一号，还剩 46 名，117 减 46……（声音低下去）全连伤亡 71。

谷子地捡起一只烧焦的军靴仔细端详它的皮底儿。

谷子地：把阵亡的单子理清楚报上去，别耽搁。

焦大棚（叹气）：打一回仗报一回丧……往后别让我干这个。

谷子地：你好歹识几个字，你不干谁干？

谷子地向一群俘虏走过去，朝一个军官招招手。军官走出队列，使劲盯着谷子地的巴掌，生怕冷不丁挨抽。谷子地把对方嘴上的烟卷轻轻拔下来，歪着脑袋对火儿。军官松了口气，想都没想就把半包烟和打火机拍在他手上，友好地笑着走开了。谷子地板着脸，看了看香烟的牌子，把烟卷一根一根地扔给部下。

谷子地：尝尝……你也尝尝，带锡纸的。

焦大棚用打火机挨个儿给众人点烟。

谷子地：都咬咬自己的舌头，你们要是还知道疼，比什么都强……缴那么多破铜烂铁管什么用！抵不上嘴里一根烟，你们说是不是？

战士们附和地笑着，很给他面子，却笑得很勉强。焦大棚发现姜茂财的布鞋张了嘴，露出了血糊糊的脚趾头，随手替对方扒了下来。他拦住了一个俘虏，把存鞋往地上一扔。

焦大棚：脱。

俘虏不知所措。

焦大棚：脱啊！换你那臭靴子穿穿！

俘虏慌坐在地上换鞋。焦大棚把靴子一只一只地扔给光着两只脚的姜茂财。其余的战士受到启发，纷纷涌到俘虏队列的边缘，用肮脏的毛巾、被打瘪的水壶、半截腰带、烧掉半个帽檐的军帽等等换取敌人的围巾、手套、靴子、铝饭盒、牛皮带、钢盔等等时髦的美式军用品。这种随意的不太公平的交换引起了小小的骚动。谷子地冷冷地看着大家，无动于衷。他紧吸了几口香烟，扔掉烟蒂，头也不回地走向街口。战友们醒悟过来，簇拥着那门平射炮匆匆忙忙跟上去。炮车靠一只右轱辘咣咣滚动，缺轱辘的左轴头上拴着绳子，焦大棚和罗广田用木杠抬着它，四只脚往前走。这支狼狈的人马渐渐恢复了队形，卷入浩浩荡荡的大部队之中去了。

加入哄抢罐头的内容。

注释

编剧：刘恒

导演：冯小刚

主演：张涵予／邓超／袁文康／汤嬿／王宝强／李乃文／任泉／廖凡

【作者作品】

刘恒（1954— ），原名刘冠军。当代著名作家。北京人。曾就读于北京外国语学院附属小学及中学。十五岁入伍，一九七五年复员。创作以中短篇小说为主。一九七七年发表处女作《小石磨》，一九七九年调《北京文学》任编辑。因发表风格独特的《狗日的粮食》获第八届全国优秀短篇小说奖，引起文坛关注。此后，发表《狼窝》、《力气》、《白涡》、《虚证》、《四条汉子》、《教育诗》、《东南西北风》、《逍遥颂》等中长篇小说（集）。部分小说被译成英、法、日、韩、丹麦等文字。已有五卷本《刘恒文集》问世。

他的一些小说被改编为影视作品，多次在内地或海外获奖，如《伏羲伏羲》（影片名叫《菊豆》，由张艺谋执导，巩俐和李保田主演）、《黑的雪》（影片名叫《本命年》，由郑洞天执导，姜文主演）、《秋菊打官司》（由张艺谋执导，巩俐主演）以及长篇小说《贫嘴张大民的幸福生活》（影片名叫《没事偷着乐》，由冯巩主演；电视剧由梁冠华主演），并由此获得二〇〇二年度飞天奖最佳编剧奖。此外，还直接创作了《西楚霸王》、《漂亮妈妈》等影片的剧本。二〇〇三年新剧《少年天子之顺治王朝》改编自凌力的著名长篇小说，刘恒担任该剧总导演、编剧。

《集结号》剧情简介。

一九四八年解放战争时期，连长谷子地（张涵予 饰）率领九连四十七名战士在汶河岸执行掩护大部队撤退的任务，团长刘泽水（胡军 饰）下令，以集结号为令，听见号响就撤退。

惨烈的战争在炮弹的轰鸣中开始，九连的战士死伤惨重，排长焦大鹏（廖凡 饰）牺牲前说自己听见了集结号，谷子地自己没有听见，他决定死守阵地。九连打退了敌人三次进攻，炸毁三辆坦克，歼敌无数，全连除连长谷子地，四十七人全部阵亡。

这场战争改变了谷子地的人生。由于部队改了编号，谷子地找不到组织，九连牺牲的烈士们也被认定为失踪。谷子地开始了艰难的寻找，为九连的兄弟们讨个说法，也为了探明当年集结号的真相。

【阅读提示】

在战争场面的营造上，《集结号》明显有了长足的进步。《集结号》作为战争片，无疑是成功的。

《集结号》的成功，首先在于成功地把蕴藏于我国深厚的历史和传统中的宝藏挖掘了出来。《集结号》中壮烈牺牲的四十七个英雄及其身后解放战争和抗美援朝战争的背景，悲壮的军号声中，激荡起每个观众心中壮烈的集体主义和英雄主义情怀。而英雄主义、集体主义，恰恰是一个民族、一个国家的宝藏，是对于艺术创作来说真正的无价之宝。

《集结号》做到了，虽然它没有搭建出或华丽或诡异的神奇场景，却让生活在同一个时代似乎有代沟的几代人同时震撼于战争的残酷和英雄的伟大，同时感触到了自己脚下这片土地浓烈的英雄主义和诸多精神的不朽——因为它们真实地流淌在这个国家每个人的血脉中，《集结号》是用艺术手段把它们点燃照亮了我们。

人，是需要精神的。而战争最能体现出精神力量，最能将精神力量凝练和遗传下来。虽然《集结号》没有刻意渲染解放战争和抗美援朝战争的历史背景，但中华民族巨大的精神力量却真实地在这两场战争中得到体现和升华，英雄主义和集体主义精神集中涌现，并成为中华民族永远值得铭记的精神财富。

《集结号》的拍摄，在两个方面实现了用电影把人民的财富还给人民：一是用当前最先进的技术手段真实地再现了一段历史，让人印象深刻地记住甚至是触摸到了民族解放过程

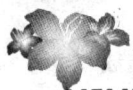

的残酷和不朽；二是把历史具象为真实的个体，用谷子地等一批让人又熟悉又陌生的军人的铁血搏杀和战争经历，让人记忆起曾经发生在人们身边、脚下的故事，在今天的和平中深刻浸透于昨日的在所有能让人感动的元素中，真实，最让人感动。硝烟和自己血管里涌动的传承。所有的东西都是那么真实，真实得几乎像看一部纪录片一样让人感动。在经历了许多虚无缥缈的无极故事和虚假的英雄传奇后，真实的历史、真实的英雄、真实的精神、真实的情怀，中国电影就这样用展示真实在 2007 年的岁末将观众真实地感动。

【能力培养与训练】

1. 观看电影《集结号》以后，谈谈你对战争文化的感受。
2. 分析剧中人物和情节的艺术特点。

昨天·今天·明天

何庆魁

崔永元：各位朋友，下午好。各位现在看到的是我们《实话实说》的特别节目。这个节目的特别之处呢，就在于请到两位特别的嘉宾。他们是来自东北农村的，一对饱经沧桑的农民夫妇。现在就让我们用掌声有请二位嘉宾。

（乐队奏乐）

崔永元：你好！请坐。大叔，春节好，请坐——大叔。

赵本山：嗯——

宋丹丹：嗯——哎——

崔永元：啊，请坐。大叔大妈啊——

（停顿，很奇怪地看着赵本山和宋丹丹。此时，赵本山和宋丹丹二人很拘束，不知所措，两手都不知道往哪儿放。）

崔永元：啊，稍微有一点紧张。哦，大叔大妈，是第一次到电视台的演播室吧？

赵本山：第一次。

宋丹丹：嗯，是。

崔永元：刚来这个演播室都会有一点紧张啊，你看有这么多摄像机，这么多观众，一会儿咱们谈着谈着就能放松了。好吗？那咱们先来个自我介绍。

赵本山：咋介绍？

（赵本山、宋丹丹二人很惊奇地看着崔永元。）

崔永元：按你家里的习惯。

宋丹丹：那我先说了，呵。我叫白云。

崔永元：好！

赵本山：我叫黑土。

宋丹丹：我七十一。

赵本山：我七十五。

宋丹丹：我属鸡。

赵本山：我属虎。

— 250 —

宋丹丹：这是我老公。

赵本山：这是我老母——

（乐队奏乐）

（在说话时两人先后站起，最后一句时崔永元站了起来，看着赵本山和宋丹丹二人。赵本山说完后，宋丹丹很惊奇地看着赵本山。）

赵本山：呃，我老伴。（傻笑）

宋丹丹：差辈儿了——

（崔永元招呼二人坐下，赵本山和宋丹丹二人互搀着坐下。）

崔永元：大叔大妈啊，太紧张了，别紧张啊。我跟您说啊，这个谈话节目啊，它有话题，咱一谈这个话题呢，他就不紧张了。

赵本山：哎。

崔永元：今天的话题呢，是"昨天，今天，明天"。我看咱改改规矩，来大叔您先说。

赵本山：（表情十分严肃，双手扶住膝盖）昨天，在家准备一宿，今天，上这儿来了，明天，回去，谢谢。

（乐队奏乐）

赵本山：挺简单。

崔永元：不是。

宋丹丹：啊。

崔永元：大叔，我不是让您说昨天，我是让您往前说。

宋丹丹：前天，前天俺们俩得到的乡里通知，谢谢。

崔永元：大叔大妈啊。我说的这个昨天，今天，明天啊，它不是——昨天，今天，明天。

赵本山：是后天？

（崔永元的表情略显无奈，赵本山和宋丹丹二人盯着崔永远一直不解其意的看着。）

崔永元：不是后天。

宋丹丹：那是哪一天啊？

崔永元：不是哪一天。我说的这个意思就是说咱，这个回忆一下过去，再评说一下现在，再展望一下未来。（边说话，边做手势）哎，您听明白了吗？

（赵本山恍然大悟，笑，宋丹丹看着赵本山）

赵本山：哦——那是过去，现在和将来。

宋丹丹：那也不是昨天，今天和明天。

赵本山：是，你问这——有点毛病。

宋丹丹：哎，没有这问的。

（赵本山傻笑，宋丹丹也笑，两人对视一笑）

崔永元：（无奈）我还弄错了我还……啊——那谁先说啊？

赵本山：我说吧。我有准备。

（赵本山说话间用右手在上衣兜里取出一本红皮笔记本）

崔永元：（很惊讶）啊，准备好了啊？

（赵本山翻开笔记本，崔永元侧过身去看，在赵本山读的时候不断地点头）

赵本山：改革春风吹满地，中国人民真争气，齐心合力跨世纪，一场大水没咋地。谢谢！

（乐队奏乐）

崔永元：（很感兴趣）这是首诗。（说话时面向观众）

（赵本山和宋丹丹二人大笑）

宋丹丹：该我了。

崔永元：啊，大妈也准备了啊？

宋丹丹：是——我站着说吧。

（宋丹丹起身，掏出笔记本，崔永元接着起身从沙发后绕到宋丹丹左边，宋丹丹翻开笔记本，赵本山用手拉住宋丹丹的绿皮笔记本。）

赵本山：挡脸。（崔永元好奇地看着宋丹丹）

宋丹丹：改革春风吹进门，中国人民抖精神，海湾那疙瘩挺闹心，美英合伙欺负人。啊，谢谢。（鞠躬）

赵本山：哎呀，欺负人你谢它干啥玩意儿，你？

宋丹丹：不礼貌嘛。

崔永元：这叫什么谈话啊，整个一个赛诗会，这个。哎，大叔大妈啊，今天过春节，过春节的时候就不说那些让人心烦的事，咱说点高兴的事。

赵本山：呵，你看着没，我搁家我就告诉她，我说你这段不行，海湾那事联合国安南都管不了，你操那心干啥玩意儿——你？

宋丹丹：那你说吧——

崔永元：那大叔说，大好形势。

（赵本山拿起笔记本，向前迈出两步）

赵本山：各位领导，同志们：

崔永元：要做报告啊？

赵本山：（看着崔永元）这么说不行吗？

崔永元：哎，行，您说吧——

赵本山：（略停顿）大家好，九八九八不得了，粮食大丰收，洪水被赶跑。百姓安居乐业，齐夸党的领导，（说话间，崔永元背过手，专心的听）尤其人民军队，更是天下难找。国外比较乱套，成天钩心斗角，今天内阁下台，明天首相被炒。闹完金融危机，又要弹劾领导。纵观世界风云，风景这边独好！（说完一个大的挥手动作）多谢！

（乐队奏乐）

（没有注意到刚才往前走了两步，一坐就坐空了，倒在地上，宋丹丹拉着赵本山，崔永元一转身看到了，赶忙上前去扶。）

崔永元：大叔啊！摔着了吧？哎哟，快起来——摔着了吧？

赵本山：哎，我往前迈了两步，忘了。

（宋丹丹给赵本山打身上的土，赵本山转身看沙发）

宋丹丹：没事儿——挺成功。

（赵本山，宋丹丹二人相互做 V 字形手势）

赵本山：成功吗？——丢人了。

宋丹丹：没有。

崔永元：大叔大妈啊，这个谈话节目呢，它实际上就是说话。就是聊天，就是唠嗑。就是你们东北坐在炕上唠嗑。所以您在家什么样啊，在这就什么样。别紧张，啊。

赵本山：那你放松的事儿——你早说呀，早说早明白儿——

（脱鞋，盘腿）

（乐队奏乐）

宋丹丹：你把那鞋穿上。

赵本山：告诉放松呢！

宋丹丹：让放松精神你放松脚干啥呀，臭的——别了，汗脚——

赵本山：脱鞋不行是嗷？

崔永元：啊——行行行——

宋丹丹：不礼貌呢——

崔永元：大叔大妈，我问一句啊，您就——没看过我们这节目吧？

赵本山：看过，你不就是姓崔吗？实话实说那个。

崔永元：对呀，嗯。

宋丹丹：你不叫崔永元吗？

崔永元：对！

宋丹丹：俺们村人可喜欢你了。

崔永元：真的啊？

宋丹丹：那是，俺们村人都夸你呢，说你的节目主持的可好了……

崔永元：真这么说的？

宋丹丹：就是人长的磕碜点——

崔永元：这么说的呀！

（崔永元生气又无奈）（乐队奏乐）

赵本山：你咋这样呢？

宋丹丹：说实话嘛！

赵本山：瞎说啥实话——对不起，啊，呵呵。她不是那意思，我老伴那意思是，啊呀都喜欢你主持的那节目，全村最爱看了。那家伙说你主持有特点，说你一笑像哭似的，（崔永元生气又无奈）哎呀，说你哭像笑似的。

（乐队奏乐）

赵本山：不是，一哭像笑似的——

崔永元：他们村这么夸人啊！他们村——

宋丹丹：他们还说你……

崔永元：行了行了——（生气）别说了，咱们还是说您二老吧，我现在呢我把问题提得细一点。你们是哪一年结的婚？

赵本山：我们相约五八。

宋丹丹：大约在冬季。

崔永元：这好不容易不念诗了，又改唱歌了。当时谈恋爱的时候，是谁追的谁呀？

赵本山：嘿嘿——

宋丹丹：这事儿，你看别说了——

崔永元：这属于个人隐私。

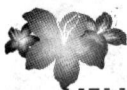

赵本山：其实小崔你应该有这眼力，当时——我用现在话说，小伙儿长得帅呆了。追的我。

宋丹丹：你咋不实话实说呢？你让大伙瞅瞅你那老脸长得跟鞋拔子似的，我能上赶子追你呀？

赵本山：这么不会审美呢！

宋丹丹：咋地？

赵本山：这叫鞋拔子脸那？这是正宗的猪腰子脸！

（乐队奏乐）

崔永元：还不如鞋拔子呢。

宋丹丹：我年轻的时候那绝对不是吹，柳叶弯眉樱桃口，谁见了我都乐意瞅。俺们隔壁那吴老二，瞅我一眼就浑身发抖。

赵本山：哼——拉倒吧！吴老二脑血栓，看谁都哆嗦！

崔永元：大叔啊，大叔这么说不对，其实大妈现在看上去都挺精神的。

宋丹丹：现在不行了，现在是头发也变白了，皱纹也增长了，两颗洁白的门牙去年也光荣下岗了——

赵本山：哈哈哈——这词儿整的——

崔永元：知道这下岗还用这儿了还。大叔大妈呀，我一个一个问得了，先问大妈吧。

宋丹丹：问我呀？

崔永元：大妈呀，当时大叔他是怎么追的你？

宋丹丹：啊——他就是主动和我接近，没事和我唠嗑，不是给我割草，就是给我朗诵诗歌，还总找机会向我暗送秋波呢！

崔永元：暗送秋波呢。

赵本山：哎，瞎说，我记得我给你送过笔，送过桌，还给你家送一口大黑锅，我啥时给你送秋波了？秋波是啥玩意儿？（看着崔永元）

崔永元：秋波是青年男女……

宋丹丹：秋波是啥玩意儿你都不懂？咋这没文化呢？

赵本山：啥啊？（说话间崔永元一直看着赵本山和宋丹丹）

宋丹丹：秋波就是秋天的菠菜。（赵本山这才恍然大悟）

崔永元：我今天第一次听说秋波是这么回事。（回去，坐到沙发上）哎，大叔啊，光送菠菜不行，人家谈恋爱的时候都送像样的定情物，你想想有没有？

赵本山：嘿嘿嘿，说这事儿还有点儿历史。你说吧——

崔永元：大妈说。

宋丹丹：俺俩搞对象那前儿吧，就想送他件毛衣，那前儿穷，没钱买，赶上呢我正好给生产对放羊，我发现那羊往下脱羊毛，我就往下薅羊毛，晚上回家呢，纺成毛线，白天一边织毛衣，一边放羊，一边再往下薅羊毛。结果眼瞅着织着差俩袖儿了，结果让生产队发现了……

崔永元：糟了。

宋丹丹：不但没收了毛衣，还开批斗会批斗我，那前儿不是有个罪名叫？

崔永元：挖社会主义墙角。

宋丹丹：他们给我定的罪名就叫薅社会主义羊毛。

（乐队奏乐）

崔永元：这罪过不轻啊。

赵本山：她啊，心眼太实，你说当时放了五十只羊，你薅羊毛光给一个薅，整的那羊跟葛优似的，谁看不出来啊？

崔永元：我听出来了，这个定情物实际上是没送成。那结婚的时候就得有像样的彩礼，有没有？

宋丹丹：说出来都不怕大伙笑话，他家穷得，管啥玩意儿没有。

赵本山：别瞎说，当时还有一样家用电器呢！

崔永元：还有家用电器啊？

赵本山：手电筒嘛！

崔永元：哎呀，也没有什么像样的定情物，也没有什么像样的彩礼，但是你看大叔大妈风风雨雨这么多年啊，过得挺好，我觉得就是这个一如既往的劲儿啊，就值得我们年轻人学习，是我们学习的榜样！（跷起大拇指）

赵本山：嘿嘿，别向我们学习。俺俩感情出现过危机。

崔永元：啊，以前？

赵本山：现在。

崔永元：怎么回事？

赵本山：改革开放富起来之后，我们俩盖起了二层小楼。这楼盖完了，屋多了，突然跟我提出要分居。说搁一个屋睡，耽误她学外语，完事呢说感情这个东西呢是距离产生美，结果我这一上楼，这距离拉开了，美没了。天天吃饭啥的也不正经叫我了，打电话还说外语：哈喽啊，饭已 OK 了，下来咪西吧。

（乐队奏乐）

宋丹丹：你咋不实话实说呢？我为啥跟你分的居啊？

赵本山：你心眼儿小。

宋丹丹：你一天到晚，瞅都不瞅我一眼，天天搁电视机那跟前，等着盼着见倪萍。我不说你，拉倒吧。

赵本山：说的啥啊你？赵忠祥一出来你眼睛不也直吗？

宋丹丹：赵忠祥咋地？赵忠祥是我的心中偶像。

赵本山：那倪萍就是我梦中情人！爱咋咋地！

（宋丹丹起身就走，崔永元去追）

崔永元：大叔，您这么说不对。

宋丹丹：不拍了。

崔永元：别。

宋丹丹：当这些人呢，你说这玩意儿干啥！

崔永元：都少说两句啊。

赵本山：错了，行不？都录像呢！

宋丹丹：小崔，这轱辘掐了，别播啊。

崔永元：这轱辘掐了，别播——（招呼二人回到座位）

宋丹丹：没文化呢。

崔永元：行了，二老都这么多年了，风风雨雨这么多年了，就为了看个电视，我觉得不值得。

赵本山：可不是，咋的，后来更过了，这家伙把我们家的男女老少东西两院议员全找来了开会，要弹劾我。

崔永元：这事儿闹大了。

赵本山：嗯，后来经过全家人的举手表决，一致通过了表决，大家一致认为我——

崔永元：您是对的。

赵本山：给人赔礼道歉。

崔永元：赔礼道歉这段呀，一定要让大妈讲。你肯定记着那天是怎么回事儿。

宋丹丹：去，我跟小崔说。

赵本山：说就说呗！

（宋丹丹推一下赵本山）

宋丹丹：有一天晚上，咣咣敲我房门，我一开门木头桩子似的两眼直勾勾地盯着我，非要给我朗诵诗歌。

赵本山：别说了——

宋丹丹：啊，白云，黑土向你道歉，来到你门前，请你睁开眼，看我多可怜，今天的你我能否重复昨天的故事，我这张旧船票还能否登上你这条破船！

（乐队奏乐）

崔永元：大叔啊，后来怎么样了呢？

赵本山：涛声依旧了——

（乐队奏乐）

崔永元：你看啊，咱们今天呢先说受苦，说着说着又说打架，我觉得是这个话题呀，起得太沉重。下面咱们换个话题，畅想一下美好的明天！

宋丹丹：那，我先畅想呗！

崔永元：您先畅想。

宋丹丹：我都畅想好了，我是生在旧社会，长在红旗下，走在春风里，准备跨世纪。想过去，看今朝，我此起彼伏。于是乎我冒出个想法。

崔永元：什么想法？

宋丹丹：我想写本书。

赵本山：哎呀，打住。拉倒吧。看书都看不下来写啥书啊！

崔永元：大叔啊，现在出书热，写一本也行。

宋丹丹：是，人倪萍都出本书叫《日子》，我这本书就叫《月子》！

赵本山：真能吹牛啊，你要写《月子》，我也写本书，《伺候月子》，吹呗。

崔永元：越说越不对劲了。大妈您慢慢地构思，慢慢写这本书。大叔要么您说，您现在最想干的事儿是什么？

赵本山：我觉着我们俩现在生活好了，越来越老了，余下的时间也越来越少了。过去论天过，现在就应该论秒了，下一步我准备领她出去旅旅游，走一走比较大的城市，去趟铁岭，度度蜜月。

宋丹丹：我就寻思度蜜月之前我得先美美容，把这俩门牙装上，装个烤瓷的。

崔永元：高级的。

宋丹丹：嗯，然后再整整容，做个拉皮儿。

赵本山：我拍个黄瓜。

崔永元：您要是弄个拉皮儿，拍个黄瓜，我就只能烫壶酒了。说着说着下酒菜都出来了。其实我听得出来，大叔大妈呀，是想永远年轻，那就让我们一起，祝大叔大妈永远年轻，生活幸福！

（乐队奏乐）

崔永元：在我们这次节目结束的时候，按照惯例，我们要请每一位嘉宾，每个人用一句话，再总结一下自己的内心感受。大妈先来？

宋丹丹：就剩，一句了？

崔永元：对，一句。

宋丹丹：发自肺腑的呀？

崔永元：对，发自肺腑的。

宋丹丹：我十分想见赵忠祥。

赵本山：拉倒吧，干啥玩意儿！

宋丹丹：人家让说肺腑的嘛！

赵本山：这么丢人呢！没正事儿呢！让你说一句话，你说这干啥玩意儿，丢不丢人！不说点关键的！

崔永元：大叔要么您说，一句话。

赵本山：我也剩一句啦？

崔永元：啊，一句话，对。

赵本山：来前儿的火车票，谁给报了？

（乐队奏乐）

崔永元：啊，感谢现场和电视机前的观众朋友们，咱们下期《实话实说》再见！

【作者作品】

何庆魁（1948—　　），吉林省扶余县人，祖籍山东省汶上县。一九九〇年正式开始小品和影视剧创作。自一九九四年至今，已为中央电视台创作了整整十余部作品，其中获得六个一等奖、五个二等奖。

何庆魁是国家一级编剧，他和著名小品演员赵本山常年合作，创作了许多脍炙人口的小品。著名作品有《包袱》、《密码》、《红高粱模特队》、《柳暗花明》、《拜年》、《将心比心》、《昨天·今天·明天》、《钟点工》、《卖拐》、《卖车》、《心病》、《送水》、《就差钱》、《捐助》等。

小品是社会大众喜闻乐见的一种崭新的艺术形式。尤其借助现代传媒技术的发展，形式多样的小品艺术作品得到了广泛的传播。

广义的小品包含很广泛，泛指一切形式短小的舞台剧，或者音乐剧等。其实它的发展成熟只有短短的几十年的时间。

现在活跃在中国舞台上的小品演员众多，流派纷呈。其中，以陈佩斯、朱时茂等为代表的是京派小品，这个流派的小品主要艺术源头是相声艺术，以调侃为主要特点，代表作品有《王爷与邮差》、《胡椒面》、《警察与小偷》等；以郭达、蔡明等为代表的是西北派小品，这个流派的小品主要艺术特点是角色在剧中大喊大闹，代表作品有《机器人趣话》、《父亲》等；以严顺开等为代表的是南派小品，其表现手法细腻琐碎，代表作品有《张三其人》、《生财有道》；以赵本山、潘长江、黄宏等为代表的是东北派小品，其主要艺术特点是豪放幽默诙谐，在笑声中体味人间世态，代表作品有《相亲》、《过河》、《超生游击队》等。其中，尤其要说明的是赵本山，及其影响巨大的赵家班人马。赵本山及其弟子的小品是由东北曲艺演化而来的，充满着东北野趣和下层劳动人民所喜爱的戏剧成分。

小品的特点：一是时间短，通常不超过几十分钟，讲述一个故事，反映一类社会现象，因此信息量非常集中；二是剧情完整，在一个很短的时间内截取生活的一个片段，反映一个完整社会现象，蕴涵着丰富的思想内涵；三是节奏快，由于舞台表演时间的限制，剧情高度浓缩，这就要求故事情节发展具有跳跃性；四是人物形象鲜明，剧中人物最少为两人，没有上限，但是由于舞台和短小剧情的限制一般也不会太多，无论是主角还是配角都要求具有自己的鲜明的人物特色；五是语言夸张幽默，表情丰富，要求每一句话，每一个表情都能给观众带来直接的听觉和视觉的冲击力，浸润着丰富的审美愉悦。

【阅读提示】

《昨天·今天·明天》是编剧和表演艺术家借助小品这种艺术形式，用戏剧化的语言，通过日常生活的点滴小事，来表现一个宏大的社会主题，时代的飞速发展，社会生活的变迁，给作品主人公带来物质和精神的巨大变化，展现我们这个时代的人民的崭新风貌。而赵本山和宋丹丹这两位艺术家夸张的舞台语言和行为在让观众忍俊不禁的同时，也深切地感受到了中国农民生活的提高和思想的进步，聆听到了历史前进的脚步。

余秋雨对赵本山的评价如下。

"据说传媒间有人对赵本山是艺术家这一点还表示怀疑，这很可笑，本身就是喜剧材料。这些人我很了解，由于长久的文化自卑，把学院派学历或外国的奖项当做评定艺术等级的基本标准，而完全鄙视这片土地上过去和现在发生的文化事实，鄙视被几亿人长期喜闻乐见的壮阔审美现象。在文化学理上，他们只是停留在浅层艺术教科书的概念上，而还没有进入文化人类学、戏剧社会学和审美心理学的范畴，更不要说对喜剧美学的了解了。

早在 14 年前，我还在担任上海戏剧学院院长，见到了刚刚受到社会欢迎的赵本山。看了几个小品立即作出了判断，因为审美直觉是启动理性判断的第一因素。当时就有人问我："有人说本山还必须到大学深造，能不能让他到上海戏剧学院进修几年？"我说不，他现在已经是上海戏剧学院教授们必须研究的对象。

在我看来，赵本山作为当代杰出的喜剧表演艺术家，是受到全中国数亿观众评判的，而且考验时间长达十几年。世界上有多少艺术家曾经接受过这么大的时空范围的评判和考验呢？

在这充满欢笑的年代，你可以无视赵本山，却不能无视几亿人民对于欢笑的选择。"

在喜剧表演学上，赵本山具有以下几方面的优势。

一是宏观的喜剧判断能力。他熟悉人类产生笑的基本机制，这一点，世界大多数戏剧美学家都承认，比引发观众流泪更加艰难。难能可贵的是，赵本山又充分熟悉中国民间社会，知道其中哪些机制特别适应广大中国观众，例如，对于智慧幽默的运用，一般中国观众快速接受的极限在哪里。不仅如此，他还充分地感知每一个历史阶段广大中国观众最能感应的喜剧因素和荒诞因素是什么。这种对喜剧类既有整体把握又能具体伸发的表演艺术家，在国际间也并不太多。

二是准确的角色心理塑造。这往往是很多"搞笑专家"的败笔所在，却被赵本山从一开始就超越了。他不管演什么角色，心理图谱都是准确的、完整的、连贯的，因此也必然是叠加的、鲜明的、强烈的，而不是破损的、枝蔓的、自我消耗的。他在表演上的极大夸张，都以准确为基点，正像优秀漫画家越夸张越让人感到逼真。应该说，他演过的那么多作品，就文学剧本而言有高低精粗之分，有的也不一定非常适合他，但他只要接手，一定能给自己的角色一种连贯的心理、准确的夸张。这不是一般的表演艺术家都能做到的。

三是成功的外部体态造型。俄国著名表演艺术理论家斯坦尼斯拉夫斯基晚年对自己早期过于强调内在体验作出了重要修正，充分强调了"表现"的极端重要性。其实，任何"体验"都会有"表现"，但当"表现"作为一个重要命题被独立研究的时候，就要求演员具有超乎寻常、醒人耳目的体态造型，这在喜剧中尤其重要。赵本山来源于角色心理体验的体态造型，不仅是夸张的，而且具有独立的形式感，为属于美学范畴之内的"丑"，增加了一系列中国现代下层社会的典型范式，从举手投足、脸部表情到整体神态，莫不如此。这一点其实是继承了东方表演艺术的优良传统，既不管文学旨意如何，也必须"把功夫做到家"。如果文学剧本好，赵本山的这点体态功夫是画龙点睛；如果文学剧本弱，那么赵本山的这点体态功夫就成了精髓独具。

四是灵动的舞台行为节奏。对很多喜剧演员来说，找到成功的外部体态造型本不容易，一旦找到就会一直固守，处于僵滞状态，结果体态造型反而成了他们自设的障碍。赵本山没有这种障碍，他在表演中对于每一个喜剧因素的收纵来去，都灵活多变，节奏徐疾自如，绝不端着一个既定的姿势应付不同的情节。在一些关键性的"戏眼"上，他有迅雷不及掩耳的爆发力。人们可以模仿他的姿势腔调，却很难复现他那种即兴的节奏张力。

以上四点，很多喜剧演员能做到其中一点、两点或三点，却很少有人像他这样能聚集一身。而且，这种聚集，并不是他理性分析的结果，而是凭着天赋和直觉，协调于顷刻之间。

但是，赵本山又是一个非常善于学习、敏于领悟的表演艺术家。十几年来他一直处于中国当代艺术文化的涡旋处，凭他洞悉世事、深谙利弊的本领，对艺术文化的基本原理和实践法则也有足够的了解，程度未必低于很多评论家。有一天我听到他在给其他演员论述文化对于表演的意义，我惊喜地发现，他居然没有说文化的知识系统将有利于演不同背景的戏，而是单刀直入地说：文化就是分寸。这实在说得很好。一切文化沉淀最后作用于表演，特别是喜剧表演的，其实就是分寸。亚里士多德在《诗学》里反复论述"度"对于美的重要性，以及"度"的如何形式，这个"度"，正合我们口语中所说的"分寸"。赵本山未必读过亚里士多德，但他所领悟的文化精髓，可以说是切中命脉。

【能力培养与训练】

1. 通过阅读本文和观看其他小品，谈谈小品的特点。
2. 说说赵本山表演小品的独特风格。

《哈姆雷特》 节选

〔英国〕莎士比亚

第三幕

……

（波洛涅斯重上。）

哈姆雷特：上帝祝福你，先生！

波洛涅斯：殿下，娘娘请您立刻就去见她说话。

哈姆雷特：你看见那片像骆驼一样的云吗？

波洛涅斯：嗳哟，它真的像一头骆驼。

哈姆雷特：我想它还是像一头鼬鼠。

波洛涅斯：它拱起了背，正像是一头鼬鼠。

哈姆雷特：还是像一条鲸鱼吧？

波洛涅斯：很像一条鲸鱼。

哈姆雷特：那么等一会儿我就去见我的母亲。（旁白）我给他们愚弄得再也忍不住了，（高声）我等一会儿就来。

波洛涅斯：我就去这么说。（下。）

哈姆雷特：说等一会儿是很容易的。离开我，朋友们。（除哈姆雷特外均下）现在是一夜之中最阴森的时候，鬼魂都在此刻从坟墓里出来，地狱也要向人世吐放疠气；现在我可以痛饮热腾腾的鲜血，干那白昼所不敢正视的残忍的行为。且慢！我还要到我母亲那儿去一趟。心啊！不要失去你的天性之情，永远不要让尼禄[1]的灵魂潜入我这坚定的胸怀；让我做一个凶徒，可是不要做一个逆子。我要用利剑一样的说话刺痛她的心，可是决不伤害她身体上一根毛发；我的舌头和灵魂要在这一次学学伪善者的样子，无论在言语上给她多么严厉的谴责，在行动上却要做得丝毫不让人家指摘。（下。）

第三场：城堡中一室

国王、罗森格兰兹及吉尔登斯吞上。

国王：我不喜欢他；纵容他这样疯闹下去，对于我是一个很大的威胁。所以你们快去准备起来吧；我马上叫人办好你们要递送的文书，同时打发他跟你们一块儿到英国去。就我的地位而论，他的疯狂每小时都可以危害我的安全，我不能让他留在我的近旁。

吉尔登斯吞：我们就去准备起来；许多人的安危都寄托在陛下身上，这一种顾虑是最圣明不过的。

罗森格兰兹：每一个庶民都知道怎样远祸全身，一个身负天下重寄的人，尤其应该时刻不懈地防备危害的袭击。君主的薨逝不仅是个人的死亡，它像一个旋涡一样，凡是在它近旁的东西，都要被它卷去同归于尽；又像一个矗立在最高山峰上的巨轮，它的轮辐上连附着无数的小物件，当巨轮轰然崩裂的时候，那些小物件也跟着它一齐粉碎。国王的一声叹息，总是随着全国的呻吟。

国王：请你们准备立刻出发；因为我们必须及早制止这一种公然的威胁。

罗森格兰兹、吉尔登斯吞：我们就去赶紧预备。

（罗森格兰兹、吉尔登斯吞同下。）

（波洛涅斯上。）

波洛涅斯：陛下，他到他母亲房间里去了。我现在就去躲在帏幕后面，听他们怎么说。我可以断定她一定会把他好好教训一顿的。您说得很不错，母亲对于儿子总有几分偏心，所以最好有一个第三者躲在旁边偷听他们的谈话。再会，陛下；在您未睡以前，我还要来看您一次，把我所探听到的事情告诉您。

国王：谢谢你，贤卿。（波洛涅斯下）啊！我的罪恶的戾气已经上达于天；我的灵魂上负着一个元始以来最初的咒诅，杀害兄弟的暴行！我不能祈祷，虽然我的愿望像决心一样强烈；我的更坚强的罪恶击败了我的坚强的意愿。像一个人同时要做两件事情，我因为不知道应该先从什么地方下手而徘徊歧途，结果反弄得一事无成。要是这一只可咒诅的手上染满了一层比它本身还厚的兄弟的血，难道天上所有的甘霖，都不能把它洗涤得像雪一样洁白吗？慈悲的使命，不就是宽宥罪恶吗？祈祷的目的，不是一方面预防我们的堕落，一方面救拔我们于已堕落之后吗？那么我要仰望上天；我的过失已经犯下了。可是唉！哪一种祈祷才是我所适用的呢？"求上帝赦免我的杀人重罪"吗？那不能，因为我现在还占有着那些引起我的犯罪动机的目的物，我的王冠、我的野心和我的王后。非分攫取的利益还在手里，就可以幸邀宽恕吗？在这贪污的人世，罪恶的镀金的手也许可以把公道推开不顾，暴徒的赃物往往成为枉法的贿赂；可是天上却不是这样的，在那边一切都无可遁避，任何行动都要显现它的真相，我们必须当面为我们自己的罪恶作证。那么怎么办呢？还有什么法子好想呢？试一试忏悔的力量吧。什么事情是忏悔所不能做到的？可是对于一个不能忏悔的人，它又有什么用呢？啊，不幸的处境！啊，像死亡一样黑暗的心胸！啊，越是挣扎，越是不能脱身的胶住了的灵魂！救救我，天使们！试一试吧：屈下来，顽强的膝盖；钢丝一样的心弦，变得像新生之婴的筋肉一样柔嫩吧！但愿一切转祸为福！（跪祷）

（哈姆雷特上。）

哈姆雷特：他现在正在祈祷，我正好动手；我决定现在就干，让他上天堂去，我也算报了仇了。不，那还要考虑一下：一个恶人杀死我的父亲；我，他的独生子，却把这个恶人送上天堂。啊，这简直是以恩报怨了。他用卑鄙的手段，在我父亲满心俗念、罪孽正重的时候乘其不备把他杀死；虽然谁也不知道在上帝面前，他的生前的善恶如何相抵，可是照我们一般的推想，他的孽债多半是很重的。现在他正在洗涤他的灵魂，要是我在这时候结果了他的性命，那么天国的路是为他开放着，这样还算是复仇吗？不！收起来，我的剑，等候一个更惨酷的机会吧；当他在酒醉以后，在愤怒之中，或是在乱伦纵欲的时候，有赌博、咒骂或是其他邪恶的行为的中间，我就要叫他颠踬在我的脚下，让他幽深黑暗不见天日的灵魂永堕地狱。我的母亲在等我。这一服续命的药剂不过延长了你临死的痛苦。（下。）

（国王起立上前。）

国王：我的言语高高飞起，我的思想滞留地下；没有思想的言语永远不会上升天界。（下。）

朱生豪　译

注释

[1] 尼禄：古罗马暴君。

【作者作品】

威廉·莎士比亚（1564—1616），文艺复兴时期英国以及欧洲最重要的作家。莎士比亚一生著作较丰，主要作品有喜剧《仲夏夜之梦》（1596）、《威尼斯商人》（1597）、《第十二夜》（1600）等；悲剧有《哈姆雷特》（1601）、《奥赛罗》（1604）、《李尔王》（1606）、《麦克白》（1606）和《雅典的泰门》（1607）等；历史剧包括《理查三世》（1592）、《亨利四世》（上下集）（1597—1598）和《亨利五世》（1599）等九部。还写有长诗《维纳斯和阿多尼斯》（1592—1593）、《鲁克丽丝受辱记》（1593—1594）和一百五十四首十四行诗。此外，他还写有《辛白林》和《冬天的故事》等三部传奇剧和历史剧《亨利八世》。

【阅读提示】

《哈姆雷特》是莎士比亚的代表作。作品通过对以哈姆雷特为代表的进步力量与以克劳迪斯为代表的邪恶势力之间冲突的真实描写，深刻反映了十七世纪初期英国人文主义者与反动腐朽的封建王权之间的斗争，表现了人文主义本身的矛盾。哈姆雷特是莎士比亚精心塑造的人文主义者的形象，他胸怀远大抱负，对人自身、对人类的明天满怀热爱和信心，但突如其来的巨变，使他遭受了诸多的不幸，坚贞的爱情、忠诚的友谊，这些人文主义者所宝贵的生活理想都开始破灭了。莎士比亚集中揭示了他的人文主义理想和他对现实的悲观认识的冲突。他渴望用进步的人文主义思想改造社会，却难以施展。踌躇难决之下，他苦思焦虑，性格一变而为忧虑沉闷，更因复仇的证据不足，无法贸然行动，这使得他优柔寡断，拖延迟疑。哈姆雷特的悲剧结局有宫廷斗争险恶复杂的一面，也有他自身性格局限的原因。莎士比亚通过这个人物的悲愤与失望、苦闷与彷徨，批判了丑恶的现实，也揭示出哈姆雷特悲剧的必然性。

莎士比亚注重人物的个性化、复杂化，通过人物行动、内心独白多角度刻画来展示人物深刻复杂的性格。他善于描写几条相互平行交错的线索，来促进生动复杂的情节发展。情节设计上他注重多层次、多线索、悲喜结合，使剧本生动活泼，不落俗套。他的戏剧语言追求口语化的同时，融入诗的优美，并善于用比喻、隐喻、双关语，创造出生动的意象、美妙的韵律，令人回味无穷。

【能力培养与训练】

1. 《哈姆雷特》反映了一个什么主题？
2. 分析哈姆雷特的人物形象有什么特点。

电影《魂断蓝桥》剧本（节选）
〔美国〕罗伯特 E. 舍伍德

（烛光俱乐部）

洛依：你们舞蹈演员吃什么？

玛拉：哦，舞蹈演员吃——有营养的、脂肪少的。

洛依：啊，今晚例外。你这有什么特别的菜吗？

侍者：龙虾不错，先生！

玛拉：嗯！

侍者：还有酒。

洛依：稍微喝点淡酒不违犯你们舞蹈演员的规矩吧？

玛拉：哦，今晚上。

洛依：喝4盎。

侍者：40块，先生。

洛依：你的舞跳得很美。

玛拉：我看不见得。

洛依：啊，内行不懂，只有外行懂，我给你说跳得很美。

玛拉：这说明你确实是外行。

洛伊：很高兴再见到我吗？

玛拉：是的。

洛伊：我感到你有保留。

玛拉：我想是有的。

洛伊：那是什么？为什么？

玛拉：有什么好处呢？

洛伊：你是个奇怪的女孩，是不是？有什么好？对生活什么是好的？

玛拉：这也是个问题。

洛伊：不，等一下。我不会让你那么想。生活中美好的事就是会发生这种事情。在空袭的阴影下我遇见了你，这比和平时代到处闲逛，视生命为理所当然要好得多，觉得更充实。我仍不明白。

玛拉：什么？

洛伊：你的脸真年轻，真美。

玛拉：你仍不明白什么。

洛伊：今天下午我离开你时，我记不起你的长相，这辈子也不会记得。我想，她美吗？她丑吗？她长得什么样？我不记得。甚至非得到剧院去看你的长相。

玛拉：你觉得现在记住了吗？

洛伊：我想是的。一辈子记住。

玛拉：你到底有什么不明白的呢？

男人：各位，现在是今晚的最后一曲。希望你们享受这个告别的华尔兹。

洛伊：待会儿告诉你，我们跳舞吧。

玛拉：这些烛光是什么意思？

洛伊：你会明白的。

第二天清晨，玛拉和凯娣在物资里面。
（雨中在玛拉宿舍的院子里——车子上）

玛拉：你好。

洛依：你好。

玛拉：你来看我太好了。

洛依：别这么说。

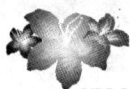

玛拉：你没走？

洛依：海峡有水雷放假四十八小时。

玛拉：这真太好了！

洛依：是的，有整整两天。你知道我一夜都在想你，睡也睡不着。

玛拉：你终于学会了记住我了。

洛依：呵呵，是是啊，刚刚学会。玛拉，今天我们干什么？

玛拉：因为我——我我……

洛依：现在由不得你这样了。

玛拉：这样？

洛依：这样犹豫，你不能再犹豫了。

玛拉：不能？

洛依：不能！

玛拉：那我们应该怎样呢？

洛依：去跟我结婚。

玛拉：哦，洛依，你疯了吧？

洛依：疯狂是美好的感觉。

玛拉：我不要你这样。

洛依：我才不呢。

玛拉：可你还不了解我。

洛依：会了解的，用我一生来了解。

玛拉：洛依，你现在在打仗，因为你快要离开这了，因为你觉得必须在两天内度过你整个的一生。

洛依：我们去结婚吧，除了你，别的人我都不要。

玛拉：你怎么可以这样肯定？

洛依：别再支支吾吾了，别再问了，别再犹豫了，就这样定了，知道吗？这样肯定了，知道吗？这样决定了，知道吗？去跟我结婚吧，知道吗？

玛拉：是，亲爱的！怎么回事，亲爱的，我们去哪？

洛依：去宣布订婚！回兵营去。啊，玛拉，你听我说，目前我们会陷于什么样的麻烦？

玛拉：好的。

洛依：我要你知道某些情况，首先我亲爱的年轻小姐，我是兰德歇步兵团的上蔚，挺唬人吧？

玛拉：挺唬人。

洛依：一个兰德歇步兵团的上蔚是不能草率结婚的，要得备很多手续和仪式。

玛拉：我知道。

洛依：这有点繁文缛节。

玛拉：是吗？

洛依：嗯，比如一个兰德歇步兵团的上蔚要结婚必须得到他的上校的同意。

玛拉：这很困难吗？

洛依：啊，也许困难也许不。

玛拉：我看不那么容易。

洛依：啊，那得看怎么恳求了，看恳求的魅力，看他的热情和口才。玛拉，看着我。

玛拉：是，上蔚。

洛依：怎么？你怀疑吗？

玛拉：你太自信了，上尉！你简直疯狂了，上尉！你又莽撞又固执又——我爱你！上尉。

【作者作品】

作者：罗伯特 E. 舍伍德（Robert E. Sherwood）。

导演：茂文·勒洛依 。

主演：费雯·丽 、罗伯特·泰勒。

第十三届奥斯卡最佳黑白片、最佳原创音乐奖题名。美国百部经典名片之一。"最受欢迎的爱情电影"之一。

这是一部风靡全球近半个世纪的美国故事片，一段美丽而忧伤的爱情故事，一首催人泪下的爱情绝唱，电影史上三大凄美不朽的爱情悲剧之一，一部荡气回肠的爱情经典之作。

《魂断蓝桥》于一九四〇年在美国首映。同年十一月，该片登陆中国，反响异常热烈，远远胜过它在本土所得到的追捧，很快掀起了一股《魂断蓝桥》的热潮。当时国内的电影院在报纸上给这部电影大做广告，打出了这样的广告标语："山盟海誓玉人憔悴，月缺花残终天长恨！"仅仅数月之后，在上海舞台上先是出现了越剧版的"魂断蓝桥"，不久沪剧版的"魂断蓝桥"也登堂入室，直至中国版的电影《魂断蓝桥》也随后搬上了银幕。迄今为止，这部在美国并不算是经典的影片，在中国却能感动两三代数以亿万计的电影观众，以至于引起国外学者的惊叹与好奇，称之为特有的"中国现象"。在中国国内学者的研究中，有人认为片中玛拉和洛依是典型的佳人与才子的组合，而玛拉对于贞洁的理解以及西方社会中的门第观念，都在一定程度上与中国观众的观念和价值取向不谋而合。

在自己出演的影片中，费雯·丽曾经宣称最喜欢的就是《魂断蓝桥》，特别是片中的插曲，她曾希望在她的葬礼上弹奏这支曲子。同时这也是罗伯特·泰勒最喜欢的一部自己出演的电影。

【阅读提示】

《魂断蓝桥》是一部世人皆知影响半个多世纪的好莱坞战争体裁的爱情故事片，它之所以让人屏息凝神，不只是因为硝烟中的爱情使人沉醉，美丽中的缺憾使人扼腕，更重要的是生命中爱的永恒使人心驰神往……

《魂断蓝桥》的内容传奇，文艺气息浓厚，具有极高的催泪效果。它的成功，不仅仅是向人们展示了爱的真谛，更重要的是向人们昭示了和平的宝贵和战争的罪恶。"拒绝战争，争取和平"，这是影片暗含的主题。

《魂断蓝桥》原名《滑铁卢桥》，但发行商为了让影片具有文化品位和凸显感情色彩，将其改名为《魂断蓝桥》，正像片名体现的那样，片中的女主角不仅把生命留在了这座桥上，还把自己的爱情、信念和灵魂一同埋葬在这座桥上……

《魂断蓝桥》是一部荡气回肠的爱情经典之作。导演以其独特的视角、纯熟的技艺向世人展现了一个色彩斑斓的历史画面，没有气势磅礴的场景，没有扑朔迷离的悬念，有的只是近似回忆般朦胧的视觉享受，有的只是小桥流水般优美的意境，有的只是从剧中人发丝间、明眸间、手指间一点一滴流露出的对爱情的执著和坚贞的信念。本来是一段缠绵动人的爱情故事，却如镜花水月一般以悲剧结尾……

影片以其缠绵悱恻的悲剧情节、演员们细腻的表演、感人至深的情感效应，打动着感情细腻的东方人，片中凄婉的爱情故事更能引起人们的共鸣。

【能力培养与训练】

1. 电影文学剧本也是戏剧中的一种，通过阅读电影文学剧本，谈谈电影剧本和话剧剧本的不同之处及相同之处。

2. 电影的蒙太奇表现手法你知道吗？通过课外阅读电影知识，简单说说。

3. 观看电影《魂断蓝桥》，说说你对现代人爱情忠诚观念的认识。

实训四 生活中修辞的应用

修辞作为一种艺术，不仅在书面文字中得到广泛的运用，在日常生活中也随处可见，大到领导人讲话、广告媒体，小到日常谈话、演讲报告，修辞可谓无处不在。人们经常发现，同样的文字，同样的说话，这个人说出来，是那么的苍白、无趣，而那个人说出来却是这样的生动、新鲜。这是为什么呢？因为他掌握了语言这把变化万端、奇妙无比的魔杖——修辞。语言是人们最重要的交际工具，是人们表达思想、情感的重要载体。而修辞则是依据一定的题旨情境，运用各种手段、方法，对语言材料进行选择、调整和组合的过程，目的是为了使语言表达得鲜明、生动。

在生活中，修辞主要体现在对语音、词语和语句的修饰功能上，因此修辞按此分为三个方面，即语音修辞、词语修辞和语句修辞。

一、语音修辞

语音是语言的物质外壳，不同的语音形式可以表达相同的意思，但效果却大不相同，有的悦耳动听，如黄莺鸣唱；有的却生硬拗口、难听乏味，如同嚼蜡。这主要是语音方面的原因。一首歌曲好不好听，曲调是关键，语音修辞就好比作曲家给歌词"谱曲"，歌词写的再好，曲子谱的不好，旋律不够优美，就不能引起听众的兴趣。同样，说话也一样，内容再好、再充实，表达的不好，也势必影响说话的效果。因此，语音修辞的最终目的在于追求语言的音乐美，使语言或说话听起来有变化、有节奏、协调富有美感。

语音修辞在日常生活中的具体体现如下。

（1）对偶。比如，汶川发生大地震时，打出的大幅标语："举国同悲，万民同咽"、"山河为之变色，草木为之含悲"，就充分表现出了大地震后整个中华民族的悲恸情绪。此外还有"雾里看花，水中望月"等。

（2）反复。人们常说的"一切为了学生，为了学生的一切，为了一切的学生"就是比较常见的反复修辞。

（3）顶真。生活中运用顶真修辞的也很多，比如丰田车的广告"车到山前必有路，有路就有丰田车"，这个广告语运用顶真的修辞方法，构思巧妙，使上下句语势连贯，前后逻辑严密，使人印象深刻，便于记忆。同时说明了丰田车在世界上销路之广，性能之优。还比如"山不转水转，水不转云转，云不转风转"等。

（4）回环。人们常说的"好狗不挡路，挡路不好狗"就是回环。还有北京"天然居"餐馆的对联："客上天然居，居然天上客"。此联除了在语言上体现回环往复之外，还暗含出"天然居"的来客都是高雅不俗之士。

（5）押韵。比如，"热闹的大街不长草，聪明的脑袋不长毛。"

（6）排比。最近几年来，日剧、韩剧在中国比较火，有人就编了顺口溜予以讽刺："日剧点头哈腰，韩剧絮絮叨叨，港剧胡编乱造，大陆片好的真好，糟的更糟。"

二、词语修辞

词是音义结合的、能够独立运用的最小语言单位，是构成语言的基础。词语修辞和语音修辞恰恰相反，如果说语音修辞是给歌词"谱曲"，创造节奏感，那么词语修辞则是给曲子"填词"。汉语的字词很多，哪些才是人们最想要的、最能体现自己的意思的呢？这就需要对词语进行选择和锤炼。这就好比已经有了一件很漂亮的衣服，现在给谁穿，词语就相当于要找的那个人，是本体、是核心。找到了合适的词语，就表明把衣服穿在了美丽的人身上，这样漂亮和美丽才相得益彰。

词语修辞在日常生活中的具体体现如下。

（1）双关。比如，"旗杆上插鸡毛，你好大的掸（胆），活的不耐烦了吧。"还有金猴皮鞋的广告语："金猴皮鞋，令足下生辉"。"足下"一指脚下，二是对对方的尊称，这样就使该广告具有了双重意义：穿上金猴皮鞋，不仅脚下生辉，而且使穿者整个形象光彩照人，大放溢彩。

（2）比喻。这种修辞更常见，几乎无处不在。比如，新手上路，车后面贴上"别吻我，我怕羞（修）"；草地上的标牌"别踩我，我怕疼"等俯拾皆是。

（3）夸张。这种修辞也比较常见，比如春联上写着"门迎四海千重福　户纳乾坤万里财"，"百年天地回元气　一统山河际太平"，还有"我都快累死了"、"我等的花儿都谢了"等。

（4）婉语。比如说人死了，不直接说死，而是说"他去了"、"他走了"等。还有一些谦敬辞，如"足下"、"不才"等。

三、语句修辞

语句修辞强调的是对文章中关键句子或段落的选择和锤炼。具体表现在对语句类型的选择上，如倒装句、强调句、设问句、反问句、整句和散句、长句和短句。

（1）倒装句。倒装句一般把要强调的部分放在前面。比如"祖国啊，我爱你！"就比"我爱祖国"来的强烈，来的多情。一句话可以强调不同的内容，比如，"昨天我在图书馆看书"，要强调我则是"我，昨天在图书馆看书"，要强调地点则是"在图书馆，我昨天看书"等。

（2）反问句。比如"难道我做错了吗？"就比"我没有做错"来的有感情，效果要好。

（3）设问句。比如"这是为什么呢？原因是……"就比"这是因为……"要好。

（4）整句和散句。整句和散句要有机结合，这样才能够使语言富有节奏感，抑扬顿挫。读起来朗朗上口，听起来心旷神怡。比如"我们生活在一个开辟人类新历史的光辉时代。

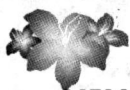

在这样的时代，人们对许许多多的事物都产生了新的联想、新的感情。不是有许多人在讴歌那光芒四射的朝阳、四季常青的松柏、庄严屹立的山峰、澎湃翻腾的海洋吗？不是有好些人在赞美挺拔的白杨、明亮的灯火、奔驰的列车、崭新的日历吗？睹物思人，这些东西引起人们多少丰富和充满感情的想象！"表达的效果比较好。

总之，修辞在生活中得到了广泛的应用，只要细心观察，认真思考、体会，修辞会给人们的日常生活带来很大的方便。

参 考 文 献

［1］游国恩．中国文学史．北京：人民文学出版社，1963.

［2］方忠．20 世纪台湾文学史论．南昌：百花洲文艺出版社，2004.

［3］姚麟园．语文教师手册．上海：上海教育出版社，1981.

［4］王希杰．修辞学通论．南京：南京大学出版社，1996.

［5］杨坤．速读外国文学名著．北京：蓝天出版社，2011.

［6］曹禺．曹禺全集．第一卷．北京：中国戏剧出版社，1998.

［7］王永生．中国现代文论选．第二册．贵阳：贵州人民出版社，1982.

［8］罗昌智．剧之诗与诗之剧：论曹禺剧作的诗美特征．贵阳：贵州社会科学出版社，2003.

［9］刘俊．悲悯情怀：白先勇评传．广州：花城出版社，2000.

［10］杨思聪．《安娜·卡列尼娜》鉴赏．重庆：重庆出版社，1988.

［11］万平近．林语堂论中西文化．上海：上海社会科学院出版社，1989.

［12］莎士比亚．莎士比亚十四行诗集．屠岸，译．上海：上海译文出版社，1988.

［13］王兆胜．林语堂的文化情怀．北京：中国社会科学出版社，1998.

［14］柳鸣九．魔幻现实主义经典小说选．韩水军，译．太原：北岳文艺出版社，1995.

［15］席慕容．席慕容诗集．厦门：鹭江出版社，2005.

［16］龙应台．龙应台评小说．北京：作家出版社，1988.

［17］阎月君．朦胧诗选．沈阳：春风文艺出版社，1985.

［18］莎士比亚．莎士比亚喜剧悲剧集．朱生豪，译．南京：译林出版社，2004.

［19］郭孔生，刘钊．大学语文．北京：中国书籍出版社，2011.

［20］张子泉．文学欣赏导引．北京：北京交通大学出版社，2006.

［21］刘宏彬．新编应用文写作教程．北京：新华出版社，2008.

［22］徐中玉，齐森华．大学语文．上海：华东师范大学出版社，2005.

［23］肖涤非．唐诗鉴赏辞典．上海：上海辞书出版社，1983.

［24］范昌灼．中国散文名著快读．成都：四川文艺出版社，2004.

［25］张德实．应用写作．北京：高等教育出版社，2003.

［26］潘大华．应用文写作教程．武汉：湖北人民出版社，2007.

［27］黄伯荣，廖序东．现代汉语．北京：高等教育出版社，2003.

［28］兰宾汉，邢向东．现代汉语．北京：中华书局，2006.

［29］柏杨．柏杨全集．北京：人民文学出版社，2010.